21世纪高等职业教育公共基础课教材

新编 实用沟通与演讲

（第二版）

- 主　编　李成谊
- 副主编　陈爱武　薛亚红　邓代琼　陈惠玉
- 参　编　徐　波　冯　玫　张　琴　黄　婧
　　　　　丁黎明　戚文太

华中科技大学出版社
http://www.hustp.com

中国·武汉

内 容 简 介

沟通是一门学问,更是一种艺术。有了人类社会,也就有了人际沟通。沟通是一个人终身必备的生存和发展的技能,有时甚至成为事业、家庭成败的决定因素。本书完整地阐明了沟通的内在机理,着重介绍了言语沟通、非言语沟通、日常生活中的沟通、职场沟通、会议沟通、网络沟通,以及演讲等最常用的沟通类型,通过精要的阐述和大量的典型案例,介绍了具有实用价值的沟通原理、原则和技巧,力求通俗易懂。每章后设计了针对性很强的沟通技能的训练项目,做到学以致用、学用结合。

本书可以作为普通高等院校教材使用,也可作为各级各类培训机构、企事业单位的相关人员、沟通与演讲爱好者的用书。

图书在版编目(CIP)数据

新编实用沟通与演讲(第二版)/李成谊主编. —武汉:华中科技大学出版社,2013.9(2023.12重印)
ISBN 978-7-5609-9174-0

Ⅰ.①新… Ⅱ.①李… Ⅲ.①言语交往-基本知识 ②演讲-基本知识 Ⅳ.①H019

中国版本图书馆 CIP 数据核字(2013)第 132345 号

新编实用沟通与演讲(第二版) 　　　　　　　　　　　　　　　李成谊　主编

策划编辑：张　毅
责任编辑：赵巧玲
封面设计：刘　卉
责任校对：马燕红
责任监印：张正林
出版发行：华中科技大学出版社(中国·武汉)　　电话：(027)81321913
　　　　　武汉市东湖新技术开发区华工科技园　　邮编：430223
录　　排：武汉市洪山区佳年华文印部
印　　刷：广东虎彩云印刷有限公司
开　　本：787mm×1092mm　1/16
印　　张：19.5
字　　数：500 千字
版　　次：2023 年 12 月第 2 版第 9 次印刷
定　　价：48.00 元

本书若有印装质量问题,请向出版社营销中心调换
全国免费服务热线：400-6679-118　　竭诚为您服务
版权所有　侵权必究

再版前言

ZAI BAN QIANYAN

光阴似箭，不经意间，这本高校沟通教材伴随着我国高等教育的改革与发展，走过了八年的历程，这有点出乎我们的意料。2005年初，我们编写这本教材（第一版）时，沟通尚未像现在这般受到重视，开设沟通课程的高校寥若晨星，有的高校甚至称之为因人设课的"人情课"。大环境如此，自然可供参考的资料也很少，市面上除了一些适合企业员工培训的沟通书籍外，尚未发现适合高校使用的教材可资借鉴。所以，教材中有关沟通的基本原理等方面的内容，需要我们根据高校人才培养目标，契合学生的认知能力进行编创，其艰辛程度自不待言。"课本，乃一课之本。"尽管我们深知责任重大，对编写教材深怀敬畏之心，并付出了艰辛的努力，但囿于当时对高校教育改革的认识，加之水平所限，教材仍有诸多需要完善的地方。这本教材之所以能够"走"到今天，是由于它"生逢其时"——随着社会的发展，人们对沟通能力重要性的认识更加全面、深入，开设沟通与演讲课程的院校或专业，越来越多，需求越来越强烈。

记得我们与用人单位的领导座谈时，他们主动提出：要加强学生的沟通能力的培养。他们认为，在当代社会，企业间的竞争、企业内部员工之间的竞争日趋激烈，需要人际协同来完成的工作任务越来越多，沟通能力显得尤为重要。他们甚至认为，毕业生的专业成绩稍微差一点也不要紧，通过企业培训就可以弥补，但是沟通意识的养成、沟通能力的培养，却非一日之功，亦非企业之所能，需要通过高校教学加以解决。也许正是由于用人单位对大学毕业生沟通能力的要求，主动开设沟通课程的院校或专业越来越多。另一方面，我们对毕业生进行跟踪调查时发现，学过沟通的毕业生在工作中，其沟通意识和沟通能力明显强于没有学过这门课程的毕业生。所以，沟通与演讲被毕业生评为"最有用的课程"之一，也就在情理之中了。

沟通是一个涵盖面很广的学科。国际关系、公共关系和人际关系这三大关系中，人际沟通是基础。国家领导人出访或迎接国外政要来访时，他们的身份是国家化了的个人；社会组织的工作人员在从事公共关系活动时，他们的身份是组织化了的个人。无论是国际关系还是公共关系中的沟通，其基本形式仍表现为人与人之间的沟通与交往。可见，人际沟通是人类沟通诸种样式中最基本的样式。我们这本教材所说的沟通是指人际沟通。而公共场合中的演讲，也是人际沟通的形式之一。

人际沟通可以说是一门既古老又年轻的学科。有了人类社会，就有了人际沟通。但是古代对人际沟通的研究没有形成一个学科，主要散见于当时的文学、史学、哲学著作中。到了当代，人际沟通才形成了比较系统的可称为一门学科的理论框架。研究沟通的国内外学者们在理论体系、主要概念、研究方法和主要研究对象等方面开始出现明显的共同点。虽然沟通仍不能算得上是一门比较成熟的社会科学,但它已经成为一门具有相对独立性的学科。

沟通是一门交叉学科,其内容涉及传播学、语言学、心理学、礼仪、管理等学科。同时,它又具有自身独特的学科内容和构成体系,这便使高校沟通教材的编写有了大致的范围和依据。

教材是体现教学内容和教学方法的知识载体,是教师进行教学的基本工具。教材的质量直接影响着教学的质量。在这次修订过程中,我们本着突出重点、追求实用、讲究好用、提高学生的沟通意识与能力,增强生存力和竞争力的理念,对教材的部分内容进行了调整:充实和完善了最常用的言语沟通、非言语沟通、沟通的基本步骤等章节的内容,以夯实沟通的基础知识。会议是职场沟通的一种常见形式,考虑到学生将来职场发展的需要,我们新增了会议沟通的章节,以强化本教材的实用性;随着网络社会的崛起,互联网已经成为人们在工作、生活中须臾不可或缺的重要工具。作为一种新型沟通方式,网络沟通已经成为人人必须掌握的生存技能。基于这样的考虑,我们增设了网络沟通的相关内容,以求跟上时代的脚步。

在教材编写体例上,我们采用任务驱动型的编写模式,以契合当代高校教学的要求。各个章节具体的编写方式是:任务介绍(教学目标描述)→案例导入→任务分析→相关知识→课后练习和实训项目。

任务驱动型的教材编写体例,可以通过每一章提出的学习"任务"、导入案例和任务分析,来激发学生的学习动机。心理学研究表明,动机产生于某个特定的目标,它能激发、维持和强化已经启动了的学习行为,并指向目标的达成。动机是学习成功的非常重要的内驱力。这种情形下,"驱动"学生完成任务的不是教师,也不是"任务"本身,而是学生自身激发出的成就动机,将"要我学"变为"我要学"。这就是我们采取这种编写体例的初衷。

每一章学习结束后,我们安排了课后练习和沟通技能的项目实训。此举的目标有两个:一是培养学生运用所学的知识和技能,自主地分析问题、解决问题的能力;二是借此检验教学任务的达成程度。教材中,要求学生自己思考、自己动手的内容相对较多,这是与传统编写体例的最大区别。

本教材可以作为普通高等院校本、专科学生的教学用书,亦可成为中等职业学校、企事业单位和沟通爱好者的教学、培训或参考用书。

本教材的主要编写人员长期工作在高校教学第一线,他们在繁重的教学与科研之余,不吝拨冗,参与这本教材的改版编写,为此付出了艰辛的劳动。编写人员的具体分工如下:第一章、第三章由李成谊编写;第二章由陈惠玉编写;第四章由薛亚红编写;第五章由冯玫编写;第六章由邓代琼编写;第七章(不含第一节)由徐波编写;第八章由黄婧编写;第九章由丁黎明编写;第十章由张琴编写;第十一章由戚文太编写;第十二章、第七章的第一节由陈爱武编写。

在本教材的编写过程中,我们借鉴、参考了国内外一些相关论著的研究成果和其他相关资料,在此一并向这些专家、学者和编(作)者表示由衷的谢意!同时,也要衷心感谢我们的同事肖素美副教授为本教材的编写作出的重要贡献。

由于我们的水平有限,加之时间仓促,书中难免存有诸多不足或谬误,恳请各位专家、同仁和读者批评指正,以期进一步完善。

李成谊

2013 年 6 月 16 于虚静斋

前言

QIANYAN

现代商品经济社会，职场竞争日趋激烈，生活节奏加快，生存压力加大。价值观念的多元化导致社会关系日趋复杂。一个人要想求生存、谋发展，在激烈的竞争中立于不败之地，就要协调好方方面面的人际关系，如与上司的关系、与下级的关系、与同事的关系、与客户的关系、与竞争对手的关系、与家庭成员的关系……因此，掌握有效沟通的基本原理和实用技巧，可以营造和谐融洽的人际关系，可以打造精诚团结的工作团队，使人心情舒畅地工作、学习和生活。沟通是一种重要的能力，是协调人际关系的手段，是走向成功的保证。

高校毕业生面临着激烈的社会竞争，要想处理好复杂的人际关系，就必须学习和掌握有效沟通的方法，由此产生了要求开设沟通课程的客观需求。我们曾对武汉软件工程职业学院（教育部评审认定的国家示范性软件职业学院）2004级部分学生进行了问卷调查，94.5%的同学认为沟通很重要，这其中91.2%的同学表示愿意学习沟通与演讲课程。当代大学生对沟通课程教学的需求可见一斑。

近年来，有关沟通、演讲方面的书籍很多（从严格意义上来说，演讲也是一种传播信息的沟通行为），但多为浅显的企业员工培训教材或适合一般读者"修身"需要的通俗读物。它们浅显易懂，实用性很强，但缺少沟通理论层面的关照，不适合高校教学。还有一些诸如沟通学、演讲学之类的书籍，侧重于理论层面的阐述，虽介绍了一些实用技巧，但难以满足实际需要。鉴于上述情况，我们组织部分参与沟通与演讲课程教学的高校教师，编写了这本《实用沟通与演讲教程》，试图在兼顾沟通与演讲的理论性和实用性之间找到平衡点，以应高等院校的教学之需。

本书章节编写的人员分工为：第一章、第二章由李成谊执笔，第三章由薛亚红执笔，第四章由冯玫执笔，第五章由邓代琼执笔，第六章（不含第二节）由徐波执笔，第七章由张琴执笔，第八章由戚文太执笔，第六章的第二节及第九章由陈爱武执笔。

在编写本书的过程中，我们参阅了一些与沟通、演讲有关的论著、论文和相关资料，并注明所引材料的出处，其中或许有个别遗漏。在此，谨向有关作者致以诚挚的谢意。

在本书的编写出版过程中，我们还得到了黄凤凯、熊华浩、马蜂、万国邦、肖素美、李萍等专家学者的大力支持，对此我们表示衷心的感谢。

由于我们水平有限，加之时间仓促，书中错谬浅陋之处在所难免，恳请读者批评指正，不吝赐教。

李成谊
2005年8月2日

目录
MULU

上编　沟通的基本原理

第一章　沟通的过程 ········· 2
　　第一节　沟通的含义和要素 ········· 3
　　第二节　沟通的符号系统 ········· 13
　　第三节　沟通的特征、原则及效果检测 ········· 17
　　技能与训练 ········· 25

第二章　言语沟通 ········· 28
　　第一节　言语沟通概述 ········· 29
　　第二节　言语沟通的特点和基本原则 ········· 33
　　第三节　言语沟通的常用技巧 ········· 43
　　技能与训练 ········· 52

第三章　非言语沟通 ········· 54
　　第一节　非言语沟通概述 ········· 55
　　第二节　非言语沟通的妙用 ········· 60
　　技能与训练 ········· 79

第四章　沟通的基本技巧 ········· 81
　　第一节　有效发送信息的技巧 ········· 82
　　第二节　倾听 ········· 93
　　技能与训练 ········· 104

第五章　沟通的基本步骤 ········· 107
　　第一节　沟通前的准备 ········· 107
　　第二节　确认对方的需求 ········· 111
　　第三节　阐述观点 ········· 116
　　第四节　消除异议 ········· 120
　　第五节　达成协议和共同实施 ········· 123
　　技能与训练 ········· 125

中编　人际沟通的实用技巧

第六章　日常生活中的沟通 ········· 128
　　第一节　家庭沟通 ········· 129

第二节　亲友沟通 ……………………………………………………… 134
　　第三节　师生沟通 ……………………………………………………… 140
　　技能与训练 ………………………………………………………………… 147

第七章　职场沟通 …………………………………………………………… 150
　　第一节　与同事的沟通 ………………………………………………… 151
　　第二节　与上司的沟通 ………………………………………………… 163
　　第三节　与下属的沟通 ………………………………………………… 172
　　第四节　求职应聘 ……………………………………………………… 180
　　技能与训练 ………………………………………………………………… 191

第八章　会议沟通 …………………………………………………………… 193
　　第一节　会议概述 ……………………………………………………… 194
　　第二节　主持会议的艺术 ……………………………………………… 198
　　第三节　会议发言的艺术 ……………………………………………… 206
　　第四节　组织会议讨论的技巧 ………………………………………… 208
　　技能与训练 ………………………………………………………………… 212

第九章　网络沟通 …………………………………………………………… 214
　　第一节　网络沟通概述 ………………………………………………… 215
　　第二节　常用的网络沟通工具及其选择 ……………………………… 222
　　技能与训练 ………………………………………………………………… 230

下编　演　讲

第十章　演讲概述 …………………………………………………………… 234
　　第一节　演讲的含义、特征和类型 …………………………………… 234
　　第二节　演讲前的准备 ………………………………………………… 240
　　技能与训练 ………………………………………………………………… 251

第十一章　备稿演讲与即兴演讲 …………………………………………… 253
　　第一节　演讲稿的作用与特点 ………………………………………… 254
　　第二节　演讲稿的结构 ………………………………………………… 257
　　第三节　演讲稿的文采与修辞 ………………………………………… 270
　　第四节　即兴演讲 ……………………………………………………… 277
　　技能与训练 ………………………………………………………………… 280

第十二章　演讲的表达艺术 ………………………………………………… 283
　　第一节　演讲的情感表达 ……………………………………………… 284
　　第二节　演讲的表达技巧 ……………………………………………… 286
　　第三节　演讲中的体态语表达技巧 …………………………………… 294
　　技能与训练 ………………………………………………………………… 299

参考文献 ……………………………………………………………………… 302

上编

沟通的基本原理

第一章　沟通的过程
第二章　言语沟通
第三章　非言语沟通
第四章　沟通的基本技巧
第五章　沟通的基本步骤

XINBIAN SHIYONG
GOUTONG YU
YANJIANG

第一章 沟通的过程

学习目标：
(1) 了解沟通的符号系统；了解语言与言语的含义；
(2) 理解非言语沟通的特点；
(3) 掌握沟通的要素、特征和基本原则。

任务导入

1990年1月25日，阿维安卡52航班飞行员与美国肯尼迪机场之间的无效沟通，导致了一场严重的空难事故。

这趟航班的机长是劳雷阿诺·卡维德斯，大副是毛利西奥·克劳斯。他们从哥伦比亚的麦德林起飞，飞往美国纽约的肯尼迪机场。当晚美国的气象条件很糟，浓密的大雾导致各地的许多航班无法起飞和降落。肯尼迪机场也因大雾弥漫，导致99个航班无法降落，造成严重的空中交通拥堵的现象。

阿维安卡52航班在空中盘旋了77分钟，仍无法降落，而燃油即将耗尽。机长雷阿诺·卡维德斯命令大副毛利西奥·克劳斯说："赶快告诉机场塔台，我们没有油了！请求紧急降落！"

毛利西奥·克劳斯马上通过电台与塔台联系："爬升高度，保持3000米。嗯，我们的燃油耗尽了，长官。"

但机场塔台的调度人员以为，阿维安卡52航班和其他航班平时都为尽快降落而发出过类似的请求，因此，这一次没有同意他们降落的请求。结果惨剧发生了：阿维安卡52航班因燃油耗尽而坠毁，73人遇难。

分析这次空难的原因：飞机本身没有机械故障，一切正常；等待降落的航班实在太多，塔台似乎也没有责任；飞行员也说明了紧急情况，尽到了职责。但飞机却因燃油耗尽而坠毁，机上73名人员全部遇难。

到底是什么地方出了问题？

任务分析

造成阿维安卡52航班空难的原因，是机组和机场塔台之间的沟通出了问题。达成有效沟通须具备以下两个必要条件。

1. 信息准确清晰，便于理解——消除信息发送噪声

信息发送者必须清晰地表达信息内容，确保信息接收者可以准确理解信息的内容。如果发送的信息模棱两可、含糊不清、难以理解，对于信息接收者而言没有任何意义。

2. 信息反馈的充分程度——消除信息接收噪声

有效沟通是一个动态的双向的信息传递过程。信息接收者收到的信息如果与自身利

益不一致,就有可能对信息发送者的行为动机产生怀疑,甚至误解。信息发送者应该重视信息接收者的反馈信息,及时调整信息传递的内容或方式,再次或多次发送信息,消除误解。只有沟通的双方都充分表达了对每一问题的看法,他们之间的沟通才是有效沟通。

阿维安卡 52 航班在燃油即将耗尽的紧急情况下,却轻描淡写地对指挥台说:"爬升高度,保持 3000 米。嗯,我们的燃油耗尽了,长官。"以至于让塔台产生误解:平时,阿维安卡 52 航班和其他航班都为尽快降落而发出过类似的请求,以为这一次他们也是出于同样的目的。因此,没有同意他们降落的请求,导致发生空难悲剧。

人际沟通看似简单,但是稍不注意,就会造成无效沟通,并因无效沟通带来巨大的灾难。那么,沟通有哪些要素?有效沟通的原理是什么?如何消除沟通的噪声,避免造成难以挽回的损失?如何自觉地、理性地运用人际沟通理论指导自己的沟通实践?我们尝试在这一章内容中,解答这些问题。

在 21 世纪,我国社会进入了一个急剧变革的时代,职场竞争日趋激烈。职场人士要想在竞争中立于不败之地,必须提高自己的核心竞争力,而沟通能力则是核心竞争力中的重要组成部分。沟通是一种知识,也是一种技能,而知识和技能通过学习和训练是可以养成的。沟通的理论知识是沟通实践的概括和总结,反过来对沟通的实践活动起着指导作用。因此,认真学习沟通的理论知识对于提高沟通能力、营造良好的人际关系具有重要的意义。

第一节　沟通的含义和要素

一、沟通的含义

沟通是人类社会的基本行为方式之一,可以说,沟通作为一种行为方式伴随着人类社会的产生而产生,伴随着人类社会的发展而发展。沟通行为大量地存在于人们的日常生活中,几乎到了无处不在、无时不有的程度。正由于沟通行为的常见性和复杂性,人们对沟通的定义也是仁者见仁,智者见智,各抒己见,莫衷一是。国内外关于沟通的定义就有一百多种。

《大英百科全书》对沟通的定义是:"用任何方法,彼此交换信息。即指一个人与另一个人之间用视觉、符号、电话、电报、收音机、电视或其他工具为媒介,所从事的交换消息的方法。"该定义侧重于个人与个人之间的沟通,其实生活中还有个人与群体、群体与群体之间的沟通。

《韦氏大辞典》将沟通定义为:"文字、文句或消息之交通,思想或意见之交换。"这个定义高度概括,简洁明了,但缺省了沟通所凭借的工具或渠道,给人以遗珠之憾。

传播学四大奠基人之一,美国政治学家拉斯韦尔认为,沟通就是"什么人说什么,由什么路线传至什么人,达到什么结果。"这个定义将沟通局限于"说"的范畴,值得商榷。因为在沟通实践中,除了"说"以外,还有"写"和以非语言因素为媒介的人际沟通活动。

美国学者桑德拉·黑贝尔斯和里查德·威沃尔二世在他俩合著的《有效沟通》一书中认为,"沟通是人们分享信息、思想和情感的任何过程。这种过程不仅包含口头语言和书面语言,也包含形体语言、个人的习气和方式、物质环境——即赋予信息含义的任何东西。"这个定义突出了"物资环境"对沟通的影响。但是,该定义将"信息"与"思想"和"情感"并列起来,似乎不妥。因为,沟通过程中人们分享的思想和情感,本身就是一种信息,是信息的重要组成部分。从概念之间的关系来说,"信息"与"思想"和"情感"不是并列关系,而是属种关系。

中国学者苏勇在其编著的《管理沟通》一书中,从管理的角度,特别是从领导工作职能的要求出发,吸收了信息学的研究成果,对沟通做了这样的界定:"沟通是信息凭借一定符号载体,在个人或群体间从发信者到接收者进行传递,并获取理解的过程。"这个界定较为接近沟通学视角观照下的关于沟通的含义。

人们出于不同的目的,站在不同的视角对沟通进行了界定,形成了侧重点不尽相同的诸多概念。这是因为,站在某一视角(如管理学),对沟通的界定是科学的,但变换另一视角(如传播学),对沟通的界定会有所不同,可谓"横看成岭侧成峰"。

沟通的本质是一种信息传播。在吸收上述几种定义合理内容的基础上,我们从信息传播的视角,对沟通的含义做这样的界定:所谓沟通,是指人们在一定的交际环境或背景中借助相同的言语或非言语的符号系统,相互传递、交换并理解信息,达到消除隔阂、寻求共识、达成一致目的的任何过程。如果信息传递、交换和理解获得成功,则是有效沟通;反之,则是无效沟通。由此可见,"沟"是手段,"通(消除隔阂、寻求共识、达成一致)"是目的。

人际沟通的重要性是不言而喻的。家庭之间,朋友之间,同事之间,协调与客户的关系,无不需要经常性的沟通。仅就职场而言,沟通尤为重要:没有沟通,一个企事业单位就不会有凝聚力;没有沟通,就不会有合作;没有合作,就不会有团队;没有团队,就不会有发展;没有发展,就没有市场;没有市场,就不会取得成功。所以说,沟通是联络感情的纽带,是协调关系的润滑剂,是事业成功的助推器。

二、沟通的基本模式及其要素

所谓模式,是一种再现某种现实的具有理论性的简化形式。如果说,"理论"是对客观事物规律性的概括的话,那么"模式"则是一种简化的表现"理论"的手段或方法。模式的作用是:为清楚地说明各种理论而提供简明、直观、有效的辅助工具。我们所采用的沟通的基本模式(见图1-1),就是要"简洁""直观"地体现和表述沟通的基本原理,从而把握沟通的本质特征。

由于受到多种因素影响,沟通的过程非常复杂。但所有的沟通过程都可以抽象为一种模式,分解成十大要素。这些要素分别是:信息、发信者、编码、信道、译码、接收者、反馈、物理环境、背景(心理背景、社会背景、文化背景)、噪声。

(一)信息

信息是发信者所发送的、需要接收者理解的知识、观点、愿望、兴趣、思想和感情等所组成的内容。从信息论的角度来看,信息就是能够用来消除随机不确定性的东西。

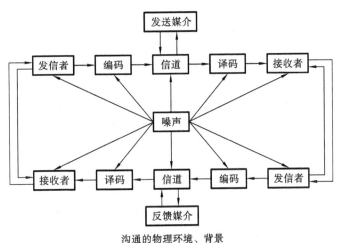

图 1-1 沟通的基本模式

所有的沟通信息都是由语言和非语言两种符号组成的。需要注意的是,非语言符号的使用有着民族和文化的差异。例如,翘大拇指这一动作,中国人表示"赞扬"的意思;在英国、新西兰和澳大利亚等国家,数数时用大拇指代表"5",另外,翘大拇指在上述国家里还是一种表示请求的体态语,旅游者要求搭便车就用这种手势;同样是翘大拇指,在希腊则成了让对方"滚蛋"的意思,是对人的极大不敬。如果一个中国人使用这一手势用来赞扬希腊人,将会出现怎样的尴尬场面;如果一个澳大利亚人在希腊旅游时使用这个手势请求搭车,将会是一种什么后果。

(二)发信者

发信者是指在沟通过程中利用生理或其他手段向预定对象发送信息的组织或个人。发信者的主要任务是收集、加工、传递信息,并对反馈的信息作出反应。

(三)接收者

接收者是发信者的信息传递对象,又是反馈信息的发出者。人们进行沟通的过程,实际上就是分享信息的过程。可是,这个过程不是单向的信息流动——某个人发送信息,其他人被动地接收信息,而是有一个信息回流——接收者在接受信息的同时,还以各种手段向对方反馈信息。

(四)编码与译码

信息只有在表现为符号时才能得以传递。编码是发信者将其信息与意义符号化的过程。这也就是说,发信者将要发送的信息编成一定的符号形式(如语言、文字、手势、表情等)发送给对方。与编码相反,译码简称为符号解读,是接收者将符号化的信息还原为意义并理解其含义的过程。

如果把发信者发出的信息称为信息 A,把经过编码与译码两个过程后形成的信息称为信息 B,那么完美的沟通应该是信息 B 与信息 A 的完全吻合。也即编码与译码完全"对称","听"的和"说"的没有走样。做到这一点需要有一个前提条件,就是双方拥有相同或类似的背景、经验,拥有相同的符号系统。如果双方对信息符号表达的内容缺乏共同的背景、经验,或双方编码和译码的代码系统不一致,就会无法解读信息,导致沟通失败。

例如,我党的地下工作者在窗台上放了一盆花,前来接头的同志就会知道目前是安全的;如果将花盆拿进屋内,接头的同志立即明白此处已被敌人发现,会迅速离开。一个不会"说话"的花盆,神不知、鬼不觉中传递出了重要的信息,让敌人的计谋落空。

为什么会产生这种效果呢?因为我党地下工作者使用的信息符号(花盆)的含义只有约定的双方才知晓,他人很难了解其中的意思,也就是说这种符号不具备社会的通用性。敌人看到我党地下工作者的窗台上的花盆,无法破译这种符号,当然也就不能知晓其中的含义了。

此外,发信者在编码过程中必须充分考虑到接收者的接受能力和文化程度,注重信息内容、符号的易懂性,便于接收者在译码过程中正确地理解信息的本来意义。

（五）信息通道

信息通道简称信道,是由发信者选择的、借以传递信息的媒介物。例如,人们在面对面的沟通中,此时的口语就是双方沟通的通道;当人们通过互联网沟通时,QQ聊天工具或电子邮件就是其沟通的通道;在特定情景下,人们通过表情、手势来表达某些特定的意思,这时的非言语就是其沟通的通道。

选择合适的沟通通道十分重要。不同的沟通目的、不同的信息内容与不同的沟通背景,要求发信者选择不同的通道。例如,公司的战略决策事关企业兴衰,就不宜通过口头形式传达给员工,而应采取书面文件作为通道下发给员工。人们可以同时或先后使用两种或多种沟通通道进行沟通。如先口头沟通,然后使用书面沟通跟进。进行口头沟通时,还可以运用其他的沟通通道,如身势、手势等进行沟通。由于各种沟通通道都有各自的特点和利弊,因此,在选择沟通通道时要因时制宜、因地制宜、因人制宜,根据沟通的目的和内容,正确选择沟通通道。

在通信技术高度发达的今天,口语仍然是最有效、最常用的沟通通道。例如,美国总统候选人向选民当面发表的竞选演说、联合国的大会发言等,无一不证明了这一点。

（六）反馈

所谓反馈是指信息的接收者将自己收到信息后的相关反应返送给发信者的一种信息回流。这个信息回流也包括完整的译码和编码的过程。完整的沟通过程应该包括信息的发送与反馈两个过程。

为了检验接收者是否接收并正确理解了发信者所传达的信息,反馈的过程是必不可少的。在没有得到反馈以前,发信者无法确认信息是否已经得到有效的编码、传递和译码。如果反馈显示,接收者接受并正确理解了信息的内容,这种反馈称之为正反馈;反之,则称为负反馈。

沟通中的反馈有以下三种情况值得注意。

1. 反馈并非总能自觉发生

如果发信者没有要求反馈,或接收者认为自己已经正确理解了对方的信息,没有必要反馈,或接收者由于各种原因不愿意或不能进行反馈,反馈往往就不会发生。没有反馈的沟通容易出现失误或失败,造成不良后果。因此,在重要的信息沟通中,发信者必须要求接收者及时予以反馈;信息的接收者也应强化反馈意识,积极主动地予以反馈。

2. 信息的传递与反馈并不总是成功的

如果发信者发现对方没有理解自己的信息,要再次或多次发送信息;如果接收者发现自己对信息的理解有误,或发现发信者误解了自己的反馈,往往会再次或多次进行反馈。本章的导入任务中,阿维安卡52航班飞行员与机场塔台之间的沟通,之所以是无效的,因为在信息的传递、反馈过程中,都存在着信息失真的问题。可见,要想实现有效沟通,需要多次发送信息和反馈信息。

3. 反馈不一定是有意识的

与信息的传递一样,反馈有时是无意的,如无心流露出的表情、举止等,会将信息返还给发信者。因此,沟通双方都应该尽量控制自己的行为,将传递和反馈置于自我意识的控制之下,确保信息传递和反馈的正确性。

> **相关案例**
>
> 1930年,阎锡山、冯玉祥联合讨伐蒋介石,预定双方的部队在沁阳会师。冯玉祥的作战参谋在撰写作战命令时,误把沁阳的"沁"写成了"泌",指挥官在审核时也没有发现这一错误,签发了命令。凑巧的是,在距沁阳一百里外恰巧有一个地方叫泌阳。结果,冯玉祥的部队误入泌阳,贻误了战机,导致讨蒋战争失败。此战被称为"败在一撇上的战争。"
>
> 问题:这次讨蒋战争失败的原因除参谋人员的粗心之外,在上、下级沟通方面的不当之处是什么?
>
> 这次讨蒋战争的失败,从沟通的角度分析,就是反馈环节出了问题。按规定,作战参谋撰写好作战命令后,要交给上级指挥官审核无误后,才能签发。审核的过程,实际上是检验作战参谋是否正确理解并表达上级旨意的过程,也是一个反馈和确认反馈的过程。如果反馈有错误,上级军官对反馈信息的审核不严,漏掉了这个错误,可能造成不良后果。"败在一撇上的战争"就说明了这个问题。

(七)噪声

噪声是造成信息损耗或失真的干扰因素,是阻止正确理解和解释信息的障碍。有的学者干脆把噪声定义为"妨碍信息沟通的任何因素"。

噪声存在于沟通过程的各个环节,主要包括发送噪声、信道噪声、接收噪声、符码噪声、环境噪声、背景噪声和数量噪声。

1. 发送噪声

发送噪声是指沟通过程中产生于信息发送环节的干扰因素。发送噪声也可以称为编码噪声。

信息编码是发送过程的重要环节。一旦出现编码错误,或因编码能力差而导致逻辑混乱、词不达意,或编码太过艰深晦涩、难以理解等,都会形成编码噪声,使沟通难以顺利进行。另一方面,发信者在信息编码的过程中,也会受到个人兴趣、情绪、思想、愿望等的影响和制约,加入过量的个人因素,根据个人喜好对信息进行过滤与选择,就会影响编码信息的完整性、准确性和客观性,从而产生编码噪声,形成沟通的干扰因素。

2. 信道噪声

信道噪声是指沟通过程中产生于信息传送通道中的干扰因素。

人们将所要传送的信息编码后,选择适当的信息通道将信息传送给对方。在信息通道中,可能出现沟通的干扰因素。例如,在使用某种移动通信工具进行沟通时,由于信号不好,对方无法听清你说的内容。又如,在使用互联网的QQ聊天工具进行沟通时,网络经常掉线,对方无法及时收到你所发出的信息。再如,领导机关的下行公文,在运转的过程中丢失,使下级单位无法知晓领导机关的指示精神等。这些都是产生于信息通道中的干扰因素,即信道噪声。

3. 接收噪声

接收噪声是指沟通过程中信息接收者在接收信息的过程中所产生的干扰因素。

接收信息的过程主要是对接收到的信息进行译码的过程,因此,也可以把接收噪声理解成为译码噪声。

在沟通实践中,接收者往往因为以下两个方面的原因,无法对对方的信息进行完整、正确的译码。

(1) 受自己心理需求、知识能力、人生阅历等因素的影响,自觉或不自觉地对所接收到的信息做出不同的理解,对传递过来的信息进行过滤,只关注那些自己愿意或期望接收到的那部分信息,而对其余部分的信息缺乏兴趣或敏感性,从而导致部分接收信息的丢失或误解。接收者的这种信息过滤是客观存在的,它在一定的限度内不会对沟通产生干扰,但这种过滤一旦突破一定的阈值,就会导致信息失真,沟通就无法顺利进行。阿维安卡52航班空难事故中,飞行员产生的编码噪声,塔台调度员产生的接受噪声,是导致沟通失败的主要原因。

(2) 接收者的译码能力低下,使完整传送过来的信息失真。有些接收者由于知识、能力、智力、经验等方面的局限,对对方发送过来的信息无法正确理解,形成译码噪声。成语"对牛弹琴"说的就是这种情况。

4. 符号噪声

符号噪声是指沟通双方由于信息符号系统的异质性或差异性所引发的干扰因素。

沟通双方必须借助一种双方都能理解的信息符号系统来交流信息。发信者的编码和接收者的译码所用的信息符号系统必须一致,也即双方使用的信息符号具有同质性,相互间的沟通才能实现。例如,在没有翻译帮助的情况下,一个不懂英语的中国人和一个不懂中文的英国人是无法进行言语沟通的,因为双方使用的信息符号系统不一致,中国人使用的信息符号是中文,英国人使用的信息符号则是英语。

符号噪声有两种类型。① 符号异质噪声,即沟通双方因所使用的信息符号系统完全不同而对对方传达的信息无法译码所形成的干扰因素。如不懂哑语的正常人,则难以和聋哑人沟通。再如,一个文盲去看书面文字,当然只能"望文兴叹"了。② 符号差异噪声,即沟通双方所使用的同一符号系统因具有一定的差异性而形成的干扰因素。信息符号系统是一种文化性很强的交际工具,只有经过学习才能以知识和技能的形式存在于人脑中,并被用来对信息符号进行译码。因此,这种知识和能力的个体差异往往导致沟通双方的信息符号系统不可能完全一致,在客观上保留了产生符号差异噪声的可能性,会使一方对另一方的沟通信息一知半解,不能正确领会。例如,一个只有小学文化的人与大学教授沟通时,虽然两人使用的是同一种信息符号系统(如中文),但大学教授学识渊博,喜欢使用结构复杂的长句和专业术语,只有小学文化程度的人可能听不懂教授说话的意思。

5. 环境噪声

环境噪声是指在沟通过程中由客观外在环境所产生的影响沟通效果的干扰因素。无论我们注意与否,这种干扰因素是客观存在的。例如,教师上课时,一部分学生在下面小声讲话。对授课教师和另外一部分听课的学生而言,这叽叽喳喳的讲话声就是环境噪声。开会时,窗外突然传来的尖利的金属切割声,也是环境噪声。又如,船只在使用旗语沟通时,大雾或夜色就是影响沟通的干扰因素,形成环境噪声。

环境噪声中的"环境"是指严格意义上的物理性环境,以此区别下面所要阐述的带有社会性、文化性的背景噪声。

6. 背景噪声

背景是指对沟通起着重要影响的历史因素或现实条件。所谓背景噪声,是指沟通双方由于心理、性格、地位、文化、历史渊源等背景因素的差异所导致的干扰因素。

沟通双方的心理因素、情绪状态、对沟通的认识和态度不可能完全一致,这些因素一旦出现偏差,就会产生沟通噪声,导致信息传递受损。此外,每个社会成员的社会背景与他所扮演的社会角色及其社会地位有着密切的关系。不同的社会角色有着不同的社会地位,进而形成不同的沟通预期,促使人们选择适合于自己的社会角色和地位的沟通方式。沟通预期的定位如果出现偏差,沟通方式的选择出现失误,就会形成干扰因素,产生社会背景噪声,使沟通难以进行。

文化背景是人们的民族传统文化积淀与现实生活所共同形成的价值观、思维模式、心理结构、行为方式的总称。不同的民族有着不同的价值观。美国文化推崇个人价值,而中国文化则强调集体价值。不同民族的传统文化背景,形成不同的思维方式和行为方式。在沟通过程中,来自不同文化背景的人们,可能会因不同的价值观念、不同的思维方式和行为模式而导致对信息的错误解读,从而形成文化背景噪声。

加入WTO①后,我国社会主义市场经济进一步发展,以前所未有的速度融入到世界经济中去,我国的外资企业、中外合资企业的数量日益增加。当不同文化背景的人进行沟通

---

① WTO:世界贸易组织(World Trade Organization)的英文缩写。它成立于1995年1月1日,其前身是关税和贸易总协定(GATT)。WTO的总部在瑞士日内瓦,是制定国际贸易全球规则的唯一国际组织,其主要功能是保证国际贸易顺利、可预测和自由地进行。WTO的最终目标是营造一个繁荣、安全和负责任的经济世界。

时,要注意消除这种文化背景方面的噪声。

7. 数量噪声

数量噪声是指沟通双方所传递的信息量过大或者严重不足而引起的干扰因素。

在现实生活中的沟通,往往有这样的情况:要么因单位时间内的信息量太大,使对方无法及时理解;要么因信息量太小,沟通缺少有意义的内容,使沟通小题大做,浪费人力和财力。数量噪声是客观存在的。我们所说的文山会海就是典型的数量噪声。在一些单位中,有的领导有点芝麻大的小事喜欢开个大会,有的员工有点鸡毛蒜皮的小事就喜欢找领导汇报一两个小时,让领导无法集中精力抓大事。这些事例所表现的就是信息数量噪声。信息数量噪声产生的原因,在于沟通双方或其中的一方对沟通的必要性、沟通中的信息量和沟通频率缺乏正确的认识。

(八)物理环境

物理环境是指沟通行为发生的场所或物质空间,是围绕着沟通空间直接或间接影响沟通的各种客观因素的总和。物理环境可以分成有形环境和隐性环境两类。有形环境包括建筑、摆设、物品等。隐性环境包括颜色、香味、味道、声音、温度、湿度和光线等。

科学研究证明,物理环境会对人产生很大的影响。心理学家明茨在20世纪50年代做过的一个实验说明了环境对人的巨大影响。在进行实验之前,布置好了两个房间:一间房窗明几净,庄重典雅,所谓beautiful room,简称"B";另外一间房粗俗龌龊,凌乱不堪,所谓ugly room,简称"U"。实验对象分别被安排在这两个房间里,每个人必须对10张相片上的人做出判断,说出他(或者她)是"精力旺盛的"还是"疲乏无力的",是"满足的"还是"不满足的"。结果处在"B"房间里的实验对象倾向于把照片上的人看成"精力旺盛的"和"满足的";处在"U"房间里的人则倾向于把照片上的人看成是"疲乏无力的"和"不满足的"。可见,环境影响人的心态,改变人们对客观事物的看法。选择良好的沟通物理环境,对于沟通的成功是十分重要的。

人们在日常生活中的实践也证明:环境对人的影响力度是很大的。例如,在一个豪华的五星级酒店里,人们会不自觉改变或调整自己的沟通行为,使自己的言谈举止更加文明,与豪华酒店这个沟通环境的要求相符合。在高档的社交舞会上,男士们都会显得举止优雅,女士们则表现得温婉可人,力求与身处的环境档次相一致。

不同的物理背景往往形成不同的沟通气氛。会议室是进行公务沟通的好地方,但对恋人间的沟通来说,选择会议室显然不合适。他们更愿意去咖啡厅,那里环境幽静,服务周到,很适合私人间的情感沟通。

科学实验和沟通实践都证明,物理环境对人会产生很大的影响。如何根据沟通的目标和沟通双方的实际情况,选择或营造适当的沟通环境,对于保证沟通成功,具有十分重要的意义。

(九)背 景

沟通行为都是在某一特定背景中发生的。任何形式的沟通,都会受到背景因素的影响和制约。有什么样的背景,沟通双方就会采取与之相适应的沟通行为和方式。对一个员工来说,与新上司沟通所采用的方式,不可能和老领导沟通时采用的方式一样。与地位高的人沟通和与地位低的人沟通,所采用的方式和方法也是不同的。一方面,沟通的行为和方式可由沟通双方所掌握;另一方面,沟通行为和方式的选择,也会受到环境和背景因素的影响。一般来说,影响沟通的背景因素有以下几个方面。

1. 心理背景

所谓心理背景是指沟通双方在沟通时所保持的情感、心境和态度。心理背景对沟通的影响主要体现在以下两个方面。

1) 沟通双方的心情、情绪影响沟通的过程和效果

在不同的情感、心境状态下,人们在沟通中接收信息的效果是不一样的。心理学原理揭示了这样一条科学规律:凡是在一定的活动中伴随着"愉悦"的情绪体验,会使这种活动得到强化;凡是在一定的活动中伴随着"不满意"的情绪体验,则会使这种活动受到抑制。沟通的过程也是这样,当沟通双方处于兴奋、激动的情绪状态时,往往积极参与沟通;当沟通双方处于悲伤、焦虑的情绪状态时,往往由于思维处于抑制、混乱状态,编码、译码过程受到干扰,往往不愿意沟通。

2) 沟通双方对对方的情感好恶和态度影响沟通的过程和效果

沟通过程常常由于偏见与好恶而出现偏误,导致沟通双方无法准确理解对方信息的含义。如果沟通双方存在敌意或不信任,会使沟通难以进行;如果双方关系友善、亲密或者相互仰慕,则会加快沟通的进程,为沟通取得理想的效果创造了良好的条件。

2. 社会背景

社会背景是指对沟通双方产生直接影响的社会角色关系和对沟通产生间接影响的其他人际关系。

人的社会背景主要取决于其社会地位。而社会地位的高低与个人所扮演的社会角色有着密切的关系。从社会学的角度看,个人在社会中的地位是个人与社会关系的体现,也是个人在社会中占有空间大小、性质、个人的权利和义务的总和。

人的社会地位的高低,部分取决于它所属的阶级、阶层、家庭和亲属的背景,取决于其祖辈或父辈受教育的程度、拥有的学识、权力和财富等。有人一出生,就是亿万富翁的继承人;有人一出生,就一贫如洗。这种"与生俱来"的社会地位,就是先赋地位。它是一种规定性地位,个人无法选择。

先赋地位虽然具有规定性,但是人们可以依靠自己的聪明才智、劳动成果、对社会的贡献获得较高的社会地位。这种个人后天的"赢得性""自致性"地位,就是后成地位。后成地位对个人的发展显得更为重要,它可以改变个人原本不高的先赋地位,使自己进入到更高的社会阶层。

社会角色是指社会地位赋予人的权利和义务,以及与社会地位相适应的意识和行为。不同的社会角色,具有不同的权利和义务,沟通时必须采取与自己地位相适应的沟通方式。如上级可以叫下属到他的办公室去汇报工作,而下属则不可以叫上级来自己的办公室听取汇报。领导可以拍着你的肩膀赞许你,但反过来则不行。因为对应于每一种社会角色关

系,人们都有一种特定的沟通方式预期,只有沟通方式符合这种预期时,人们才能接纳这种沟通。

另外,某些不在沟通现场的人的观点、态度和势力,也会间接影响人们的沟通。如某人的父亲是本地的高官,而且跟你的上司关系密切,这位高官虽然没有亲临沟通现场,但他也会影响你与某人的沟通行为。

3. 文化背景

文化背景指沟通双方较稳定的价值取向、思维模式、心理结构和行为方式的总和。文化背景往往转化为人的精神的核心部分而为人们自动保持,是人们思考、行动的内在依据,所以文化背景对人们的沟通行为产生潜在而深刻的影响。

不同的国家或民族有着不同的文化背景,文化背景的差异会造成沟通障碍。例如,中国人见面常问"吃了吗"、"上哪儿去",这是一种友好的表示,类似于"你好"。如果对西方人也这样打招呼,对方就会不愉快,认为是干涉他的私事。

汉语中的一些习惯用语,往往体现了中华民族的独特文化。例如,"丢卒保车"来源于中国的象棋文化,比喻为牺牲局部利益,保全整体利益;"马后炮"是中国象棋的术语,引申到生活中比喻为不及时的帮助;"红娘"是我国古典戏剧《西厢记》中的一个人物,当红娘就是做媒人。这些词语的意思,中国人一般都理解。可在跨文化交流中,不了解中国文化的西方人就无法理解:"丢卒保车"的"车"是什么意思?"马后炮"说明了什么道理?西方人认为,"红娘"就是穿红衣服的女人,当一个男性表示愿意当"红娘"时,西方人就会感到不可思议。

在全球经济一体化的进程中,跨文化沟通越来越多。只有明确文化背景在沟通活动中所起到的影响作用,才能够有的放矢地避免或消解不同文化的冲突。

4. 信誉背景

信誉背景是指沟通中一方因另一方的权威、名气、地位、印象等因素所产生的信赖的感觉。在沟通过程中,一方对另一方的信赖的程度越高,沟通的效果越好;反之,沟通效果越差。这种信赖感的产生一般源于以下三个方面的原因。

1)权威效应

即沟通的一方是某一方面的专家、学者,沟通中的另一方对其学识、地位产生敬仰,就愿意与其沟通。

2)名人效应

即沟通中的一方虽不是某方面的专家,但由于其名气、地位、身份使其具有很高的声望,增强了感召力,使人愿意与之交往。

3)印象效应

即沟通中的一方给另一方造成的第一印象如何直接影响着沟通的进行。第一印象越好,就越有利于沟通进行。

心理背景、社会背景、文化背景和信誉背景是沟通过程中看不见、摸不着但又客观存在,并对沟通产生影响的隐性因素。不论人们是否意识到它们的存在,它们对沟通目标的确定、沟通进程的推进、沟通方式的选择,都会产生全方位的影响。

【思考和练习】

(1) 对照沟通的基本模式图,解说沟通的完整过程。

(2) 常见的沟通噪声有哪些?如何消除沟通中的噪声?

(3) 环境和背景对沟通行为和方式的选择有哪些方面的影响?

第二节 沟通的符号系统

人际间的沟通实际上是一种信息双向流通的过程。在沟通中,具有某种意义的信息,必须转化为符号才能传递给对方接收;对方接收到符号信息后,将符号转换为意义,才能理解信息的原本含义。可见,符号系统是沟通的物质条件,沟通必须借助于符号系统才能进行。

一、符号的含义

人们在沟通过程中交流信息,必须借助于一套约定俗成的符号系统。沟通的物质手段是符号。所谓符号是一种经过人们约定而赋予了特定含义并能按照一定的译码规则加以解读的通用记号或标记。换言之,任何经过约定了的、有含义的东西都可以是符号。如语言、文字、图像等,还有非语言范畴的表情、姿势、动作等,都含有一定的意义,所以它们都是符号。

需要说明的是,符号与意义的指代关系,必须经过全社会的"约定俗成",才能形成法则或习惯,才能成为社会通用的记号或标记,成为人们交流沟通的工具。因此,信息首先表现为符号,或者说信息的外在形式就是某种符号。世界上没有离开符号而单独存在的信息,也没有不包括信息的符号。

▎相关案例 ▎

在某高校的一次期末考试中,英语成绩很差的甲同学竟然考出了高分。经同学举报后,校方核查了试卷,发现甲同学与英语成绩很好的乙同学的试题答案完全一样。据这两位考生交代,临考前他俩就对舞弊的手势做了约定:乙同学摸左耳,表示判断题打"√";摸右耳,表示判断题打"×"。对选择题的答案约定:乙考生的笔尖向上表示选"A",向下表示选"B",向左表示选"C",向右表示选"D"。考试中,他们在监考老师的眼皮子底下按照约定的方法舞弊,使甲同学考出了"好"成绩。学校查明真相后,对这两位作弊的同学进行了严肃的处理。

问题:乙同学作弊时的动作是不是一种符号?为什么?

甲、乙两位同学考试中的舞弊行为令人不齿。他们的舞弊方式如摸耳朵、笔尖的指向,经过双方的事前约定,被赋予了特定的含义,成了能根据约定的规则来解读其含义的符号。

二、语言和非语言

（一）语言

语言是由语音、词汇、语法所构成的符号系统。语言是人类最重要的交际工具，是人类思维的物质外壳，是一种特殊的社会现象。语言一般包括它的书面形式——文字，但在与"文字"并举时，只是指口语。

（二）非语言

语言虽然是人类重要的交际工具，但不是唯一的交际工具。人们在运用语言沟通时，还可以使用表情、动作、语气、语调、服饰、界域等多种手段交流信息。这种负载着一定意义的信息符号就是非语言。

语言和非语言的相同点在于它们都是通过某种形式来表达意义的，形式与意义的结合具有任意性。某种形式所表示的意义一旦确定，就会约定俗成，被社会所公认并共同遵循。例如，摇头表示不赞同或反对，伸出大拇指表示赞赏。如果没有约定俗成，人们就无法沟通。这就是所谓的社会性。

和语言相比较，非语言有以下几个特点。

1. 模糊性

语言具有系统性，组词造句都要受到严格的规则限制，可以表达具体的思想。而各种非语言手段之间缺乏组成的法则，没有规律性可言。因此，非语言不能明确地表达复杂抽象的思想、意识，只能传达比较模糊的情意。只有在语言的主导之下，非语言才能表达明确的意思。这就决定了非语言只能作为表情达意的辅助手段。

2. 遗传性

人的语言行为要受到语音、词汇和语法规则的限制，所以语言能力的形成必须经过训练，不可能与生俱来。婴儿刚出生时是不会说话的，经过大人的言传身教，到两三岁的时候，才能较好地掌握口语。印度的"狼孩"由母狼哺育数年，由于脱离了学习语言的环境，到七八岁仍不会说话。由此，我们可以得出这样一个结论：人只有经过后天的学习，才能获得语言的能力。而非语言却不同，有一些表情、动作是与生俱来的。婴儿一出生，就会哭，就会吃奶，会做出喜、怒、哀、乐、惊、恐等多种表情，会做出摇头、蜷缩等动作。当然，人还有许多动作、表情需要后天的训练才能掌握，如体育项目的动作、表演技巧、吹口哨、打响指等。

3. 通用性

由于物种同源性的缘故，人类受到遗传的影响基本相似，生活方式和思维方式基本相同，这就决定了人类具有某些大致相似的思想情感、表情或动作。非语言能力的遗传性，决定了人类先天继承的非语言因素大致相同，导致人类的动作情态具有某些相似之处。如喜、怒、哀、乐、恐、疑等表情，攻击的动作和防卫的姿势，充满爱意或鄙夷的眼神等，全人类都能做得出，表达的意思也一样，也都能理解其中的意义。例如，卓别林的无声电影全世界的观众都看得懂,说明人类的非语言因素有许多是相同的。

作为语言就不一样了,来自不同民族或国家的人们在交往的时候,各自不同的语言就成为沟通的很大障碍。这时候,人们会不自觉地运用非语言手段进行交流,如手势、表情、动作等。

4. 真实性

语言是经过人们的理性过滤的,它传达出来的信息有时候是不真实的。而非语言往往是下意识、非理性的,传达出来的信息往往比语言更真实。人们说违心话的时候,神态却会把他真实的思想情感泄露出来。例如,你正要和家人吃晚餐,忽有不速之客来访,你会觉得他来得不是时候,但出于礼貌,你会满脸堆笑地说欢迎。只是你冷淡的语气,不自然的笑容,没有马上让座的举动,会将你内心的真实情感流露出来。

5. 立体性

语言具有直线性,话语要一个音节一个音节地说,文章要一个字一个字地写出来。而非语言就不同了,说话时的语气、语调、表情、手势等多种手段,可以同时出现。如电影《闪闪的红星》中,小主人公潘冬子目睹母亲被敌人烧死时,愤怒的表情伴随着紧握拳头的姿势,一起呈现在观众面前,表现出为母报仇、革命到底的决心。

需要注意的是,语言这个概念有广义和狭义之分。广义的语言是指由声音和意义相结合而形成的符号系统。狭义语言是指人的发音器官所发出的声音和意义的结合体。我们在前文所阐述的语言的概念是狭义的。"语言"在"语言文字""语言学""语言文学"等概念中也是狭义的。语言在"无声语言""空间语言""舞蹈语言"等概念中是广义的。

三、语言和言语

语言是人类沟通的工具。在日常生活中,人们对语言和言语往往感觉是同一个意思。但是,用语言学的视角来考量,语言和言语是两个不同的概念。

语言是指由声音和意义结合而成的全社会约定俗成的符号体系,如汉语、日语、英语等。任何一种语言都是由语音、词汇、语法这三个要素所组成的一个完整的符号体系。由此来看,语言是全民的、静态的。

言语则是指个人对语言的具体运用。如我们说的话、写的文章,都属于言语的范畴。因此,言语是个人的、动态的。

另外,语言是一种社会现象,言语是一种个人的心理现象;语言是沟通的工具,言语是沟通的具体过程和结果。

四、语言和文字

文字是记录语言的符号,是最重要的辅助性交际工具,也是语言的书面形式。

在谈到语言和文字的关系时,西方著名语言学家爱德华·萨丕尔认为:语言是商品,文字不过是货币;没有商品做保障,货币将一文不值。同样,文字没有语言做依托也就毫无意义。当然,文字对语言的从属性并不意味着它在作用上具有次要性。正相反,人类文明的历史是从文字符号的发明和使用开始的。如果说语言的使用最终让人类脱离动物界成为人类的话,那么,文字的使用则使人类脱离原始蒙昧状态而跨入文明的大门。有了文字,人类社会就有了用文字记载的历史,人类的知识、技术和经验得以系统地保存下来,传播开去,以此促进了社会的发展。有了文字,才产生了书面语言。有了书面语,就可以对语言进行精心加工,促进语言的规范化,使语言更加严密和丰富。这样,文字对语言的发展起到了巨大的推动作用。

有声语言的沟通功能主要体现在共时性方面,文字的沟通功能主要体现在历时性方面。在没有文字的条件下,沟通的双方必须处于同一时间和空间当中,当面使用有声语言传播信息。有了文字,人类可以突破时间和空间上的限制。相隔数千年、相距千万里的人们可以利用文字沟通信息。我们现在能够读到唐诗宋词,体会古代文学家的思想情感,就是文字的功劳。

五、沟通的符号系统

沟通过程中的所有信息都是由符号来承载的。沟通的符号系统大致可以分成言语符号和非言语符号两类(见图1-2)。

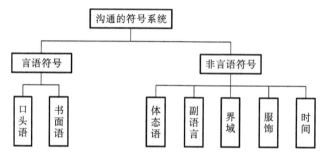

图1-2 沟通符号的构成

（一）言语符号

言语符号包括口语符号和书面语符号。口语是人们的有声语言。书面语则指文字、图像、表格等。在所有的符号中,口语是人们在工作和生活中使用最多的符号,其重要性不言而喻。

如果将沟通的言语符号进一步分类,口语可分为演说、私人谈话、正式会谈、小组讨论、捎口信、口头命令、打电话、可视电视对话,等等。书面语又可以分成备忘录、信件、内部刊物、布告、文件,等等。随着科学技术的发展,出现了QQ、手机短信、微博、微信、BBS、电子邮件、网络会议等诸多新的沟通途径,赋予了沟通学科新的内容和活力。

（二）非言语符号

非言语符号是指除语言之外的其他所有承载信息的符号。爱德华·萨丕尔则把非言语符号称为"一种不见诸文字、无人知晓,但大家全部都理解的微妙代码"。正因为如此,非言语符号在沟通中的作用容易被人们忽视。如果我们把沟通的符号系统比作一只高空展翅的雄鹰,那么言语符号是它的左翼,非言语符号是它的右翼。

学者对非言语符号有多种分类,分类的标准不同,结果也不一样。如果以信息的载体作为分类标准,非言语符号可划分为体态(含表情、手势、身势等)、界域、服饰、类语言、时间、场景等类别。

在沟通过程中,非言语符号的重要性并不在言语符号之下,如果将沟通的符号系统所承载的信息量比作一座冰山,那么言语符号传递的信息数量只是露出海面的一小部分,而非言语符号传达的信息量才是冰山水线下隐而不见的主体。

关于非言语符号在沟通中的实际运用,我们在后面的章节进行专门阐述。

【思考和练习】

(1) 什么是符号?符号和信息是什么关系?
(2) 作为沟通的符号,非语言有哪些特点?

第三节 沟通的特征、原则及效果检测

一、沟通的特征

(一) 双向性

从沟通的模式图可以看出,沟通过程具有双向性特点。所谓沟通的双向性,是指发信者与接收者之间的信息交流是一种双向互动的过程,它包括发信者向接收者发出信息,也包括接收者将信息反馈给发信者。

(二) 循环性

所谓循环性是指沟通过程中的双向信息交流活动沿着一定的内容指向反复进行的过程。在沟通过程中,当信息接收者将信息反馈给发信者时,接收者就成了发信者,原来的发信者成了接收者。这是一个循环的过程。需要注意的是,沟通的循环性不是指每经过一个完全的循环,又不折不扣地回到它原来的出发点,而是一个呈螺旋形发展的动态过程。

(三) 广泛性

随着我国社会主义市场经济的建立和发展,社会竞争日益加剧,人际间的矛盾呈现出复杂性、多样性和经常性的特点。沟通不是万能的,没有沟通是万万不能的。沟通是增进了解、消除矛盾的有效手段。人际交往的社会性,人际矛盾的复杂性、多样性和经常性决定了沟通使用的广泛性。每个人在工作、学习和生活中都离不开沟通。沟通现象比比皆是,即所谓"处处皆沟通、时时皆沟通、事事皆沟通、人人皆沟通"。人们有时似乎没有感到沟通的存在,那是由于沟通现象太多,人们司空见惯、熟视无睹的缘故,反倒从另一个侧面说明了沟通的广泛性特点。

（四）沟通双方必须使用相同的符号系统

沟通活动必须凭借一定的符号系统，否则沟通将会因缺乏物质凭借而无法进行。我们可以这样概括信息与符号的关系：符号总是负载着某种信息，信息总是表现为某种符号。在沟通过程中，发信者发出的信息都是由各种符号构成的。对接收者来说，所收到的信息首先表现为符号，经过译码还原符号所承载（或指代）的内容。鉴于此，沟通双方必须使用同一符号系统，才能对符号与其所指代的意义有相同的理解，沟通才能顺利进行。如果双方使用的符号系统不一致，接收者会因为无法译码，导致沟通失败。

（五）沟通可以使用多种符号传递信息

沟通过程中，双方除了使用言语以外，还大量使用各种非言语符号，如表情、体态、语气、语调、节奏等。人们很多时候利用这种非言语符号传递信息，如喜欢、厌恶、烦躁、安详、从容、窘迫等。在某些特定的场合，非言语符号往往起到言语无法表达的作用。

二、沟通的种类

同一类事物，根据不同的标准可以分成不同的类别。如果按照对媒介物的依赖程度来划分，沟通可分为直接沟通和间接沟通；如果按所使用的符号系统划分的话，沟通可分为语言沟通和非语言沟通；等等。

出于对沟通知识系统性观照的需要，我们着眼于以沟通的范围、规模作为分类标准，将沟通由小到大分为五种类型，即自身沟通、人际沟通、小组中的沟通、公共场合的沟通和大众传媒沟通。

（一）自身沟通

自身沟通又称为自身内沟通、亲身沟通、自我沟通，是指发生在个人自身内部的信息交流活动。在自身沟通中，沟通的"双方"集于一身，是"主我"与"宾我"之间的自身信息交流活动。自身沟通的表现形式为自言自语、自问自答、自我发泄、自我陶醉、自我反省和沉思默想等。有的学者认为，自身沟通相当于"思考"，即所谓"主我"和"宾我"的对话。

自身沟通是人的自我需要，也是人的社会需要，是人为了适应环境而进行的自我调节。自我沟通是人最基本的沟通活动，是人的思维活动，是其他沟通活动的基础，在很大程度上具有心理性质。

（二）人际沟通

人际沟通是一种人与人之间的沟通活动，通常在非正式的、舒适的环境中进行。这种沟通大多数发生在两个人之间，有时也包括两个以上的人。

要想实现有效的人际沟通，除了必须具备相同的符号系统外，沟通的双方还需要拥有相同或相近的经验范围。所谓经验范围，是指人们由于各自不同的性格、环境、经历和受教育程度而形成的对人生和现实的独特感受和经验积累。经验范围包括生活阅历和知识构成两个方面。如果沟通双方的经验范围不同，就会对同样的沟通符号产生不同的理解。例如，在一个诗人的眼里，"玫瑰"这个语言符号可能是一首爱情浪漫曲，而对一个植物学家来说，他对这个语言符号首先产生的理解，可能是玫瑰的植物学上的意义，诸如习性、花期、生长特点等。可见，尽管沟通的双方都使用共同的符号系统，如果缺乏共同的经验范围，也会导致沟而不通。

（三）小组中的沟通

小组中的沟通是指小组成员之间的信息交流活动。一个小组就是一个小群体，人数不多，少则三五人，多则十几人。由于小组是为了某一个特定的目的而建立起来的群体，所以小组成员间的沟通有着较强的信息内容的一致性。

在小组沟通中，人人可能是信息的发出者，人人也可以是信息的接收者，所以小组沟通比人际沟通更为复杂。这么多的人发出信息，造成迷惑的可能性就很大。小组沟通使用的沟通媒介与人际沟通基本相同，小组成员有较多的反馈的机会。与人际沟通不一样的是，小组沟通通常选择在正规的环境中进行。

（四）公共场合的沟通

公共场合的沟通也称为公众演讲，是指发信者（演讲人）向接收者（听众）发送信息的过程。由于演讲自身的特点和要求，演讲者通常向听众传送一种高度结构化的信息。

公众演讲利用的沟通渠道与人际沟通和小组沟通大致相同，但也有以下几点区别。

（1）公共场合的沟通渠道有所扩大。因为演讲的听众人数众多，场地较大，演讲者的声音和手势语的动作幅度也要更大。

（2）与人际沟通和小组沟通相比，在演讲过程中，信息接收者的言语反馈受到一定程度的限制。演讲结束时听众可能有机会提问，但在演讲的过程中，听众是不便于发问的。演讲中，听众纵然可以给演讲人递条子提问，这种反馈的方式毕竟不太方便。尽管听众的言语反馈受到一定的限制，但听众仍然可以通过非言语手段做出反馈。如果他们喜欢演讲的内容，可以用热烈鼓掌的形式激励演讲者；如果他们不喜欢，可能会表现为注意力转移、坐立不安、叽叽喳喳讲闲话，或者看报纸、打瞌睡等。

（3）一般来讲，演讲的环境是正式的，甚至是精心布置的。

（五）大众传媒沟通

大众传媒沟通是指发信者通过现代传播媒介，将大量的复制信息发送给分散的接收者的一种沟通活动。现代传播媒介包括以文字为形式的报纸、杂志、书籍，以电子信号为形式的广播、电视、互联网，以图形影像符号为形式的电影、广告等。这种大众传媒沟通，几乎渗透到了社会生活的各个方面。

与上面几种沟通类型相比，大众沟通是规模最大的一种。它最大的不同在于信息接收者给发信者的反馈信息相对缺乏。

三、沟通的基本原则

沟通的基本原则是人们进行沟通时应必须遵循的一般法则或标准。它是人们的经验、教训的高度概括和总结,对人们的沟通实践具有广泛的指导意义。

沟通是人类社会最基本、最重要的交往方式之一。任何一个社会组织和个人,都离不开沟通。沟通是维系组织、家庭和人际关系的纽带。可以毫不夸张地说,没有不需要沟通的组织,没有不需要沟通的家庭,也没有不需要沟通的个人。沟通实践表明,要实现有效沟通,除了合理使用一些技巧外,还必须遵守沟通的基本原则。

(一)目标性原则

沟通的目标是指沟通的双方或一方通过沟通想得到的结果。明确沟通的目标对沟通具有重要意义。没有沟通的目标将导致无效沟通,其原因有以下几点。

第一,缺乏沟通目标,信息发出者无法从自己大脑储存的繁杂信息中,整合出对本次沟通有用的信息,造成思维的混乱。

第二,沟通目标的缺失,使沟通行为的主动者很难衡量沟通的效果是否与沟通的本意相符。

第三,沟通目标对沟通方式的选择具有制约作用。不同的目标需要采用不同的沟通方式。

(二)合作性原则

1. 合作的含义和意义

顾名思义,合作就是互相配合,共同把事情做好。

任何人在世界上都不能孤立存在,都要和周围的人发生各种各样的关系。你是学生,就要和同学一起学习,一起游戏,共同完成学业;你是工人,就要和同事一起做工,共同完成工厂的生产任务;你是军人,就要和战友一起生活,一起训练,共同保卫我们的祖国……总之,不论你从事什么职业,也不论你在何时何地,都离不开与别人的合作。

世界上有许多事情,只有通过人与人之间的相互合作才能完成。一个人学会了与别人合作,也就获得了打开成功之门的钥匙。所以,人们常说:小合作有小成就,大合作有大成就,不合作就难有什么成就。这是非常宝贵的人生道理。

2. 有效合作的构成要件

怎样才能卓有成效地合作呢?先看两个真实的案例。

相关案例

食掌莺的悲剧

加拉帕戈斯群岛中有一个叫品左恩的岛屿,岛上生存着一群莺鸟,它们以仙人掌的花粉、果实和种子为食,故名食掌莺。

仙人掌开花的季节,有些食掌莺把公共区域那些尚未开放的花瓣用爪子撕开,然后用嘴扯开柱头,吃掉藏在花蕊里的花粉。仙人掌的柱头断了,不能结果,无法形成种子,无法长成新的仙人掌,仙人掌因此而绝迹了。没有了仙人掌,品左恩岛上的食掌莺最终也全部饿死了。

> **沙漠中永不枯竭的水源**
>
> 　　在干涸的沙漠中有一口手柄式压水井①,它是人们心目中的生命之泉。这一切都源于它的主人临终前写在墙壁上的一个规则——为后来者留足一碗水。沙漠旅行,一碗水足可解饥渴之急,但人们总是先把它灌进压水机引水,吸上水后再饮用;然后,再吸上一碗留给后来者。来来往往的旅行者都自觉地遵守着这一规则。因此,一碗水就成了沙漠中永不枯竭的水源,惠及众生。
>
> 　　上述一正一反两个案例,很好地揭示了有效合作的必备要件。
>
> 　　(1) 合作伙伴要有统一的目标,并且树立为实现这个目标而共同努力的意识。
>
> 　　(2) 心中想着别人、想着集体,有自我牺牲的精神。
>
> 　　(3) 各人要尽力做好分内的事情。有了同一目标,有了合作的意识,就要将这些落实到行动中。
>
> 　　生存是人的第一要义,它的第一法则就是合作。如果因一己私利践踏合作法则,从短时间看,是损人利己;从长远看,却是害人害己,自取灭亡。品左恩岛屿上的食掌莺的死亡就是很好的例证,它们从损害"他人"利益开始,却落到自断活路的结局。相反,如果人人都遵守合作的规则,顾及他人,他人也会以同样的方式加以回报。"为后来者留足一碗水"生动地诠释了合作的要义。
>
> 　　"人"字由一撇一捺相互支撑着构成,很好地揭示了"人人为我,我为人人"的合作关系。因此,学会生活,学会工作,必须学会合作。

沟通中的合作原则,要求人们在沟通中讲究"和为贵",明白"合则两利,斗则两伤"的道理。在沟通前制定沟通目标时,首先以合作作为出发点;在沟通过程中,方式或方法的选择也要以有利于合作为依归。

(三) 信道(信息传递的媒介物)选择的适当性原则

信息通道实际上是指沟通过程中承载信息的媒介物。信息通道选择的适当性原则,是指沟通的双方向对方发送信息时,要选择最适当的信息通道(媒介物)发送信息的法则。不同的沟通目的或内容,对于信息通道的选择有着不同的要求。如果沟通的双方或一方,选择了不恰当的信道传递信息,就会产生信息误解,导致沟通受挫。例如,上司对下级表示友好的方式就因人、因场合而异,如沟通的信息通道选择错误,则会适得其反。例如,处理重要而又紧急的事情,能当面沟通最好,电话沟通次之,如果选择电子邮件可能会因对方不能及时上网查阅而误事。

(四) 沟通对象的适当性原则

沟通对象的适当性原则,是指沟通的信息必须由适当的主体发出,并通过适当的信息通道传递给适当的接收对象。人们要想达成有效沟通,信息的发出者和接收者必须是应该发出信息和接收信息的沟通对象。如果信息虽由适当的沟通对象发出,但接收者不是适合

---

① 在地下水量不丰沛的沙漠地区,必须往手动压水机中加入一定的水(引水),增强活塞的密封性,才能把水从地下吸引上来。

的沟通对象;如果信息接收者是适合的沟通对象,但信息发出者身份或地位不适当,都会导致沟通失败。如年长的男上司对年轻的男性下属,可用拍其肩膀的方式传递"赞赏""鼓励"的信息,而对女性用这种方式显然不妥。再如,下级犯了错误,上级可以直接批评;上司出现失误,下级一般不便批评。

（五）信息内容必须准确清晰、便于理解的原则

信息内容的传递必须准确清晰、便于理解的原则,是指沟通信息的发出者必须准确、清晰、完整地将信息传递给对方,便于对方理解,尽量减少信息失真,提高沟通的有效性。

在信息的传递过程中,由于各种因素的影响和干扰,信息可能被人为或自然地损耗或变形,接收者接收到的已经不是发信者所发出的原本信息,而是一种出现某种程度的失真的信息,引起误解,从而导致沟通失败。正如本章导入任务所示,引发阿维安卡52航班空难事故的主客观原因较多,而飞行员发送的信息不准确、不清晰,造成歧义是其中的一个重要原因;同时也揭示出这样一个道理:违反沟通的基本原则,是导致无效沟通的重要原因。因此,信息发出者向对方发送准确、清晰的信息内容,是实现有效沟通的前提。

（六）信息反馈必须多次、充分的原则

有效沟通是一个动态、双向的信息传递与反馈的过程。沟通的双方由于在思想、认识、情感、利益等方面存在差异,对信息解读会产生偏差、甚至误解。这就需要双方反复多次发送信息,反馈信息,以消除因信息失真而导致的不确定性。

阿维安卡52航班空难事故中,如果飞行员发现塔台调度员误解自己发出的信息后,立即进行信息反馈,以急切的语气再次明确发出燃油即将耗尽的信息,并称如果延误,所导致的严重后果将由对方承担,那么塔台调度人员收到飞行员的上述信息后,也会再次反馈、确认,最后消除误解,安排阿维安卡52航班提前降落。这样,就很有可能避免这场空难悲剧的发生。

可见,在要求信息发出者准确、清晰的发出信息的同时,作为信息接受者,也要充分反馈,对重要的信息内容予以反复确认,以消除不确定性,保证沟通的有效性。

（七）时效性原则

时效性原则是指沟通行为必须在一定的有效期内实施完毕,失去了有效期,沟通就没有意义。下面的情景很能说明沟通时效性的重要意义。

相关案例

一位打工妹失恋,在寻短见前,打电话让电台的节目主持人给男友捎句话,说今生不能和他在一起,就在来世相聚。节目主持人与打工妹进行电话沟通,设法稳定她的情绪,最终使她放弃了自杀的念头。如果主持人在打工妹寻短见前的沟通有效期内,没有及时劝慰,那后果将不堪设想。

与打工妹进行沟通的有效期,是指打工妹产生寻短见的动机到采取寻短见的实际行动的这一段时间。在这一时间段内,及时与打工妹沟通,晓之以理,动之以情,可使她打消寻短见的念头。如果超过了这个时间段,也就是她寻短见后,沟通是毫无意义的。这个事例告诉我们,把握沟通的时效很重要。

（八）噪声最小化原则

噪声最小化原则是指沟通过程中必须尽量减少或消除噪声的干扰。噪声产生于沟通的各个环节，是阻碍人们沟通的障碍。噪声是客观存在的，但经过努力，人们可以减少或消除噪声。例如，上课时，走廊里传来喧闹声，使学生听不见老师的讲课。此时可以关上门窗，减少噪声的干扰；也可以婉言劝说喧闹的学生离开，消除干扰。再如，使用无线通信工具因信号不好而听不清楚时，可以靠近窗户或来到室外接听，也可以加大嗓声，让对方听到。

四、沟通效果的检测

沟通效果是指沟通的双方或一方经过沟通后，在情感、思想、态度和行为等方面所发生的变化。沟通效果通过一定的衡量指标，是可以检测的。

（一）衡量沟通效果的指标

从沟通学的角度来说，衡量沟通的效果一般有以下几个指标。

1. 信息共享

沟通是一个复杂的过程。沟通的效果如何，关键要看沟通后的结果。经过沟通，双方是否交流了信息，增进了了解，是否就某一问题取得认识上的一致。信息的作用之一就是消除事物的不确定性。在人际交往中，由于信息不通而产生的误解或矛盾的情况时有发生。此时如果缺乏沟通，误解的鸿沟会越来越深，矛盾会越来越尖锐，情况会越来越复杂，导致人际冲突。如果在误解或矛盾刚出现时就及时沟通信息，可能会消除隔阂，冰释前嫌。

2. 情绪变化

沟通的一方或双方经过沟通后，是否引起了较强的情绪反应，是否产生了感情共鸣。共鸣原指物体因共振而发声的物理现象。例如，两个频率相同的音叉在相距很近的情况下，其中的一个震动发声时，另一个也会发声。由这个意义生发开去，共鸣产生了一个比喻义，是指由他人的某种情绪引起的相同情绪。产生分歧的双方经过沟通，双方的认识出现了一致的趋向，情感逐渐接近，产生认同感，就会形成"共振点"，产生共鸣现象。这种情绪上的变化，能够拉近双方的距离，为沟通产生认同一致的效果打下基础。

3. 认同一致

认同一致是指沟通中的一方对另一方的认识或看法产生认同。人的言行是受到其思想意识支配的。人际中的许多矛盾是由于认识不一致、观点不相同引起的。产生分歧的双方经过沟通，其中一方对另一方的看法或观点由不相同转变为一致，双方的矛盾也迎刃而解了。

4. 态度转变

态度转变是指沟通中的一方接受了另一方的信息后，增强了固有的态度或改变了原有的态度。态度转变是以认同一致为基础的。分歧的双方经过沟通，达到认同一致，消除了对某一事物或事件的不同看法，其中的一方认同对方的看法后，就会改变自己原有的态度。

5．行为改变

行为转变是指沟通中的一方接受了另一方的信息后,改变了原有的行为方式。下面案例中的大学生态度转变后,告别网络游戏,专心于学习,学习成绩大幅度提高,就是行为改变的典型事例。沟通者的行为的改变,是沟通的终极目标。

> **相关案例**
>
> 大学生小王认为自己读小学和中学辛苦了十二年,进入大学后就可以好好放松了。至于考试,60分万岁。于是,他开始逃课,不做作业,整天沉湎于网络游戏。好友规劝他,他充耳不闻;班干部批评他,他拒不接受;家长苦口婆心地说服教育,他摔门而出。辅导员见此情况,没有急于批评小王,而是与他的中学班主任联系,得知:小王的父母双双下岗,家庭生活很困难,小王曾经发誓要好好读书,报答父母,实现自我。摸清情况后,辅导员找他沟通思想,对症下药,说明沉迷于网络游戏的害处,终于使小王认识到学习的重要性,全身心地投入学习中,成为一名品学兼优的好学生。
>
> 辅导员找小王沟通,首先双方交流信息,知道对方的态度或观点。随着沟通的深入,小王的情绪发生改变(不抵触,愿意沟通)。再进一步,小王对辅导员的观点产生认同,从而转变态度,进而行动也发生了转变。从沟通效果看,小王的转变也经历了由低级到高级效果的发展变化。说明沟通的效果是有层级性的,各层级之间是有着因果联系的。

以上衡量沟通效果的五个指标,由低级到高级形成五个等级。前一个等级是后一个等级的形成基础,后一个等级是前一个等级的发展结果,两者互为因果。

(二) 沟通效果的类型

根据不同的角度,可将沟通效果划分为不同的类型。

1．根据沟通效果呈现的状态来划分

根据沟通效果呈现的状态来划分,可以把沟通的效果分为显性效果和隐性效果。

显性效果是指从沟通对象的情绪、态度、行为,以及其他表现中可以明显感受或观察到的效果。

隐性效果是指潜藏在沟通对象的脑海中,经过不断的积累、深化、发展才能逐步显示出来的效果。

2．根据效果出现的时间的快慢来划分

根据效果出现的时间的快慢来划分,可将沟通效果分为即时性效果和延时性效果。

即时性效果是指信息到达沟通对象后,在很短的时间内就出现的效果。

延时性效果是指沟通行为结束后,沟通对象经过一段时间思考才出现的效果。

3．根据效果存在的时间的长短来划分

根据效果存在的时间的长短来划分,可以将沟通效果分为暂时性效果和持久性效果。

暂时性效果是指沟通对象对信息所产生的效果是短暂的。这种效果往往来得容易,去得也容易,具有较强的实用性、功利性。

持久性效果是指沟通对象收到信息后所产生的效果是长久的。这种效果具有较强的稳定性、持久性,一旦固定下来就难以消除。

【思考和练习】

(1) 沟通有哪些特征?

(2) 沟通有哪些基本原则?

(3) 衡量沟通效果有哪些指标?

技能与训练

一、案例分析

杨瑞是一个典型的北方姑娘,在她身上可以明显感受到北方人的热情和直率。她很坦诚,有什么说什么,总是愿意把自己的想法说出来和大家一起讨论,正是因为这个特点她在上学期间很受老师和同学的欢迎。今年,杨瑞从西安某大学的人力资源管理专业毕业,她认为,经过四年的学习自己不仅掌握了扎实的人力资源管理专业知识,而且还具备了较强的人际沟通技能,因此她对自己的未来期望很高。为了实现自己的梦想,她毅然只身去广东求职。

经过将近一个月的多次投简历和多次面试,在权衡了多种因素的情况下,杨瑞最终选定了东莞市的一家研究生产食品添加剂的公司。她之所以选择这家公司是因为该公司规模适中、发展很快。最重要的是该公司的人力资源管理工作还处于尝试阶段,如果杨瑞加入,她将是人力资源部的第一个人。因此,她认为自己施展能力的空间很大。

但是到公司工作一个星期后,杨瑞就陷入了困境。

原来,这家公司是一个典型的小型家族式企业,企业中的关键职位基本上都由老板的亲属担任,其中充满了各种裙带关系。杨瑞的顶头上司王经理就是老板的大儿子。

王经理主要负责公司的产品研发工作,根本没有管理理念,更不用说人力资源管理理念。在他的眼里,只有技术最重要。公司只要能赚钱,其他的一切都无所谓。但杨瑞认为:越是这样,自己就越有发挥能力的空间。因此,在到公司上班的第五天,杨瑞就拿着自己的建议书走向王经理的办公室。

"王经理,我到公司已经快一个星期了,我有一些想法想和您谈谈,您有时间吗?"杨瑞走到了王经理的办公桌前说。

"来来来,小杨,本来早就应该和你谈谈了,只是最近一直扎在实验室里就把这件事忘了。"

"王经理,对于一个企业尤其是处于上升阶段的企业来说,要持续企业的发展必须在管理上狠下工夫。我来公司已经快一个星期了,据我目前对公司的了解,我认为公司主要的问题在于职责界定不清;雇员的自主权力太小致使员工觉得公司对他们缺乏信任;员工薪酬结构和水平的制定随意性较强,缺乏科学合理的基础,因此薪酬的公平性和激励性都较低。"杨瑞按照自己事先所列的提纲开始逐条向王经理叙述。

王经理微微皱了一下眉头说："你说的这些问题我们公司也确实存在,但是你必须承认一个事实——我们公司在赢利,这就说明我们公司目前实行的体制有它的合理性。"

"可是,眼前合理并不等于将来也合理,许多家族企业都是败在管理上。"

"好了,那你有具体方案吗?"

"目前还没有,这些还只是我的一点想法而已。但是,如果得到了您的支持,做方案只是时间问题。"

"那你先回去做方案,把你的材料放在这儿,我看看再说。"说完王经理的注意力又回到了技术研究报告上。

杨瑞此时真切地感受到了不被认可的失落,她似乎已经预测到了自己第一次提建议的结局。

果然,杨瑞的建议书石沉大海,王经理好像完全不记得建议书的事。杨瑞陷入了困惑之中:是应该继续和上级沟通,还是干脆放弃这份工作,另找一个发展空间?

【思考题】

(1) 我们将"沟通的目标性原则"列为沟通的六大原则之首,说明沟通前明确沟通目标的重要性。假如双方各自的沟通目标不明确,很容易导致沟通失败。结合上述案例,请你分析杨瑞和王经理沟通失败的原因是什么?

(2) 作为上司,王经理应该如何改进,使沟通的效果更好?

二、项目实训:沟通策划

1. 实训名称

承接上述案例:假如你是新入职场的大学毕业生杨瑞,请你制订一个与上司王经理沟通的行动计划书——《与上级沟通的行动方案》。

2. 实训目的

通过制订《与上司沟通的行动方案》,形成运用沟通的基本原则来指导沟通实践的意识。

3. 实训内容

(1) 沟通前的调查:在与上司王经理沟通之前,杨瑞应该做好信息准备工作,诸如公司中的各种裙带关系和家族成员间的利害关系;公司以前是否有人提出过类似的改革建议,结果如何;了解直接上级的性格和脾性,以及他在公司中的地位和影响力等。做到知己知彼,对症下药。

(2) 沟通策划:对获取的信息进行分析,制订出本次沟通行动的策划方案。

4. 实训指导

(1) 注重沟通对象信息的收集与分析:登录公司网站,查阅内部的文件和刊物,了解王经理及其家族管理人员的信息,为制订沟通的策划方案打下基础。

(2) 制订《与上司沟通的行动方案》时,注意可行性和必要性。

5．组织实施

（1）分组收集信息。

（2）分组讨论、制订《与上司沟通的行动方案》。

（3）各小组在全班交流进行沟通策划的体会。

6．考核方式及成绩评定

（1）实训小组表现情况，考核占 40％。

（2）《与上司沟通的行动方案》的成绩评定，考核占 60％。

第二章　言语沟通

学习目标：
(1) 了解言语沟通和语境的含义。
(2) 理解言语沟通的特点。
(3) 掌握并能实际运用言语沟通的基本原则。

任务导入

有一个人请客，眼看约定的时间过了，还有一大半的客人没来，他很着急，便说："怎么搞的，该来的还不来。"一些客人听了，心想："该来的没来，那我们是不该来的了。"于是就悄悄地走了。主人一看越发着急，便说："怎么这些不该走的客人反倒走了呢？"剩下的客人心想："走了的是不该走的，那我们这些没走的倒是该走的了。"于是又走了很多人。

最后，只剩下一个跟他关系较好的朋友，看到这种尴尬的场面，就劝他说："你说话前应该考虑场合和对象，以免无意间出口伤人。"他大叫冤枉，忙解释说："我并不是诚心叫他们走哇！"朋友听了大为光火，说："不是诚心叫他们走，那就是诚心叫我走了。"说完，拂袖而去。

任务分析

如果说话不经过思考，没有考虑到对方的立场和感受，就很容易在无意中伤害了别人，产生误会，所谓"言者无心，听者有意"就是这个道理。案例中的主人本是真心留客，由于不会"说话"，无意间得罪了客人，陷自己于尴尬之中。有道是"舌为利害本，口是祸福门"、"良言一句三冬暖，恶语伤人六月寒"。

有人认为，言语沟通不就是说话吗？说话太简单了，谁不会呀。真是这样吗？这则案例中，"主人"的言语失当给我们什么样的启示呢？如果这位主人用沟通的原则做指导，充分考虑到言语沟通的场合和对象，类似这样的尴尬是完全可以避免的。我们这一章要阐述的就是言语沟通的含义、特点和基本原则，介绍了一些言语沟通的技巧，掌握了这些内容，我们在沟通中就可以以正确的理论为指导，多一点理性，少一些感性，善于沟通，广结善缘。

语言是思维的物质外壳，是人类最重要的交际工具，是人们进行沟通交流的各种表达符号。只有凭借语言，人们才能对周围的各种事物进行命名、比较、分析和概括，才能对抽象事物（如情感、意识、观念等）进行解说，使之成为可以理解的对象。语言是人类沟通的工具，但不是唯一的工具。人们还可以通过非语言进行沟通。

言语是指个人对语言材料和语言规则的具体运用。据此，我们可以把沟通分为言语沟通和非言语沟通两大类。认识和掌握言语和非言语沟通的特性，对提高沟通能力，有着十分重要的意义。

第一节 言语沟通概述

一、言语沟通的含义

在人际沟通过程中,言语主要是一种在具体的日常生活情景中由特定的个人发出的、有意义的话语,是一种充满个人色彩的、动态的、诉诸人的听觉器官的语言,是人们交流信息的主要手段。所谓言语沟通,是指人们以言语为媒介所进行的信息交流活动。

在进行言语沟通时,参与的各方对语境的理解必须高度一致,他们所交流的言语意义就损失最少。可见,言语沟通的媒介是言语,而言语又和语境有着密不可分的关系。那么,语境对言语有什么样的影响或制约呢?

二、言语沟通过程中的语境

在沟通过程中,人们使用言语或非言语手段交流信息,尽管双方对言语或非言语手段表达出的表层意义的编码和解码都正确无误,但不一定能够理解其正确含义。例如,一位在华留学的英国学生到中国同学的家中拜访,告辞时,尽管主人有急事等着马上去办,不能陪客人共进晚餐,但主人仍然会说:"吃完饭再走吧"。如果客人不解其中的含义,真的留下来吃饭,会让主人很为难。因为,中国人挽留客人吃饭,仅仅是一种礼节的表示,显示自己的好客。中国人对这句话的含义心知肚明,往往会编造出一个合乎情理的理由,"诚恳"地说明自己不能在主人家吃饭的原因,并且会说"改日再来"。至于客人是否真的会"改日再来",大家彼此都心照不宣。要理解"吃完饭再走"的含义,必须将它放到中国的民族文化、民族心理的背景下解读,才能不至于产生误解。

1. 语境的含义

在涉及语境的定义之前,我们先看一则与语境有关的事例。

┃相关案例┃

我国当代著名作家韩少功在《暗示》一书中,讲述了一段自己的亲身经历:"文革"期间,韩少功下放农村当知识青年,在办理返回城市参加工作的调动手续时,需要大队党支部书记(以下简称支书)签字。支书是个阶级斗争觉悟很高的人,平常总是绷着脸。韩少功在一个大雪纷飞的冬夜,去了支书家里。屋内炉火正旺。支书老婆给他拍打雪花,支书还亲自给他端来姜茶,言辞也和善,很痛快地把字给签了。假使韩少功去的不是支书家里,而是大队办公室,这事八成不会这么顺利。难怪韩少功发出这样的感慨:"火光也是语言"。

韩少功在书中写道:"很久以后我才明白,人情常常产生于特定的场景,比如,产生于家里而不是办公室。我相信支书并没有丧失他的阶级斗争觉悟,也仍然保留着以往对我

> 的戒意，但这种戒意似乎只能在办公室起作用，很难在他家里活跃起来。由火光、油灯、女人、姜茶、柴烟等构成的家居氛围，营造了一种家庭的亲切感，给所有来客都涂抹了一层暖暖亲情。"
>
> 从沟通的角度分析，韩少功将沟通的地点没有放在大队办公室，而是选择在支书的家中。在不同的沟通地点，人们的角色定位和心理态势是不一样的。在大队办公室，支书会将自己的角色定位于领导，很可能会公事公办，紧紧绷住阶级斗争这根弦，不让有着"可疑家庭背景"的韩少功回城。在自己家中，支书多了两个角色，一是他老婆的丈夫，二是他孩子的父亲，是一个长者。家中暖和，气氛融洽，办公事会不自觉掺和着一些个人情感。这就是韩少功所说的"火光也是语言"、"场景就这样常常暗中规定和引导着话题"的意思。

上例情景中，韩少功办理同一件事，说相同的话，但把沟通地点选择在大队支书的办公室或者大队支书的家中，二者的效果是大不一样的。这就说明，在沟通过程中，除言语因素外，还有某种隐含因素在悄悄地起着作用，像一只"无形的手"直接左右着沟通目标能否实现。这只"无形的手"就是语境。

语境是"言语环境"的简称，是一个具有多种含义的术语，其定义和分类因研究者、研究目的的不同而有所差异。尽管如此，国内外学者有关语境的定义，都以不同的定义方式，表述了同样的一些内涵：语境的内容涉及了全部的语言、非语言因素和背景因素。

从沟通的角度出发，我们对语境做这样的界定：所谓语境，是指人们运用自然语言进行沟通的言语环境。它包含沟通过程中影响理解话语意义的所有因素，即言语因素和非言语因素，如体态、手势、表情、沟通的时间、场合和双方的社会地位及关系等，还包括沟通双方知识的拥有量和对沟通所持的态度，等等。由此可见，语境研究的是言语环境，而不是语言环境。语言是静态的，仅指语言本身；而言语是动态的，包括整个沟通过程，即语言在不同的沟通过程中被赋予的不同含义。

2. 语境的分类

与语境的定义一样，语境的分类也多种多样。有的学者将语境分为内隐性语境和外显性语境两类。

内隐性语境包括沟通双方的背景知识、沟通的具体环境，以及时代环境、文化背景等因素，它们在理解话语的过程中，呈现出一种内隐的形态，人们不容易觉察到它的存在。内隐性语境的作用比较间接，但它对理解话语活动的影响程度比外显性语境大。

外显性语境包括：上下文语境、情景语境和社会文化语境(见图2-1)。它们在理解过程中呈外显的形态，比较容易把握，对理解的作用也比较直接。不管怎样，它们都在沟通活动中发挥着重要的作用。

上下文语境也称为微观语境，包括书面语的上下文、口语的前言后语。

情景语境又称为中观语境，指沟通行为发生的环境，即沟通情景，包括沟通的时间、地点、话题、场合等客观因素，也包括沟通双方的认识、思想、情绪、心理状态等主观因素。

社会文化语境又称为宏观语境，包括沟通双方思想意识中所积淀的历史文化背景、民族心理、风俗习惯、价值观和人生观等。

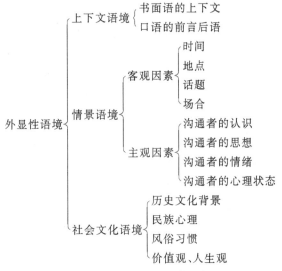

图 2-1　外显性语境的分类

3. 语境的作用

任何言语活动都是以一定的语境为条件的,绝无例外。从沟通实践来看,语境主要体现出制约作用和解释作用。语境对言语的制约作用表现为人们在言语沟通中,不得不根据具体的语境,选择恰当的言语表达方式。另一个方面,语境对于言语沟通具有解释和说明的作用。它能帮助人们从字面意义推断出话语的弦外之音,获取准确的信息等。例如:仍以女孩对男孩说的"你真坏"这句话为例,如果是两人大吵大闹时说的这句话,则女孩真认为男孩很坏;如果是在亲昵时说的这句话,则成了"你真可爱"的意思。由此说明,语境能够帮助人们理解话语的意义。

语境是语用学的概念,物理环境、背景是沟通学的术语。它们二者的外延大致重合。除"上下文""前言后语"的属性外,语境的外延大致涵盖了沟通的物理环境和背景,从某种程度来说,可以将语境看作沟通的物理环境和背景。

三、言语沟通的作用

1. 言语沟通是人生存和发展的最基本的需要和必备的技能

马克思说:"人的本质不是单个人所固有的抽象物,在其现实性上,它是一切社会关系的总和。"人是具体的、生活于现实生活中的人。他们的一切行为不可避免地要与周围所有的人发生各种各样的关系,如生产关系、恋爱关系、亲属关系、同事关系,等等。生活在现实社会中的人,必然是生活在一定社会关系中的人。离开了社会,单个的人是无法生存的。所以说,社会性是人的基本属性。

人的社会属性决定了人总是工作、学习、生活在一定社会关系之中,决定了每个人的一生中都必须要同形形色色的人打交道,而言语沟通则是连接个人与社会的纽带。无论是对个人的生存还是发展,言语沟通都是不可或缺的基本需要,是必备的基本技能。

图 2-2 马斯洛的需要层次理论

美国心理学家马斯洛提出的需要层次说,很好地阐明了社会交往是人必备的需求(见图 2-2)。其中,社交的需要,也称为爱和归属的需要。这一层次的需要包括两个方面的内容:一是友爱的需要,即人人都需要家人之间、朋友之间、同事之间的关系融洽或保持友谊和忠诚;人人都希望得到关爱,希望爱别人;二是满足归属感的需要,即人都有一种归属于一个群体的感情需求,希望成为群体中的一员,并相互关心和照顾。

社会性的需求是人的基本需求之一。无论是满足爱的需要,还是归属感的需要,人与人之间都必须交流信息,交流思想和感情,而这些精神需求很大的一部分正是通过言语沟通来实现的。言语沟通能力的高低,决定了一个人的人际关系状况的良好或恶劣。所以,仅就个人的生存和发展而言,言语沟通的重要意义,无论如何强调都不过分。

2. 言语沟通是个人事业成功的重要条件

一个人获得事业上的成功的原因有很多,例如,学识、勤奋、意志、胆略、机遇等,而具备较强的沟通能力,也是事业成功的重要因素。研究表明,一个人在事业上的成功,只有15%依靠专业技术,另外85%要依靠良好的人际关系和处事技巧。而后者的成功与否,很大程度上取决于沟通能力的强弱。西方国家的很多企业一直把言语沟通能力作为衡量人才的一个重要标准,他们在招聘人才时,都要进行言语表达能力的测试。言语表达看似简单,在它的背后起着支撑作用的是一个人的综合素质与能力。

▌相关案例▐

杨澜在《别误解我——杨澜自述》中,讲述了她应聘中央电视台节目主持人的面试经过。主考官突然问她:"你敢不敢穿三点式泳装?"这在当时是一个很敏感的话题,无论回答"敢",还是"不敢",都不可能周全,会陷入被动。杨澜机智地避开了正面回答,采取包抄迂回的策略,答道:"服装和社会生活有着密切关系。若是到海滨浴场,穿三点式未尝不可;若在乡村小路、旅店客栈穿三点式,就不免显得对人不尊重。这不是敢不敢的问题,而是合适不合适的问题。"杨澜的回答既得体,又在理,当即引起一片掌声,博得了主考官的好感。

在回答主考官关于"你敢不敢穿三点式泳装"这个刁钻的问题时,杨澜如果回答不得体,落入考官事先设置的"陷阱"中,回答"敢"或者"不敢",杨澜都可能被淘汰出局,不可能成为中央电视台的著名节目主持人。

上述案例生动地说明了一个道理:较强的言语沟通能力是一个人事业成功的阶梯。俗话说,有口才不一定是人才,是人才一定有口才。此话也许有点偏颇,但说出了言语沟通能力的重要性。

3. 言语沟通能够使人增长见识

当今社会高科技迅猛发展,知识爆炸,信息激增。人们通过言语沟通,可以获取自己在生活、工作、学习等方面必需的信息,丰富自己,充实自己。

有这样一个传说:我国清代文学家蒲松龄每天在热闹的十字路口摆一个茶摊,免费请过往的行人喝茶,条件是讲一个有趣的故事。靠这个办法,蒲松龄收集了大量的民间传说,并以此为素材,创作了著名的志怪短篇小说集《聊斋志异》。

爱尔兰剧作家萧伯纳说过:"你有一个苹果,我有一个苹果,我们彼此交换,每人还是一个苹果;你有一种思想,我有一种思想,我们彼此交换,每人可拥有两种思想。"这句话很好地诠释了言语沟通可以交流思想情感、增长见识的道理。

三人行,必有我师。一个人的成长,只靠自己的学习是不够的,还要向他人学习,与他人交流就是一个很好的学习方式。在日常工作和生活中,我们通过与他人的言语沟通,获得更多的信息或知识,日积月累,就会见多识广;反之,就会孤陋寡闻。所以,"听"和"说"既是学习的过程,又是言语沟通的过程。言语沟通的频度和深度,直接影响到一个人发展的高度。

4. 言语沟通促进身心健康,养成积极向上的心态

人的一生,绝大部分时间是在工作单位和家庭中度过的。具有较强言语沟通能力的人,一般具有融洽、和谐的人际关系,能够营造良好的工作环境、和谐幸福的家庭氛围,给人带来欣悦、满足的积极心理效应,促进人的身心健康。

医学研究表明,良好的人际关系对于个人生理与心理健康都有很大的益处。良好的人际关系可以提高肌体免疫力、减少病患、促进康复,使人健康长寿。反之,如果一个人没人理会,被放弃、疏远,则会产生焦虑、沮丧、挫折、失望、自贬的负面情绪,带来心理上的失落和创伤。

培根[①]说过"如果你把快乐告诉一个朋友,你将得到两个快乐;如果你把忧愁向一个朋友倾诉,你将被分掉一半的忧愁。"医学研究表明,善于沟通的人,其心理疾患要比不善于沟通的人少很多。

【思考和练习】

(1) 什么是言语沟通?
(2) 在言语沟通中,语境起着什么样的作用?
(3) 对个人而言,言语沟通有哪些重要意义?

第二节 言语沟通的特点和基本原则

一、言语沟通的特点

言语沟通是人们交流思想感情、寻求互助、合作的一种手段。因此,从本质上看,言语沟通是一种普遍存在着的社会现象,具有社会性;从形式上看,言语沟通是个体与个体之间

---

① 弗朗西斯·培根(1561—1626年),英国文艺复兴时期最重要的散文作家、哲学家。

的具体行为,具有鲜明的个性化特征;从过程上看,言语沟通是由沟通的主体和客体共同完成的,因此言语沟通具有双向性或互动性的特点;从效率上看,言语沟通具有便捷、快速的特点。

(一)言语沟通具有社会性

社会性是人作为社会的一员进行活动时所表现出的有利于集体和社会发展的特性,如利他性、服从性、依赖性,以及更加高级的自觉性等。社会性也是人的不能脱离社会而孤立生存的属性。

1. 人的社会性决定了人际沟通具有社会性的属性

人类要生存、发展,要创造物质财富和精神财富,必须相互合作;而单个的人在社会上很难生存或发展。

2. 语言的社会性决定了言语沟通的社会性

语言随着人类社会的产生而产生,随着人类社会的发展而发展。因此,语言具有社会性。语言作为人际沟通的主要媒介物,它的社会性从另外一个方面决定了人际沟通行为的社会性。

3. 人类的沟通行为都是在一定的社会条件下进行的

社会条件不同,政治、经济、文化等因素也不一样,人们沟通的内容和方式也大不相同。例如,被称为"十年浩劫"的"文革"时期,大兴文字狱,很多人因言论获罪,身陷囹圄,饱受摧残。沟通时,人们谨小慎微,只说好话,不敢提出批评意见。进入 21 世纪后,言论开放,很多人可以借助互联网,就某一社会现象或国家政策发表自己的言论、建议和意见。可见,不同的社会条件对沟通的内容和方式有着巨大的影响,使得言语沟通具有鲜明的社会性。

(二)言语沟通具有鲜明的个性化特征

1. 无论任何形式的人与人之间的言语沟通,都是通过某个或数个具体的个体来实现的

即便是国家之间、党派之间、社会组织(主要指企事业单位)之间的人际交往活动,也是通过具体的个人之间的言语沟通来实现的,这给言语沟通打上了个性化的烙印。

2. 言语沟通具有鲜明的个性化差异

言语沟通的个体,分属于不同的社会阶层,他们的人生观、价值观、受教育程度、社会地位、生活方式、兴趣爱好、性格情感等有着巨大的差异,人与人之间的言语沟通也会呈现出鲜明的个性化特征。例如,有的人喜欢有话直说,有的人崇尚婉转迂回;有的人说话像放机关枪,有的人说话慢条斯理;有的人说话时眉飞色舞;有的人说话时不动声色……林林总总,不一而足。所以说,个性化是言语沟通的鲜明特征。

(三)言语沟通互动性强、反馈及时

言语沟通说到底,是沟通的主体和客体之间面对面的情感交流或信息交换。具体的表现形式是:甲说乙听,然后乙根据甲说的内容,即时做出反馈(回应),向甲发出信息;甲听完后,再向乙发出反馈信息。甲乙双方或你听我说,或我听你说,互为沟通的主体和客体,而彼此所说的内容互为因果,使话题连绵不断,沟通行为得以延续。由于言语沟通的听、说、问可以实时进行,互动反馈方便及时,具有很高的沟通效用。

二、言语沟通的基本原则

古人云:"舌为利害本,口是祸福门","良言一句三冬暖,恶语伤人六月寒",这些说的就是言语沟通技巧运用得当与否的不同结果。言语沟通的技巧种类繁多,纷纭复杂,如果一一道来,则难以穷尽。因此,有必要采取大而化之的方法,将许多个零散的、分散的、无意识的、不自觉的言语沟通技巧,通过提炼、概括、集中,形成带有约束性的原则。这些原则是指人们在长期的言语沟通实践中,从经验和教训中总结出来的,并再次经过沟通实践的检验被证明的行之有效的法则或标准。有了宏观层面的原则的观照,人们微观层面言语沟通行为就会变得理性、得体,产生良好的效果。

所谓言语沟通的原则,是人们在言语沟通时所必须遵守的准则,不可逾越的底线。

(一) 真诚原则

一提起言语沟通,很多人都很重视沟通的技巧。方法和技巧固然重要,但我们也不能过分夸大它们的作用,认为只要掌握好了言语沟通的技巧,就能够通吃天下的想法是错误的。言语沟通技巧的确很重要,但不是唯一的。要想做好言语沟通,与他人建立长久的、和谐的合作关系,真诚是不可或缺的首要原则。

真诚是沟通的基石。中国移动通信有一句很经典的广告语"沟通从心开始",很好地诠释了沟通的本质:沟通萌于真,达于心,是心与心的真诚交流。真诚是连接心与心之间的桥梁。只有用真心、用真诚去传情达意,才能使彼此的沟通更为顺畅、更为精彩。真诚的沟通将打破心灵之间的隔阂,缩短心与心之间的距离。

1858年,美国前总统林肯在一次竞选辩论中说道:"你能在所有的时候欺骗一些人,也能在一些时候欺骗所有的人,但是,你不能在所有的时候欺骗所有的人。"所以,那些骨子里渗透着虚伪与欺骗的言语沟通,即便骗术再高超,总有露馅的时候,"纸包不住火"就是这个道理。鲁迅先生说,"捣鬼有术,也有效,然而有限。以此成大事者,古来未有。"生活中这样的例子很多:谎言一旦揭穿,即便使用高超、精湛的沟通技巧尽力弥补,也无济于事。

如果将沟通比作一棵大树,"真诚"便是根,"技巧"是指枝和干。撇开真诚去单纯追求沟通技巧,无异于缘木求鱼、舍本求末。

(二) 合作原则

1. 合作的意义

俗话说,"一个和尚挑水吃,两个和尚抬水吃,三个和尚没水吃。"从反面说明人与人之间拒绝合作,后果很严重。

儿歌《蚂蚁搬米》:"一只蚂蚁来搬米,搬来搬去搬不起;两只蚂蚁来搬米,身体晃来又晃去;三只蚂蚁来搬米,轻轻抬着进洞里。"从正面说明合作的力量是无穷的,通过合作可以实现个人和群体的共同利益。

在当今信息时代,各种新知识、新技术层出不穷,竞争日趋紧张激烈,社会化程度越来越高。在这种情况下,单靠个人能力已很难处理各种错综复杂的问题并采取高效的行动。

人与人之间只有团结合作，才能实现个人和群体利益的双赢。

人类社会化的合作需求，源于人的社会性。爱因斯坦说过："我们吃着别人种的粮食，穿着别人缝的衣服，住别人造的房子。我们的大部分知识和信仰都是通过别人创造的语言由别人传授给我们的……个人之所以成其为个人，以及他的生存之所以有意义，与其说是靠他个人的力量，不如说是由于他是伟大人类社会的一个成员，从生到死，社会都在支配着他的物质生活和精神生活。"这段话很好地诠释了人类社会是一种"人人为我，我为人人"的合作关系。

2. 言语沟通的合作原则

人类社会的合作关系，决定了人与人之间的言语沟通必须遵守合作的原则。这个原则是美国语言哲学家格莱斯提出来的，其内涵是"在参与交谈时，根据你所参与交谈的目的或方向的变化而提供适当、贴切的话语。"在沟通目的的观照下，沟通的双方都要向对方提供适当、贴切的话语，言语沟通才能顺利进行——这就是言语沟通的合作原则。

言语沟通的合作原则有四条相应的准则。

1) 量准则

满足实现沟通目的所需要的信息的数量；但不包括超出需要的信息。

生活中，违反量准则的现象很多。例如：医生问诊时，患者总是提供超量的症状信息，甚至提供多余无效的信息，而医生认为患者不懂医学，不必告知太多，则常常提供不足的信息。

2) 质准则

不说自知虚假的话；不说证据不足的话。

生活中违反质准则的事例：有些患者为了引起医生重视，故意夸大症状："哎哟，疼得厉害"；有的医生为了一己私利，故意夸大某种贵重药物的疗效，收取药品回扣。又如，某患者胃疼得厉害，在医院观察室治疗后仍不见好转。医生说："我怀疑你得了胃癌，建议你去做胃镜确诊。"患者愤怒道："有你这么说话吗？我上个星期才做的胃镜，一切正常。"这位医生显然是说"证据不足"的话，因此激怒了患者。

3) 关系准则

言语沟通的内容要有关联性，要切合题旨；不要东扯西拉，漫无边际。即不说与沟通的目的、主题没有关系的内容。

违反关系准则的情况：医生问诊时，患者经常提供与病情不相关的信息，如"今天我儿子加班，媳妇回了娘家，都不在家。所以我自己煮饭吃，我煮了稀饭，炒了两个小菜，吃得很舒服，可到了夜里就肚子疼得厉害……"废话连篇，是违反关系准则的常见现象。

4) 方式准则

言语沟通的用语要通俗明了，简明易懂，避免歧义。如医生回答患者的问题时，使用晦涩的专业术语；患者回答提问时，东扯西拉，条理不清楚。

一个句子有两种或两种以上的理解，就会产生歧义。歧义产生的原因比较复杂，主要有词义不明确、句法不固定、层次不分明、指代不明等。另外，使用的语气也会导致歧义。歧义的现象很常见，此处略举一二。例如，"开刀的是他父亲"这句话，可以将"开刀的"理解为主刀做手术的大夫,也可以将之理解为"被做手术的患者"。再如,"放弃美丽的女人让人心碎"这句话,就有两种理解:一是"男人放弃了美丽的女人,让人心碎";二是"如果女人放弃追求美丽,是件令人心碎的事。"

歧义现象是言语沟通的大忌,要尽量避免。说话要做到准确达意,简洁明了。

格莱斯的合作原则是言语沟通的重要原则。要求沟通的参与者,共同遵守这个原则,才能使沟通顺利进行。反之,就会给沟通造成障碍。在一般情况下,由于言语沟通的参与者存在着共同的目的,或者有一个彼此都能接受的话题内容,双方都会为合作付出一定的努力。当然,某种情形下,也会出现违背合作原则的情况,如说谎,对问题置之不理,故意说一些漫无边际的话等。

(三)得体原则

得体原则是指在言语沟通中,以追求最佳沟通效果为目的,以契合特定的语境为基本要求,选择最适当的沟通手段或方式传递最适合的信息的准则。得体是言语沟通的最重要、最基本的原则。

言语的运用受语境的制约。因此,言语沟通得体与否和语境密切相关。正如前文所述,我们将外显性语境划分为上下文语境、情景语境、社会文化语境三种类型。

得体性原则要求在言语沟通的过程中,要注意用语一定要与语境的各构成要素相契合,如场合、对象、目的,等等。沟通的"得体原则"要求我们思考这样的问题:在某种特定的语境中,能说什么,不能说什么?说什么好,说什么不好?怎样说有分寸,怎样说没有分寸?怎么说效果好,怎么说效果不好……既要考虑自己的地位、身份、文化素养、生活阅历等方面,又要考虑沟通对象的这些情况,选择最恰当的表达方式,达到沟通的目的。"到什么山上唱什么歌,见什么人说什么话。"说的也是这个道理。

言语沟通得体性原则,主要体现在以下几个方面。

1. 用语契合目的

目的与手段是人们在沟通活动中经常遇到的两个问题。通过沟通达到什么目的?为了实现这个目的,使用什么样的手段或方式?这些都是沟通过程中必须解决的首要问题。一般而言,目的是人们在实施某个行为前,在意识中事先建立的该行为的未来结果。目的必须通过人们运用某些手段才能实现。手段是实现目的的方法、途径。借助一定的手段实现一定的目的,是人们沟通活动的一个根本特点。

▎**相关案例**▎

古希腊著名哲学家苏格拉底的妻子是众所皆知的悍妇。有人问苏格拉底:"为何娶这样的女人为妻?"他笑道:"如果你能驯服一匹烈马,那么其他马又有何难驾驭的呢?我能忍受她这样凶的人,天下人谁不能做我的朋友呢?"尽管苏格拉底对妻子很宽容,但妻子往往还是当众让这位著名哲学家难堪。有一次,当苏格拉底正在同几位学生兴致勃勃地讨论某个学术问题时,他的妻子闯进房间大吵大闹。苏格拉底已经习惯了妻子这样的行为,便不予理睬,照样高谈阔论。他的妻子气不打一处来,竟将一盆水泼到了他的头上,致使苏格拉底全身湿透。当学生们感到十分尴尬而又不知所措的时候,苏格拉底笑了起来,幽默地说:"我早已料到,雷霆之后,必定是场倾盆大雨。"学生们都笑了,妻子羞愧地退了出去。

苏格拉底在穷困潦倒时,他的妻子不顾家人的强烈反对,毅然和苏格拉底共同生活。苏格拉底的妻子很爱自己的丈夫。在苏格拉底生命的最后时刻,他的妻子到狱中探望他。她腰板挺直,将头发卷起梳成一个大髻,在悲伤中她仍然保持着体面,用一种庄重的气质来"送别"丈夫——她知道丈夫喜欢她这样。她对苏格拉底说:"我的丈夫是一个伟大而智慧的人。过不了多久我就会找你的。"苏格拉底把妻子披散下来的一小缕头发放回原处:"你知道我们是彼此相爱的。我甚至乐意听你唠叨……等着吧,我们会在极乐世界见面的,在那里我将报答你一切。"

苏格拉底的妻子虽然很爱丈夫,但大胆泼辣、桀骜不驯的性格常让苏格拉底下不了台。苏格拉底生前对妻子又爱又怕,又无可奈何。面对妻子迎头泼下的一盆冷水,苏格拉底知道:如果为了维护颜面而和妻子干仗,显然不是"悍妻"的对手,只会让自己在学生面前更难堪。于是,他将言语沟通的目的定位于"缓和气氛,摆脱窘境"上:出人意料的诙谐一笑,缓和了紧张的气氛。那句"我早已料到,雷霆之后,必定是场倾盆大雨"的幽默,让妻子羞愧而退。由于苏格拉底的沟通目的明确,所以他采用幽默化解危机,用比喻解脱尴尬,用这样的"手段"很好地实现了言语沟通的目的。

上述案例说明了一个道理:在沟通之前,必须明确沟通要达到的目的。只有目的确定了,才能从众多的"手段"中,选择出实现目的的最佳方式或方法。没有目的的沟通,是盲目的沟通。可见,沟通中的"目的先行"与写作中的"意在笔先"有着同工异曲之妙。

2. 用语要看场合

场合既指一定的时间、地点构成的总体氛围,也指沟通时的自然情景和社会背景,是语境的重要构成部分。所谓"到什么山上唱什么歌"、"因境设词"指的就是言语沟通要在不同的场合,采用不同的说话策略,达到用语巧妙、自然得体的效果。

如果不注意沟通的场合,信口开河,往往招致不良的后果。

▎相关案例▎

鲁迅先生有一篇散文《立论》,非常生动地揭示了说话应注意场合的原则:

一家人家生了一个男孩,合家高兴透顶了。满月的时候,抱出来给客人看,——大概自然是想得一点点好兆头。

一个说:"这孩子将来要发财的。"他于是得到一番感谢。

一个说:"这孩子将来是要死的。"他于是得到一顿大家合力的痛打。

我们暂且撇开鲁迅先生文中针砭时弊的主题不论,就事论事:孩子满月是喜事,主人这时最愿意听赞美之词,尽管知道对方是投其所好,但是爱听;而说孩子将来必死,确是有据之言(人总是要死的),却使主人反感。因为在轻松的场合言语也要轻松,在热烈的场合言语也要热烈,在清冷的场合言语也要清冷,在喜庆的场合言语也要喜庆,在悲哀的场合言语也要悲哀。所以说话要看场合,在什么场合说什么话。

场合有很多种：或悲痛，或欢乐；或正式，或随意；或紧张繁忙，或轻松愉快；等等。不同的场合，对言语的运用有不同的要求。一般来说，在悲痛的场合，应该庄严、肃穆，不能说轻松的话题；在喜庆的场合，应该轻松、愉快，多说吉祥的话语，不能唠叨自己的苦恼不满，等等。可见，场合对于说话的内容和形式有着明显的制约作用。

3. 用语要看对象

俄罗斯有一个很著名的谚语："语言不是蜜，却可以粘住一切东西。"说的就是恰当的用语，可以使沟通顺利进行，增进彼此的了解和情感。言语沟通时，要有的放矢，注意针对性。根据沟通对象的性别、性格、文化程度、文化背景、心理状态等因素，选择适当的沟通的内容和方式。否则，就会导致沟通的失败。

1) 用语要看对方的身份和地位

从人格角度说，人与人之间都是平等的，但这只是一种理想的说法。现实生活中，人不可避免地存在身份高低、地位贵贱的差别。在言语沟通中，如果忽略了这样的差别，便会动辄得咎，处处碰壁。那么，当自己或对方的地位不同或发生了变化时，进行言语沟通应该注意什么呢？

> **相关案例**
>
> 农民起义领袖朱元璋登上了皇帝的宝座。一天，昔日的一位儿时朋友前来拜见他："我主万岁！当年微臣随驾扫荡芦州府，打破罐州城；在汤元帅在逃之际，拿住豆将军……"听到他的话语，朱元璋暗自思忖：这位儿时的朋友从未跟从自己南征北战，却当庭表功，意欲讨官，朱元璋本想不给，但细细一琢磨，恍然大悟——此人话中隐约而巧妙地讲述了自己儿时的一些事情。于是，朱元璋立刻封他做了一个朝廷大官。
>
> 朱元璋另一个儿时朋友得知这个消息后，心想："同是幼时一起玩耍的人，既然他能前去讨官做；我若前去，至少也不会倒霉的吧？"于是，他也前往拜见朱元璋。
>
> 当见到朱元璋的时候，他就直通通地说道："我主万岁！你还记得吗？从前，我们一起替人家放牛。有一天，我们在芦花荡里，将偷来的豆子放进瓦罐中煮，还没煮熟，我们就抢着吃。不料，罐子被打破了，豆子撒了一地，汤也都泼在了泥地里。当时，你只顾着抓地下的豆子吃，却不小心把红草叶子也吃进了嘴里，叶子梗在你喉咙口，噎得你直翻白眼。最后，还是我出的主意，叫你嚼一大口青菜叶子，使劲吞下去，这样红草叶子才得以下肚……"
>
> 没等他说完，朱元璋勃然大怒，喝道："大胆刁民，推出去斩了！"
>
> 这是一则有关朱元璋《破罐煮豆》的故事。在旁人看来，朱元璋第一位儿时的朋友表面讲述的是跟随朱元璋征战的功劳，朱元璋封他一个大官，理所当然。其实，朱元璋心里明白：他说的"芦州府"指的是儿时玩耍的芦苇荡；"罐州城"指的是他们儿时煮豆子用的瓦罐；"豆将军"自然是指偷来的豆子；"汤元帅"是煮豆子的水……这位儿时的朋友假借讲述儿时"破罐煮豆"的故事，希望朱元璋念及往昔的情谊，封个一官半职，结果如愿以偿。
>
> 第二个人也向朱元璋讨官，也述说了陈年往事，结果被推出去问斩。
>
> 这两个人有着同样的沟通目的——讨官，陈述的内容也大体一致——破罐煮豆，结局却大相径庭。

2）用语要看对方的性别

由于性别心理上的差异，男性和女性对言语的反应是不一样的，两者对言语的承受能力也存在着差异性。因此，对男性和女性说话应注意有所区别，有些可以对男性说的话，未必可以对女性说。

一般来讲，男性对言语的承受能力较强，直接而善意的批评不会导致男性的难堪，而女性对言语的承受能力则比较弱，即使是善意的批评也要尽量婉转一点。

3）用语要看对方的性格

性格开朗的人，喜欢交往，乐意接近别人，也较希望别人接近自己。他们的自我空间较小，开放程度较高。他们喜欢有话直说，不太在乎语气的轻重。而性格内向、孤僻自守的人，不愿主动接近别人，对接近自己的人十分敏感，他们的自我空间比较大，别人如果在未经接纳的情况下进入这个空间，容易产生焦虑。与这样性格的人沟通时，要注意方式和方法。

4）用语要看对方的年龄

言语沟通时还有一个因素是不可忽视的，那就是沟通对象的年龄。同样的沟通内容，因沟通对象的年龄差异而采取不同的方式或方法。

例如，一位20岁的大学生问对方的年龄，对不同年龄段的人就要使用不同的问法。

问小孩："你几岁了？"问同龄人："你今年多大？"问中年人："您多大年纪了？"问老年人："您今年高寿哇？"

言语沟通中有一个下位原则（也称俯就原则），指的是沟通中的一方在语言能力上明显高于另一方，但为了更好地与对方沟通，一方将言语转换成一种对方容易理解的方式来表达，以求得言语沟通顺利进行。

相关案例

一个上幼儿园的小朋友见妈妈热情地挽留客人吃饭，也拉着客人不让走。客人问小朋友："你有什么招待阿姨啊？"

小朋友听不懂什么叫"招待"，不解地眨着眼睛。

客人忙改口说："你有什么好东西给阿姨吃呀？"

小朋友高兴地答道："有好多呀！巧克力、酸奶、冰激凌。"

在这个情境中，客人与小朋友进行的言语沟通就是采用了俯就原则。客人有意调整了自己的身份，使用儿童容易理解的"童言"进行沟通，有效排除了沟通的障碍，使沟通得以顺利进行。

5）用语要看对方的文化水平

日常生活中，沟通对象的文化水平参差不齐，对言语沟通的要求也不一样。文化水平低的人不习惯使用书面语，跟他们沟通时要尽量使用通俗的口语。如果用书面语或文雅的词句，就会产生沟通障碍。反之，文化水平较高的人，则爱听文雅、委婉的话，对粗俗的言语很反感，也不喜欢平淡无奇的言语沟通。

> **相关案例**
>
> ◆ 从前有一个秀才到集市上去买柴。他很客气地对挑柴人说:"荷薪(挑柴火)者过来。"挑夫只听懂了"过来"两个字,就过去了。秀才又问:"价钱几何?"挑夫只听懂"价钱"两个字,就开了个价。秀才便讨价还价:"外实而内虚,烟多而焰少,请损之(降价)。"这回挑柴人怎么也听不懂,白了他一眼,挑起柴火走了。
>
> ◆ 古时有一个书呆子,说话总爱咬文嚼字。有一次睡觉被蝎子蛰了,便摇头晃脑地喊道:"贤妻,速燃银烛,你夫为虫所袭!"一连说了几遍,他的妻子怎么也听不明白。
>
> 他更着急了,说道:"身如琵琶,尾似钢锥。叫声贤妻,打个亮儿,看是什么东西。"他的妻子还是不知道怎么回事。
>
> 结果他痛得熬不住了,一气之下叫道:"老婆,快点灯,蝎子蛰了我啦!痛死我了!"
>
> "对什么人说什么话。"上述两则言语沟通案例中,主人公用文绉绉的言语和文化水平比较低的人沟通,显然有"对牛弹琴"之嫌疑。对于文化水平较低的人,应该使用通俗易懂的生活口语。

要做到说话看对象,首先要了解对象。对家人,对亲朋好友,你很熟悉,说话时自然会注意到不同特点。对初次相识的人,就不那么容易了。性别、年龄,很容易看出来,身份、职业、文化修养等,则必须通过言谈话语去了解。因此,与陌生人见面,不要急于说什么,而要先倾听对方的话语。如果对方彬彬有礼,你也应该文雅、和气、谦逊;如果对方说话很直,不会拐弯抹角,你也应该坦诚、实在;如果对方情绪低落,不爱说也不想听,你就应该少说几句,或者干脆不说……总之,要在了解对象的基础上,说出合适的话。

(四)尊重礼貌的原则

在言语沟通中,尊重对方是必不可少的。尊重是礼仪之本,也是待人接物的基本美德,它对营造良好的沟通氛围十分重要。

我国是礼仪之邦,信奉"仁义礼智信"。"礼"是什么?"礼"以尊重为核心内涵,以真诚、善意、宽容和理解作为支撑的文明体式。《礼器》曰:"忠信,礼之本也;义理,礼之文也。无本不立,无文不行。"礼是为人处世的根本,也是人之所以成其为人的标准。故《论语》曰:"不学礼,无以立。"有礼之人,让人感到可亲、可敬、可爱,值得信赖,愿意沟通。

> **相关案例**
>
> 在美国,一个颇有名望的富商散步时,见到一个衣衫褴褛的年轻人一边摆地摊卖旧书,一边在寒风中啃着发霉的面包。有着同样苦难经历的富商顿生怜悯之情,不假思索地将8美元塞到年轻人的手中,然后走开了。没走多远,富商忽然觉得这样做很不妥,于是连忙返回,从地摊上捡了两本旧书,并抱歉地解释说自己忘了取书,希望年轻人不要介意。临别时,富商郑重其事地告诉年轻人说:"其实,您和我一样,也是商人。"
>
> 两年后,这位富商应邀参加一个商贾云集的慈善募捐会议时,一位西装革履的年轻书商迎了上来,紧握着他的手,不无感激地说:"先生,您可能早忘记我了,但我永远也

不会忘记您。我一直认为我这一生只有摆摊乞讨的命,直到你亲口对我说,我和你一样都是商人,这才使我树立了自尊和自信,从而创造了今天的业绩……"

富商万万也没有想到,自己两年前的一句话竟能使一个自卑的人树立了自尊,让一个穷困潦倒的人找回了自信,促使一个自以为一无是处的人看到了自己的优势和价值,终于通过自强不息的努力获得了成功。不难想象,假如这位富商当初出于怜悯给年轻人很多钱,但没有那一句尊重与鼓励的话,年轻人很可能不会发生那么大的变化。这,就是尊重的力量,礼貌的魅力!

思考:富商把 8 美元塞到年轻人手中,为何感到不妥,返回拿起两本书?

（五）原则性与灵活性相统一的原则

所谓原则性是指人们在言语沟通中必须遵守的规定或守则,必须不折不扣地贯彻执行,以保证其严肃性、权威性,以实现言语沟通的目标。

所谓灵活性是指在不违背原则及其精神实质的前提下,坚持从实际出发,随机应变,采取灵活多样的方式方法,因时制宜,因地制宜,使沟通的目标得以实现。因此,丧失原则性的灵活性和缺乏灵活性的原则性,都是不可取的。

1997 年香港回归祖国的复杂经历,就体现出邓小平同志原则性与灵活性相结合,解决中英双方重大分歧的胆识和魄力。香港回归祖国前,在与英国政府的谈判期间,邓小平制定了与英国谈判必须坚守的原则:香港的主权回归中国这个问题不容谈判——中国必须拥有香港的驻军权和外交权。在这个原则下,其他什么都可以谈,甚至可以考虑保留香港的资本主义制度,就是香港的主权属于中国这个问题不容谈判。英国领导人威胁道,中国这样做可能会引起严重的后果。在涉及国家主权这个重大原则的问题上,邓小平没有一丝一毫的退让,强硬答道:"中国人穷是穷点,可打起仗来是不怕死的。"这番话,彻底打消了英国政府"用主权换治权"继续统治香港的幻想。可见,香港回归,"一国两制"是邓小平坚定的原则性和高度的灵活性完美结合的典范。

原则性与灵活性是同一事物的两个方面,它们因社会客观需要而统一起来。人是处在一定的社会关系之中的,而社会关系的复杂多样性,导致言语沟通的内容和形式的复杂多样性。所以,仅靠坚持言语沟通的原则性并不能完全解决问题。原则性不应该、也不可能把所有的言语沟通行为全部规范起来,这就需要人们发挥灵活性。

原则性和灵活性二者是统一的,原则性是灵活性的基础,灵活性是为实现原则性服务的。原则性是灵活性变通的标准和尺度,无视原则性的所谓灵活性是错误的。如果单独地强调原则性,不讲求灵活性,必然导致机械主义和教条主义。可见,在原则性指导下的灵活性,不仅是应该的,而且是必需的。

▌相关案例▐

1950 年 9 月 25 日,全国工农兵劳动模范代表大会在中南海怀仁堂举行,中共中央主席毛泽东在热烈的欢呼声中接见劳动模范代表。忽然,一位代表挤上前来,双手握住毛主席的手大声说:"老毛,你咯胖了呀,胖多喽!"毛泽东想起来,他就是在土地革命时当过乡政府主席的"罗瞎子"。他因为从小不识字,名字就叫罗瞎子,意思是"睁眼瞎"。毛泽东兴奋地朝对方的肩头捶了一拳:"罗瞎子,是你呀!""老毛,您到底还是记得我这个小萝卜头!"毛泽东用浓重的乡音回答:"咯还记不得,我不是陈胜王,我还是毛泽东,还是那个老毛!"

显然,毛泽东对罗瞎子直呼其名、叫他"老毛"表现出极大的激动和发自内心的喜悦。

根据相关原则,言语沟通时要看场合、看对象、用语要讲礼貌。"罗瞎子"在如此的正式场合称中共中央主席毛泽东为"老毛",似有不敬之嫌;毛泽东当众称对方为"罗瞎子",似有不妥之处。但正是由于这样的称呼,表现了伟大领袖毛泽东平易近人的一面,说明领袖和普通人一样,有人性、重人情,用语是得体的。

【思考和练习】
(1)言语沟通有哪些特点?
(2)言语沟通必须遵守哪些原则?

第三节 言语沟通的常用技巧

言语沟通的常用技巧有很多种,如果加上沟通的主体、客体,以及时间和场合的不同,言语沟通的技巧又有许多的变化,产生出很多衍生技巧,很难一一穷尽。在这里,我们只是讲述一些最基本、最常用的一些言语沟通技巧。至于家庭、职场、学校、网络等方面的沟通技巧,我们在后面的章节里会一一阐述。

一、找话题的技巧

与生人交谈是人际交往中的重要能力。处理好了,可以结识新朋友;处理不好,会陷入难堪的境地。有了好话题,就能使双方的谈话融洽自如。好话题是交谈的媒介、深入细谈的基础、热情畅谈的开端。

好话题的标准是:至少有一方熟悉,能谈;大家感兴趣,爱谈;有展开探讨的余地,好谈。

找话题前,留意一下对方的行为态度,这通常会提示我们,当下是不是一个展开交谈的好机会。假如对方正在忙于某些事情,或正与别人说话,或正急着赶往别处去,此时找话题与对方沟通,很可能会自找没趣。

1. 从双方的共同点找话题

从共同点找话题,很容易引起对方的共鸣,使话题自然延续下去。找共同点可从双方的年龄、职业、子女、健康、兴趣、爱好等方面去考虑。

如何找到共同点呢?观察对方是一个好的方法。从对方的服饰、言谈举止,可以判断出他的精神状态、生活习惯、大概职业等信息。然后,寻找彼此的共同点。例如,他和你一样都穿了一双运动鞋,你可以以运动鞋为话题开始;假如双方都喜欢打乒乓球,可以从谈论乒乓球开始:

"你打球几年了？"
"三年。你呢？"
"五年。就是感到进步不大，有点郁闷哦。"
"我也是，……"
再如：
"听口音，你好像是湖北人？"
"我是武汉人。"
"噢，我也是武汉人，咱们是老乡啊。俗话说，老乡见老乡，两眼泪汪汪。"
……

共同点引起的话题很容易延续下去，也容易自然地转换到其他话题上去，使言语沟通步步深入，加深了解，增进友谊。

2. 从自己身上找话题

和对方打招呼、相互致意后，可简单透露自己的近况或感受，以引起话题。如：
"我近来工作很忙，常常要加班，压力山大。"
对方会接着问："为什么这么忙？"或者表示关切："要注意身体。"等。通过双方的应答互动，话语自然得以延续下去。

3. 从对方身上发掘话题

通过观察，从对方的某些优点或长处引起话题。如外在的衣着、饰物、身材、面相等方面，都是引起话题的内容。如：
"你这件西服真好看，是在哪里买的呀？"
"老人家，您身子骨很硬朗。今年高寿哇？"
"咱俩年龄相仿，可你的身材很好。有什么保养的秘诀呀？"
如果对方带着孩子，你可以以此为话题："这孩子真可爱！几岁了？"

4. 从当时的场景中找话题

假如，你是一位五十多岁的中年男子，去参加朋友的婚宴，身旁坐了一位年龄与你相仿的陌生人。双方打过招呼或简单地寒暄后，陷入沉默。你可以尝试从当时的情景切入，寻找话题：
"今天的场面真不小哇！"
对方出于礼节或解脱尴尬的需要，一般会应和："是呀，来了好几百人啊。"
"想想我们当年，简单置齐了'三十六条腿（各种家具的脚）'，外加'三转一响（三转：指手表、自行车、缝纫机。一响：指收音机）'，就把婚事给办了。"
对方可能会接下去说自己操办婚事的往事，也可能会说现在的年轻人很幸运，生活在好时代，婚礼办得很排场；也可能会说自己的孩子刚办过婚礼，花了多少钱等。

5. 从当下热门事件中找话题

热门事件特别受世人关注，能引起双方的情绪反应，容易成为共同感兴趣的话题。如，对某个城市来说，第一条地铁线路开通，是全市妇孺皆知的热门事件，可以借此引起话题：

"听说地铁2号线马上要开通了。"

"是呀,盼了好多年,终于有地铁了。我过江上班可方便多了。"

"你在哪里上班啊?"

……

二、延续话题或转换话题的技巧

引起话题,进入言语沟通状态后,可以运用预留空间法、开放式提问法来维持话题或转换话题。

(一)预留空间法

所谓预留空间法,是指言语沟通的双方,本着相互合作的态度,多透露一些谈话的资料,给对方预留出拓展相关话题的空间,使言语沟通得以延续或转换的言语技巧。

1. 用预留空间延续话题

请看下面案例中的乙是如何以合作的态度,采取给甲预留问话空间的方法来延续原有话题的。

> **相关案例**
>
> 甲:"听说地铁2号线马上要开通了。"
>
> 乙:"是呀,盼了好多年,终于有地铁了。我过江上班可方便多了。"(透露的谈资:自己上班与地铁关系密切。以此配合甲找出的"地铁"话题。)
>
> 甲:"你在哪个地方上班哪?"
>
> 乙:"在光谷,华中科技大学。"(透露的谈资:只告诉具体上班的单位和地址,别的不多说,给甲留出继续问话的内容空间。甲在这个节点上,既可以延续这个话题,又可以转换话题。在这里,甲仍是延续有关地铁的话题。)
>
> 甲:"那是够远的。上班要花好多时间吧?"
>
> 乙:"可不是嘛。不堵车的话,差不多要一个小时;堵车的话,一个半小时都到不了。"(透露的谈资:上班很远,很辛苦。暗含盼望地铁开通,延续对方找到的话题。)
>
> 甲:"是够辛苦的。不过,地铁开通就好了,可以为你节省一半的上下班时间。"
>
> 乙:"是呀,乘坐地铁上班,不但舒适便捷,还节省了不少汽油费。"
>
> ……

2. 用预留空间法转换话题

请看下面案例中的乙是如何以合作的态度,采取给甲预留问话空间的方法,来转换原有话题的。

> **相关案例**
>
> 甲:"听说地铁2号线马上要开通了。"
>
> 乙:"是呀,盼了好多年,终于有地铁了。我过江上班可方便多了。"(透露的谈资:自己上班与地铁关系密切。以此配合甲找出的"地铁"话题。)

> 甲:"你在哪个地方上班哪?"
>
> 乙:"在光谷,华中科技大学。"(透露的谈资:只告诉具体上班的单位和地址,别的不多说,给甲留出继续问话的内容空间。使甲在这次节点上,既可以延续这个话题,又可以转换话题。在这里,甲方转换了原有的话题。)
>
> 甲:"在华中科技大学工作,好哇!工作体面,收入也高,还有带薪的寒暑假。"(甲在这里将有关"地铁"话题,转换到"职业、收入和寒暑假"等新话题上,同时也给乙留下了答话的内容空间:或谈职业的苦与乐,或谈收入与付出,或谈寒暑假。)
>
> 乙:"大学老师的职业是不错,可压力也很大。"(延续甲转换了的话题,同时也给甲留下了继续问话的空间。)
>
> 甲:"是吗?大学老师都有哪些压力呀?"(采用开放式提问,给乙足够的答话自由:可以谈教学工作,可以谈做科研课题或写论文,也可谈评职称等。)
>
> 乙:"作为大学老师,首先要完成自己的教学任务。"
>
> 甲:"你一周多少节课呀?"
>
> ……

接下来,双方可以谈课时、谈课题、谈论文、谈评职称、谈待遇等。作为大学老师的乙,也可以转换话题,问甲从事什么职业,并引起相关的话题。

可见,找到合适的话题后,参与言语沟通的任何一方都可以延续或转换话题。其前提是彼此要有沟通的愿望,要有相互合作的态度。在这个基础上,才是预留空间法的技巧运用。

(二)采用封闭式提问延续或转换话题

封闭式提问的答案是有限制的,只有肯定性答案和否定性答案,如"是"或"不是";"可以"或"不可以";"能"或"不能",二者必居其一。例如,"您参加这次会展的感受好不好?"回答只能是"好"或者"不好"。

封闭式提问在销售过程中经常用到,而且效果很好。

▎相关案例 ▎

> 某顾客想给儿子买一个护眼台灯,要求价格便宜。但是营业员并不知道顾客想买的是什么,有什么样的购买要求。
>
> 营业员:你好,欢迎光临××专卖店!请问您选一款什么样的灯?
>
> 顾客:我想买一款护眼灯。
>
> 营业员:是您自己用,还是给小孩用?(封闭式提问,顾客只能回答"自己用"或"小孩用",无论哪一种回答,营业员都会推荐相关的产品。)
>
> 顾客:给小孩用的。
>
> 营业员:好的,您看一下我们这款魔鬼鱼护眼灯怎么样?
>
> 顾客:哇,你们这款魔鬼鱼价格也太贵了吧。
>
> 营业员:我们的产品价格看起来是稍微贵一点。再说,买护眼灯也不能光看价格,最重要的是要看质量,看是不是真的对眼睛有保护作用,您说对吗?(封闭式问题。在

当下的语境里,诱导顾客作出肯定的回答。因为顾客如果做出否定的回答,就会显得很弱智。)

顾客:那倒是。可是你推荐的这款我不喜欢。(顾客认同灯的质优价高,基本排除了"价格贵"的障碍,转而关注护眼灯的款式了。)

营业员:是吗?您是不喜欢它的造型,还是不喜欢颜色?(封闭式问题:只能在"造型"和"颜色"中选答一个。)

顾客:我不喜欢这个颜色。

营业员:那您看看这款蓝色的怎么样?蓝色的,不论男孩女孩,都比较合适。

顾客:我还是觉得价格有点贵。(默认要买这款蓝色台灯,就是想再便宜一点。)

营业员:如果您对其他方面都满意的话,我们可以谈一下价格的问题。我们可以给您打九五折,这已经是我们的最低价了。

最后,顾客接受了营业员的报价,购买了这款护眼台灯。

营业员交叉运用封闭式提问,诱导顾客作出肯定的回答,接受营业员"护眼功能比价格更重要"的观点,很好地解决了双方的异议。

在面对顾客价格异议时,营业员的处理比较得当。当顾客第一次提出"你们这款魔鬼鱼价格也太贵了吧",营业员没有按照顾客的思路,跟她争论自己的价格到底贵不贵,而是轻描淡写地说"我们的商品价格看起来是稍微贵一点。"接着转入商品介绍,说:"买护眼灯也不能光看价格,最重要的是要看质量,看是不是真的对眼睛有保护作用。"这话直接指向顾客买护眼灯的目的和利益。顾客刚开始就喊贵,可能是她的购买习惯,也可能是想为后面砍价打下伏笔。营业员千万不要过早地和顾客进行价格谈判,而要引导到产品的介绍上来,激发顾客的购买欲望。

当顾客第二次提出"我还是觉得价格有点贵",营业员还是没有直接和顾客争辩贵不贵的问题,而是说"如果您对其他方面都满意的话,我们可以谈一下价格的问题"。言外之意是:您现在仅仅觉得价格不合适,如果给您一个合适的价格,您就一定会买了。这样的问话看似在和顾客商量价格的问题,实际上是在询问顾客是否可以成交。把价格放到最后再谈,这是一个非常好的销售过程。

价格异议一定要放到最后再处理,这样一般留给顾客的降价空间并不大。因为大部分顾客不会为了价格的问题,就放弃了自己在店里花了一两个小时精挑细选的产品。所以,把顾客留在店里的时间越长,顾客砍价的主动权就越小。

(三)采用开放式提问法延续或转换话题

开放式提问提出比较概括、广泛、范围较大的问题,对回答的内容有着很大的自由,给对方以充分的发挥余地。这样的提问比较宽松、不唐突、也得体。例如,"您能谈谈参加这次会展后的感受吗?"那么,对方可以侃侃而谈自己的几点感受。

又如,"对于我们的产品,您有什么看法?""这款化妆品您使用以后感觉如何?"运用开放式提问的好处是让对方畅所欲言,这样很容易发现对方的真实想法。缺点则是谈话容易漫无边际,难以抓住重点。

三、结束沟通的技巧

由于种种原因,当双方或者一方想结束言语沟通时,就应该向对方发出结束沟通的信息。常见的方法有以下几点。

(一)委婉发出预备离开之信息

当言语沟通的一方想结束沟通时,可礼貌委婉地表达自己必须离开的原因。例如,老张,我要走了,还有一些报表要做。

(二)提出再联络的表示

当你发出预备离开的信息后,通常可提出再联系的表示,让对方感到你确实有事,才不得不离开,而不是不愿意与他沟通而离开。例如,

"我还有个会,不得不走了。与你聊天很开心,但愿下次有机会接着聊。"

(三)委婉提示

若不想再交谈下去,也可以作出一些提示,例如,

——起身:暗含希望结束谈话的意思

——眼向四处张望:漫不经心

——只回应"是"和"不是"

——对所问的问题常回答"不知道""不清楚"

——沟通中没有目光接触

——不主动延续话题

见到上述这些情景,对方都会知趣地结束言语沟通。

不同的人可能会有不同的表达方式,以上事例未必绝对正确,唯有通过不断尝试,才能形成较为敏锐的觉察对方希望结束谈话的能力。有些人会因害羞或不善言辞而变得沉默,此时就不要误以为对方没有兴趣与你交谈下去。若发现真的话不投机或对方没有兴趣,则不宜勉强维持下去,要有礼貌地离开。

四、大话小说

将以退为进,以虚为实的方法用在言语沟通中就是大话小说。

> **相关案例**
>
> 有个人问新认识的朋友:"您府上是什么地方?"
>
> 朋友答道:"小地方,山东。"
>
> "山东哪是小地方啊?山东是大地方啊。"
>
> "呵呵,山东是小地方。"朋友说,"山东没啥河,就是一条黄河;山东也没啥山,就那么一座泰山;山东还没有出什么有名的人,就那么一个孔子。"
>
> 上述案例虽然是个笑话,却蕴涵着说话的学问。山东朋友运用了大话小说的言语沟通技巧:他先客气、自谦,说山东很一般,但言外之意,却对比出山东了不得,说出了山东的大格局。

下面一个事例也有异曲同工之妙：

见人带一个大戒指，问："这可值不少钱吧。"

对方有两个回答方式可供选择：

其一："可不是吗，贵极了，一百万啦。"

其二："哪儿呀，不贵，一百万。"

上述哪种回答方式让人感到答话人更阔气？当然是大话小说的那一种方式。

"大话小说"的沟通技巧要比"大话实说"好很多，看起来是在"退让"，实际上是在"主动出击"；同时还避免了炫耀之嫌。

五、狠话柔说

狠话柔说是表面上说的话语很柔软、很中听，但话里却暗藏锋芒，咄咄逼人的一种言语沟通技巧。

> **相关案例**
>
> 假如某人正在装修住房，但因为工作很忙，很少去工地查看。所以他对装修公司的项目经理说："我是疑人不用，用人不疑，这事就交给您负责了。如果做得不对，将来我要拆，也不会直接跟工人说，只会跟您说。只要您按时完工，我挑不出毛病，一定会如数付钱。"
>
> 古语说："君子绝交不出恶语。"此话说的是该表达的意思一定要说要到位，但方式和方法一定要柔软、中听，外柔内刚是也。房主的话很软，说得也漂亮，但却"绵里藏针"，实际上是告诉对方："只要没有照图施工、做得不好或偷工减料，我就会要你拆掉重做；只要是没有按时完工，我一定要扣钱。"这话甚至带有一丝威胁的意味，但说得却很柔软，很中听，也很客气，对方难以反驳。

六、怒话缓说

所谓怒话缓说是指在自己发怒的时候要意识到情感失控时的言行是不可能得体的，应该等情绪平静后再考虑如何说话行事的沟通技巧。

> **相关案例**
>
> 有位企业家对员工要求很严格，员工出了一点小错，他都要严厉批评。可是有一天，有两个职员出了大错。全公司都噤若寒蝉，心想大家都惨了。没想到大老板知道了，居然既没有发怒，又没批评人，只召集主管开会。接着他跟全公司的人一起加班，花了几天几夜，把问题解决了。
>
> 这位企业家平时对员工"小事大作"，严格要求，其目的是避免出大事。一旦真出了大事，怒火冲天，把主管和员工喊来大骂一顿，一来解恨，二来出气，但只能火上浇油，于事无补。据研究，一个人在激怒状态中的智商只相当于五岁的小孩子。在重要的关头发怒，此时做出的决定、采取的措施多数是非理性的，很可能因冲动、莽撞，将事情弄砸。"出大事"的时候，需要的是冷静。所以，这位企业家深谙此道，很好地解决了这个问题。

七、重话轻说

重话轻说是指在理性情感的控制下,将原本应该情感激昂、浓墨重彩述说的话语用轻描淡写的方式表达出来的一种言语沟通技巧。

> **相关案例**
>
> ◆《资治通鉴》中记录的淝水之战是我国历史上著名的以弱胜强的战例,而运筹帷幄,指挥军队取得这场战争胜利的军事家便是东晋宰相谢安。当东晋的八万人打败前秦的八十万大军的捷报传到时,谢安正跟客人下围棋。他看完捷报,就顺手放在一边,继续下棋,没有任何反应。客人问:"有什么事吗?"谢安不经意地回答:"小儿辈终于把贼兵打败了!"然后,谢安往里屋走。过门坎时,因为内心过于兴奋,居然把脚上木屐底部的齿都碰断了。
>
> ◆ 费慰梅写的《梁思成与林徽因》一书记录了诗人徐志摩、林徽因和梁思成(梁启超的长子)之间的情感纠葛。梁、林两家是世家,梁思成与林徽因两小无猜,从小就定了娃娃亲。由于出身、教养和文化构成都很相似,兴趣、趣味也很相投,他们的交流十分默契。而著名诗人徐志摩也对美女加才女的林徽因展开猛烈的爱情攻势。林徽因陷入了两难取舍的境地,非常苦恼。最终,经过慎重思考,她选择了梁思成。婚后,梁思成问林徽因:"有一句话,我只问这一次,以后不会再问:为什么是我?"林徽因没有正面回答,淡淡地说:"答案很长,我得用一生去回答你。你准备好听我'说'了吗?"
>
> 上述案例中,谢安听到前线传来的捷报,本应喜形于色,振臂欢呼:"我们胜利了!"但他却漫不经意地说:"小儿辈终于把贼兵打败了"。面对梁思成的提问,林徽因本可充满情感地说出最终选择梁思成的几点原因,但她没有,只说了一句看似平淡却内涵厚重的话语——我得用一生去回答你。
>
> 案例中的主人公运用的重话轻说的沟通技巧,看似轻,实则重;话语轻,情感重。这种重往往是生活之重,生命之重。当一个人经历了诸多苦难的磨炼后,才能沉淀出这样的话语。其沟通效果,远好于激情澎湃的率性表达。

八、"闲话"多说

古人说书时常用"闲话少说,言归正传"开篇。在人们看来,"闲话"在很大程度上等同于废话,属于无效信息。但在某些特定的场合,也能做到闲话不闲,废话有用。

所谓"闲话"多说,是指在人际交往中,其中的一方出于某种目的,以提问的方式将对方引入到看似无关紧要的闲聊话题中,以便从中获取有价值信息的言语沟通技巧。

商场如战场。只有"知己知彼"方能"百战不殆。"例如,在推销某个产品或服务之前,业务员先引导客户谈一些看似无关紧要的家常闲话;由于放松了戒备,客户会在不经意中透露了一些对于业务员来说有价值的信息;业务员根据这些信息,调整下一步沟通的策略。可谓"问者有心,说者无意"。

相关案例

某私立少儿英语培训机构的业务顾问正接待一位幼儿的妈妈。

业务顾问:"请问,您到我们学校方便吗?"

妈妈:"不远,我家住在附近的皇家佳苑小区,开车一会儿就到。"

业务顾问:"那里房价很贵,还贷的压力不小哇?"

妈妈:"还好,我们是一次性付款。"

业务顾问:"你的孩子很聪明,也很漂亮,在哪里上幼儿园呀?"

妈妈:"上天使国际幼儿园。"

业务顾问:"您真有眼光,这是一家很有档次的幼儿园。当初是怎样选中这家幼儿园的呢?"

妈妈:"我在网上查到的,又亲自去看看,感觉很不错,当场就决定了。"

业务顾问:"孩子爸爸的意见呢?"

妈妈:"他生意做得很大,所以很忙,家里的事很少过问。我决定后,告诉他一声就行了。"

仅就业务顾问和幼儿妈妈的对话来看,一般人觉得是拉家常,平淡无奇,与教育产品的销售一点关系都没有。但是,说者无心,听者有意。正是这些家常话,却蕴涵着许多言语沟通的技巧,问出了许多有销售价值的信息内容。请看:

业务顾问:"请问,您到我们学校方便吗?"

妈妈:"不远,我家住在附近的皇家佳苑小区,开车一会儿就到。"(业务顾问获取的信息:住在高档小区,有房有车,经济条件不会太差——客户经济实力的初步定位。)

业务顾问:"那里房价很贵,还贷的压力很大吧?"

妈妈:"还好,我们是一次性付款。"(获取的信息:这是一个富裕的家庭,支付能力很强。)

业务顾问:"你的孩子很聪明,也很漂亮,在哪里上幼儿园呀?"

妈妈:"上天使国际幼儿园。"(孩子上贵族幼儿园,再次说明家庭有钱,且重视孩子的教育。现妈妈正主动登门咨询幼儿英语教育,是一个优质的潜在客户。)

业务顾问:"您真有眼光,这是一家很好的幼儿园。当初是如何选中这家幼儿园的呢?"

妈妈:"我在网上查到的,又亲自去看看,感觉很不错,当场就决定了。"(透露的信息:妈妈当家,有决定权。)

业务顾问:"孩子爸爸的意见呢?"(看似聊天,其实是继续试探。)

妈妈:"他生意做得很大,也很忙,家里的事很少过问。我决定后,告诉他一声就行了。"(爸爸是做大生意的,所以对孩子的教育来说"钱不是问题";证实在孩子的教育上妈妈说了算,只要让妈妈确信"我们"的教学质量是第一流的,就能谈成这笔业务。)

接下来,业务顾问要做的就是打消妈妈对教学质量的顾虑:我们的英语老师全部是来自英国和美国的外教,他们的第一母语是纯正的英式英语和美式英语;这些外教有着丰富的教学经验,采用的是与国内应试教育完全不一样的教学方法;小班教学(一个班六七个孩子);接着放映相关影像资料,展示成功的案例。最后,这位妈妈高兴地为孩子缴纳了培训费用。

通过闲聊发掘有价值的信息,其先决条件是明确沟通的目的。在沟通目的的指导下,才能做到有方法、有步骤地引导话题,最终获得有价值的信息。同时,还可以增加了解,拉近双方的情感距离,为进一步沟通打下基础。可谓一举数得。由此看来,闲话不闲。

相反,没有明确目的的言语沟通,就会漫无边际,乱侃一通,浪费时间且没有多少意义。所以,目的是第一位的,目的决定方法的取舍;方法是为实现目的服务的,二者的关系不能本末倒置。

【思考和练习】

(1) 陌生人见面,可以从哪些方面找话题?

(2) 在延续或转换话题的过程中,开放式提问和封闭式提问各有什么特点?

(3) 如何在闲聊中发掘有价值的信息?

技能与训练

一、案例分析

电视连续剧《三国演义》中,有这样一场戏:刘备派关羽率军攻克由骁将黄忠镇守的长沙城后,便亲自会见战败了的黄忠,说服他归降自己,共建统一汉室大业。

当时,黄忠正在射箭,发泄心中的不满。刘备见到黄忠首先是行礼,然后说的第一句话是:"在下刘备,久仰将军大名,故不揣冒昧,前来拜访。"黄忠不客气地说:"如果我请你出去,你会出去吗?"刘备说:"会,但我会一直在府门等候,直到将军准我进来。"黄忠感动了,口气缓和了不少:"此地无座,请皇叔入内拜茶吧。"刘备说:"不必了,何不席地而坐,开诚相谈?"

当刘备恭请黄忠出山相助的时候,黄忠推辞不就,说道:"我老了,也厌倦了。心灰意冷,全无功名大业之念。"刘备说:"非也。将军名字为'忠',人如其名,视忠贞为性命;字'汉升'(此处刘备有意将黄忠的号"汉升",用谐音解读为"汉生"),可见是为大汉而生……仅从将军的姓名中,就足见将军的雄心壮志了。更何况,将军虽年长些,但武艺盖世,忠勇双全。一口金背大刀,竟让关羽敬佩不已,时常赞叹;所持宝雕弓,百步穿杨,箭无虚发,连张飞和子龙都自叹不如……黄将军,大汉将危,只有您这样的英雄豪杰才可以擎天柱地。"

黄忠内心激动,欲言又止。

刘备看时机已经成熟了,又卖了一个关子,起身说:"在下虽然对将军渴慕已久,但实在不敢勉强,望将军三思而后决。"一席话,句句入耳,字字落心,黄忠心悦诚服,归顺了刘备。

刘备又获得了一员能够建功立业的骁勇大将。

【思考题】

在这则案例中,刘备凭借一番发自肺腑的话语,就劝说黄忠归顺,很好地实现了言语沟通的目的。请问:刘备在上述言语沟通过程中,遵循了哪些言语沟通的原则?使用了哪些言语沟通的技巧?

二、项目实训

1. 实训名称

言语沟通的总结与策划。

提示：请同学们回忆自己某次言语沟通失败的经历，结合本章的内容，总结出应该汲取的教训，为之制订出相应的《言语沟通策划方案》。

2. 实训目的

通过回忆、总结自身某次沟通失败的经历和教训，形成运用言语沟通的基本知识或方法，指导自己沟通实践的能力。

3. 实训内容

(1) 回忆自身某次沟通失败的经历，结合本章所讲授的内容，分析失败的原因。

(2) 言语沟通策划：在分析沟通失败原因的基础上，制订出正确的策划方案。

4. 实训指导

(1) 一个人沟通失败的经历很多，要选择较为典型的失败经历，为制订沟通的策划方案打下基础。

(2) 制订《言语沟通策划方案》时，注意可行性和必要性，做到学以致用。

(3)《言语沟通策划方案》的内容应该包括三个方面。① 概述：某个言语沟通失败的经过（提出问题）。② 找出言语沟通失败的主要原因（分析问题）。③ 为失败的沟通开出"药方"（解决问题）。

5. 组织实施

(1) 分组活动：小组的每个成员都叙述一个自己言语沟通失败的案例。

(2) 各小组评选出一个较为经典的言语沟通失败的案例，分析、讨论其失败的原因。

(3) 以小组为单位，根据本章所学的知识和技能，为上述失败的言语沟通经历制订《言语沟通策划方案》。

(4) 各小组在全班交流《言语沟通策划方案》。

(5) 评选出最佳《言语沟通策划方案》。

6. 考核方式及成绩评定

(1) 小组讨论表现情况，考核占50%。

(2)《言语沟通策划方案》的成绩评定，考核占50%。

第三章　非言语沟通

学习目标：
(1) 了解非言语沟通的含义。
(2) 理解非言语沟通的特征和作用。
(3) 掌握非言语沟通的基本原则和方法。

无言的"杀手"

青年电影演员陈坤①刚成名不久,在一个国际电影节上,遇到一位在国内红极一时的女影星。

陈坤很想结识这位女影星,便走上前去,想很有礼貌地跟她握手,就主动打招呼:"你好! 我是陈坤,很高兴认识你!"

女影星缓缓地转身,轻蔑地瞟了陈坤一眼,冷冷地"哼"了一声,连握手的意思都没有。陈坤尴尬地笑了笑,没说话,就离开了。他装作淡定的样子往前走,其实心里翻江倒海,激荡着屈辱与愤怒。他强烈地想发奋努力,用成功来证明自己。多年后,陈坤回忆当时的情景,仍刻骨铭心。他说:"我至今都记得她'哼'的那一声,要多冷,有多冷!"

几年之后,陈坤终于成为影坛知名的演员。他突然发现,自己理解了那个女影星:她那种轻蔑的眼神,其实是对那种仅凭人气蹿红,却无实力的演员的蔑视和不认可。也许在那个女影星心里,自己是一个靠脸蛋成名的所谓的偶像。那冷漠的一瞥,使陈坤深知,一个演员如果想在业内得到足够的尊重,一定要靠人品、靠实力,而不是靠脸蛋和人气。

到了现在,陈坤有时还会在公开场合与那个女影星见面,但他记恨的情绪已经完全没有了,甚至非常感激她曾经那轻蔑的一瞥——那冷漠眼神,激励着他走到了今天的成功。

所以,有时候,冷漠或打压也未必是坏事,要看以怎样的心态去面对和承受这一切。

任务分析

现在的陈坤可以说是功成名就,但当年那个女影星对他的"轻蔑",让他永生难忘。女影星并没有使用有声语言贬损陈坤,只是"缓缓地转身,轻蔑地瞟了陈坤一眼"、"冷冷地'哼'了一声"。但她那无声的语言却传递出丰富信息——"对那种仅凭人气蹿红,却无实力的演员的蔑视和不认可"。当年,陈坤出道不久,还无法理解这些。所以,她"轻蔑的眼光"、"哼"的那一声,让陈坤感到"要多冷,有多冷"!

为什么这种"无声的语言"比有声语言更具杀伤力呢? 这些无声的语言有哪些特点?

---

① 陈坤,著名男演员、歌手,中国影坛青年一代领军人物。

它和有声语言是什么样的关系？在日常生活中，我们应该怎样正确解读和运用这种发送信息的方式呢？这一章将详尽地回答诸如此类的问题。

语言是人类沟通的工具，但不是唯一的工具。人们还可以通过非语言进行沟通。非语言因素可以起到有声语言无法替代的作用。所以，认识和掌握非言语沟通的原则和方法，对提高沟通能力，有着十分重要的意义。

第一节 非言语沟通概述

说到沟通，我们会自然想到言语，不是吗？无论是否意识到，我们每天都要运用大量的言语进行沟通活动。但是，你注意到了吗，与我们的言语沟通如影相随的还有非言语沟通。非言语沟通的运用范围之广范、传情达意之精妙，远远超出了我们的想象。

一、非言语沟通的含义

非语言沟通在生活中使用十分广泛。尚未形成言语能力的婴儿与父母的沟通，就靠非言语手段：高兴了会笑，尿布湿了不舒服会哭，饿了会吮吸手指，吃饱了会吐出奶嘴……即使在掌握了言语手段后，人们仍然大量使用非言语手段进行沟通，直到人生的尽头。那么，什么是非言语沟通呢？

所谓非言语沟通，是指人们借助言语之外的一些手段如表情、手势、身姿、服饰、界域等进行的信息交流活动。沟通双方要对负载着信息内容的非言语因素进行编码或译码，才能使沟通得以进行。

非言语沟通是通过一定的形式来表达特定的内容，形式与内容的结合具有任意性。但是，某种形式与所表达的内容一旦确定，即具有社会性，要求每个社会成员必须遵守。

非言语在沟通中具有十分重要的意义。学者在对言语和非言语的沟通中孰轻孰重进行研究之后发现，非言语传达的信息占到信息总量的60%，人们90%的情感是通过非言语形式表达的。人们更倾向于通过非言语形式来表达自身情感和理解他人传递的信息。

相关案例

第二次世界大战中功勋显赫的艾森豪威尔将军决定参加美国总统竞选。令人遗憾的是，这位总统候选人天生不善言辞，说话总是期期艾艾，语无伦次，从未不打磕巴地说出过一句完整的话。他的公关顾问扬长避短，将他设计成和蔼可亲的第二次世界大战大英雄形象。建议他少说话，多使用非言语手段与选民进行沟通。艾森豪威尔听从了公关顾问的建议，他在公开场合与选民见面，总是满脸笑容，高举双臂，手指成"V"字形。他的身旁，是梳着刘海、亲切可爱的夫人。可见，艾森豪威尔的竞选形象主要是靠非言语手段塑造起来的。如果仅仅依靠言语而放弃非言手段，他不可能顺利地入主白宫，成为美国总统。

艾森豪威尔将军不善言辞（使用言语符号的能力不佳），但他扬长补短，最大限度地使用非言语手段参加美国总统的竞选,赢得选民的好感,成功入主白宫。这个事例生动地说明:非言语手段负载的信息量有多大,它的作用有多么重要,甚至能帮助一位军人登上权力的巅峰。

二、非言语沟通的特征

尽管非言语的符号不容易系统地编成准确的语言,但是大量的信息正是通过非言语符号传达给我们的。在沟通的过程中,非言语符号呈现出以下特征。

1. 连续性

说话是有间隔的,常常可以停下来,而非言语沟通则是连续的,非言语手段可以不间断地发送信息或全天候地发送信息。一个人哪怕看似"不行动",但他也同样不断地传递出某种信息。例如,某人安静地坐在房间一角的沙发上读书,一动不动,却不间断地传达出不少信息,诸如"他好学""他性格文静""他对其他人的活动不感兴趣"等。

这种此时无声胜有声,一切尽在不言中的非言语沟通,传达的信息同言语沟通一样丰富多彩。

2. 语境性

与言语沟通一样,非言语沟通也存在于特定的语境中,语境决定着非言语符号的含义的界定。相同的非言语符号,在不同的语境中具有不同的意义。如一个人的微笑,在某种语境中意味着欣悦,在另一语境中则流露出讥讽意味,其含义的解读完全取决于沟通的具体语境。有些非言语行为,在不同的文化环境中,有着截然不同的意义。一般认为,点头是同意,摇头表示拒绝。可在保加利亚一些地区,正好相反,点头是拒绝,摇头是肯定。可见,非言语沟通也要注重语境的把握。

相关案例

一位来自北欧的商人斯文迪初次到泰国朋友家访问。他分别和男女主人握手后,出于礼节和尊重,和主人的泰国女佣人也握了手。令他震惊的是,自己这种尊重女性的绅士举动,竟使女佣人倍感侮辱,跑回自己的房间,伤心地哭了一个晚上。

后来斯文迪的曼谷朋友温和地解释说:在我们这里,欧洲商人的地位很高,女佣人的社会地位很低。在泰国,地位悬殊的人是不能握手的。这位来自北欧的商人恍然大悟:自己与泰国的女佣人握手,对方认为自己是在嘲笑她、侮辱她,所以伤心欲绝。

握手是人们交往中常见的礼仪。但在泰国这种独特的文化环境中,握手的含义由"礼貌和尊重"变成了"嘲笑和侮辱"。泰国是一个社会等级森严的社会,地位高的人不能与地位低的人握手,不然就会产生误会和冲突。可见,入乡随俗,到什么山上唱什么歌是成功沟通的重要前提。

3. 真实性

言语所传达的信息大多经过理性加工和过滤的,往往不能率真地表露出一个人的真正意愿,人们会根据当时所处的环境、沟通者的身份、地位而说出与自己内心想法不一致的话语。而发出非言语信息是人们对外界刺激的下意识反应,很难掩饰和压抑。人的大脑进行某种思维活动时,会支配人体的各个部位发出各种细微信号,这是自己难以意识到、难以用理性加以控制的。比如,当我们被同事无意踩了一脚,会一边疼得龇牙咧嘴(非言语),一边说"没关系"(言语)。这两种表达信息的方式,哪一个是真实的呢？很显然,"没关系"是假,"疼痛"才是真。再如,客人告辞,主人出于礼节一边说"时间还早,再坐一会儿",一边从座位上站起身来。见此情景,客人就会意识到,主人要送客了。正由于非言语表达思想情感具有真实性,所以,当言语和非言语表达的信息内容不一致的时候,人们往往更相信非言语传达出的信息。

4. 整体性

非言语行为通常以多种表现方式出现。当一个女人痛苦的时候,她会低头、掩面、垂泪;当一个男人愤怒的时候,他会横眉怒目、咬牙切齿、紧握拳头。实验表明,人们的情绪几乎都是由整个身体表达的。若要身体的不同部位表达不相同的情绪或矛盾的情绪是十分常困难的。一个非言语符号,常常与其他非言语符号相伴随,从整体上表达出某一种意义。

三、非言语在沟通中的作用

在沟通过程中,言语和非言语是同时使用的。二者密切配合,协调运用,才能声情并茂,使沟通达到理想的效果。非言语沟通的作用主要体现在以下几个方面。

1. 强化作用

强化作用是指人们运用非言语手段使言语表达的信息更加鲜明或突出。也就是说,非言语手段和言语手段共同表达同一个内容,使得言语表达的效果更加突出。例如,沟通的时候,比比划划、眉飞色舞等,都能起着强化言语意义的作用。

> **相关案例**
>
> 在电视剧《雍正王朝》中饰演康熙皇帝的焦晃,是上海人民艺术剧院的资深演员。有一天,焦晃去一家商店退货,与营业员发生了争执。那位女营业员指着焦晃的鼻子,劈头盖脸不带喘气儿地骂个没完。焦晃气急了,满脸涨得通红,怒目圆睁,提丹田之气,大吼一声:"混账！"那是一声在几千人的剧场里让最后一排观众也能听得清清楚楚的怒吼,那是伴随着愤怒表情的怒吼。一时间,整个商店鸦雀无声。那位骂他的营业员奔入休息间,不肯出来见人。有这等效果,焦晃早已忘记为何发火,兀自惊异起自己嗓音的本事来。待他回过神来,谦逊地朝商店里的人笑笑,转身离开了。
>
> "混账！"焦晃的一声怒吼,把蛮不讲理的女营业员给镇住了。这里,非言语手段——超大的音量、愤怒的语调和表情,起到了很重要的作用,把对方吓跑了。这是非言语手段强化言语内容的一个范例。

2. 替代作用

替代作用是指人们在沟通中运用非言语手段替代言语来交流信息。在生活中某些特定场合,不能或者不需要使用言语,只要做个动作或表情,就能准确地传达信息。例如,火车站购票大厅里人声嘈杂,旅客说什么,售票窗内的售票员听不清楚。这时,旅客把钱递进窗内,伸出两个手指头,售票员很快就明白旅客的意思"要买两张票"。这是用非言语手段(伸出两个手指头),替代了言语要表达的意思(我要买两张票)。

非言语的替代作用还有一种情况。在某种场合,当无法使用言语表达某种复杂的信息时,用非言语手段可以将复杂的信息具体化。

相关案例

在《三国演义》中,有一段扣人心弦的"空城计"。说的是司马懿率领几十万大军突然逼近诸葛亮坐镇指挥的一座小城,当时诸葛亮手下只有几千名老弱残兵,打不过,跑不了。在这危急时刻,诸葛亮心生一计,令军士大开城门,找几个老兵在城门前扫地,自己坐在城头抚弦弹琴。司马懿生性多疑,见诸葛亮神情悠闲,泰然自若,顿时狐疑丛生:诸葛亮平生用兵谨慎,不会弄险;如今城门大开,其中必定有诈。司马懿急令退兵数十里。诸葛亮乘机撤离,化险为夷,致使司马懿事后追悔莫及。

在这里,诸葛亮通过非言语手段(大开的城门、泰然自若的神情、不乱的琴音)向司马懿传递了一个虚假的信息——城中自有伏兵百万;司马懿也是通过观察诸葛亮的非言语手段,错误地料定城中有百万伏兵。如果诸葛亮使用言语手段对司马懿说:"我城中有伏兵",如果司马懿发现诸葛亮紧张得汗湿了后背的衣衫,"空城计"就会变成"破城计"。诸葛亮以超人的胆识、毅力和自控能力,促使司马懿对自己的非言语信息作了错误的解读,使自己转危为安。

3. 弱化作用

弱化作用是指非言语手段所传达出的信息与言语内容相矛盾。也就是说,说话的内容与非言语表达的信息不一致,甚至相反,削减、弱化了言语表达信息的含义。例如,友人来访,将精美的礼物送给你的孩子。孩子露出笑容,两眼放光,但双手却使劲推辞礼物。因为你教育他,不能随便接受别人的东西。

相关案例

居里夫人结婚时,新房里只有两把椅子,正好一人一把。丈夫比埃尔·居里觉得两把椅子太少,建议多添几把,来了客人好让人家坐一坐。居里夫人却说:"有椅子是好的,可是客人坐下来就不走啦。为了多一点时间搞科研,还是一把不添吧。"①

居里夫妇为了将精力放在科研上,不得不只准备两把椅子,减少会客的时间。客人来了,居里夫妇会表示欢迎。但客人发现无处可坐,就会明白,这种"欢迎"仅仅是一种礼节,主人不太欢迎客人的造访。主人的"没有多余的椅子"这个非言语手段,弱化了"欢迎""见到你真高兴"之类的言语信息,虽然主人嘴上没下逐客令,客人还是通过非言语手段获取了主人发出的真实信息,会知趣地长话短说,及时告退。

这个情景给我们一些启发。如果我们到别人家去拜访,主人嘴上很热情,但是行动上

---

① 子辰:《实验室外的居里夫人》,《中国老年报》2001年7月26日。

却没有任何表示,实际上是在表示不欢迎。这种行为和言语上的抵牾,就是非言语手段对言语信息的弱化作用。

4. 表达情感态度

言语行为受到意识的理性支配,可以控制;非言语行为多半受到人的潜意识的支配,很难控制,如"空城计"中,诸葛亮可以掩饰自己内心的紧张情绪,骗过司马懿,但他无法控制自己的后背不冒冷汗。因为人的情感、体验和思维,大都隐藏在潜意识的汪洋大海中,很难并很少浮出到意识的海平面上。使得一些微妙的情感体验难以用言语来表达,而只能借助非言语符号来传递。

在某些特定的情境中,对某些事情人们不愿说或不能说,旁人只能通过他的非言语行为去发现其内心的秘密。

相关案例

小学课文《丰碑》讲述了这样一个感人至深的故事:红军长征途中,在翻越一座风雪弥漫的雪山时,指挥员得到报告,有人冻死了。指挥员来到死者跟前,只见他衣着单薄,满身雪花,神态安详地靠着树干坐着,拿着烟袋,好像在向战友们借火。指挥员见状大怒,要找负责棉衣发放的军需处长算账。当他得知眼前这个被冻死的人就是军需处长的时候,激动不已,觉得眼前矗立起一座高高的丰碑。

红军长征途中,负责发放棉衣的军需处长把自己冻死了。牺牲前,他什么也没说,也不愿意说。但是,他身上单薄的衣服,却在那个风雪交加、奇寒无比的语境中传递着这样的信息:我宁可自己冻死,也要让战友们穿得暖和。这种先人后己、大公无私的高尚情操,不是军需处长用嘴巴说出来的,而是他身上的衣着这个非言语信息传递出来的。

四、非言语沟通的应用原则

1. 自然

动作、表情、语调的运用不矫揉造作,要自然大方,是情之所至,让这些非言语因素更好地为言语沟通的目的服务。

2. 得体

非言语手段的运用,要与特定的对象、语境、身份、地位、年龄相符合,否则就不太合适。如半老徐娘故作青春少女羞涩状,会令人浑身起鸡皮疙瘩。

3. 适度

肢体语言的运用幅度、力度、频度要适中。动作的幅度不要过分夸张,力度适中,频率不要太高。

4. 和谐

和谐是在做到自然、得体、适度之后才能达到的最高境界。它要求非言语与言语的内容、节奏、语调、相协调,与双方的心态、感情相吻合,与特定的语境相适应,与沟通的目的相统一,更好地、最大限度地发挥非言语沟通的作用。

【思考和练习】

(1) 什么是非言语沟通?它有哪些特征?

(2) 非言语在沟通中有什么作用?

(3) 非言语沟通的应用原则有哪些?

第二节 非言语沟通的妙用

据学者统计,人们在交谈时,言语所传递的信息约为35%,非言语传递的信息约为65%。另据统计,人们在沟通中获取的信息,只有7%来自言语,93%来自非言语手段。在这93%非言语手段中,体态语占到55%,副语言(又称为类语言)占到38%。可见非言语在沟通中占有重要的地位。把握好非言语沟通技巧对于建立融洽的人际关系具有十分重要的意义。

一、体态语

体态语(又称为肢体语言、态势语言、人体语言、行为语言),是通过表情、手势、身姿等非言语手段传递信息的一种形式。例如,是昂首挺胸,还是弯腰低头,可以表达出人的不同心理状态。例如,电影《在烈火中永生》中,江姐昂首挺胸赴刑场,通过体态语表现出革命者视死如归的凛然正气。

(一) 表情语

表情是感情的外在表现形式。例如,高兴会笑,伤心会哭,斜视表示轻蔑,俯视表示关心,凝视表示专注。表情语是人们通过面部表情传递信息的符号。

达尔文在《人类和动物的表情》一书中阐述过这样的观点:面部表情很大程度上是普遍的、先天的,它是人类非言语传播的重要手段。现代研究资料也证明了这一点,在70万种体态语言中,表情语就多达25万种之多。人的面部处于人体的首部,最引人注目。面部表情无时无刻不在传递着各种信息,在交际中有着重要的地位。

参与面部表情的部位有眼睛、鼻子、嘴、眉毛、面颊、须发等。下面将着重探讨眼睛、嘴的表情语技巧。

1. 眼睛的表情语——注视

眼睛在人的面部器官中最醒目,地位也最重要。假如一个人的五官长得不协调,但只要眼睛好看,这个人就丑不到哪里去。眼睛是人从外界摄取信息最多的器官,也是对外发送信息最多的器官之一。

眼睛在面部表情中,具有非常重要的作用。在沟通过程中,双方的目光接触具有传递信息的功能。行为科学家研究发现,沟通双方只有在建立目光接触的时候,也即只有相互注视着对方的时候,相互的沟通行为才能够建立。没有眼神接触的沟通是粗鲁的,表明缺乏兴趣、不予关注或揭示了害羞或欺骗。

1）注视的功能

常言道,眼睛是心灵的窗户。这句话揭示了眼睛与人的内心深处的思想情感密切相关。总的来说,注视具有反映深层心理活动的功能,表达内心的思想与感情。具体而言,注视的功能包括以下几个方面。

（1）表情功能。

注视具有表达内心情感的功能。如母亲长时间注视着怀里的孩子,表现出慈爱的情感;眉来眼去,暗送秋波是恋人爱意的表达;横眉冷对或怒目相视,是仇人相见时愤怒情绪的表达与目光较量。

（2）表意功能。

注视是视线长时间盯着对方,还有一种表意功能。父母对犯错误的孩子,经常怒目而视,表达对孩子的错误很生气的意思,同时给孩子造成一种无形的压力。考场上,对于企图作弊的学生,监考教师的目光会直视对方,告诉对方,我已经注意到你了。

（3）暗示功能。

当双方进行面对面的沟通时,大都遵循这样一个规则:说者注视对方的次数和时间长度要少于听者。究其原因,是说话者要将更多的注意力集中到要表达的内容及其方式方法上去,用目光顾及听者的次数自然减少,并非无礼之举。当说话暂告一段落,说话者的视线会转向听者,暗示对方我的话完了,你可以说话了。听者自然心领神会,对听到的内容进行反馈,成为说者;而对方由说者转换为听者。这时,说者注视对方的次数和时间长度同样也会少于听者。说者与听者的角色不停地循环转换,使得沟通持续进行下去。

在某些特殊场合,不能够或不方便使用言语或肢体语言传递信息,用使眼色的方法加以暗示,就是最好的传递信息的方式。如,新中国成立前在敌占区,前去接头的我党地下工作者被特务盯上了,此刻正好迎面走来了接头人,在这危急时刻,我地下党用眼神暗示接头人,自己已被敌人跟踪,请迅速离开。

（4）显示地位功能。

如果地位高的人与地位低的人沟通,地位高的人投给地位低的人的注视,往往多于地位低的人投来的注视。如老板与员工、领导与下属、老师和学生、警察与犯人等,他们彼此间投给对方的注视是不对等的。

2）注视的时间、部位和方式

注视的行为主要体现在注视的时间、注视的部位和注视的方式这三个方面。

（1）注视的时间。

注视的时间对双方的沟通行为影响很大。在现实生活中,我们有时感到与人沟通很舒服,有时却很不自在,有些人甚至让我们反感、不信任。其中一个重要的原因是对注视时间的长短把握不当。

当然,注视时间的长短与性别的不同有一定的关系,大致可分为两种情况。

① 同性之间的注视。研究表明,当一个人不诚实或企图撒谎时,由于心虚会躲避对方的目光,与对方的目光接触往往不足全部说话时间的三分之一。当某人与对方的目光接触

超过全部说话时间的三分之二,并且他的瞳孔是扩大的,说明对方具有吸引力;如果此人的瞳孔是缩小的,则表示对对方怀有敌意,以长时间的注视表示挑战。事实证明,若甲欣赏乙,会一直看着乙,这时乙通过甲的注视接收到这样的信息——甲欣赏我,因此,乙也可能会欣赏甲。要想与对方建立良好的关系,在沟通过程中,与对方的目光接触累计应达到50%~70%的时间;如果沟通时眼睛不看对方,自然很难得到对方的信任或欣赏。

② 异性之间的注视。异性之间沟通时,不论男方还是女方,都不要长时间注视对方。即使必要的注视,目光必须是诚恳的、善意的,不能放肆或咄咄逼人。直视或长时间的注视是一种对私人空间带有侵略性的冒犯,是一种不礼貌的行为。假如沟通时,某男子长时间注视年轻的异性,会使对方感觉到该男子对她本人比对沟通内容更感兴趣。在飞机上,男子紧盯着一位陌生女性,会引起对方的恐慌和警觉。

在异性交往中,双方注视的时间长度是不对等的。一般而言,男性注视女性的时间占比稍多。男上司与女下属沟通时,男上司注视对方的时间要长得多。因为,女下属出于对上司威严的敬畏,主动与上司的目光交流是不多的,否则有轻佻或挑衅之嫌。在朦胧的恋情中,男孩子在沟通时往往长时间注视女孩子,以此表达爱意;女孩子出于羞涩往往目光低垂或旁视,但报以甜美的微笑,借此表达接受对方的情感。

总之,注视的情况很复杂,无法穷尽其各种现象。只要做到自然、得体,契合沟通的场合、双方的身份和地位即可。

(2) 注视的部位。

如果仅仅注意把握注视的时间的长短,是不够的,还要把握好注视的部位。注视的部位因沟通的场合不同而有所不同,大致分为下面几种情况。

① 公务注视。这是洽谈业务、从事公务活动时所用的注视部位。眼睛应看着对方面额上的三角区(以双眼为三角区的底线,上顶角在额前发际处)。注视这个部位,显得认真严肃、有诚意,又不使对方感到冒犯或冷落。这是商界人士和外交人员经常使用的注视部位。

② 社交注视。这是人们在社交场合使用的注视部位。社交场所包括酒会、舞会、茶话会等各种类型的联谊聚会。社交注视的要求是:眼睛要看着对方脸上的倒三角形的区域(以两眼为上线,嘴部为下顶角),也即在双眼与嘴巴之间。与公务注视不同,注视这个部位可以适当缩短彼此的心理距离,营造轻松的社交气氛。

③ 亲密注视。这是恋人之间经常使用的注视部位。眼睛看着对方的双眼或胸部之间,恋人通过这种注视传递情意。对不是亲密关系的人来说,这种注视则是非礼的。

在沟通中,应针对不同的对象,选择不同的注视部位。批评下级时要使用公务注视,如果使用社交注视,就会削弱批评的严肃性。

(3) 注视的方式。

注视也会因沟通的场合、对象的不同,而产生不同的方式。注视的方式比较多,常见的有以下几种。

① 环顾。环顾是指视线有意识地自然流转,扫遍全场,传达某种特定信息的注视方式。环顾一般用于沟通对象较多的场合,产生"此时无声胜有声"的效果。

> **相关案例**
>
> 清代作家刘鹗在小说《老残游记·明湖居听书》中，描写技艺高超的说书艺人王小玉出场时的眼神，可称得上神来之笔：
>
> 正在热闹哄哄的时节，只见那后台里，又出来了一位姑娘，年纪约十八九岁……立在半桌后面，把梨花简了当了几声，煞是奇怪：只是两片顽铁，到他手里，便有了五音十二律似的。又将鼓槌子轻轻地点了两下，方抬起头来，向台下一盼。那双眼睛，如秋水，如寒星，如宝珠，如白水银里头养着两丸黑水银，左右一顾一看，连那坐在远远墙角子里的人，都觉得王小玉看见我了；那坐得近的，更不必说。就这一眼，满园子里便鸦雀无声，比皇帝出来还要静悄得多呢，连一根针掉在地下都听得见响！
>
> 说书艺人王小玉出场时，并未说一句话，只是用眼睛环顾全场，"左右一顾一看"间，全场所有的人，包括坐在"远远墙角子里的人"，"都觉得王小玉看见我了"。霎时间，整个戏园子鸦雀无声，奇静无比。这就是艺人王小玉环顾所产生的巨大魅力。在表演开始前，先和观众进行目光交流，拉近情感距离。同时，也传递出这样的信息：说书马上就要开始，请大家安静。王小玉是清末时期济南曲艺界名角，拥有众多的"粉丝"。能与心中的偶像王小玉进行目光交流，对每个粉丝是莫大的荣幸。其实，粉丝们只是"觉得"王小玉看到了自己而已，至于王小玉是否真切地逐一看到在场的每一个人，已经不是那么重要了。

其实，在日常生活和学习中，环顾也随时可见：教师开讲前，经常环顾教室里的学生，示意学生停止一切与上课无关的事情，集中注意力，准备上课。会议主持人，环顾会场，提示大家安静下来，马上要开会了。

② 虚视。虚者，假也。虚视是指用在群体沟通场合的似视而非视的一种模糊注视方法，即视线虽对着沟通对象，但什么也没看真切。虚视一般适用于具有较多沟通对象的场合，如当众演讲、教师授课、会议发言等。虚视的最佳范围一般放在听众群体的中部或中后部，这样能够更好地顾及全体，不至于使一部分观众感到被冷落。

环顾和虚视的共同点：都适用于群体沟通场合；视野所及的沟通对象的数量众多。

环顾和虚视的区别如下。a. 从程度上而言：环顾"看"得相对比较"实"，比较真切；虚视看起来好像是在"看"，其实是一种整体而模糊的看，也即"似视而非视"的"假看"状态，故看得比较"虚"。b. 从过程上看：环顾是一个动态的过程，或从左到右，或从前往后地扫视；虚视的目光定位一般相对固定，如将目光定位于观众群体的中部或中后部位置。c. 从范围和数量上看：环顾所及的观众范围大，数量多；虚视所及的观众范围较小，人数也相对较少。

③ 专注。专注有两层含义：一是专心注视；二是专心注意。

顾名思义，专注就是专心注视对方或专心注意对方的话语。在有较多听众或观众的场合，如听讲座或观看演讲比赛时，可将目光较长时间地停留在主讲人或演讲人的脸部。另一方面，专注也指倾听时，神情专心注意，并不一定注视对方。例如，倾听的一方虚视前方，但神情专注地倾听，并不时点头，表示赞同。可见，不论是专心注视，还是专心注意，都只是形式的不同,但二者的核心内容都是一样的,那就是专心倾听。既表示对对方的尊重,又表示对其所说的内容的重视。相反,在对方说话时,东张西望,表示心不在焉,敷衍塞责;总是看天花板或地面,表示对沟通内容不感兴趣;不断地看表,表示希望对方赶紧住口。

一般而言,相互熟悉的人使用专心注视多一些,陌生人则使用专心注意少一些。上下级之间的沟通,上级使用专心注视多一些,下级使用专心注意少一些。同性之间,使用专心注视多一些;异性之间,使用专心注意少一些。

我们这里所说的专心注视,绝不是死盯着对方。对于不熟悉的人或者年轻的女性,更不能如此,那样会被认为不礼貌,甚至是侵犯。专心注视,应该是轻柔而自然的。与人交谈时,专心注视对方脸部相关部位的时间,应占到谈话总时间的 30%～60%。若超过 60%,会令对方不自在,或者感到只对说话的人感兴趣,对话题内容兴趣不大。低于 30%,则表示对谈话的人和谈话内容都不怎么感兴趣,对方就会感到没趣或难堪。

④ 视角。这里的视角,专指沟通的双方视线交流的角度。沟通者的心态可以通过视角反映出来。视角传递的信息因沟通的对象、时间、场合的不同,有着不同的内容,表现出沟通双方不同的心理状态。

俯视:一般表现关切、体贴的心理状态,很像是父母看待孩子的眼光,所以有人用英语单词"parents(父母)"的第一个字母"P"替代俯视。

家庭中的俯视,表现出父母对子女的爱怜、宽容的心态;职场中的俯视,表现领导对下属的肯定、赞赏的心态。在某些特定的场合,如法庭上,俯视则表现法官对罪犯的威严与震慑。

平视:是基于冷静与理性、思考与修养基础上产生的一种平等视角。平视是诚实、坦然的心理表征。平视对方,表现出诚实和气、光明磊落、与人为善的心理状态,像是一个独立自主的成年人所为。所以,有的教科书用英语"成年人(adult)"这个单词的第一个字母"A"指代平视。

仰视:是童心、好奇心的信号,因此用英语"孩子(child)"这个单词的第一个字母"C"来替代仰视。

斜视:通常与其他体态语配合使用,表达的意思比较复杂。顾盼自雄,意为左看右看,自以为了不起,形容得意忘形的样子。"回眸一笑百媚生"形容女人的风情万种与美丽动人。东张西望,则与贼眉鼠眼接近,表现希望看到想要的东西,又想不被人看出来的心态。斜视还有不拿正眼看人的意思,表示轻蔑、敌意的心态。如,皱眉撇嘴的斜视,传达出鄙夷、否定和对立的态度。

⑤ 眨眼。眨眼是人面部的一种经常性动作,是人心理活动的外部标志之一。一般来说,人们集中精力思考时,很少眨眼睛,这是因为大脑提取信息的过程要受到视觉的影响。在沟通中,如果一个人眨眼较多,说明他没有将注意力集中到话题上;如果他的眨眼次数渐渐减少,说明他正进入思考状态。

人眨眼的频率一般每分钟 5～8 次。在一秒钟之内连眨几次眼,是神情活泼、对某种事物感兴趣的表示。时间超过一秒钟的叫做闭眼,表示厌恶、不感兴趣,有蔑视、藐视的意思。这种做法往往拒人于千里之外,给人难以沟通的感觉。

2. 嘴的表情语

嘴是人的面部最有表现力的器官之一。参与嘴的表情形成的有双唇、牙齿、舌头等。嘴有着较为丰富的表达情绪的能力。沟通中,如果对方的双唇摆放自然,呈轻松的闭合状,说明他心情平静;如果对方的嘴唇不由自主地张开,说明他对你传达出的信息感到吃惊。

上、下唇打开后,可以露出牙齿。人在心情平静时,一般不会露出牙齿。古代对女性就有"笑不露齿"的不成文的规定。人们在表达憎恶、愤怒时,会咬紧牙齿,绷紧面部肌肉,使之扭曲;人们遭受失败时,会用咬嘴唇的方式来反省或自我惩罚;要求得不到满足时,儿童会用撅嘴来表示自己的不满,恋爱中的女性会用撅嘴表现撒娇。

喷嘴是人们常有的动作,能表达多种含义。人们酒足饭饱之后喷嘴,表示满足或回味食物的味道;见到稀罕物喷嘴,表示称奇;皱着眉头喷嘴,表示不耐烦;对于无理要求,人们往往用喷嘴表示制止。

3. 微笑是释放善意的形象大使

微笑是愉快情绪的表征。微笑时,嘴角向上,不露齿或少露齿。

微笑在沟通中有着重要的作用。它能给人一种自信和容易接近的感觉。善于沟通的人,在交往中的第一个动作就是微笑。一个友好、真诚的微笑会传递给对方许多信息。微笑能消除由于陌生、紧张、尴尬等负面情绪带来的局促不安,营造一个轻松愉悦的沟通氛围。微笑是一种无声的语言,是释放善意的形象大使。

4. 表情在沟通中的作用

1) 强化言语信息

在沟通过程中,表情所表达的信息与言语的内容相一致,从而使言语的内容更加鲜明突出,这就是表情语强化言语信息的作用。表情和言语协调一致,共同表达同一个信息,强化了信息内容,能给信息接收者留下深刻的印象。

> **相关案例**
>
> 《红楼梦》第二十九回中,宝玉和黛玉因误解而闹矛盾的一段描述:
>
> 二人正闹着,紫鹃和雪雁等忙来劝解。后来见宝玉下死劲的砸那玉,忙上来夺,又夺不下来。见比往日闹大了,少不得去叫袭人。袭人忙赶了来,才夺下来。宝玉冷笑道:"我是砸我的东西,与你们什么相干!"袭人见他脸都气黄了,眉眼都变了,从来没气的这么样……
>
> 贾宝玉和林黛玉真心相爱,却用假意去相互试探,结果发生了矛盾,宝玉在气急之下,硬是要砸碎自己佩戴的那块玉。他一边说:"我是砸我的东西,与你们什么相干!"一边"冷笑","脸都气黄了,眉眼都变了"。这些表情,强化了他言语所表达的意思,使气氛更加紧张。

2) 暗示作用

在沟通过程中,在不能或不便用言语的时候,人们常常用表情来暗地里发送信息。异性在相互倾慕期间,往往用目光来表达爱慕之意,正所谓暗送秋波、眉目传情。

> **相关案例**
>
> 《红楼梦》第二十六回中的一段:
>
> 这里小红刚走至蜂腰桥门前,只见那边坠儿引着贾芸来了。那贾芸一面走,一面拿眼把小红一溜。那小红只装着和坠儿说话,也把眼去一溜贾芸,四目恰好相对,小红不觉把脸一红,一扭身往蘅芜苑去了。
>
> 小红和贾芸相互爱恋,却又不好意思用言语表白,就发挥非言语手段的作用,用眉目传情。小红一边假装同坠儿说话,一边用眼神向贾芸表达爱意,当四目相对之时,却又羞红了脸,这一系列的表情运用,把少女的爱恋表达得惟妙惟肖。

3) 震慑作用

严肃的表情(如铁青着脸、怒目而视)会给对方形成一种压力,进而产生畏惧心理。例如,警察审讯罪犯时,往往目光如剑,盯着罪犯,形成一种压力。家长对犯错误的孩子,也是紧绷着脸,表情严肃地批评教育。

4) 窥探心态的作用

表情是情绪的晴雨表。通过表情,我们可以窥视到沟通对象的心理状态。对方眉飞色舞、笑逐颜开,标志着沟通气氛融洽;对方左顾右盼,支吾应付,表明对沟通内容不感兴趣;对方嘴唇紧闭,提示正在下决心;对方额角青筋直冒,说明对方已经发怒,要采取缓和措施了。

单一的表情较为容易判断,几种表情同时出现在脸上,较难判断其内心状态。另外,表情还会因性别、年龄、文化的不同而有所差异。

5) 了解性格的作用

性格与情绪的表露有着直接的关系。人的面部肌肉的活动形成表情,肌肉活动会在脸上形成各种表征,如笑意、皱眉等。久而久之,这些表征就会"固化"为一种常态化的表情,向外界透露出性格方面的某些特征,或开朗活泼,或内向抑郁,或敏感多疑等,成为旁人了解其性格的一个"窗口"。

性格不同的人,在同一情绪状态下的表情也会有所不同:遇到高兴的事情,开朗的人会开怀大笑,内向的人会微微一笑,抑郁的人则会露出一丝苦笑。常常面带笑容的人,其性格一般较为开朗,活泼好动,善于交际;常常愁眉苦脸的人,则往往行为孤僻,反应迟缓,敏感多心,不善交际。

6) 鉴别信息真伪的作用

由于多种原因,人们在言语沟通的时候,可能会说一些言不由衷的话语,向对方发送虚假的信息。如果对方没有察言观色,只是一味地相信其说的话,可能会导致判断错误。表情可以帮助人们了解对方的真实想法。因为,表情是一种生理性的反应,不以人的意志为转移的,可以不受意志的支配。当一个人说假话时,他的表情会显得不自然,会把他用言语掩盖的真实意图显露出来。

明确了表情在沟通中的作用,发出信息时,我们要运用表情传情达意;接收信息时,我们既要"察言",又要"观色",有意识地捕捉对方表情所蕴涵的真实信息。

（二）手势语

手势语是人通过上肢来传递信息的语言，包括手指、手掌、手臂发出的能够承载沟通信息的各种动作。如同表情语一样，手势语也是表现力很强的体态语，是人类很重要的沟通工具。在沟通过程中，人们可以通过手势语来了解对方的真实的心理状态。

人类使用手势语的历史非常悠久。在有声语言产生之前，人类在很长的历史阶段里，主要是用手势来沟通信息。即使在语言高度发达的现在，人们仍然大量使用手势语。手势语所表达的意义十分丰富，使用不当，会使沟通失败。例如，表达"我"的意思：可以一手抚胸；也可用食指尖指着自己的鼻子；也可以用拇指尖指着鼻子。这三种"我"的表达效果却大不一样：以"一手抚胸"自称，表示谦虚、恭敬；以"食指指鼻"自称，是吵架时常用的动作，含有攻击意味；以"四指握拳、拇指指鼻"自称，则是一种挑衅动作。由此看来，手势语的使用不当，会激化矛盾。

手势语使用十分广泛，如交通警察使用规范的手势语指挥交通，裁判用手势语表示犯规队员的号码和犯规的动作，骑车人朝一旁伸手示意自己要转弯，聋哑人使用哑语交流，特种兵在不允许发出任何声音的险恶环境中，使用战斗手语沟通信息……解读手势语所蕴涵的信息对有效沟通具有现实意义。

手势语十分丰富，大致可以分为手掌语、手指语和臂腕语三种。

1. 手掌语

手掌语是指在沟通过程中使用手掌传递信息的一种体态语。

1）表坦诚的手掌语

两臂向前下方伸直，敞开手掌，稍稍朝两侧打开，类似于摊开双手的动作。这个动作由于开放双臂、打开手掌，直接暴露比较脆弱、易受攻击的胸部和腹部，被认为是不设防的友好表示，象征着坦白和诚恳。例如，在法庭上发表辩护演讲的律师，常常使用这种手掌语，以期赢得法官的信任与好感。

2）乞讨式的手掌语

手掌自然打开，掌心向上，向前伸出，有些类似于乞丐常用的乞讨动作，被称为乞讨式。这个手掌语表明使用者较为谦和、屈从于外力，没有胁迫的意味，容易使自己的需求得到满足。实际上，许多有地位、有教养的人也经常通过这一手势语，使人产生一种亲近感，愿意接近，而使用者也受到别人的尊敬。

3）指令式的手掌语

与乞讨式相反，指令式的手掌语是手掌向下，从视觉上给人一种下压的感觉，表示控制和命令，带有强制性，容易使人产生抵触的情绪。

4）专制式的手掌语

伸出食指，弯曲其余四指。这种手势好像一只尖尖的矛头，指向对方的面孔，使对方产生强烈的压制感和胁迫感，容易引起对方的逃避或反感。这种手势语被称为专制式，极具攻击性，经常被粗暴或缺乏自制力的人使用，没有人愿意这样被指着。所以，在沟通场合，尽量少用或最好不用这种手势语。

5）握拳语

握拳的动作是将拇指以外的四指握起来，拇指紧压着食指或中指之外。使用握拳加强语气，会使对方感到压力。这种手势可以用来表示决心、愤怒，也可以表示特别强调、严重警告、坚定不移或鼓舞斗志。双方在对峙时，一方紧握着拳头，会促使对方也这样做，进而极具攻击性，引发一场斗殴。

2. 手指语

1）跷拇指

跷起大拇指，其余四指呈握拳状，表示"很好""很棒""拔尖""了不起""第一""最大或最好"等夸奖赞美意义。人们为什么用大拇指表示夸赞呢？科学研究表明，在支配手指的大脑皮层中，用以支配大拇指的那一部分比支配其他手指的总和还要多。可见，在所有的手指当中，大拇指发挥的作用最大，地位最重要，在人们心中有着至高无上的地位，用大拇指来表示赞美是再合适不过的了。

还有一种跷大拇指的手势表示相反的意思。这种手势也是跷起拇指，其他四指缩成拳状，所不同的是拇指尖指向特定的对象，表示看不起、鄙视、贬损的意思。例如，甲趾高气扬地从身边走过，乙用拇指尖指向甲，对丙说："瞧他那副德性。"这一手指语表示出乙对甲的轻视，说明双方关系紧张。切记住，不要在不适宜的场合使用这一手势。

2）伸出小指

与跷大拇指表示夸赞相反，单独使用小手指，是表示"微不足道""渺小"的意思。因为，小指头在五个手指中个头最小、作用也最小。用这种手势可以表示自谦，如比喻别人，则有轻蔑之意。正因为如此，这种手势要慎用。

3）捻拇指

拇指与食指轻轻相捏，然后拇指向上，食指向内，做出两指相捻的动作。银行职员、商人、商场收银员等经常与钱打交道的人常用这一手势表示"钱"。研究发现，这一手势在那些社会地位较低、没有受过良好教育的人那里，使用频率较高；对于那些社会地位较高、受过良好教育的人来说，很少使用这种手势表示"钱"。因为他们觉得使用这种手势不文雅，与自己的身份、地位不相称。

4）"V"形手势

伸出食指和中指，其余三指朝掌心收缩，手心向外，形成英语字母"V"的形状，标志"胜利""成功"的意思。这一手势语是英国前首相丘吉尔在第二次世界大战演说中首创的，表示"victory"（胜利）的意思。现在，这一手势已经风靡全球，也为我国青少年所喜爱。赛场拉拉队常使用这一手势，表示胜利和信心。不少女孩照相时也爱使用这一手势，表示俏皮、乐观、向上的心态，也有求得"好运"的意味。

值得注意的是，如果手心向内做出这样的手势，在英国、澳大利亚、新西兰等国，就成了亵渎侮辱他人的意思。在一定的语境中，可以使用这一手势表示数字"2"。

5）"O"字形手势

这种手势又称为圆圈手势，即用食指和拇指的指尖连在一起，二指呈圆形，其余三指微微弯曲，其意义相当于英语中的"OK"，表示"好了""妥当""就绪"等意思。这一手势 19 世纪初风靡美国,后为英语国家所熟知,现已传入我国,为不少青年人所接受。

6)背手手势

将双手放在身体后面,用一只手握住另一只手,表现自信、权势、威严的意味。监考的教师、训话的高级将领、校园中巡视的校长等有一定权势和地位的人,喜欢使用这种手势。在与领导、年长者沟通时,如果使用这种手势,会让他们感到自己的权力和威严受到侵犯。

3. 臂腕语

臂腕语是指通过手腕和手臂来传达信息的动作。常见的有抱臂式和举臂式两种。

1)抱臂式

即小臂与大臂呈直角,在胸前相互交叉,左右两手"别"在臂弯,好像将双臂"抱"在前胸,表示出防卫、拒绝、抗议等消极的意思。这种动作世界各地都可以见到,而且表示的意义也具有全球性。领导批评时,员工采取抱臂式动作,会让领导认为是不服从批评。

现实生活中还有另一种情况,人们采用抱臂式动作仅仅为了放松自己,追求舒适,没有防卫、拒绝的意思。如何区别这一姿势是放松型还是防卫型的呢?这要根据当时的情景来判断分析。

2)举臂式

将双臂高举过头,或两边摆动,或双臂交叉挥动,表示欢乐、胜利。例如,足球运动员把球踢入对方的球门后,往往举臂奔跑或跪地举臂。球迷会高举双臂,欢呼进球。举臂式还可以表达一些相反的意思,如制止、警告、投降。如果垂头丧气、愁眉苦脸地举起双臂,表示投降。

(三)身姿

俗话说:"站如松,行如风,坐如钟。"这句话从某些角度提出了对人的身姿的总体要求,它能给人以精神饱满、有力量、可以信赖的感觉。在沟通过程中,任何一种身体姿势都反映了人的心理状态。

1. 坐姿

抬头仰身、靠在座位上,双臂抱在胸前——反映倨傲不恭的心理,也是缺乏教养的表现;欠身浅坐在沙发上——谦恭拘谨,表现局促不安的心态,求人办事或与地位高的人沟通时多用这种坐姿;面对椅背,跨骑而坐——说明面临压力或居于劣势,故意做出这种防护性动作;四平八稳、深坐在座位上——表明欢悦、自信的心态。

2. 站姿

人在得意时,会抬头挺胸;失意时,会低头弓背。不同的站姿表现不同的心理。小学生犯了错误,被老师叫到办公室接受批评。开始学生没认识到自己的错误,会以"稍息"的姿势站立,手放在后背,头部抬起,表示"抗拒""不服气";一旦认识到错误,就会改变站姿,双脚并拢,低头垂手。通过学生的站姿,就能判断批评教育是否取得效果。

3. 行姿

行走时左顾右盼,好像在寻找什么东西、等待什么人似的,表明此人心中有事;垂头丧气、盯着脚尖走路,那他一定遇到了不顺心的事;步履凝重、行走迟缓往往表示心情沉重。低头驼背、含胸挺腹给人以委靡不振的感觉。走路时左右摇摆,会被认为不稳重、不可靠。

人的体态语是十分丰富的,可以传递出许多信息。沟通过程中,我们要"听其言",还要"观其色",将有声的语言与体态语结合起来,全方位、多角度理解对方表达的信息。

(四)体态语与语言

1. 体态语与语言是相辅相成的关系

体态语和语言好像人的两条腿,须臾不可分离,两者是一种相互促进的关系。

第一,没有体态语,语言的表达就大为逊色。例如,在广播里"听评书"没有在电视里"看演员说评书"的效果好,原因就在于"听评书"只能听到演员的有声语言,而"看演员说评书",既能听到有声语言,又能看到演员的体态语言,可见体态语丰富了语言的意味。

第二,体态语的含义需要由语言赋予和界定。例如,"笑"的表情,离开了有声语言的帮助,人们无法认定这种"笑"是会心的笑,还是讥讽的笑,是冷笑,还是尴尬的笑。

2. 体态语与言语的区别

1) 两者的生理机制不同

根据神经生理学的研究,人们的大脑分为左脑和右脑。左脑处理逻辑信息,右脑处理形象信息。由此可以知道,言语作用于左脑,体态语作用于右脑。因为言语是表意明确、逻辑严密的语义信息,体态语则更多地显示一种朦胧的主观印象。言语长于明确表达思想、观念和认识,体态语则善于传递难以言状的情感和感觉。

2) 言语是有意的表达,体态语是无意的显露

由于二者的生理机制的不同,言语是理智的表现,和意识相连;体态语多为本能的表现,受到下意识的支配,是无意而为之。一个人可以有意识地控制自己说什么或不说什么,但很难控制发自本能的体态语。例如,乒乓球运动员上场比赛前,教练员会叮嘱他不要紧张,放开打。运动员可以控制自己的言语,掩饰内心的紧张,说"我不紧张",但他无法控制自己手不发颤,腿不发抖,无法控制因情绪紧张而导致的动作僵硬、变形。也就是说,人们控制理性层面的言语比较容易,可以说一些言不由衷的话语,但要控制住自己的体态语不泄露当时的心理状态,是很困难的。沟通中,"听其言"很重要,更重要的还要"观其行",从对方的体态语中解读出真实的信息。

二、副语言

1. 副语言的含义

与语言发出的有固定意义的声音不同,副语言是指人们有声音而没有固定语义的语言,它包括语调、语气、重音、节律、停顿、音高、音色、哭声、笑声、呻吟等因素。简言之,副语言是指非语词的声音的符号。有学者做过统计,沟通中副语言和语言所占的比例大约5∶1,看来副语言的沟通效能不可小视。

2. 副语言的特征

作为沟通过程中传递信息的一种方式,副语言有两个显著的特征:一是有声性;二是语

义的不确定性。

1）有声性

有声是相对于无声而言的。人们沟通所凭借的工具有两种：一种是无声语言，包括各种体态语、界域、服饰、场景等；另一种是常规语言，主要包括语言和副语言。语言是由语音、词汇、语法诸要素组成的，其有声性是显而易见的。副语言是附着在常规语言中的语调、语气、停顿、音高等因素。副语言和常规语言是同一事物的两个方面。同语言一样，副语言也是有声音的语言。

2）语义的不确定性

常规语言的词汇都有较为确定的意义，比较好理解，而副语言却没有固定的语义。它的语义，要根据讲话者的一贯态度、语气、语调、音质乃至语速、停顿等因素来确定。例如，一个人对另一个人说"你是一个好人"。从词汇表达的意义来看，是对对方的赞美。但在特定的沟通场合，用讥讽的语气说这句话，就成了反语，其真实语义是"你是一个坏人"。从这个例子可以看出，副语言因素会改变词汇的常规意义，形成语义的不确定性。如果忽视副语言表达语义的不确定性，仅仅依据语言的词汇意义来解读对方发出的信息，往往会造成误解。

相关案例

鲁迅小说《祝福》中的一个片段：

我就站住，预备她来讨钱。

"你回来啦？"她先这样问。

"是的。"

"这正好。你是识字的，又是出门人，见识得多。我正要问你一件事——"她那没有精彩的眼睛忽然发光了。

我万料不到她却说出这样的话来，诧异的站着。

"就是——"她走近两步，放低了声音，极秘密似的切切的说，"一个人死了之后，究竟有没有魂灵的？"

祥林嫂命运多舛，屡遭摧残：先后死了两位丈夫，唯一的儿子也被狼叼了去。更为严重的是，她听说自己死后下到阴曹地府，阎罗王还要把她锯成两半，分给先前死去的两个丈夫。祥林嫂十分恐惧，急切地向"我"来求证。她"放低了声音，极秘密似的切切地"问话方式表现出她对这个问题的严重关注。她对死后自己会被阎罗王锯成两半，既感到恐惧，又不能确定。她希望得到一个否定的回答，但又担心恰恰相反。因此，她问话时显得非常小心，忐忑不安。"我"通过她问话的特殊方式（副语言的一种），捕捉到一个语词含义之外的信息——人死后究竟有没有灵魂，对祥林嫂来说是一个非常重大的问题。

这个情景告诉我们：一个人在运用常规语言传达信息的同时，也在运用副语言传递信息。副语言和常规语言往往同时发生，而且副语言所传递的信息不包括在常规语言中，需要根据具体的语境去解读它的意义。

3. 副语言所传递的基本信息

副语言由于没有固定的意义，哪怕同一种副语言在不同的沟通场合，也会有不同的含义。尽管这样，我们还是可以对副语言因素所传递的信息内容进行大致的分类。

1) 副语言可以透露出说话者的社会地位

一般来说，社会地位悬殊的两个人沟通时，地位较高的人说话喜欢用降调，停顿较少，语速的变化也比较平稳，显得比较自信；地位较低的人因多用征询的语气，故常用升调，停顿较多，语速因受到情绪的刺激而变化较大，音量不是太大就是太小。通过副语言，我们可以探知一个人的社会地位和人际间的相互关系，同时，我们也会从自己的副语言中不自觉地泄露出自己的社会地位。

2) 副语言可以流露出说话者的情绪

人的副语言受情绪的影响较大，如高兴时会笑，悲伤时会哭，抑郁时会沉默不语。情绪的变化也会使副语言相应地发生变化，例如，人在兴奋的时候会提高音量，语速加快、调门较高；忧伤的时候，音量较小，语速缓慢，语调低沉。

人脑中的"语言—逻辑"中枢神经，不能驾驭副语言的编码，人们一般很难控制自己的副语言，会将自己的情绪通过副语言泄露出来。就这一点来看，副语言是一种"诚实的语言"。

3) 副语言能表达某种特定的语义

在一些特殊的场合，沟通双方不能使用常规语言交换信息，往往会使用副语言去表情达意。如在敌占区，我党的地下工作者正在屋里开会，争论的声音大了点。在外面放哨的老大娘咳嗽了两声。屋里人马上压低了嗓音。咳嗽本身没有确切的语义，但在当时的情景中，却有着很明确的含义——说话的声音太大了，小心被人发现。

4) 副语言透露出说话者的性格

国外学者通过研究发现，每个人特殊的说话方式，与各自的性格和能力有一定的关系。声音清晰、有活力的男性，大多身心健康，富有热情。语调富于变化的女性，大多充满活力，能体贴人，善于与人沟通。

三、界域

（一）界域的含义

界域又称为空间语言、人际距离，是指人对空间的需求和使用，是人类的一种沟通工具。

研究表明，人的心理上的个人空间就像一个无形的"气泡"，人在这个"气泡"里就会感到安全。如果有人靠得太近，突破了"气泡"，人就会感到不自在或不安全，会以各种各样的方式做出反应，或退让，或回避，或双手由于紧张而出汗，或做出激烈的反应。

正因为如此，人们在日常生活中，会不自觉地调整个人的交际距离。例如，在候车大厅有一只长凳，先来的第一个人会坐在一端，第二个来者会坐在另一端，第三个会坐在中间。再后来的人也会按照这种方法选择座位，直到坐满。乘公共汽车也是如此。空荡荡的车厢里,如果有人离你很近,你就会感到不安全。

既然界域能够表明人与人之间的关系,那么我们在沟通中要与上司、同事保持正常的界域,以免产生误会。

(二)界域显示的意义解读

人们对界域的存在和对自己的界域行为熟视无睹,习以为常,甚至感觉不到它的存在。其实,人们通过界域这种沟通工具,可以传达出许多信息。限于篇幅,我们着重介绍界域表达的几种常见的意义。

1. 显示人际关系的亲密程度

人际关系实际上是指人与人之间心理上的关系,也是一种心理上的距离。这种心理上的距离,会反映在交往中的空间距离上。界域学家把人类使用界域的情况分成四个不同的区域。

1) 亲密区域(0~45 cm)

这个区域的下限是零,上限是 45 cm。处于下限时,身体相互接触,处于上限时,伸手可以触及对方。人们在这个区域进行沟通,可以相互感到对方的呼吸,嗅到对方的体味。如此狭小的区域,如此贴近的距离,只有关系密切的人才能获准进入,如父母、孩子、恋人、夫妻等。如果其他的人闯入,人们就会不自在,会躲避或堤防。在拥挤不堪的公共汽车里,我们感到窘迫、压抑,就是由于陌生人突破了 45 cm 的亲密区域,甚至产生身体接触,使人感到难受。公共汽车里的乘客不多的时候,大家一般先拣单人座位就座,然后再坐双人座。这个现象也表明,人有一种不愿意陌生人进入自己的亲密区域的本能。

2) 私人区域(45 cm~1.2 m)

这个区域的下限为 45 cm,上限是 1.2 m,表示私人间的友好关系。在这个区域内,可以看到对方细致的表情变化,显示出一定程度的亲密,有利于私人间的思想感情的沟通。朋友、同事、同学之间的沟通,一般都在这个区域内。

3) 礼貌区域(1.2~3.6 m)

礼貌区域又称社交区域,这种区域表现出来的人际关系,要比前两种疏远一些。在这个区域内活动的人们之间不一定熟悉,也不一定认识,不知道对方姓甚名谁。例如,向路人问路,去集贸市场买东西等,彼此间一般保持这个距离。

礼貌区域常常用于接待来访、购物,安排洽谈、会见。接待来访者,用于谈判的桌子,商店、银行、宾馆的营业柜台,一般按照礼貌距离的尺寸来制作的。

人们在礼貌区域内沟通,拘泥较少,比较随便自在、轻松自然。在办公室,双方可以边工作边说些其他的事情。在家里,家人可以一边交谈,一边忙各人的事情。

4) 公共区域(3.6 m 以上)

这个区域表示疏远关系。在这个区域内沟通的双方一般没有太多的情感和心理上的联系。如演讲,基本上是"一对多"的单向传播,台下的听者看不清演讲者的面部表情,只能根据语调、语气和言语来理解演讲的内容。由于距离较远,演讲者的动作往往比较夸张,好让台下的听众看清楚。

以上四个区域,是西方学者考察欧美中产阶级的界域行为后得出的结论。实际上,中国人的个人界域要比欧美人要小得多。据观察,中国人的亲密区域是 0~30 cm,私人区域是 30~70 cm,礼貌区域是 70 cm~2.5 m,公共区域在 2.5 m 以上。另外,需要特别说明的是,区域的划分不能绝对化。各个区域的界限是模糊的、相对的,也是因时间、地点的变化而变化的。

2. 表示社会地位的高低

社会地位是指某人在某一社会关系体系中所处的位置。其中"某一社会关系体系"一般是指某个具体的、表现人与人之间相互关系的社会组织,如工厂、机关、学校、医院、部队等。一个人在"某一社会关系体系"中占据的空间的大小,决定着他的地位的高低。

1) 空间的高度显示出地位的高低

封建社会的君王上朝时,总是高高在上,满朝文武,俯首称臣。这就是用空间高度来区分尊卑。现代法庭上,审判人员所处的位置,一定要比受审者高;领奖台上,冠军的位置要比亚军和季军高;课堂上,教师的位置要比学生高。这样设置的原因,是因为居高者能使处于低位者产生敬畏的心理。难怪阿Q过堂时,一见到"上面坐着一个满头剃得精光的老头子""便知道这人一定有些来历,膝关节立刻自然地宽松,便跪了下去"。握有生杀大权的"老头子"高高在上,使站在堂下的阿Q感到自己的卑微和渺小,于是情不自禁地降低自己身体的高度,跪了下去。

2) 空间的先后次序显示出地位的高低

在官方活动中,经常是按照身份和职务的高低来安排礼宾次序的。一般是地位高的在前面,地位稍低的在后面,地位更低的更靠后。

3) 拥有空间的大小可以判断出地位的高低

地位高的人住房、办公室、汽车都比较大。领导一人一间办公室,而一般的员工数人共用一间办公室。级别不同,所使用的办公桌的大小也不同。老总的办公桌要比一般员工大得多。

3. 表现情绪状态

心理学层面的情绪,是指有机体天然生物的需要是否得到满足而产生的暂时性的剧烈情感。人在情绪高涨时,如兴奋、喜悦、激动等会把自己的位置升高,引人注目。足球运动员在射门得分后,往往会高高跃起,高举双臂,显示自己的喜悦心情。人在情绪低落沮丧时,会把自己的位置变低。如学生受到老师的批评,是没有面子的事,他会降低自己的高度,低下头,不愿别人看到自己的窘态,甚至想找个地缝钻进去。

(三) 沟通中界域语的运用技巧

界域语是人们进行沟通的工具之一,有着重要的作用。想要沟通取得预期的效果,要讲究界域语的使用技巧。

1. 根据沟通对象、目的、场合的不同,采取不同的沟通形式

在沟通中,人们彼此间的位置也会构成各种不同的形式,常用的有封闭式、开放式、相向式、平行式。

1）封闭式

封闭式是指个体或群体表示不愿意他人加入或免受干扰时所采取的沟通形式。例如，一个人在校园里进行自我沟通时，他会背对着有人走动的地方，面朝树木、花丛等；两人沟通时，会面对面或近距离向内侧身；多人沟通会围成一个圈，形成关闭的状态，如女排姑娘上场后往往围成一个圆圈，说些鼓励的话，然后回到各自的站位进行比赛。这个封闭的"圆圈"，是不容外人尤其是对手探究的。

在现实生活中，如果发现别人成封闭状的沟通形式，就不要轻易地进入其中；如果不想别人介入自己正在进行的沟通，可以采取封闭式，以此告诉对方，不要加入。

2）开放式

开放式是指沟通的双方形成约90°的直角，留出一个开放的空间，允许别人加入。采取这种沟通方式，也说明双方内心自我开放的空间较大，不易产生沟通障碍，效果较好。就家庭而言，如果条件允许，应将沙发摆成开放式。如果摆成直线式，沟通时要扭转脖子，形成沟通障碍。

3）相向式

相向式是指面对面地进行沟通，显得正式、庄重，一般用于处理公事。领导办公桌前，往往放一张坐椅，供下属请示或汇报工作时使用。

4）平行式

平行式是指双方肩并肩地进行沟通的方式。这种方式表示双方地位相等，是相互合作的关系，气氛较为轻松，如夫妻或好友散步。不足之处是不便于观察对方的表情语。

上述四种沟通形式，各有特点。要根据具体情况，选择合适的沟通形式，以期取得好的沟通效果。

2. 注意界域的国家和民族差异

界域是有国家和民族差异的。不同的国家和民族有着大小不同的界域，英国人、德国人、美国人、澳大利亚人、日本人的界域较大，阿拉伯人、南美洲人、非洲人、东欧人的界域较小。当我们与来自不同国家和民族的人们进行沟通时，要有界域的国家和民族差异性的意识，不能用我们习惯的距离同对方沟通。如果无法了解对方的习惯，可以稍加观察试探：沟通时，如果对方往前靠，说明沟通距离可以再近一点；如果对方后退，表示距离过近，要后退一点；如果对方不动，则表示沟通时的距离合适。

3. 保持适当的距离

与他人沟通时，要注意距离的远近适当。距离太远，对方感到受轻视；距离太近，显得不够庄重。如果与异性的距离太近，会被认为另有所谋。看到别人进行封闭式的交谈，要绕开行走，不要从中间穿行。

4. 尊重他人的领域权

进入他人的领域前，一定要征询对方的允许。去他人的办公室，无论门是否拴着，要先敲门，对方同意后再进去。就家庭来说，卧室是私密的空间。没有得到主人的邀请或同意，参观主人的卧室是不礼貌的。

主人不在场时,不要私自动用其领域内的物品。未经许可,不要翻看亲友的信件和日记,不能动用别人的物品。

四、服饰

(一)服饰的含义

服饰是指人的穿着打扮,包括服装、鞋帽、发型、装饰物、手袋、挎包等。服饰是附着于人体显示其意义的,它能传递信息。例如,封建社会皇上穿的龙袍、戴的头饰,象征着权力和威严。

(二)服饰在沟通中的作用

服饰不仅具有实用价值和审美价值,而且还是一种沟通工具。在特定的沟通情境中,能够精妙地传达出言语难以表达的信息。

1. 第一印象的作用

第一印象是指沟通双方初次见面时彼此产生的最初印象。第一印象的好坏往往决定沟通的成败。成语"先入为主"就是对第一印象所起作用的最好概括。第一印象为什么会有"先入为主"的作用呢?因为第一印象一经形成,就等于给这个人贴上了一个标签,以后再看他的时候,就不会像第一次看见他的时候那样不带任何偏见,而是有了一定的倾向性,即使碰上与之相矛盾的信息,我们也往往会寻找借口自圆其说。例如,一位老师的第一节课讲得很成功,以后即使他讲得不太好,学生也会为他寻找借口,如,"没有时间备课",等等;而如果这位老师第一节课上得很糟糕,以后他上得再好,学生也有可能认为是"碰巧而已"。

虽然人们都知道"路遥知马力,日久见人心"的道理,也知道仅凭第一印象来判断一个人,难免会不全面,尤其当对方为了某些目的而刻意掩饰的时候更是这样。但即使如此,人们在沟通过程中却总也免不了要受第一印象的影响。《三国演义》中庞统当初准备效力东吴,于是去面见孙权。孙权见庞统相貌丑陋,心中先有几分不喜欢,又见他傲慢不羁,更觉不快。最后,孙权竟把与诸葛亮比肩齐名的庞统拒之门外。庞统无奈,只好去投奔刘备。刘备见庞统其貌不扬,便让他做了一个小的小县令。可见,给人留下良好的第一印象有多重要。

对一个陌生人来说,形成第一印象的主要依据是外貌,而服饰是影响外貌的重要因素。穿着打扮自然得体,能给人留下良好的第一印象。

求职面试时,个人的衣着打扮很重要。考官会根据求职者的发型、服装、首饰、获得第一印象,使之成为决定是否录取的一个条件。两位求职者如果其他条件相当,会录取第一印象好的那位。我们一直认为,"以貌取人"是一种偏见,但生活中"以貌取人"的事情却屡屡发生,这足以说明"以貌取人"具有一定道理。常言道,爱美之心,人皆有之。美好的外在形象的确能产生吸引力,获得好感——把自己装扮得如此漂亮(或帅气),说明他对生活充满热情,心态积极向上,有教养,审美情趣高雅,那么在工作上想必有着较强的能力。求职应聘如此,沟通又何尝不是这样呢?鉴于此,我们要注意塑造自己的外在形象,为有效沟通创造条件。

2. 显示身份和地位的作用

服饰是一种附着在人体上的语言。通过服饰,人们可以解读到对方相关的信息,如社会地位、经济状况、职业、性格、年龄等。

在古代,服饰是用来区别高低贵贱的重要标志。隋朝的等级制度十分严格,出台了"品服衣"制度:"三品以上服紫,四品五品服绯,六品七品服以绿,八品九品以青。妇女从夫之色"。

现代社会依然存在着一定的等级观念,从服饰上也能看出。如从军衔就能看出一个人在军队里地位的高低。虽然同为校官,但上校与中校、少校的领章和肩章的图案会有所不同。

服饰可以显示人的职业信息。职业装可以帮助我们识别不同的从业人员,如人们从服饰上就能区别检察官、法官、警官。执法时穿制服,可以增添了执法人员的威严和权威性。但在某些沟通场合穿制服是不适宜的,如两位检察官去探望某服刑人员的孩子时,脱下了检察官的制服,换上便装,以免吓着无辜的孩子。

服饰可显示一个人的经济状况。有钱的人和生活窘迫的人,在服饰的数量和质量上都有着很大的区别。

3. 暗示的作用

当人们受限于某种情景,不能使用言语来表达思想和感情时,服饰语可以委婉、含蓄地传递信息,对他人的心理和行为产生影响。法国前总统戴高乐在正式场合常常穿西服。1961年,在一次电视讲话中,他却换上了军装。原来,有人企图搞政变。当时的情况不允许戴高乐明确说出有人想推翻现在的政权,于是他用穿军装暗示形势危急,表明自己是军队的总司令,显示力量和决心。

4. 情绪感染的作用

服饰语言还可以传递情绪,对穿着者和对方的情绪都会产生影响。

1) 服饰可以感染本人的情趣

我们往往有这样的体验:当穿着光鲜的衣着出门时,我们的心情也是愉快的;当衣着不够体面时,常会感到羞愧。

2) 服饰会感染对方的情绪

人与人之间的相互感染是要具备一定的心理条件的,即沟通双方的背景要具有相似性。因为同一阶层的服饰有一定的相似性,所以人们愿意接近那些与自己服饰相似的人,疏远那些比自己服饰好许多的人。领导同志深入农村考察访问,往往衣着很朴素,以便接近农民,了解到真实情况,塑造亲民形象。如果领导同志身穿高档西服下乡与农民沟通,恐怕没有农民愿意讲心里话。

五、时间

(一) 时间的含义

关于时间的定义,社会科学界和自然科学界一直存在着"感觉时间论"和"客观时间论"

的争论。从沟通的角度来说,我们所关心的是,作为一种现象,时间如何在信息沟通中发挥作用。所谓时间是人和客观事物存在的一种形式,没有时间,也就没有人类和物质世界。

（二）时间在沟通中的妙用

在某种特定的场合,运用言语直接表明自己的态度,会使对方感到唐突、难以接受。而合理运用时间语言,就显得含蓄、委婉,对方容易接受。

时间语言的运用大致可以分为两种情形。

1. 时间和其他非言语手段配合使用

与其他非言语手段一样,时间也是常规言语交际的辅助手段,但时间在表意时有着自己的特点,即时间的语义更具模糊性。很多情形下,时间必须同其他言语或非言语手段一起使用才能传达明确的意义。

在现实生活中,"时间"一词常常在"时点"和"时段"两种意义上被使用。就"时点"而言,往往表现为"先"和"后""早"和"晚""准时"和"误时"等时机性;就"时段"而言,往往表现为"久"和"暂""快"和"缓""及时"和"拖延"等持续性。时间往往被人们故意作为一种传递信息的手段加以使用。

例如,约会时,姑娘往往故意迟到,让小伙子多等一会儿。一来表示自己的矜持与羞赧。二来向对方传递这样的信息:爱情是不容易得到的,要珍惜。如果女方迟到的时间过长,小伙子则会理解为女方没"那个意思",自己"没戏"。拖延的时间长短不一,所表达的信息也不相同。可见,时间也是传递信息的一种方式。但是,时间在这里并不是单独传递信息,而是同另一个非言语因素——背景结合在一起,共同传递信息。如果离开了"谈恋爱"这个背景,姑娘的迟到则很难向对方传达一个明确的信息,甚至会导致误解。

我们仍以迟到为例,但背景是这样的:女孩和闺密发生矛盾,电话中约好在某咖啡厅见面和解。一般来讲,主动认错的一方会提前或准时到达,请对方喝咖啡;另一方可能会故意晚到一会儿,以显示自己的无辜或无责。

同样是"迟到",背景不同,表达出的信息内容也不同:前者表示矜持和得到爱情的不易,后者表示自己的无辜和无责。可见,如果没有"背景"这个非言语信息的共同参与,"时间"很难单独表达出明确的意思。

2. 某些特殊的场合,时间可以单独传递信息

我们前面说过,同其他非言语形式比,时间单独传递信息的难度较大,但在某些特殊的场合,时间和言语一样,可以独立地传递信息。

> **相关案例**
>
> 新中国成立前,我党某个地下组织由于叛徒的出卖,遭到敌人的严重破坏。为了减少损失,党组织派交通员紧急通知其他已经暴露的党员转移,但不排除敌人已经先下手,等交通员自投罗网的可能性。交通员深知执行这个任务的危险性,临行前,他对妻子说:"如果我一个小时不回来,你赶紧销毁文件,立即转移。"说完,交通员毅然出去执行任务。一个小时后,交通员没有回来,妻子就按照他说的去做了。
>
> 交通员出门后,妻子只能从时间的进程上获得丈夫生死与否的信息。在丈夫出门

的一个小时内,时间每往前推进一秒,妻子都可以得到这样的信息:自己的丈夫可能还活着。一个小时后,丈夫没回来,妻子知道丈夫可能牺牲或被捕,于是销毁文件,立即转移。在这个情景中,时间确实在单独地传递信息。

在沟通过程中,时间不但要与言语配合使用,还要与其他非言语形式结合在一起,才能更好地发挥作用。

【思考和练习】

(1)假设你坐在办公室里,有三个来访者:第一个人走到门口就和你说话,第二个人走进门和你说话,第三个人走到办公桌前才和你说话。请问这三个人谁的社会地位最高?

(2)外国公司的大老板为什么都喜欢用3米宽的大写字台?

(3)界域学认为人的情绪高涨时,习惯于把自己的位置升高,你能从生活中找到几个例子吗?

技能与训练

一、案例分析

小王是新上任的经理助理,平时工作主动积极,且效率高,很受上司的器重。那天早晨小王刚上班,电话铃就响了。为了抓紧时间,她边接电话,边整理有关文件。这时,员工小李来找小王。他看见小王正忙着,就站在桌前等着。只见小王一个电话接着一个电话。最后,他终于等到可以与小王说话了。小王头也不抬地问他有什么事,并且面无表情。当员工小李正要回答时,小王又突然想到什么事,与同办公室的小张交代了几句……这时的小李已是忍无可忍了,他发怒道:"难道你们这些领导就是这样对待下属的吗?"说完,他愤然离去……

【思考题】

(1)这一则案例的问题主要出在谁的身上?为什么?

(2)如何改进其非语言的沟通技巧?

(3)假如你是小王,你应该怎样做?

二、项目实训

1. 实训名称

总结自身某次沟通失败的教训。

提示:请同学们回忆自己某次沟通失败的经历,结合本章所教授的内容,总结出应该汲取的教训。

2. 实训目的

通过回忆、总结自身某次沟通失败的经历和教训,形成运用言语沟通的基本知识或方法,分析自己沟通实践的能力。

3. 实训内容

(1) 回忆自身某次沟通失败的经历,结合本章所讲授的内容,分析失败的原因。

(2) 言语沟通策划:在分析沟通失败原因的基础上,为其制订出正确的策划方案。

4. 实训指导

(1) 一个人沟通失败的经历很多,要选择较为典型的失败经历,为制订沟通的策划方案打下基础。

(2) 制订《言语沟通策划方案》时,注意可行性和必要性。

5. 组织实施

(1) 分组活动:小组的每个成员都叙述自己言语沟通失败的一个经历。

(2) 各小组评选出一个较为经典的言语沟通失败的经历,分析、讨论其失败的原因。

(3) 以小组为单位,根据本章所学的知识和技能,为上述失败的言语沟通经历制订《言语沟通策划方案》。

(4) 各小组在全班交流《言语沟通策划方案》。

《言语沟通策划方案》的内容应该包括三个方面:

① 概述:某个言语沟通失败的经过(提出问题);

② 反面:分析言语沟通失败的主要原因(分析问题);

③ 正面:为失败的沟通开出"药方"(解决问题)。

(5) 评选出最佳《言语沟通策划方案》。

6. 考核方式及成绩评定

(1) 小组讨论表现情况,考核占50%。

(2)《言语沟通策划方案》的成绩评定,考核占50%。

第四章　沟通的基本技巧

学习目标：
(1) 了解沟通技巧的内容和具体方法。
(2) 理解沟通技巧的合理运用对达成有效沟通的重要性。
(3) 掌握如何灵活运用沟通技巧达到沟通目的。

任务导入

A公司和B公司是两家实力相当的网络公司，由于受全球经济危机的影响，两家公司的经营受到了严重的打击，最后两家公司都决定裁员。

A公司本次裁员在公司三楼会议室进行。公司人事部门通知全部被裁人员到会议室开会，人事经理在会议上当众宣布了被裁人员的名单。顿时会场一片哗然，被裁人员感觉非常气愤，纷纷提出抗议，要求公司给个说法。人事经理进行了客观解释：由于受全球经济危机的影响，公司的经营受到了严重的打击，所以公司决定裁员。被裁人员的名单由各部门上报，并由公司董事会表决通过，裁员决定不会再做更改。最后人事经理请被裁员工会后即刻到公司财务结清工资及相关补偿金，并于当天拿走自己的东西离开公司。

A公司这次裁员不但使被裁人员非常气恼，同时也使许多留下的员工也感到不安和沮丧，对自己在公司的未来充满了担忧，并开始私下为自己今后的出路做打算。本次裁员不但没有帮助公司走出困境，反倒极大地影响了整个公司的士气，公司最终在激烈的市场竞争中走向倒闭。

B公司本次裁员工作受到公司领导层的高度重视，总经理召集了公司人事部门、各业务部门经理、主管人员等共商裁员大事，广泛听取意见和建议。最后商议决定由公司人事部的陈经理出面单独约见被裁人员谈裁员之事。在环境优美的星巴克咖啡厅里，陈经理和被裁人员边喝咖啡边一起回顾了各自在公司的工作经历，表达对公司的感情，以及作为员工希望公司能长久生存发展的愿望。然后将话题转到了本次全球经济危机对公司经营的严重打击，以及公司采取种种应对措施但短期内仍无法按现有规模正常运营的现实。接着提出为了渡过难关公司被迫进行裁员，致使一些原本非常优秀的员工不得不暂时失去这份工作，而对方就是其中的一员。然后代表公司向他致以诚挚的歉意，对他一直以来为公司所做的一切表示衷心的感谢。接下来，陈经理认真倾听被裁员工的心声，对裁员可能给对方带来的困难表示充分的理解，对因被裁产生的不良情绪进行安抚。并提出公司将会给他一个月的时间寻找下一份工作，同时在经济非常困难的情况下，公司仍决定多支付他一个月的工资作为经济补偿。如果他在寻找工作中需要公司帮忙，如写推荐信等自己一定义不容辞……

通过充分良好的沟通，被裁员工基本上都表现出对公司裁员的理解并接受了公司的裁员安排，且表示如果公司需要他的时候随时可以通知他，他会毫不犹豫地再回到公司来。同时，留下来的员工也从这次事件中感受到了公司对每一位员工的情谊，表示一定珍惜工作机会，更加努力工作。

B公司本次裁员不但没有影响整个公司的士气，反而使公司上下更加团结一致。一年后公司顺利渡过了难关，并继续发展壮大，很多老员工也重新回来为公司效力。

A、B两家公司出于相同的原因而进行裁员的这一措施，同样给予被裁员者一定的经济补偿，但是裁员的效果却有天壤之别。

请从以下几个方面进行思考：

1. 比较分析A、B两家公司在处理公司裁员这件事情上，采取的沟通策略有何差异？
2. B公司为什么能在不影响公司整体士气的情况下顺利完成裁员任务？
3. 在沟通过程中B公司的陈经理在哪些方面运用了沟通技巧？达到了怎样的沟通效果？
4. 通过上述案例，对你今后在工作和人际关系中的沟通有何启发？

通过对上述案例的分析思考，我们发现要使沟通顺利进行并取得成功，既要保证你发送出去的信息能全面正确地被对方接收并接受，也要保证全面准确地接收对方发送过来的信息，并进行针对性反馈，那样才能保证沟通有效。那么我们应该如何保证自己发送的信息能够全面正确地被对方接收并接受？在信息发送过程中，我们应该在哪些环节充分运用沟通技巧，使自己发送的信息达到良好的效果？我们应该怎样做才能保证全面准确地接收对方发过来的信息，并在此基础上进行信息的有效反馈？这些都是我们在这一章的学习中要解决的问题。

第一节 有效发送信息的技巧

沟通过程中发出的信息是否有效、能否实现预期的目标，是信息发送者最为关心的问题。如果发送出去的信息不能被接收者理解、接受，那么不管信息本身如何正确、多么有用，都将毫无意义。

相关案例

春秋战国时期，有一位名叫扁鹊的名医。有一次，扁鹊谒见蔡桓公，站了一会儿，他看看蔡桓公的脸色，然后说："国君，你的皮肤有病，不治怕要加重了。"蔡桓公笑着说："我没有任何病。"扁鹊告辞后，蔡桓公对他的臣下说："医生总喜欢给没病的人治病，以便显示自己的本事。"

过了十几天，扁鹊又来见蔡桓公，他仔细看看蔡桓公的脸色说："国君，你的病已到了皮肉之间，不治会加重的。"蔡桓公见他尽说些不着边际的话，气得没有理他。扁鹊走后，蔡桓公还没有消气。

又过了多天后,扁鹊又来朝见蔡桓公,神色凝重地说:"国君,你的病已入肠胃,再不治就危险了。"蔡桓公气得叫人把他轰走了。

再过十几天,蔡桓公出宫巡视,扁鹊远远地望见蔡桓公,转身就走。蔡桓公很奇怪,派人去追问。扁鹊叹息说:"皮肤上的病,用药物敷贴就可以治好;皮肉之间的病,有针灸可以治好;病在肠胃之间,服用汤药就可以治好;但是病入骨髓,那么生命已掌握在司命之神的手里了,医生是无能为力了。如今国君的病已深入骨髓,所以我不敢再去谒见了。"蔡桓公听后仍不相信。

五天之后,蔡桓公遍身疼痛,连忙派人去请扁鹊,这时扁鹊已经逃往秦国躲起来了。不久,蔡桓公便病死了。

1. 如果你是蔡桓公,扁鹊用这样的方式向你发送身体有疾的信息,你可能会有什么样的反应?
2. 扁鹊与蔡桓公之间沟通失败的原因有哪些?你认为谁应该负主要责任?

这个故事被用来劝说病人不要忌医讳药,认为蔡桓公的死责任完全在于其不愿听取扁鹊的忠告,是其咎由自取。

从沟通的角度来看,扁鹊与蔡桓公之间的几次谈话是典型的沟通行为,扁鹊是信息的发送者,蔡桓公则是信息的接收者。他们之间每次的沟通过程都不完整,缺少积极反馈的环节,结果是失败的。如果分析沟通失败的原因,一方面作为信息的接收者——蔡桓公不能认真倾听、接受他人建议固然是导致沟通失败的主要原因,但同时作为信息的发送者——扁鹊未能针对蔡桓公这个特殊的信息接收者,选择恰当的方法,运用一定的技巧与其进行有效沟通,自然也是难辞其咎的。

如果运用因果分析法进行分析,扁鹊与蔡桓公的沟通失败根本原因还是出在扁鹊身上。蔡桓公之所以不相信扁鹊的话,并非其真的忌医讳药,古往今来没有一个人是真正不怕死的,尤其是国君,想长命百岁还来不及呢,怎会明知自己有病而不想治呢。问题的关键是信息发送者——扁鹊发送的信息缺少足够的说服力,发送方式过于简单,从而导致信息接收者——蔡桓公没能引起足够的重视,更谈不上接受了。

这则寓言说明要进行有效沟通,除了依赖信息接收者的意愿和能力外,关键还在于信息发送者能否全面考虑影响信息发送效果的各种因素,即发送信息的目的和内容、接收信息的对象、发送信息的时机、处所、方式等,并根据实际情况灵活运用各种沟通技巧,以达到良好的沟通效果。下面将分别阐述影响信息发送的各种因素。

一、确立沟通意图目标,明确信息发送目的

从事任何社会活动时都应当有一定的目的,否则就会漫无目标、毫无头绪,从而导致活动失败,进行有效沟通也不例外。信息发送者在沟通活动正式开始之前,首先必须明确自己想通过此次沟通达到什么目的,具体到每一次信息发送要实现什么目标。这样在明确的目的、具体的目标指引下,才能针对不同的接收对象选择、运用恰当的沟通方式和行之有效的沟通技巧,实现沟通的目的。否则,很容易造成沟通不畅,或沟通的过程热热闹闹但结果

却并不尽如人意。

> **相关案例**
>
> 中央电视台某期《绝对挑战》节目,某女性杂志社为该社现场招聘一位公众形象指导,有三位选手参加应聘。通过首轮场外测试后,专业能力较强的2号和3号胜出,进入第二轮面试。但杂志社方面在场外测试点评时明显倾向于2号。他们认为2号更具亲和力,沟通能力较强,受邀接受其形象指导的三位女士参与积极性很高,对其评价较好;同时认为3号的表现过于个性化,虽能迅速引起众人的围观,但群众参与积极性并不高,最后勉强拉来一位男士和一名儿童接受其形象指导,与女性杂志的主要读者群不符,而且受指导者觉得她设计的形象太另类了,不合适自己。在接下来的面试环节中,2号能紧紧围绕公众形象指导这一职位的要求,回答问题针对性很强。而3号在此环节,未能迅速调整自己的沟通内容和方式,仍一味追求张扬的个性、回答得幽默出彩,虽博得现场观众的阵阵笑声与掌声,但由于不能针对本次沟通目的充分展示自己作为公众形象指导的素质和技能,最终被招聘方淘汰出局。
>
> 面试是一种特殊的沟通,其沟通目的非常明确,对招聘方来说就是找到职位所需的人才,对应聘方来说就是让对方了解自己,证明自己是最适合这一职位的人。2号的成功原因在于:她时时刻刻记得自己进行沟通的目的是什么,女性杂志社对公众形象设计职位的要求是什么,力求沟通具有很强的针对性,最终说服对方"我是最合适的人选"。3号的失败原因则在于:她未能在明确此次沟通目的的前提下,合理安排沟通的内容和方式,并针对沟通过程中的反馈情况及时调整自己的沟通内容和方式,最终导致应聘失败。可见,在沟通中,明确沟通目的非常重要,否则就会导致无效沟通,甚至产生相反的效果。

二、确定信息内容

在沟通过程中,信息的发送者在目标明确的前提下,还需要选择要发送的信息内容,所谓的"一句话,百样说"。例如,面对怒气冲冲的投诉者,沟通的目的首先应该使对方平息怒火,客观冷静地面对事实,然后再找出双方都能接受的解决办法。所以哪怕你认为自己理由非常充分,或顾客无理取闹,一开始也不要急着跟他们解释,而应安排一些能缓解对方怒气的沟通内容,等对方心平气和以后,再来和他们一起分清责任、讲清道理,这样问题才能真正得到解决。否则,往往会适得其反,不但问题没解决,自己倒和投诉者先吵起来了。

至于具体的沟通内容,从接收者的角度来看,大体可以分为三类:第一类是可能会使对方产生愉悦的情绪,对方乐意接收的信息,如赞美的话语、对方喜欢的人和事、能满足对方某种需要的建议等;第二类是可能会使对方产生不快的情绪,对方从心理上不太愿意接收的信息,如批评的话语、对方讨厌的人和事、破坏对方某种需要的话题等;第三类是可能会使对方产生淡漠的情绪,因不感兴趣或认为与己无关从而无意接收的信息,如向下岗女工推销高档化妆品、向未婚者宣传优生优育知识、对足球迷大讲篮球赛等。

显而易见,第一类信息是接收者最乐意接收的,双方沟通起来往往比较容易,对方的反馈也会比较积极。因此,在沟通过程中,在同样能达到目的的前提下,应尽量选用第一类内容进行沟通。但在现实生活中,并不是所有的沟通内容都能如愿令对方产生愉悦的情绪,沟通中的困难时时处处存在,这就需要沟通的主体——信息发送者适时适当运用一定的技巧来打开对方紧闭的心扉。如从对方感兴趣的话题逐渐引到其他话题,从对方的心理需求出发来谈论这个话题,引导对方自发谈论这个话题,先让对方从理智上承认信息的正确性,从而逐步从感情上接受它……

总之,沟通的内容应根据目的而定,因人、因事、因时而定,这样沟通才能有效。

相关案例

阿里森是美国一家电气公司的推销员。一次他到一家公司去推销电动机,这家公司的总工程师一看到他就不客气地说:"阿里森,你不想让我多买你的电动机吗?"原来,这个公司认为不久前从阿里森手里购买的电动机发热超过了正常指标。阿里森了解了情况后,知道对方的说法是不对的。但他没有跟对方争辩,他决定以理服人,让对方自己改变态度,于是他对这位总工程师说:"好吧,斯宾塞先生,我的意见和你的一样,如果那台电动机发热过高,别说再买,就是已买去的也要退货,是吗?""是的。"对方做出了肯定的回答。

"当然,电动机是会发热的。但是你当然不希望它的热度超过全国电工协会规定的标准,是吗?"对方又一次做出了肯定的回答。

在得到对方的两个肯定回答之后,阿里森开始讨论实质性的问题了。他问斯宾塞:"按标准,电动机的温度可比室温高72 °F(约22.2 ℃),是吗?"

"是的,"斯宾塞说,"但是你们的电动机却比这个指标高出许多,简直让人无法用手摸。难道这不是事实吗?"

阿里森没有与他争辩,他继续问道:"你们车间的温度是多少?"

斯宾塞稍微想了一下,回答说:"大约75 °F(约23.9 ℃)。"阿里森拍拍对方的肩膀说:"好极了。车间温度是75 °F,加上应有的72 °F,一共是140 °F(60 ℃)左右。请问:要是你把手放进140 °F的热水中,会不会把手烫伤呢?"对方不情愿地点了点头。

阿里森接着说:"那么,你以后就不要用手去摸电动机了。放心,那热度完全是正常的。"

最后,阿里森不仅说服了对方,消除了对方的疑虑,而且又做成了一笔生意。

推销员阿里森在与总工程师斯宾塞先生就电动机质量问题的沟通中,阿里森虽然认为对方的说法是不对的,但并没有急于分辩,而是先安排了能消除对方怒气的沟通内容:附和对方的说法"我的意见和你的一样,如果那电动机发热过高,别说再买,就是已买去的也要退货""电动机是会发热的。但是你当然不希望它的热度超过全国电工协会规定的标准",使对方在感情上完全接受了他的说法,刚才的怒气自然也消了一大半,达到了沟通的最初目的。接下来,为了达到说服对方电动机确实没有质量问题的目的,阿里森采用了让事实说话,安排了适当的沟通内容:"按标准,电动机的温度可比室温高72 °F""车间温度是75 °F,加上应有的72 °F,一共是140 °F左右。"就这样,通过感情上的软化和道理上的说服,对方终于心服口服了,沟通取得成功。

三、充分考虑信息的接收者

我们发送信息的时候势必有预期的特定对象,每一个特定的对象具有自己独特的个性、观念、兴趣、需要等,同一对象在不同的时间又会有不同的兴趣、需要、情绪,而这些不同又会直接影响信息的接收效果,因此,在发送信息过程中必须清楚谁是信息的接收者,并充分了解接收者的具体情况,以期达到令人满意的沟通效果。

一方面,在信息发送前应考虑向谁发送这条信息,选择合适的信息接收者,以保证沟通取得最大的成效。例如:价格便宜、洗得干净的洗衣粉,向中、老年家庭主妇或消费层次较低的消费者推销很容易引起对方的注意并易于被接受;而时尚、护肤,但昂贵的高档洗衣液,向年轻女性或消费层次较高的消费者推销才可能引起对方的兴趣并被接受。

另一方面,在确定了信息的接收者之后,还要根据接收者的具体情况安排沟通内容、选择沟通的方式,以期取得良好的沟通效果。具体应注意以下问题。

(一)接收者的个性心理特征

由于受到特定的社会因素的影响,个体在成长的过程中会形成独特的心理特征,有的内向,有的外向,有的人感情丰富,有的人强硬理性,有的人坦诚直率,有的人内向多疑,还有虚荣心强、心胸狭窄、脾气暴躁、冷僻孤傲等各种性情的人。对于信息的发送者来说,在发送信息的过程中必须充分考虑个体的差异,确保针对每个人的个体心理特征选择合适的沟通内容、沟通方式。

对感情丰富的人,要注意动之以情。因为对这一类人来说,情是最能打动他的东西,如果他在感情上接受了你,其他一切就都不在话下了。

对强硬理性的人,要晓之以理。这类人往往比较理智,他决定是否接受某种说法,取决于他认为这种说法是否有道理,事实是否站得住脚。如果试图用感情来说服他往往是起不到任何作用的。

对坦诚直率的人,应以诚相待,直截了当。坦诚直率的人最讨厌言不由衷、话到嘴边留半句的讳莫如深的人。因此,在礼节上不要太拘泥,不要有太多的繁文缛节。如果遇到困难需要一位性格坦诚直率的朋友帮忙,不妨直截了当地说明自己现在的困难,以及需要他帮什么忙。如果躲躲闪闪、转弯抹角,反而会引起对方的不快,心想"跟我来这一套,完全不把我当朋友看",说不定最终能帮的忙也不帮了。

与性格急躁的人打交道,要尽量语气平和,用商量或征询的方式跟他交谈,避免一切使他冲动的可能。

对高傲自大的人,一来应该适时地赞美他们,把他们的作用突现出来,让他们觉得自己被尊重;二来尽量做到多听少谈,多问少说。对不敢苟同的地方,应恰当点拨,并注意点到为止,把握语气分寸。

对心胸狭窄的人,要表示谦恭。与这类人交谈不能自以为是,表现出众。要多向对方请教,多征询对方的意见,那么,即使对方心胸狭窄,也会乐于与你交谈。

对虚荣心强的人,要学会赞美,真诚赞美对方的优点、长处。

对冷僻孤傲的人,应多加关心,以唤起他的交谈欲望。

> **相关案例**
>
> 南唐大臣韩熙载犯了罪,李后主要把他流放到南方去,韩熙载走前向李后主上了一道表,表中言词凄惨悲切,李后主听了深受感动,最后赦免了他。
>
> 表的大意是说,自己年纪一大把了,一辈子也没有为国家做过什么大的贡献,实在是无比愧疚。如今又犯下了如此滔天大罪,要遭流放,真是自作自受。可怜的是我那年老多病的妻子,遭此打击,只能在床上伏枕呻吟、悲痛无比。我那年幼的孩子们,拉着我的衣袖,围床而坐,号啕大哭,使我实在不忍心与他们别离。想着明天,我就要拖着病弱之身离开我的故乡、我的家人,离开一辈子侍奉的君王您,孤寂地前往那被流放的地方去,心中真是无限的悲凉啊!
>
> 魏明帝时期,许允掌管人事大权,他任用了许多同乡,魏明帝因此准备拿他问罪。许允临行前,他的妻子告诉他说:"明主可以理夺,不可情求。"于是许允在魏明帝的拷问下,据理力争,说:"我的同乡我最了解,因此我任用他们,请陛下考察他们是否称职,如果不称职的话,我愿意接受处分。"经魏明帝考察,许允的同乡都很称职,于是不但没有拿他问罪,还给予许允赏赐。
>
> 南唐李后主诗词画俱佳,是一个情感特别丰富的人,韩熙载抓住了对方这一个性特点,在所上表中,言词凄惨悲凉,使多情的李后主深受感动,最终说服后主放弃了流放自己的打算,实为一次效果绝佳的沟通。与李后主不同,魏明帝是一个理性的皇帝,臣子许允任用许多同乡的做法,从情理上来讲也确实不太妥当,难免有任人唯亲、拉帮结派之嫌。好在许允的妻子非常了解魏明帝的个性特征,提出了"明主可以理夺,不可情求"的沟通策略,最终不但使魏明帝打消了拿他问罪的念头,反而还得到了赏赐。可见,为了使沟通得到最佳效果,了解对方,并在沟通过程中投其所好是很重要的。

(二)接收者的观念

受到接收者的生活环境、教育水平、个人经历等因素的影响,不同个体会产生较大的观念差异,往往导致对同一事件产生截然不同的看法。因此,接收者的观念将直接影响信息接收的程度和沟通的效果,必须给予充分的重视。在信息发送过程中,应多从接收者的角度出发,衡量信息内容和传递方式的可接受性,尽量采用对方能接受的方式传递信息。若以对方的观念很难接受这类信息,则要先为让对方建立一种新观念(建立一种观念比改变一种观念要容易得多)进行沟通,然后再着手传递目标信息。

(三)接收者的需要

从心理学的角度看,需要是人体组织系统中的一种缺乏、不平衡状态。动机是在需要的基础上产生的。当需要没有得到满足时,他就会推动人们去寻找满足需要的对象,从而产生活动的动机。马斯洛认为人有七种基本需要:生理需要、安全需要、社交的需要、尊重的需要、自我实现的需要。

前四种为缺失需要,后一种为生长需要,只有较低级的缺失需要至少部分满足之后才能出现对较高级的生长需要的追求。社会生活中,不同的个体对不同种类需要的程度是不同的,作为信息的发送者就要充分考虑信息接收者的不同需要,针对不同个体的需要情况和具体程度，发送最能满足对方需要的信息，最大限度地满足对方其他方面的需要，使接收者能自觉、愉快地接收信息，取得良好的沟通效果。

（四）接收者的兴趣

兴趣是人们行动的一种内部动机，它是自觉、自发的。人们对自己感兴趣的东西往往会很乐意去接受，甚至主动去寻求。因此，信息发送者要了解信息接收者的兴趣所在，通过发送对方感兴趣的信息博得对方的注意与好感，使沟通行之有效。

（五）接收者的情绪

由于主客观等原因所致，人的情绪会出现较大的波动。不同的情绪会产生不同的沟通欲望，影响对信息的接收意愿。所以，信息发送者要学会看脸色行事，顾念信息接收者的情绪，学会随机应变，适时调整信息内容和发送时机、发送方式。

四、选择有效的信息发送方式

发送一个信息可以采用不同的方式，可以通过面对面交谈、开会、电话等口头沟通方式，也可以用写信、发通知、简报、传真等书面沟通方式，还可以通过发 E-mail、MSN、QQ 等电子媒介进行沟通，每一种方式都有自己的优点和局限性，也有不同的适用性。选择正确的信息发送方式，是达到良好沟通效果的重要因素之一。

相关案例

在摩托罗拉公司，每一个管理者都被要求与普通操作工形成介乎于同事与兄弟姐妹之间的关系——在人格上千方百计地保持平等。"对人保持不变的尊重"是公司的个性。最能体现其个性的是它的"Open Door"。"我们所有管理者办公室的门都是绝对敞开的，任何职工在任何时候都可以直接推门进来，与任何级别的上司进行平等交流。每个季度第一个月的第一天，中层干部都要同自己的手下和自己的主管进行一次关于职业发展的对话，回答'你在过去三个月里受到尊重了吗？'之类的六个问题。这种对话是一对一的和随时随地的"。

摩托罗拉的管理者们为每位员工还预备出了以下几种"Open Door"式表达意见和发泄的途径。

1. 我建议

书面形式提出对公司各方面的意见和建议，全面参与公司管理。

2. 畅所欲言

这是一种保密的双向沟通渠道，如果员工要对真实的问题进行评论和投诉，应诉人必须在三天内对隐去姓名的投诉信给予答复，整理完毕后由第三者按投诉人要求的方式反馈给本人，全过程必须在九天内完成。

3. 总经理座谈会

每周四召开座谈会，大部分问题可以当场答复，七天内对有关问题的处理结果予以反馈。

4. 每日简报及墙报

方便快捷地了解公司和部门的重要事情和通知。

5. 员工大会

由经理直接传达公司的重要信息,有问必答。

6. 教育日

每年重温公司文化、历史、理念和有关规定。

7. 热线电话

当你遇到问题时可以向这个电话反映,昼夜均有人值守。

8. 职工委员会

职工委员会是员工与管理层直接沟通的另一个桥梁,委员会主席由员工关系部经理兼任。

9. 589 信箱

当员工的意见尝试以上渠道后仍无法得到充分、及时和公正解决时,可以直接写信给天津市 589 信箱,此信箱钥匙由中国区人力资源总监亲自掌握。

摩托罗拉公司通过采取这些沟通方式,业绩取得了惊人的效果。

1. 摩托罗拉公司在管理过程中是如何实现管理者与员工之间的充分沟通的?
2. 请问摩托罗拉公司在管理过程中,为何要不厌其烦地采用如此多的沟通方式来实现管理中的"Open Door"模式?

摩托罗拉公司在公司管理过程中为了真正实现"Open Door"的管理理念,在企业管理中采用了多样化的沟通方式,目的是为了在员工与管理者之间建立顺畅的沟通渠道,使公司每一位员工的意见和建议等信息都能及时地发送给各级管理者,让公司的管理者充分了解企业的运行情况和员工的真实想法,通过给员工平等的话语权以培养员工的主人翁精神。可以说摩托罗拉公司通过各种沟通方式的综合运用,趋利避害,保持上下沟通顺畅充分,为其取得惊人的业绩奠定了良好的基础。

以上案例说明要使沟通取得良好的效果,选择合适的信息发送方式很重要。我们应该根据每种信息发送方式的特点,最大限度地发挥其优点,弥补其不足,还要根据沟通内容的具体情况决定选择什么样的信息发送方式。下面介绍几种常用的信息发送方式。

（一）电话

电话是常见、常用的一种沟通方式。电话沟通是语言沟通的一种,主要通过口头语言传递要发送的信息,但是电话的语言沟通不仅仅包含说的内容,也包含了一些抑扬顿挫的语气、语调,这也是一种体态语,这种体态语能够传递给对方一定的思想和情感。所以电话沟通包含一定的信息,也包含一定的思想和情感。

电话沟通是一种速度快捷、操作方便、省时省力又能马上得到反馈的沟通方式。但是电话沟通是一种口头语言沟通,表达没有书面语言准确。另外,由于声音的瞬间性特点,决定了电话沟通中对方不可能一下子记住太多的信息,他可能会遗忘一些细节,甚至是重要的细节,因此沟通的信息较简单,量也较少。所以电话沟通是传递短小信息、简单思想感情的有效方式。工作中要确认某事或通知某事用电话沟通是非常合适的。例如,"关于××工作的实施方案,我已经发了一封电子邮件到您的QQ信箱了,请及时查收。""某某先生在会客室等您,您现在有没有时间见他?""今天下午2:00请您到本公司三楼会议室开会"等。

（二）电子邮件

电子邮件是目前非常流行的一种常用沟通方式。许多公司员工上班的第一件事就是打开计算机,打开电子邮箱,浏览自己新收到的电子邮件。发电子邮件是一种典型的书面语言沟通方式。

电子邮件具有速度快、操作方便、成本低廉、信息内容准确、信息方式多样化、信息量大、比较安全等优点。另外,由于电子邮件提供的是"存储转发式"服务,可进行非实时通信,信件发送者可随时随地发送邮件,不要求接收者同时在场,接收者可在认为方便的时间地点读取信件,不受时空的限制。

作为书面语言的沟通方式,电子邮件缺少体态语的参与,它能准确地传递信息的内容,却不能很好地传递沟通的另一重要内容——思想和情感。电子邮件发送虽比传统的信件要快捷得多,几秒钟就可以到达对方的邮箱。却不能保证对方能及时接收到信息,更不能保证对方一定给予反馈。因此,沟通过程呈现出不连贯性和不完整性。

适合用电子邮件进行沟通的,沟通对象有经常、定时上网的习惯,沟通对象很忙、没有时间进行面对面沟通,沟通对象在外地用其他沟通方式不太合适,沟通的信息较复杂、量大,不需要对方及时接收和反馈等情况下适合用电子邮件沟通的方式。不太适用于电子邮件沟通方式的,包括不经常上网的沟通对象,以传递思想和感情为主要目的所进行的沟通,要求对方限时接收的信息,要求对方必须立即作出反馈的信息等。

电子邮件结合其他沟通方式,可以加大电子邮件沟通的适用范围。例如,重要信息给对方发了一个电子邮件后,同时电话通知他及时看邮件。约见对方的信息用电子邮件发出以后,电话征询对方的反馈意见,再选择合适的时间和地点进行面谈等。

（三）面对面沟通

一般情况下面对面沟通是沟通效果最好的沟通方式。沟通中发送的信息内容包括想表达的事实和思想、情感几个方面。发送信息内容的方式有语言和非语言(主要是体态语)两种。要充分调动语言和非语言的手段,全面准确地表达信息、思想和感情等完整的沟通信息,达到最有效的沟通效果,面对面沟通无疑是唯一的最佳选择。

面对面的沟通方式有一对一面谈和开会两种形式,一对一面谈可以涵盖其他沟通方式的各种优点,充分利用影响信息发送的各种有利因素,进行有效的沟通。

会议是一种多人参加的在公众场合所进行的面谈,其沟通比私人面谈更复杂,其传递的信息比私人面谈更丰富,争论和反馈则较理性。会议的形式多种多样,规模有大有小,发言者有多有少,对反馈的要求有高有低,具体采用什么样的会议沟通形式应根据沟通目的、对象和内容的要求而定。

要实现有效的会议沟通,必须做好会议事前安排,包括:确定会议议题、议程,邀请与会者,安排、布置会议现场等;会议主持人要灵活掌握各种提问的技巧并清楚知道在会议的进程中都要做些什么;处理临时困难等。

五、把握好发送信息的时机

信息发送者要学会选择合适的时机向对方发送信息,以使接收者能顺利接收信息,及时准确地理解信息的内容,并作出积极的反馈。那么,何时发送信息才恰当呢?一般来说,应考虑以下两个方面的问题。

(一)何时发送信息

首先,要考虑对方时间上能否从容接收信息。只有对方有足够的时间来倾听谈话,他才能完整地接收信息,才能准确地理解接收到的信息,并经过仔细分析后给予积极的反馈。因此,不要在别人繁忙的时候向他发送信息,他往往没有时间去接收信息,更谈不上有效沟通了。例如,公司负责人正在忙着筹划一次重大的招标活动,这个时候跑去跟他谈个人工作问题,他一定会没有时间仔细倾听谈话,甚至会不耐烦地打断交谈,结果不但达不到沟通目的,还会给人留下不好的印象。

其次,要考虑对方在生理、心理上能否较轻松地接收信息。一个人身心疲惫的时候,大脑接收外界信息的能力就会降低,往往会出现谈了半天,他还是没弄清楚意思,这样的沟通就注定会失败。因此,不要在别人身心状态不好的时候去发送信息,这个时候他接收信息的能力往往较低,许多重要的、有用的信息在接收时很容易被减弱,甚至忽略。

例如,去找一个公司经理谈一笔生意,把时间选在周一就不太合适。首先,作为一周的开始日,经理们经常要在这个时间安排公司一周的工作,没有充足的时间来安排谈判活动。其次,由于刚刚过了一个轻松的双休日,人的生理和心理都还没有完全适应紧张的工作状态,而谈判又是一场高度紧张的智力和心理较量活动。因此,周一去谈生意很可能会遭受对方的拒绝,即使谈了也往往难有成效。主要原因在于没有选对沟通的时间。

(二)何种情况下发送信息

1. 心理、情绪会影响一个人对事情的看法和判断

信息接收者的心理状态会直接影响信息接收的效果;不良的情绪对信息的接收会形成强大的干扰,使得对方无法接收信息或正确判断信息的内容,导致沟通的失败。

2. 选择信息接收者心无杂念、心情平静的情况下发送信息

当一个人脑子里没有什么杂念,心情比较平静的时候,对信息的感知能力和容纳能力较强。这种情况下发送出去的信息,能容易被感知,并迅速引起对方的注意和兴趣。而当一个人满脑子想着别的事情的时候,往往心理上对接收其他信息毫无准备、毫无兴趣,也就是说发送的信息将被一道强大的心理屏障所屏蔽,至少也会受到很大的干扰,以至发送的信息对方完全没有接收,或者许多重要的信息被对方忽略,最终导致沟通失败。例如,某人正在为明天的重要考试做准备的时候,你去跟他讲工作中遇到的种种不如意,虽然他发出"嗯""啊"之声,其实可能一句也没有听进去。

3. 选择信息接收者情绪较好的时候发送信息

每个人在工作和生活中免不了遇到各种各样的不如意,从而导致情绪失常,生气、愤怒、激动、烦恼接踵而来。失常的情绪会使一个人丧失正常的理智,影响对信息的正确判断,从而作出不恰当的反馈。当人情绪恶劣,如正在生气的时候,不知趣地去向他提要求,往往不但达不到目的,还会遭受无礼的拒绝,甚至是遭到无端的责备。如某部门经理刚刚被总经理叫去训了一顿,情绪非常恶劣,这时向他请示"明天的招待会该如何安排?"他可能会发牢骚,"连这点小事都要来问我,还要你们这些人干什么?"

六、选择合适的场合发送信息

与人沟通应根据不同的个体、沟通的具体内容、沟通目的等因素,事先选择适当的场合。因为适当的场合是促进谈话顺利展开,达成有效沟通的重要因素之一。我们应充分利用环境这个因素,避免环境对信息的发送和接收产生不利的影响,相反,利用适当场合的气氛为谈话意图的实现服务,促进沟通活动的有效进行。

(一)场合的选择应适合沟通的内容需要

沟通场所的选择应该考虑如何与沟通的内容需要相一致。通过环境的辅助作用,能使沟通的信息通道更畅通,沟通的效果更显著。

一般来说,赞美的话可以当面讲也可以背后讲,但最好是有旁人在的公众场合讲,对方会更乐意接受。批评的话最好当面讲,不要背后讲(当然还要讲究讲话的方式),而且不要在公众场合讲,尤其不要在对方的领导面前讲,否则对方不但不能接受,反而会遭对方的嫉恨。私人的话题最好在较私人的空间交流,在没有熟人在场的场合沟通。公事则适合在办公场所进行沟通。如领导谈公务,就应把下属叫到办公室去沟通。领导如果不是谈公务,而是对某人表示关心,那么最好到这个人的家里去看望,或是约请对方到一个较为清静和轻松的场合去聊聊。

(二)场合的选择应考虑能否满足对方的心理需要

沟通场所的选择应考虑能否满足对方的心理需要。要符合对方特殊的身份需要,体现沟通双方的关系。

为了更好地开展工作,上下级之间、同事之间、不同的单位之间经常要进行沟通合作。为了沟通的有效进行,应该根据沟通对象的不同身份及沟通双方的关系,选择适当的沟通场所。

领导和管理者在布置工作任务的时候,适宜于把下级叫到自己的办公室里谈话。因为办公室的环境气氛无形之中给人一种"下级服从上级""必须认真对待工作"和"一定要顾全大局"之类的心理暗示,使领导和管理者在沟通中处于主动的地位。

如果一项工作需要请有关单位协助配合,就不宜将对方叫到自己的办公室来谈,而应当主动登门拜访。这样显得尊重对方,更有诚意,使对方心理上感觉受到尊重,对方容易接受请求、配合工作。而下级向领导请示或汇报工作,则应到领导的办公室去,既表示对领导的尊重,又从心理上暗示"您是我的领导,我在为您工作,您应该支持我",以便在沟通中引起领导的重视,得到他的帮助和支持。

在日常生活中,除了为工作进行必需的沟通外,还存在大量的人际沟通行为。在人际沟通过程中,同样要根据沟通双方的关系情况,安排合适的沟通场所。一般来说,双方关系越亲密,私人感情的成分越多,就越应安排在接近私人生活的场所进行沟通。相反,则沟通场合越公众化越合适。如对方是远道而来的工作上的朋友,请对方到酒店吃饭或到茶室坐坐、交流一下感情,就非常合适。若把他请到家里来,对方反而会觉得尴尬、不自然。而如果对方是远方的亲戚,不请对方到家里去,对方心里会不愉快,觉得把他看生分了,双方沟通起来就没那么融洽了。

【思考和练习】

(1) 信息发送过程中需要综合考虑哪些因素并运用沟通技巧?

(2) 为了发送的信息能被有效接收,信息发送过程中我们应充分考虑信息接收者哪些个体因素并针对性地运用一定的沟通技巧?

(3) 信息发送的方式有哪些,各有什么利弊?一般适用于哪种情况?

(4) 日常生活中,与他人沟通时,尝试综合考虑信息发送的各种因素并运用一定的沟通技巧,看看沟通的效果有何变化?

(5) 高校开学某社团招新(根据自己的爱好设定一个具体社团),由于对该社团不太了解,认为参加该社团对自己没有什么好处,导致同学们加入社团的积极性不高。假如你是某社团的负责人,你打算怎样综合运用沟通过程中的各种技巧来说服他们参加这个社团?

第二节 倾 听

一、倾听的含义及作用

(一) 倾听的含义

国际倾听协会对倾听的定义是:倾听是接收言语和非言语信息,确定其含义和对此作出反应的过程。

这个定义应该包括三个方面的内涵:倾听是一个接收言语和非言语信息的过程;信息接收者要结合语境对输入的信息内容进行分析、界定,求得正确理解;信息接受者要对理解了的信息作出适当的反馈,使信息的交流循环往复地进行。没有反馈的倾听是不完整的倾听。

我们古人对倾听有着深刻的理解,"听"字的繁体写法昭示出我们祖先深谙倾听之道。倾听的"听"字的繁体写法是"聽",其中的"耳"字,表示要用耳朵去听;字里右上还有一个横"目",说明听时应专注地看着别人的眼睛,不断用目光与对方进行交流,作出适当的反馈;听字的右下有一个"心"字,说明倾听时要一心一意,要用"心"去听,感同身受;在"耳"的下面还有一个"王"字,代表倾听时要把说话的那个人当成是帝王来对待,让对方充分感受到被尊重。

（二）倾听的作用

发送完信息后，对方就要接收信息，也就是要倾听。在沟通中，说话和倾听到底哪个更重要呢？下面这个故事也许可以告诉我们。

相关案例

曾经有个小国派使者到中国来，进贡了三个一模一样的金人，金碧辉煌，把皇帝高兴坏了。可是这个小国使者却出了一道题目：这三个金人哪个最有价值？

皇帝想了许多的办法，请来珠宝匠检查，称重量，看做工，都是一模一样的。怎么办？使者还等着回去汇报呢。泱泱大国，不会连这个小事都不懂吧？

最后，有一位老臣说他有办法。

皇帝将使者请到大殿，老臣胸有成竹地拿着三根稻草，分别插入三个金人的耳朵里，第一个金人的稻草从另一边的耳朵里出来了，第二个金人的稻草从嘴巴里直接掉出来了，而第三个金人，稻草进去后掉进了肚子，什么响动也没有。老臣说："第三个金人最有价值！"使者默默无语，答案正确。

老臣之所以能找到正确的答案，在于他深谙最有价值的人，不一定是最能说的人，而是善于倾听的人。这个想法与古代哲人如出一辙。古希腊著名哲学家苏格拉底说过："自然赋予人类一张嘴，两只耳朵，也就是要我们多听少说。"在日常生活中，我们仔细回顾一下，会发现我们最喜欢的人往往是善于倾听我们说话的人，而不是滔滔不绝的"演说家"。看来古今中外，不管是先哲还是常人都知道这个道理，两者的不同之处在于先哲能牢记这个道理并亲身实践，而常人往往忘记了这个道理，并在沟通中忽略了其重要意义。

沟通过程中，善于倾听具有以下重要意义。

1. 倾听是信息来源的重要渠道

日常生活工作中，我们每天都在与人进行各种各样的沟通，在听、说、读、写四种沟通形式中，"听"大概占了沟通时间的40%，而我们的信息至少有60%是通过倾听得来的。虽然别人说的话，不可能句句都是金玉良言，其中会有很多芜杂和平常的东西，但是如果能认真倾听，用心分辨，就能从中获得许多重要的信息。

相关案例

小刘是一名苹果笔记本电脑推销员，在他刚开始从事推销工作时，经常走遍大街小巷，向顾客大谈苹果电脑的质量如何之优，性能如何之稳定，外形如何之时尚，性价比如何之高……可惜口水都讲干了，连一台电脑也没有销售出去。于是他开始怀疑自己是否适合干推销工作，并打算结束这份工作。这天，他拜访了一位年轻的顾客，这是一位大学毕业不久搞艺术设计的时尚青年，家里已有一台普通的笔记本电脑。小刘对这次拜访心里根本不抱任何希望，因此他不打算再费太多口舌。

"你的电脑看起来还不错啊！"

"不行啊，上学的时候买的，老旧啦！"

"你这台电脑虽然旧了些,用起来应该还行吧?"

"凑合着能用吧。太旧了,屏幕也老化了,配置也跟不上了,玩个游戏简直像老牛拉破车。关键是动不动还死机,有时候做了半天的设计一下全泡汤了,那个郁闷啊,恨不得把这台破电脑给砸了。"

听出了年轻人对旧电脑的不满,小刘紧接着问:"哦,那确实是很烦人的事。那你怎么不买一台好一点的笔记本电脑呢?"

"我心里确实很想买一台啊!"

"那你喜欢哪个牌子的笔记本电脑呢?"

"戴尔的不错,当然苹果的专业本更好啦。"

当这位年轻人这样回答后,小刘立刻追问:"苹果专业本对你这样的专业人士来说是很合适的。既然你喜欢,为什么不买呢?"

"参加工作不久,手头不宽裕,买不起啊!"

"那倒是的,虽说艺术设计是很赚钱的行业,过几年就可以拿到相当高的薪水了,不过现阶段薪水估计还是不太理想吧。"

"就是啊。做新人难啊……"

于是交谈顺利展开了,接下来小刘认真倾听了年轻人对现在工作中遇到的一些人与事的不满,对收入不多的牢骚……小刘感同身受,深表理解。

"不过,因为工具不顺手影响了你的专业发展速度,也是挺可惜的。"小刘适时提出。

"就是啊,可是又有什么办法呢?"

"我们公司买苹果笔记本电脑可以分期付款的,我觉得很适合你。我可以帮你争取点优惠,你认为你一个月能还多少钱呢?"小刘的提议水到渠成。

……

最终,小刘卖出了第一台电脑。也从中得出了一条成功的推销之道:倾听顾客说话,了解顾客需求。后来,小刘成为该公司最出色的一名推销员。

推销员小刘这一次的推销成功主要得益于:认真倾听顾客说话,了解顾客需求。在上文中小刘通过倾听,了解到顾客虽已有一台笔记本电脑,但仍很想买一台性能更高的笔记本电脑,只是由于刚参加工作手头不宽裕,才没马上采取购买行为。了解到这一重要信息,小刘针对顾客的情况向他提出分期付款的方法,并通过倾听顾客倾诉工作烦恼等增进了双方的感情,使顾客最终买下了小刘的第一台苹果笔记本电脑,也成全了小刘的推销生涯。

2. 善于倾听能促进沟通

很多人认为倾听是一种被动的行为,不能表达自己的想法,不利于对方了解自己的观点,从而不利于沟通的进行。这种想法是错误的。其实倾听不是消极的行为,而是积极的行为,能促进沟通的顺利进行。现代美国学者卡耐基曾经说过,专心听别人讲话的态度,是我们所能给予别人的最大赞美。倾听他人讲话的好处是:别人将以同样的热情和感激来回报你的真诚。

> **相关案例**
>
> 在古希腊,有人慕名而来向苏格拉底求教演讲的技巧。为了表现自己有这方面的天赋,他滔滔不绝地讲述自己做了哪些准备,说自己天资聪颖。
>
> 苏格拉底听了他的叙述之后,表示可以收他为学生,但又对他说:"你必须缴纳双倍的学费,不然无法学成。"
>
> 此人大惑不解,怯生生地问道:"为什么要收我双倍的学费呢?"
>
> 苏格拉底回答说:"我除了要教你演讲术之外,还得给你开一门听众课,教你如何保持沉默。你得先学会当听众。"
>
> 这个事例说明,当一个好听众其实并不是一件容易的事,同样需要学习。而在沟通中,为了促进沟通顺利进行并且更加有效,首先就要学会倾听,当一个好听众。

3. 倾听有利于增进彼此的感情

我们希望通过沟通获取必要的信息外,更希望通过沟通获得精神上的满足——被了解、被肯定、被赏识。这种心理上的需求,在物质丰富、竞争激烈、节奏加快的现代生活中更为普遍和突出。进行心灵沟通的最佳方式是面对面交谈,而面谈的最佳方法是倾听,倾听对方诉说心里话,让对方感受到对他的关心和理解。这不但可以了解对方的真实情况,还有助于增进彼此的感情,是打开对方心灵之门的一把万能钥匙。

> **相关案例**
>
> 某小区开了两家小店,同样经营生活小商品和蔬菜,其中一家生意兴隆,另一家则生意冷清。生意冷清的那家店主是个年轻人,做生意倒很实诚,只是没有耐心听那些买东西的顾客"东家长西家短"的唠叨。生意兴隆的那家店主是一对中年夫妇,人很和气,特别有耐心,喜欢听那些"爹爹婆婆"唠叨家常,还在店中设置了几把小椅子,供顾客闲坐聊天用。
>
> 小区小卖部的顾客大部分是老人,老人最怕寂寞,平时家里人太忙,没有时间、兴趣听他们唠叨,这对中年夫妇正好为他们提供了一项特殊服务——倾听服务,老人们因此喜欢上了这对夫妇,小店生意自然兴隆。

二、倾听的分类

我们每天都在倾听,根据倾听的动机和目的不同,可以把倾听分为以下几类。

1. 获取信息式倾听

这种倾听的方式是指为了获取信息而倾听。在信息时代,倾听是获取信息的重要渠道,为了获取更多的信息,我们必须认真倾听,如上课、听讲座、参加培训、听新闻都应全神贯注,以便获取更多、更准确的信息。

在这类倾听中,我们的倾听比较侧重于听事实。并且要求对听到的事实进行仔细分析,清楚地听出对方的谈话重点,识别对方讲话的中心思想。为了取得更好的倾听效果还需要动笔做一些必要的记录。

2. 批判式倾听

批判式的倾听是指用批判的眼光对听到的内容进行估量和质疑。在诚信缺失的现代社会，谎言无时无处不在，每天听到的话中可能真假掺杂、鱼目混珠，如果不采用批判式的倾听方式，将得不到有用的信息，相反还会上当受骗。

在批判式的倾听中，首先要学会区分事实和观点，事实永远是客观的，而观点则是因人而异的。我们的批判主要针对观点展开，既要冷静地对待对方的观点，分析其真实意图及自己的实际需要，又要清楚自己的态度和价值观，以防因对方的见解与自己的不同而影响信息的接收。通过批判式倾听所接收的信息往往比较客观，比较真实。

3. 情感式倾听

情感式倾听是指为了交流感情而倾听。现代社会人际关系复杂，工作节奏较快，生活充满烦恼，导致心理压力过大。如果不能及时向人倾诉，缓解心理压力，就可能产生身体上的或精神上的疾病。这类沟通中，大多数倾诉者仅仅需要有人能倾听他的情感，分享他的快乐或苦恼，并不真正需要帮他解决问题。在人际沟通中，在大多数情况下需要的是情感式倾听。

在情感式倾听中，往往不需要对事实给予太多的关注，而应把倾听的重点放在听对方的思想感情上。要学会将心比心，设身处地体会对方的感受，理解对方的感情，在静静的倾听过程中给对方充分的情感关怀。

4. 享乐式倾听

享乐式倾听是指为了享乐而倾听。如听戏、听音乐、看娱乐节目等。这种倾听是唯一不需要考虑对方感受的倾听。倾听过程中可尽量放松自己，只管满足自己的情感需要就可以了。这是一种自我交流的手段，是最轻松、最快乐的倾听。

三、倾听的层次

有效的倾听是一种技巧，这种技巧可以通过学习来获得。认识自己的倾听行为将有助于自己成为一名高效率的倾听者。按照倾听效率的有无或大小，可将倾听分为三个层次。倾听者从层次一到层次三的过程，就是其沟通能力、沟通效率不断提高的过程。

（一）无效倾听

无效倾听指没有产生效果的信息接收过程。具体有听而不闻或假装倾听这两种表现形式。

1. 听而不闻

这种倾听中，听者完全没有注意说话人所说的话，声音仅仅作为一种物理状态存在，即所谓的"左耳朵进右耳朵出"。这样的倾听很容易被对方觉察，因为听话者的体态语会暴露一切，例如，身体倒向一边或向后仰躺，目光没有和对方交流，盯着一个方向发愣，或左顾右盼，没有任何感情上的回应等。这样的倾听自然是毫无意义的，不但听不到任何信息，反而会引起对方的极大不满,从而使沟通无法进行下去。

2. 假装倾听

假装倾听就是努力做出倾听的样子让对方看,例如,身体大幅度前倾,用手托着下巴,嘴里还不时发出"嗯嗯""对对""好好"的应答声,其实心里却在考虑其他毫无关联的事情,根本没有用心对方的讲话。假装倾听不是真正意义上的倾听,很难瞒过对方的眼睛。因为假装倾听者的非言语会戳穿假装出来的"专注"的样子:装假者由于心不在焉,会目光涣散,很少与对方形成积极的交流,因此,时间稍长对方一定会感觉到他的心不在焉。这种假装倾听一旦被对方识破,必然会使对方产生一种受欺骗的感觉,从而引起对方反感与气愤的情绪,妨碍正常有效的交流,甚至导致双方关系的破裂、冲突的出现。

听而不闻和假装倾听的结果都是无效的,两者的区别在于听而不闻从内心到表面完全没有表现倾听的迹象,而假装倾听则是表面好像在认真倾听,其实根本没有听进去。

（二）不完整倾听

不完整倾听指倾听过程中信息的接收不完整,只接收了一部分信息。具体有两种情况:一是选择性倾听;二是表层语义倾听。

1. 选择性倾听

这种倾听就是只听一部分内容,即选择听自己感兴趣的或期望听到的内容,对其他的内容则采取听而不闻或假装倾听。这种对内容进行选择的倾听由于接收的信息不完整,往往会漏掉许多有用的信息,从而影响沟通的效果。

2. 表层语义倾听

言语沟通中的语义通常分为表层语义和深层语义。表层语义是话语的字面意义,深层语义是话语的情感意义或象征意义。

这种倾听就是认真地听讲话的内容,对讲话者所说的字词意思的理解比较正确,忽视深层语义的解读,听不出"言外之意",很难真正了解对方的真实意图,甚至曲解对方的意思。例如,一位朋友穿了一件新衣服,问你:"这件衣服怎么样,好不好看啊?"如果只从字面上来理解对方讲话的内容,那就是要你发表对她穿这件衣服好不好看的评价。而其真实的意图却是想得到赞美,因为她买了这件衣服并穿上了,那她一定认为是漂亮的。如果你说"不好看",对方一定会觉得很扫兴。

（三）设身处地倾听

这是一种感受性的倾听,是真正用心在倾听。在倾听过程中,倾听者身体稍向前倾,神情专注,丰富的面部表情及恰当的体态语言,传达出他听话时的内心感受,适时的肯定和发问表现出他对说话内容的理解。他不但能听懂对方说话的内容,还能从对方的角度出发,设身处地地感受和体会对方说话时的思想感情:他为什么这样说?他这么说是什么意思?他说这话时有什么样的感情?他希望得到什么样的回答?因此,这样的倾听者往往能真正理解对方,了解对方的真实意图,能及时作出适当的反馈,使对方感受到充分的尊重和情感的关怀。从而使沟通取得非常理想的效果。

> **相关案例**
>
> 妻子拖着疲惫的脚步下班回家,眉头紧皱,丈夫知道她肯定是遇到了不顺心的事,于是试图帮她消消气。但不同的对话方式产生了截然不同的效果。
>
> **情景对话一**
>
> 妻子:累死我了,一下午谈了三批客户,最后那个女的,挑三拣四,不懂装懂,烦死人了!(想要丈夫了解她的不容易,得到安慰)
>
> 丈夫:别理她,跟那种人生气不值得!(给妻子出主意)
>
> 妻子:那哪儿行啊!顾客是上帝,是我的衣食父母!(觉得丈夫不理解她,烦躁)
>
> 丈夫:那就换个活儿干呗,干吗非得卖房子呀?
>
> 妻子:你说得倒容易,现在找份工作多难啊!甭管怎么样,每个月我还能拿回家三五千块钱。都像你的活儿,是轻松,可是每个月那一两千块钱够谁花呀?
>
> 丈夫:嘿,你这个人怎么不识好歹?人家想帮帮你,怎么冲我来啦?
>
> 妻子:帮我?你要是有本事,像隔壁的丈夫那样,每月挣个七八千,就真的帮我了。
>
> 丈夫:看着别人好,和他过去!不就是那几个臭钱嘛?有什么了不起!
>
> 接下来夫妻俩大吵了一场。
>
> **情景对话二**
>
> 妻子:累死我了,一下午谈了三批客户,最后那个女的,挑三拣四,不懂装懂,烦死人了。
>
> 丈夫:大热天的,再遇上个不懂事的顾客是够呛。快坐下喝口水吧。
>
> 妻子:唉,挣这么几个钱真不容易啊。
>
> 丈夫:是啊,你真是不容易,这些年,家里经济上主要靠你撑着。
>
> 妻子:话不能这么说,孩子的功课,没有你下力,哪儿能有今天的成绩?唉,我们都不容易。
>
> 夫妻相互理解,感情更加融洽。
>
> 情景对话一中,夫妻沟通失败的原因在于,丈夫倾听妻子说话用心不够,没有设身处地为妻子着想,没能听出妻子说这话的真实意图:并不是要丈夫帮她解决问题,而是为了让丈夫理解她做这份工作的不容易,希望得到丈夫的安慰和肯定。情景对话二中,夫妻沟通成功的原因在于,丈夫听出了妻子的真实意图,并及时给予适当的反馈。

四、倾听的技巧

(一)了解影响倾听的因素,避免干扰

在沟通中,倾听是如此的重要,为什么我们经常不能很好地倾听,以致常出现"偏听""少听""漏听""误听"呢?弄清楚导致这一现象的原因,有利于提高我们的倾听水平。分析倾听不力的原因,主要有以下几个方面。

(1)大部分沟通者认为只有说话才是表白自己、说服对方唯一的有效手段。若想掌握主动,便只有说,因而不重视倾听。

(2) 在对方讲话时,只注意与自己有关的内容,或只顾考虑自己头脑中的问题,而无意去倾听。

(3) 在某个观点上与对方的看法不一致时,不愿意倾听。

(4) 受定向思维方式影响,无论别人讲什么,总会自觉不自觉地与自己的经验连在一起,用自己的方式去思考、理解,先入为主妨碍倾听。

(5) 由于体力不支、情绪不佳,精神不集中或思路跟不上对方,无力倾听,影响倾听的效果。

(6) 受知识、语言水平的限制,特别是专业知识、外语水平等限制而听不懂、听不明白等。

(二) 具备"四心",有效倾听

据统计,约有80%的人只能做到低层次的倾听,只有20%的人能做到高层次的有效倾听。所以大部分人面临着倾听效果不佳的现状,那么如何改变这种现状,从而实现有效的倾听呢?学习有效倾听首先要具备"四心"。

1. 虚心

许多人不能认真倾听别人讲话,是因为认为别人讲的话不重要,或觉得别人讲的话没什么意思或是不对的,于是无意倾听。因此,要做一个善于倾听的人,首先要对别人的讲话抱一种虚心的态度。认识到每个人都有自己独特的观点和想法,而不斤斤计较细节上的对与错;抱着虚心请教的态度,把听人讲话当成增长知识、了解情况的机会,从而不放过任何信息;要善于从对方的讲话内容中寻找自己感兴趣的内容,发现一些重要的信息;要明白自己有个人偏见,尽量避免因主观因素影响客观的倾听。

2. 耐心

沟通过程中,受个人表达能力的影响,并不是所有人都能清楚地表达自己的观点,特别是受愤怒、不满、委屈等负面情绪影响的时候,经常会有类似于"语无伦次"的情况出现。如果没有一点耐心是很难做到认真倾听的,更谈不上有效沟通了。

3. 关心

一个真心关心别人的人,才能做到将心比心理解别人的感受,才会设身处地为别人着想。善于倾听者,既要听清事实,又要听出对方的思想感情,并在倾听的过程中,给予对方充分的尊重和情感的关怀。倾听中不能感同身受是很难做到这一点的。

4. 用心

为了使倾听达到最佳的效果,倾听时必须做到"用心"。保持良好的身体和精神状态,全身心地投入,耳朵努力捕捉每一个音符,理解字词句的含义,注意语气、语调的细微变化及这种变化所蕴涵的情感和思想。眼睛仔细观察对方的表情、体态语的演绎,体察从中传达出来的对方的真实感情和思想。对眼睛看到的和耳朵听到的一切信息进行综合分析,完整接收对方所传达的信息、感情、思想及说话的真实意图。

> **相关案例**
>
> 钢盔的设计虽然很简单,但在战场上却保住了千千万万士兵的性命,发明钢盔的灵感其实就来自于一次虚心的倾听。有一次,法国的亚德里安将军到医院看望伤员。在病房里,大家闲谈中,有人好奇地问一个人:"当炮弹爆炸的时候,你是怎么将头部保护得好好的,一点也没受伤?"这个人说:"当时呀,我急了!赶紧抓了个铁锅扣到了头上!"这句话启发了正在虚心倾听的亚德里安将军,他想,如果让士兵们都戴上用金属制作的帽子,那该多好啊!于是在他的授意下,发明了钢盔。
>
> 在这个事例中,亚德里安将军如果认为士兵们的闲谈毫无意义,而没有耐心,不能虚心倾听,他就无法听到这段谈话;如果光听而没有用心,也不可能从中听出一个重要的信息;如果没有对士兵的真诚关心,设身处地感受士兵在战场上所冒的生命危险,也不可能产生让士兵都带上钢盔保护头部的想法。可见,具备以上"四心"对于有效的倾听而言,有多么重要。

（三）运用倾听技巧,增强倾听效果

在沟通过程中要做到倾听有效,除了要学会避免影响倾听因素的干扰,在倾听过程中充分运用"四心"外,还需要运用一些倾听的技巧,听出信息发送者的真实意图,及时准确地给予反馈,才能保证沟通取得成功,具体包括以下几个方面。

1. 要听清事实,更要听出思想情感

信息发送者发送的信息包含信息、思想和感情,所以信息的接收者在倾听时,不但要听清楚别人在讲什么,而且要听出别人想传递什么样的感情,以及信息和感情包含了什么样的思想。否则,接受的信息就是不完整的,并没有真正听懂别人的话,因此倾听时需要听两点。

1）听事实

倾听事实意味着需要听清楚对方说什么。要做到这一点,首先要求倾听者具有良好的听力;其次要求倾听者具备一定的知识,能听懂别人阐述的事实;最后要求倾听者要有耐心和洗耳恭听的态度,认真倾听别人的讲话。

2）听思想情感

与听事实相比,更重要更难的是听思想感情。感情不像事实那样是通过语言直接表达出来的,而是结合语气、语调、体态语等以迂回的、隐含的方式潜伏于语言的底层,即所谓的"言外之意"。听者只有真正了解对方的意图,准确理解对方说话时的感受,用心去倾听,才能听出对方真实的思想感情,以便能及时给予恰当的回应。

> **相关案例**
>
> 甲对乙说:"我昨天看中一辆车子,决定把它买下来。"乙说:"哦,是吗?什么车型的?恭喜你呀!"
>
> 本案例中甲看中了车子,想买下来,这是一个事实,乙问什么车型,这是对甲陈述的事实的关注,"恭喜你"就是对甲的情感关注。

甲把事实告诉乙,是因为他渴望乙与他共同分享他的喜悦和欢乐,而作为乙,应对这种情感加以肯定。在这次沟通中,对于倾听者乙而言,既听懂了对方传递的事实,又听懂了包含其中的思想感情,并通过语言及适当的体态语言,及时给予对方恰当的回应。最后沟通很成功。

2. 要眼、耳、心并用,听出对方的真实意图

倾听不仅仅要用耳朵听,还应该用眼睛观察。耳朵用来听语言,眼睛用来捕捉体态语所传达的内容丰富的思想和情感,并设身处地用心理解对方的感受,所以倾听是一项眼耳心并用的综合性活动。否则,倾听就是不完整的,就不可能了解对方说话的真实意图,从而作出不恰当的反馈,导致沟通失败。

相关案例

一天,张老板的地毯店里来了一位顾客。她先在门口橱窗前站了一会儿,脸上露出满意的神情。橱窗里陈列着新到的红地毯。接着她走进店里,看了看店里陈列的各种地毯,走过红地毯的时候,似乎很随意地走近看了看、摸了摸红地毯,说:"这个红地毯图案不错。有没有棕色的?"

"我们有很漂亮的棕色地毯。您到这边来看。"张老板说。

"这个棕色地毯稍微薄了些,我想要厚一点的。"顾客并没有认真看棕色地毯,而是用眼角的余光又看了一下那块红地毯。

"我们仓库里有同样的棕色厚地毯,您要不要去看看?"(其实仓库里并没有)

顾客迟疑了一下。

张老板马上接着说:"你还是看看这种红地毯吧。这是我们最新进的货,质量非常好,颜色图案都很漂亮。如果你要的话,价格上可以优惠些。"

顾客于是顺着张老板的意思就红地毯进行讨价还价,最后,顾客高高兴兴买了红地毯。

张老板成功的秘诀在于:他在沟通的过程中能做到眼耳心并用,既认真观察了顾客的体态语、捕捉非语言信息,又认真倾听了顾客说的话、捕捉语言信息。综合分析了两种信息矛盾背后的真实意图,即用心揣摩了顾客的心思:这位顾客真正喜欢的是那块红地毯,只是怕对方知道了不利于还价,才故意说喜欢棕色地毯的。于是通过赞美红地毯,并许诺给予价格上的优惠,完成了与顾客的有效沟通,做成了生意。

3. 不要打断对方说话

可以这样说,在这个世界上没有一个人喜欢或习惯别人打断自己的说话,当自己的话被别人打断的时候,心理上会产生一种沮丧感,感到自己不被对方重视,感情上受到伤害,从而产生抵触情绪,最终导致沟通失败。但是,很多时候由于一些人的倾听习惯不好,倾听能力太差,他们往往会无意或有意打断对方说话。

无意识打断对方说话往往是由于倾听习惯不好造成的,纵然对方还可以接受,但也应该尽量避免;而有意识的打断却是绝对不允许的。当有意识地打断一个人说话以后,你会

发现,就好像挑起来了一场战争,对手会以同样的方式来回应,最后两个人的谈话就可能变成吵架。

我们之所以有意识地打断对方说话,源于自认为已经完全清楚对方后面要讲的话,于是急不可耐地想表达自己的观点,打断对方。这种做法一方面会让对方的感情受到伤害,造成后面沟通不畅,最重要的是,您可能会忽略掉对方要讲的重要信息,从而造成更大的不利。

> **相关案例**
>
> 一位电话销售人员与客户正在通话,客户说:"我还有一个问题,我听人家讲……"这时,这个销售人员心里面不知有多紧张,因为最近他们的产品质量上确实出了些问题,已经有不少客户来电话投诉,他想他的这个客户一定也是问这个问题。所以,他就打断客户说:"我知道了……"顾客也不高兴地打断他说"你知道什么呀。""你是指我们产品最近的质量问题吧,我告诉你……"这个客户很奇怪:"不是啊,我是想问怎么付款才好。怎么?你们产品最近有问题吗?你说说看……"接下来发生了什么?客户取消了订单。
>
> 上文中由于销售人员没有耐心倾听顾客说话,自以为已经了解顾客想说的话,随便打断顾客的话,引起了顾客的不满意,并泄漏了对公司不利的信息,最后导致顾客取消订单,造成公司不必要的损失。

4. 适当给予反馈

在倾听过程中,为了表示在认真听,肯定对方的想法,理解对方的感受,除了看着对方、保持目光交流外,还需要适当地运用语言和态势语言来加强这种表示。

1) 适时地表达自己的意见

谈话必须有"来"有"往",所以在不打断对方谈话的原则下,应学会适时地表达自己的意见,如"原来是这样""我能理解您的感受""您为什么会这样想呢"等,这样做可以让对方感受到,您始终都在认真地听,而且听明白了。同时也可以避免走神或疲惫。

2) 肯定对方谈话的价值

在谈话时,即使是一个小小的价值,如果能得到肯定,讲话者也会很高兴,同时必然对肯定他的谈话的人产生好感。因此,在倾听过程中,一定要用心地去找对方的价值,并加以积极的肯定和赞美,这是获得对方好感的一大绝招。比如,对方说:"我们现在确实比较忙。"您可以及时肯定对方:"您坐在这样的领导位子上,肯定是很辛苦的。"

3) 配合恰当的体态语言

当与人交谈时,是否关心对方会直接反映在您的脸上,所以您无异于是他的一面镜子。因此在倾听的过程中,光用嘴说话还难以造成气势,必须同时配合恰当的表情,用嘴、手、眼、心灵等说话。如发出"嗯""啊""噢"等声音配合对方的讲话,用恰当的面部表情来表示理解和感情的共鸣。但注意切不可过度地卖弄,如过于丰富的面部表情、手舞足蹈、拍大腿、拍桌子等。

5. 把握好倾听中的细节,提高倾听效果

(1) 尊重说话者,乐意倾听对方说话,倾听过程中专心致志。
(2) 学会控制自己的情绪,不让不良情绪影响或阻断信息的传递。
(3) 注意避免受个人偏见影响,保持开放的心灵,全面接收信息。
(4) 努力寻找谈话重点,掌握中心概念,而略过细枝末节。
(5) 将注意力集中在对方谈话的内容上,而非表达的方式。
(6) 注视讲话者,主动与对方进行目光交流,并加以适当的鼓励性语言和积极的身体动作来鼓舞说话者。
(7) 选择良好的环境,控制自己的行为,致力消除环境或行为造成的干扰。
(8) 倾听过程中,适时提出问题,引导和帮助说话者清楚表达。
(9) 对所听到的有疑义的或重要的信息,以重述方式进行确认。
(10) 倾听时做一些笔记,写下关键字句,以增强记忆。

【思考和练习】
(1) 倾听有哪些作用?
(2) 倾听的类型和层次有哪些?
(3) 倾听中的"四心"是指什么?
(4) 增强倾听效果的技巧有哪些?
(5) 结合自己的实际情况,谈谈如何提高自己的倾听能力。

技能与训练

一、案例分析

世界球王,被人们称为"黑珍珠"的巴西足球运动员贝利,自幼酷爱足球运动,并很早就显示出他的超人的才华。

有一次,小贝利参加了一场激烈的足球赛,累得喘不过气来。休息时,小贝利向小伙伴要了一支烟。他得意地吸起烟,嘴里吐出一缕缕淡淡的烟雾。小贝利有点儿陶醉了,刚才的疲劳似乎也烟消云散了。小贝利的父亲看到了这一切,眉头皱起了一个大疙瘩。

晚上,父亲坐在椅子上问小贝利:"你今天抽烟了?""抽了。"小贝利意识到自己做错了事,红着脸,低下了头,准备接受父亲的训斥。但是,父亲并没有发火。他从椅子上站起来,在屋子里来来回回走了好半天,才平静地对小贝利说:"孩子,你踢球有几分天资,也许将来会有出息。可惜,你现在抽烟了,抽烟会损坏身体,使你在比赛时发挥不出应有的水平。"小贝利的头低得更下了。

父亲又语重心长地接着说:"作为父亲,我有责任教育你向好的方面努力,也有责任制止你的不良行为。但是,是向好的方向努力,还是向坏的方向滑去,决定的是你自己。我只想问问你,你是愿意抽烟呢?还是愿意做个有出息的运动员呢?孩子,你该懂事了,自己选

择吧!"

说着,父亲还从口袋里掏出一沓钞票,递给小贝利,并说道:"如果你不愿意做个有出息的运动员,执意要抽烟的话,这点钱就作为你抽烟的经费吧!"父亲说完便走了出去。

小贝利望着父亲远去的背影,仔细回味着父亲那深沉而又恳切的话语,不由地哭了。他哭得好难过,过了好一阵,才止住哭声。小贝利猛然醒悟了,他拿起桌上的钞票还给了父亲,并坚决地说:"爸爸,我再也不抽烟了,我一定要当个有出息的运动员。"

从此以后,小贝利不但不抽烟,还刻苦训练,球艺飞速提高。15岁参加桑托斯职业足球队,16岁进入巴西国家队,并为巴西队永久占有"大力神杯"立下奇功。如今,贝利已成为拥有众多产业的富翁,但他仍然不抽烟。

【思考题】

(1) 试想如果贝利的父亲在看到贝利抽烟的时候,马上当着他的伙伴的面去制止他的抽烟行为,沟通的结果可能会如何?

(2) 如果贝利的父亲在劝阻贝利抽烟的时候,以过来人的经验向贝利大谈抽烟的弊端,然后直接提出要求贝利戒烟,效果又会如何?

(3) 为什么贝利的父亲能成功劝服贝利放弃抽烟?其在沟通过程中都运用了哪些技巧,对沟通的成功起到了什么作用?

二、项目实训

1. 实训名称及背景材料

实训名称:沟通情景模拟演示。

背景材料:武汉天翼计算机软件开发公司在前期市场调查的基础上,今年主要经营 X 软件项目的设计与销售。在该项目研发人员的共同努力下,该软件如期按要求完成了设计任务,软件的性能良好。但是由于该公司销售渠道不畅,本年度该软件的销量不太好,未能如期达到预期的经济效益,公司财务吃紧。年终分红时,公司领导层商议决定将原先许诺的项目主要研发人员的奖金由十五万降到十一万。如果下一年度该软件销售突破预期收益的话,再考虑补发奖金。要员工接受这样一个"不合情理"的事实实非易事,如果因此引起该公司主要研发人员的愤怒导致集体跳槽,将会对公司造成致命的打击。最后公司领导决定把这一艰难的任务交给平时与研发人员关系密切、沟通良好的软件研发部的陈经理。

2. 实训目的

根据给定的实训材料,通过小组讨论方式制订沟通方案,并进行主要沟通过程情景模拟演示,使学生掌握如何针对沟通目的做好沟通准备(即讨论制订合理的沟通方案),并学会在沟通具体过程中如何灵活地综合运用各种沟通技巧,取得良好的沟通效果。

3. 实训内容

(1) 分组讨论背景材料,商定沟通步骤、策略与技巧的运用。

(2) 分组制订沟通方案。

(3) 对主要沟通过程进行情景模拟演示。

4. 实训指导

(1) 要认真分析讨论背景材料,对材料中软件主要研发人员在听到奖金严重缩水这个消息后的情感和心理反应做充分的分析,以便在沟通中做好消息发布前的相关渲染和铺垫工作,消息发布后能够"动之以情,晓之以理",在理解的基础上使对方接受这个不太合理的事实。

(2) 仔细揣摩主要软件研发人员的个性心理特征,讨论分析他们身上有哪些积极因素,如对公司的感情、对自己设计产品的信心等,如何利用这些有利因素为沟通服务。

(3) 从信息发送角度来说,从信息发送的目的、内容、接收者、方式、时机、场合等方面综合考虑如何运用沟通技巧?从信息接收角度来说,如何充分利用倾听在沟通中的特殊作用,为沟通的顺利展开和及时准确的反馈服务?

(4) 制订的方案要注意可行性和操作性问题,要充分预见沟通过程中可能出现的不同情况和个体差异,并在方案中预先制定多种应对措施。

(5) 情景模拟过程中,作为"陈经理"在大方向上既要注意遵循既定方案,同时在具体细节上又要根据现场情况灵活应对;作为"研发人员",注意自己的反应要合情合理,既不可不讲道理地过分刁难,又不可三言两语就轻易被说服。

5. 组织实施

(1) 分组讨论背景材料。

(2) 分组讨论制订沟通方案。

(3) 分组进行主要沟通过程情景模拟演示。

(4) 讨论各组在情景模拟演示环节中的优点和存在的问题。

(5) 交流实训总结和体会。

6. 考核方式及成绩评定

(1) 小组表现情况占实训考核成绩的 30%。

(2)《沟通方案》的成绩占实训考核成绩的 30%。

(3) 沟通过程情景模拟的情况占实训考核成绩的 40%。

第五章　沟通的基本步骤

学习目标：
(1) 了解有效沟通的基本步骤。
(2) 学习有效沟通的技巧。
(3) 掌握确认需求和消除异议的方法。

任务导入

2006年12月，某大公司部门经理吴峰，得知一个较大工程的项目即将进行招标，他跟总经理打电话简单汇报后未能得到明确答复，吴峰误以为已经得到总经理的默认。于是紧急组织业务小组投入时间和经费参与竞标，最终因准备不充分，没能中标。事后，在总经理办公会上陈述有关情况时，总经理认为吴峰"汇报不详，擅自决策，组织资源运用不当"，并当众严厉批评了吴峰。吴峰却认为是"已经汇报，领导不够重视，还故意刁难，逃避责任"。由于双方的信息传递、角色定位、认知等方面存在分歧，致使企业内部人际关系紧张、形成内耗，公司业务难以有效开展。

任务分析

这个案例中，当事人双方在沟通前的准备、阐述观点和处理分歧方面都出现了很多问题，最后导致公司内部人际关系紧张，严重影响了工作。如果沟通之初，双方能够明确有效地阐述观点，及时反馈信息，在投标过程中多沟通，竞标失败后多一点互相理解，也许一切都变得简单了。在沟通过程中，如何才能积极迅速地有效沟通？有效沟通有规律可循吗？实现有效沟通有哪些步骤？这些都是我们在这一章的学习中要解决的问题。

在交往或是在工作中，要做到顺利沟通，特别是进行有效的沟通，除了要注意一定的策略外，还要重视沟通实施过程中的步骤，按照科学的步骤去完成沟通的任务，往往会达到事半功倍的效果。

一般来说，工作中的有效沟通分为以下五个步骤：沟通前的准备；确认对方的需求；阐述观点；消除异议；达成协议和共同实施。

第一节　沟通前的准备

俗话说，"机遇总是偏爱有准备的人"。在沟通前，如果我们能提前做一些准备工作，如明确沟通目标、知己知彼、制订计划、预测异议等，那么我们沟通的效率会大大提高，沟通的效果也会好很多。

一、明确沟通的目标

在与人沟通之前，一定要有一个目标，明确希望通过这次沟通达到什么目的，并把心思集中在这一目标上。如果沟通目的不明确，只是为了沟通而沟通，则是典型的无效沟通。比如，市场人员开拓客户，必须明确首次接触客户该如何沟通，达到什么目的？拜访客户时，如何沟通，达到什么目的？没有目标，沟通则失去了方向。

在沟通过程中，还要注意不要受到外界的信息干扰，而忘记了当初制定的目标，最后偏离了预定航线，导致目标失败。

> **相关案例**
>
> 小张的妻子和小王的妻子在结婚纪念日，都希望得到一颗钻戒。
>
> 小张的妻子说："今年结婚3周年，你送我一颗钻戒吧？每次结婚纪念日都是吃饭、送花，一点意思都没有，不如送钻戒，可以做个长久的纪念。"
>
> 小张说："我觉得香水、鲜花和烛光晚餐更有情调啊！"
>
> "可是我就是要钻戒。跟你结婚真是倒霉，别人都有个像样的戒指，就我没有！"
>
> 夫妻俩便吵了起来，甚至到了要离婚的地步。
>
> 小王的妻子说："亲爱的，今年结婚纪念日，你就别送我礼物了好不好？"
>
> 小王很吃惊地问："为什么呀？这么重要的日子，没有礼物怎么能行？"
>
> 小王的妻子说："明年也不要送"。
>
> 小王更不理解了。
>
> 妻子不好意思地小声说："把钱存起来，几年后，我希望你能给我买个钻戒。"
>
> 结果当年的结婚纪念日，小王的妻子就得到了钻戒。
>
> 在这个情景中，两个妻子沟通的目的都是要得到钻戒。小张的妻子在沟通的过程中，忘了沟通的目标，发泄对丈夫的积怨，引起丈夫的不满，失去了沟通的意义；小王的妻子讲究沟通技巧，既实现了自己的沟通目标，又增进了夫妻感情。

二、制订沟通的计划

确定了沟通目标之后，就要围绕着目标制订沟通计划。可以先列一张谈话清单，将要说的内容要点写下来，然后再筛选一遍，把有用的信息保留下来，删去无用的信息。面对挑选出来的重要信息，再来计划先说什么，后说什么，通过什么方式和途径向对方传达信息比较妥当。也可以列一个表格，把要达到的目的、沟通的主题、方式，以及时间、地点、对象和一些注意事项等都列举出来。实践证明，计划制订得越充分，沟通的效果就越好。

SWOT（S代表strength—优势，W代表weakness—弱势，O代表opportunity—机会，T代表threat—威胁）分析是市场营销管理中经常使用的分析工具。在沟通过程中，同样可以借用这一强大的分析工具，分析实现沟通目标的过程中我们有哪些优势和机会，有哪些弱势和威胁，以此为依据制订详细的沟通计划，便于采取措施，扬长避短，减少威胁，转化弱势因素,使沟通获得成功。

> **相关案例**
>
> 某企业销售人员在通过电话推销产品前,做了一个详细的沟通计划。以下是他的SWOT分析。
>
> (1) 准备好所介绍产品的相关资料:报价、产品功能、服务介绍等。(S)
> (2) 考虑如果电话接线员拒绝将电话转接到产品购买负责人时,如何说服接线员。(W)
> (3) 明确打电话的目标,争取上门演示产品的机会。(O)
> (4) 考虑如果客户不接受产品介绍该怎么办。(T)
>
> 以SWOT分析做沟通计划,比较自己产品的优势和劣势,分析销售中的机会和威胁,做到知己知彼,才能达到沟通的目的。

三、收集沟通的信息

沟通前的一项重要工作就是收集信息,沟通对象的信息掌握得越多,沟通越有针对性,才能做到有的放矢。需要收集的信息包括:沟通对象的个人信息,如教育背景、家庭构成、生活水平、社会地位、人际交往、兴趣爱好等。在商务沟通中,还要收集竞争对手的相关信息,如产品的性能、品质、报价等。

> **相关案例**
>
> 几年前,山东省A集团公司有一个投资5000万的大项目进行公开招标。由于利润丰厚,参与投标的企业很多,竞争很激烈。经过激烈的竞标,最终标的花落Z公司。
>
> Z公司的投标代表是李女士。在成功中标的背后,李女士做了很多的前期准备工作。她去山东到A集团公司拜访,得知对方的冯总经理到北京出差了。她到总经理办公室问清了情况后,马上就给冯总入住的宾馆打了个电话说:"我有一个非常重要的客户住在你们那里,请以我的名义订一个果篮和一个花篮,送到他的房间去。"然后又打电话给自己公司的胡总,建议他去拜访冯总。放下电话,她立即赶回北京,等她赶到宾馆的时候,发现胡总已经在跟冯总喝咖啡了。
>
> 第二天,冯总应胡总之邀参观了Z公司,他对Z公司的先进技术和规范化的管理留下了深刻印象。共进晚餐后,李女士请冯总看话剧《茶馆》。她到A集团公司拜访时,打听到了冯总的这个爱好。冯总欣然应允,在剧院度过了一个美好的夜晚。第三天她找一辆车把冯总送到飞机场,说:"冯总,我们谈得非常愉快。一周之后我们能不能到您那儿做技术交流,向你们学习、取经?"冯总很痛快地答应了。一周之后,Z公司的胡总带队,到了A集团公司。对方的冯总很给面子,亲自将所有相关部门的领导都请来参加技术交流。在交流的过程中,大家都感到了冯总的倾向性,所以这笔生意被Z公司顺利拿下。
>
> 只有在掌握了客户个人有效信息的时候,才有机会真正挖掘到客户的内在需求,才能有的放矢地制订出切实有效的解决方案,才能在竞争中,取得优势,战胜竞争对手。

四、预测沟通的异议

在沟通过程中,由于人与人的性格不同、受教育水平不同、生活环境不同,导致思考问题的方式也不同,面对同一件事情,一千个人可能有一千种看法。正所谓"世界上没有两片完全相同的树叶",更不可能存在两个观点信念完全相同的人。所以在沟通过程中,时时会存在异议。

对于可能出现的异议和争执,我们要做到以下几点:首先,要有充分的心理准备;其次,预测可能出现的争执;最后,还要预测对方如果不能达到目标会采取什么样的行动。这也是对沟通的必要准备,有利于提升沟通的效果。

五、认知沟通的风格

每个人都有不同的沟通风格。了解自己和对方的沟通风格和特点,才能使沟通顺利进行。同时,认知不同的沟通风格,对于把握沟通对象希望我们使用什么样的沟通方式,也有很大的帮助。

沟通风格因人而异,大致有三种类型。

(一) 内向型和外向型

内向型的人喜欢在沟通之前把事情想清楚,在与人沟通时,能从他人表现出的微妙信息和感情中,准确把握他人的思想和意图。内向型的人通常跟他们所信任的人,或者在气氛和谐融洽的情境下,会沟通得很好。但如果遭人质疑或被人拒绝,通常就会感到无所适从。

外向型的人喜欢社交、喜欢沟通、喜欢追求多样化和刺激,经常被看成是很有影响力的人。在沟通过程中,往往采取主动的方式,愿意成为话题的发起人,在沟通交流时比较自如。

(二) 情感型和理智型

情感型的人在沟通时,往往从感性出发,按照自己的观点看待事物,而不是以绝对客观理性的分析为基础做出决定。情感型的人通常非常友善,愿意看到人们在价值观上的共同性,喜欢做基于共同价值的协调工作。但是,如果他们与其他沟通者意见不一致,就会急躁,反而将争论推向两极化。

理智型的人的思维方式和情感型的人的思维方式在沟通上有很大的不同。使用理智型思维方法的人在决策前对信息有一个细致的分析过程,通过观察和分析来衡量现象、判断事实,而不是服从自己的情感。但偏爱理智型方法的人非常容易在不知不觉中损害他人的情感,因为他们更关心所要做的事,容易忽视其他人的利益和情绪。

(三) 判断型和知觉型

判断型的人不喜欢模糊和松散,而是非常有条理性,喜欢把问题清晰化并及时解决。他们很尊重解决问题的逻辑,但并不喜欢在采取行动前花太多的时间。

知觉型的人将有限性放在尽可能多的信息上。他们心灵开放,喜欢研究和发现,强调诊断重于做出结论和解决问题,往往把注意力过多地集中在调查上,努力发掘与问题相关的事实。

总的来说,每个个体都有不同的沟通方式,充分了解各自的沟通风格和特点,可以扬长避短,制订出合理可行的沟通方案。

【思考和训练】

(1) 沟通前,要做好哪几个方面的准备工作?

(2) 分小组讨论,说说自己或同学具有怎样的沟通风格?有哪些地方值得肯定?有哪些地方需要改进?

第二节　确认对方的需求

在沟通过程中,了解对方的需求和确认自己的沟通目标同等重要。只有充分掌握沟通对象的需求,才能有针对性地制订沟通计划,对症下药,取得共识。

> **相关案例**
>
> A公司是一家成长性的集团公司。最近,公司准备投资建材行业,决定先建一座水泥厂。B和C两家公司得到消息后,找到A公司表明要承揽此项目。
>
> B公司:我们公司有雄厚的技术实力,并且还做过几项此类的项目,有着非常丰富的经验。我们公司有能力提供一条龙服务,派专家负责选择厂址、设计工厂、招聘建筑工程队、调集材料和设备,最后交给贵单位一个好的工厂。
>
> A公司:这太好了,我们公司是一个集团公司,在建筑行业是个新手。
>
> C公司:我们公司也可以提供一条龙服务。另外,我们知道贵公司在建筑行业是后来者,而在这个竞争激烈的行业要想站稳脚跟并不容易。经过我们公司的努力,市里筹建的成功花园的投资商已经同意在该花园的二期工程中使用贵单位新建水泥厂生产的水泥。另外,我们通过市场调查发现水泥在某国有很大的需求,我们已经联系了一家外贸公司可以为贵公司出口水泥。
>
> A公司:太好了!建厂的事情就麻烦你们了,希望以后还能够长期合作!
>
> 从以上案例可以看出,C公司很明显在沟通前对A公司的现状和问题做了充分的了解和分析,事前做了充足的准备,找准并满足了对方的真实需求,最终赢得了沟通的成功。

在沟通过程中,可以通过三个步骤确认对方的需求。

一、主动倾听,探寻需求

通过主动倾听,可以了解对方的看法、愿望、要求等。主动倾听要求在听的过程中加入了自己主观的创造、逻辑性分析,通过分析对方发出的信息,予以正确地解读,即真正听出对方到底说的是什么意思。

> **相关案例**
>
> 美国知名主持人林克莱特采访一名小朋友时说:"你长大后想要当什么呀?"小朋友天真地回答:"嗯……我想当飞机驾驶员。"林克莱特接着问:"如果有一天,你的飞机飞到太平洋上空,所有引擎都熄火了,你会怎么办?"小朋友想了想说:"我会先告诉坐在飞机上的人绑好安全带,然后我挂上降落伞跳出去。"现场的观众被小朋友的天真直率逗乐了。没想到,孩子委屈地哭了。林克莱特发觉这孩子的悲悯之情远非笔墨所能形容,于是,接着问:"为什么要这么做?"小孩说:"我要去拿燃料,然后回来救他们!"现场出现一片沉默的景象。
>
> 如果不是林克莱特在倾听时的耐心和他对小孩表情的细致观察,也许我们会在一片哄笑中认为这只是个直率、自私的小孩,而他言语背后的真实想法就永远不得而知了。所以"说"是一门学问,"听"也是一门艺术。我们在听别人说话时,别忘了悄声自问:我听懂对方表达的意思了吗?

通过主动倾听发现对方的需求时,要做到以下四点。

（一）换位思考

从对方的角度出发,考虑对方的背景和经历,想想他为什么这么说,他希望我听完之后有什么样的感受。倾听者要主动把握说话者的真正意图,沟通才能顺畅进行,不要让说话者觉得谈话索然无味。

（二）消除成见

听者要克服思维定式的影响,客观地理解信息,一个人总会被自己的好恶感左右:喜欢某个人,只要那个人讲句话,不管对与错都认为他讲的就是正确的;讨厌某个人,连见一面都觉得难受,更别说坐下来耐心听他讲话了。其实,这种倾听方式对双方的沟通会造成很大影响,容易使信息失真。

（三）核对信息

不要自作主张地忽略自己认为不重要的信息,最好与说者核对一下,看看自己对信息的理解是否存在偏差。可以说,有相当多的沟通问题都是倾听者个人对信息随意理解而造成的。

> **相关案例**
>
> 巴顿将军为了显示他对部下生活的关心,对士兵食堂来了一次突然到访。在食堂里,他看见两个士兵站在一个大汤锅前。
>
> "让我尝尝这汤!"巴顿将军向士兵命令道。
>
> "可是,将军……"士兵正准备解释。
>
> "没什么可是,给我勺子!"巴顿将军拿过勺子喝了一大口,怒斥道:"太不像话了,怎么能给战士喝这个? 这简直就是刷锅水!"
>
> "我正想告诉您这是刷锅水,没想到您已经尝出来了。"士兵答道。

（四）听出言外之意

语言本身带有不同的感情色彩，只有深刻体会到说话者的潜在感情色彩，才能完全领略其含义。全面倾听包括三个方面的内容：听取讲话的内容；听出语气表达的含义；注意语速的变化。将三者结合，才能完整领会说话者的意愿和情绪，听出言外之情，领略言外之意，发掘其真实的意图。

二、适时提问，发现需求

提问是非常重要的一种沟通行为，可以帮助我们了解更多更准确的信息。如果通过倾听还不能把握对方的真实想法的话，那么，我们就要通过适时提问，来进一步了解对方的需求和目的，以便对自己的沟通方式进行调整。

相关案例

> 有一天，亨利以"一个伟大的推销员"的身份被著名电视节目主持人戴维邀请，出现在戴维的节目中。接下来的事情纯属偶然，却展示了亨利提问的独特能力。
>
> 主持人戴维说："亨利，你被誉为世界第一推销员，那就卖点东西我吧！"亨利毫不犹豫，提出了第一个问题："戴维，你要我卖些什么给你呢？"戴维这位有数百万年薪的主持人，听到这个问题时，已经由攻势处于守势。他略感惊讶，随即环顾四周，回答说："那好吧，就将这个烟灰缸卖给我吧！"
>
> 亨利又一次问道："你为什么要买这个烟灰缸呢？"戴维感到很意外，皱着眉头说："喔，因为它很新，又很漂亮，还是彩色的。此外，我们正在一个新的演播室里，我不想人们随便扔烟头。当然了，我们也很想让抽烟的客人方便些。"
>
> 此时，亨利略思考了一下，突然说："戴维，你要出价多少来买这个烟灰缸呢？"亨利结结巴巴地说："最近我没买烟灰缸……但是，这个烟灰缸又大又漂亮，我想，我会出20到25美元吧。"亨利在连问了三个问题后，说："好吧，戴维！我以20美元的价格把这个烟灰缸卖给你！"一场买卖到此结束。

（一）提问的基本类型

要掌握提问的技巧，首先必须明确区分提问的类型。一般来说，提问有两种类型：开放式和封闭式。

1. 两种提问类型的概念

1）开放式

开放式提问是指可以让对方尽情阐述观点、抒发情感的一种问话方式。开放式提问有着较大的自由度，对方可以就某个问题畅所欲言地阐述自己的看法，可以使倾听的一方获取更多的信息。

2）封闭式

封闭式提问是指对方只能用肯定或否定来回答的一种问话方式。由于这种问话方式对方只能用"是"或者"不是""有"或者"没有"来回答，无法进一步阐述自己的观点和看法，因此它提供的信息量没有开放式提问多。

> **相关案例**
>
> 在庆祝中华人民共和国成立55周年的焰火晚会上,某电视台记者现场采访一位老大爷:"您参加今天的焰火晚会,心情是不是特别激动?"老大爷答道:"是"。"您是不是感到我们伟大的祖国正一天天走向繁荣富强?"老大爷回答:"是"。后来,记者意识到自己的提问方式不对,换了一种方式提问:"参加今天的焰火晚会,您有什么感想?"老大爷打开话匣子,谈自己的真切感受,谈生活水平的提高,谈人们的爱国热情等。
>
> 在焰火晚会上,记者三问老大爷。前两问是封闭式问题,老大爷用一个"是"回答,结果答话没有问话多。第三问是开放式问题,老大爷获得较为广泛的言语空间,侃侃而谈,提供了较多的信息。

这两种类型问题的区别在于:开放式的提问方式适用于一些没有明确答案,需要对方提供比较详细的资料或信息的问题;封闭式的提问方式适用于需要明确答案的问题。

2. 两种提问类型的优劣

开放式提问方法的优点在于收集信息全面,得到更多的反馈信息,谈话的气氛轻松,有助于帮助分析对方是否真正理解你的意思。其缺点在于浪费时间,谈话内容容易偏离主题,无形中话题就会偏离了最初的谈话目标。因此,在收集信息时要用开放式问题,特别是在了解不确定的信息时适合用开放式问题。

封闭式提问方法的优点在于封闭式问题可以节约时间,容易控制谈话的气氛。其缺点在于封闭式提问不利于收集信息,封闭式提问只是确认信息,确认是不是、认可不认可、同意不同意,因此收集的信息不全面。还有一个不好之处就是用封闭式问题提问的时候,对方会感到有一些紧张。

封闭式与开放式提问的优势与风险见表5-1。

表5-1 封闭式与开放式提问的优势与风险

方　　式	优　　势	风　　险
封闭式	节省时间 控制谈话内容	收集信息不全 谈话气氛紧张
开放式	收集信息全面 谈话氛围愉快	浪费时间 谈话不容易控制

(二)提问的技巧

1. 营造轻松的氛围

在沟通中,通常是一开始沟通时,我们就希望营造一种轻松的氛围,所以在开始谈话的时候最好问一个开放式的问题;发现话题跑偏时可问一个封闭式的问题;当发现对方比较紧张时,可用开放式的问题,使气氛轻松。

2. 提出的问题要明确

提出的问题明确具体,沟通才能顺畅有效。这里所说的明确具体,既包括表述问题的词义明确具体,便于理解;又包括问题的内容明确具体,便于回答。如果提出的问题含混不清或过于抽象,不仅回答者难以回答,而且还有可能造成曲解或误解。另外,在提问时还要尽量语言精练、观点明确、抓住重点。

> **相关案例**
>
> 封闭式的提问方式适用于需要明确答案的问题,但是很多时候对方并不愿意轻易对此类问题作出答复,这时候就需要提问技巧了。
>
> 例如,有销售员想了解客户的装修预算是多少,两种提问方式会有不同的结果。
>
> 销售员 A:请问您打算花多少钱来进行装修?
>
> 客户:我还没有定,你们都有什么报价?
>
> 销售员 B:请问您是打算花一万元以下来装修房子,还是一万到三万之间呢,或者是三万以上呢?
>
> 客户的回答:喔,一万到三万比较合适吧。
>
> 两种提问都是封闭式的,但其结果却大相径庭。究其原因,我们不难发现,第一种提问是要求一个叙述性的回答,要求客户自己报出答案。而在销售接触前期,客户都不大愿意透露自己的底价。第二种提问采用的是选择式的提问方式,让客户在三个答案中选择一个,客户的防线就会被这个选择答案所击溃,不自主地作出回答。这样,这个重要的需求就在问与答中明确了。

3. 提问要紧扣主题

提问的内容要在倾听者总目标的掌控之下,要能通过提问把讲话人的讲话引入自己需要的信息范围。这就要求提出的问题要紧紧围绕谈话的内容和主题,不应漫无边际地提一些不相关的问题,因为这既浪费双方的时间,又会淡化谈话的主题。

4. 提问要把握时机

提问的时机十分重要,交谈中如果遇到某种问题未能理解,应在双方充分表达的基础上再问。过早提问会打断对方的思路,而且显得十分不礼貌;过晚提问会被认为精神不集中或未能理解,也会产生误解。一般情况下,在对方某个观点阐述完毕后应及时提问。及时提问往往有利于问题的及时解决,但及时提问并不意味着反应越快越好,最佳的时机还需要倾听者灵活地捕捉。如果在不恰当的时机提出问题,可能会带来意想不到的损失。

5. 提问应委婉、礼貌

提问不要咄咄逼人,要多使用礼貌用语。避免使用盘问式、命令式、审问式、通牒式等不友好、不礼貌的问话方式和语态语气。如果交谈的气氛较为紧张,有些人会对他人的行为、语调或话语产生防卫性反应。如果问:"你为什么现在才来啊?我们都在等你一个人。",他人将很难堪。有礼貌的委婉提问,效果就好多了,同样是迟到,可以这样问:"由于你晚了一会儿,我们没赶上班车。以后如果再有类似的情况,事先通知我们一声好吗?"

此外,提问还应切合对方的年龄、民族、身份、文化素养、性格等特点。提问时,少问带有引导性的问题。那种带有强烈主观倾向的问题,会给对方造成误导。比如:"难道您不认为这样是不对的吗?"这样的问题还会引起对方的反感,给对方留下不好的印象,也就不利于收集信息。

三、及时反馈,确认需求

在有效沟通的过程中,确认对方的需求的最后一步是及时反馈信息。有效及时的反馈能帮助沟通双方找到共同点,创造良好的沟通氛围,建立起相互信任的关系。

(一)反馈要及时

对精辟的见解、有意义的陈述或有价值的信息,要及时地以诚心的赞美来夸奖说话人。例如:"您的意见很有见地"或"跟您想一块儿去了"仅仅是良好的回应就可以激发出很多有用而且有意义的谈话。偶尔说:"是""我了解"或"是这样吗?"告诉说话人你在听,你对当前的谈话有兴趣。

(二)反馈要具体

反馈信息越具体,沟通越无障碍。反馈要多使用具体明确的语言,少用或不用笼统抽象或带有成见的语言。例如,"你的任务完成得很好啊。"这样的反馈信息就比较笼统,"任务完成好在哪里?还有要注意的地方吗?"都不是很清楚。我们可以这样说"这次会议的组织工作非常好,达到了我们预想的目的。"这样更具体明确。

沟通时,不要只顾着把自己的结论反馈给对方,应该提供更多的细节。如果没有接收到对方的明确的反馈,可以再对对方进行反馈,以引导谈话向更有利于信息交流的方向发展。

(三)反馈要适度

在沟通过程中,倾听的一方要做出反馈,这是必要的,也是必需的。但是,反馈要适度,反馈过量和反馈不足,都会影响沟通的效果。

【思考和练习】
(1)你认为开放式问题与封闭式问题的区别是什么?
(2)请列举出你生活中有哪些是开放式问题,有哪些是封闭式问题。

第三节 阐述观点

一、阐述观点的含义

阐述观点是指沟通中的一方使用适当的方法把自己的观点更好地传达给对方,并使对方接受自己的观点的信息交流过程。在沟通过程中,阐述观点是非常重要和关键的。虽然你的话说完了,但是,对方明白了吗?你的观点,他能够接受吗?表达能力即口才是沟通过程中所必备的基本技能之一。

二、阐述观点的方式

通常人们用四种方式表达自己的想法：攻击式、退让式、消极式和积极式。大多数人都会在不同的时间使用不同的表达方式。

（一）攻击式

有人在阐述观点时会以自我为中心，采用攻击式的表述，不善于控制情绪，有时甚至表现出敌意，让听者产生受控制或被支配的感觉。如类似这样的语言"你必须……""这个问题我不是早就说过了吗""你总是……"等。

通常攻击式阐述者在出现问题时，会迅速发现错误，并且注意到其他人可能出错的地方。他们思维灵活，反应敏捷，但快人快语，说话不注意后果。他们在阐述观点时喜欢用命令的方式来提要求；将更多的注意力集中在人而不是问题上；声调高，语调也很尖锐。

（二）平和式

平和式的阐述者往往是被动的，并且允许其他人控制谈话的内容。通常他们会这样表达："嗯……如果你想那样做的话……我没有意见。""不知道我是否可以那样做""打扰您很抱歉"等。

平和式的阐述者说话音调柔和，很少陈述自己的观点，对于棘手的问题常常会避开讨论。最多暗示性地表达自己的观点，不会直接强调自己的观点。表述时很少与他人进行目光接触，显得不太自信。

（三）消极式

消极式的阐述方式是听起来貌似表述者同意他人的观点，并愿意按照方案去做，而他潜在的语调却是想操纵他人并可能伤害他人的感情。经常会听到他们这样表达："我知道这样做不会起作用的""你怎么能那样想呢？""你最后一次是什么时候帮我的？"

所以消极表述者往往是表面消极认同，实则具有潜在的攻击性。而他实际上在后续行为也并没有表现出他支持那个决议。相反，他的语言表达和非语言信息往往相左。他说"一切都好"，可能表示有些事不好；他说"我什么都不介意"，可能表明他很介意。

消极式的阐述方式往往令人不悦，"许多真相是用嘲讽的语气讲出来的"这句话概括出了消极阐述者的行为方式：用讽刺的语气掩盖着真正的想法。等到事情已经发生了，他甚至会"事后诸葛亮"，说："早就说过这事情不能这么做。"

（四）积极式

积极式的阐述方式是以自信的方式表达自己的观点，同时鼓励他人也这样做。这种讲话方式需要更多的技巧，与其他三种方式不同，要求在说话之前先深思熟虑。积极式的表述往往是这样的："让我解释一下，我为什么不同意那个意见。""让我们一起议一下这个项目，然后寻求几个有利的解决途径。"

积极的讲话者允许双方进行对话，乐意听取他人陈述的观点，并理解他人的观点，他通常使用建设性的语言陈述观点，着眼于解决问题，寻求方案。

（五）巧用 FAB 技巧"推销"自己的观点

FAB 技巧是一种详细介绍如何满足客户的需求，能给客户带来现实利益的推销手段。

F 就是 feature，指"属性"，是产品的一种能够看得见、摸得着的东西，这也是一个产品最容易让客户相信的一点。

A 就是 advantage，即"作用"，就是"属性"给客户带来的作用。

B 是 benefit，表示"利益"，是指"作用"给客户带来的好处。

FAB 技巧强调了"产品能给客户带来利益"。那么，它是如何在推销中发挥作用的呢？下面这个名为《猫和鱼的故事》可以形象地说明这个问题。

图 5-1(a)中，一只猫非常饿了，想大吃一顿。这时销售员推过来一摞钱，但是这只猫没有任何反应——这一摞钱只是一个属性。

图 5-1(b)中，猫非常饿了，销售员过来说："猫先生，我这儿有一摞钱，可以买很多鱼。"买鱼就是这些钱的作用，但是猫仍然没有反应。

图 5-1(c)中，猫非常饿了，想大吃一顿。销售员过来说："猫先生请看，我这儿有一摞钱，能买很多鱼，你就可以大吃一顿了。"能大吃一顿就是利益。话刚说完，这只猫就飞快地扑向了这摞钱——这就是一个完整的 FAB 的顺序。

图 5-1(d)中，猫吃饱喝足了，需求也就变了——它不想再吃东西了，而是想见它的女朋友了。那么销售员说："猫先生，我这儿有一摞钱。"猫肯定没有反应。销售员又说："这些钱能买很多鱼，你可以大吃一顿。"但是猫仍然没有反应。原因很简单，它的需求变了。

图 5-1 所示四幅图，很好地阐释了 FAB 法则。当猫不知道钱能给自己带来利益时，它对钱无动于衷，认为钱不能当饭吃；一旦明白钱能解决自己饿肚子的问题（即获得实际利益）时，它就扑向这一摞钱。这时候，销售员也达到了自己的目的——说服猫收下这一摞

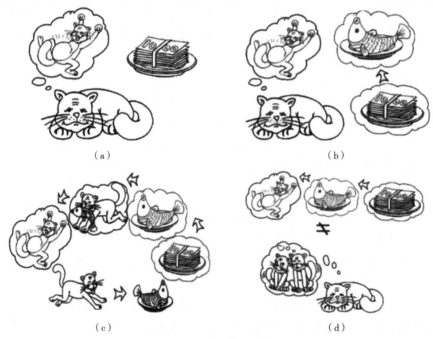

图 5-1　猫和鱼的故事

钱。我们把这个过程抽象为图5-2。

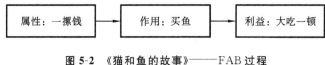

图5-2 《猫和鱼的故事》——FAB过程

销售员推销产品是一个与客户沟通的过程,按照FAB的顺序来介绍产品,客户容易接受。

相关案例

下面是销售员C向顾客M推销照相机时的一段对话,看看销售员是如何运用FAB法则让对方接受自己的观点的。

C:先生,您是想买相机吗?

M:是的。

C:您想买什么样的相机?

M:我也不太清楚,只是我刚有了一个小宝宝,妻子很想给孩子拍一些非常近的特写,而我现在的相机达不到这个要求。如果我买不到合适的相机,妻子就要请摄影师来拍照,但我觉得这样做的成本远远高于我买一架相机的成本,所以,我来这儿看看。

C:那您一般用现在的相机做什么呢?

M:只是出去旅游的时候用一下。

C:您对您现在的相机有什么不满意吗?

M:主要就是没法近距离摄影,因为近距离摄影的图像很模糊。

C:您的意思是近距离去拍摄您宝宝的特写是您最关心的问题?

M:是这样的。

C:原先用过类似的、能近距离摄影的相机吗?

M:我原先用过,是我朋友的尼康牌相机。

C:那个相机怎么样?

M:非常好,就是太沉了。

C:您知道什么是单镜头反射相机和什么是傻瓜相机吗?

M:单镜头反射相机我不太清楚。

C:单镜头反射相机就是手动调焦的相机,您在成像孔看到的东西就是您拍的东西;傻瓜相机是您在成像孔看的东西和您拍的东西完全不一样,这就是它们的区别,所以您用傻瓜相机无法真正地、近距离地给您的宝宝拍照片。

接下来这个销售员就这种单镜头反射相机具有近距离拍摄等功能和购买这种相机的好处——向客户作了详尽的介绍。客户高兴地购买了"能给宝宝拍照的单镜头反射照相机。"

这位销售员是FAB型的销售代表。他在与客户沟通时,详细介绍了产品所具备的属性(单镜头反射照相机)、作用(能近距离地给宝宝拍特写),以及购买该产品能获得的利益(不用请摄影师来拍照,节省费用),并通过不断地询问,找到消费者的最迫切需求,成功地说服顾客,销售出了商品。

沟通过程中的阐述观点,实际上是向对方推销自己观点的过程。因此,我们可以针对人们普遍存在的"趋利避害"的心理定式,借用FAB法则去"推销"并使对方接受我们的观点。

【思考和练习】

(1) 阅读下面案例,回答问题。

发现明年将参加高考的儿子早恋,王女士没有像一般的家长那样又气又急,把孩子训斥一顿,而是心平气和地与孩子沟通。她告诉孩子,高考是一生中决定前途命运的大事,是抢占人生制高点的一个契机。所以,一个未出茅庐的年轻人要以学习为重。好好学习,高考成功可以给你带来理想的职业、较好的事业发展平台、较高的地位和收入。在拥有了这一切以后,再谈婚论嫁。孩子听了母亲的一番话,没有吱声。

过了几天,儿子告诉王女士说,他已经和女孩把话挑明了,两人同意保持一般的同学关系,集中精力准备高考。不久,儿子考进了理想中的大学。

问题:妈妈使用什么样的沟通技巧,让孩子接受了自己的观点?

(2) 请用积极式阐述方法,谈一谈你为什么想考英语四级?或者你为什么想获得奖学金?

第四节 消 除 异 议

在沟通的过程中,往往会有和对方意见不一致的时候,异议是日常生活和工作中常见的现象。异议是指两个或两个以上的人或单位之间的意见分歧。在沟通中出现异议,并不是一件可怕的事情,相反,异议的出现可以给我们提供更多的信息,帮助我们更好地实现沟通。有时候异议的产生只是单纯的感情宣泄;有时候异议的出现是对方兴趣浓烈的表现。异议到底为何产生?我们又如何才能消除异议呢?

一、异议产生的原因

(一) 价值观不同

异议往往来自人与人之间在认识、行为、态度及价值观等方面的不同。由于人们生活的环境、受教育的程度、工作经历、年龄等的不同,会形成观念,以及认识的差异,使人们在沟通中产生异议。

(二) 目标不同

因其中一方认为另一方影响了自己的利益或希望达到的目标,从而产生认识与情感上的矛盾。

(三) 角色差异

由于社会分工不同,思考问题的角度也不同,因此会产生异议。例如,管理者希望多生产优质产品、增加销售量、提高利润率;而员工主要考虑提高工资、增加福利待遇、降低劳动强度;采购部门主要考虑预算够不够。

如果不能消除异议,往往容易导致关系的破裂,无法实现沟通的目的。沟通中产生异议不可怕,关键是如何对待。

二、消除异议的技巧

当沟通出现异议时,可以采用多种技巧和手段来消除异议,以达成共识。

(一)认同对方的感受

认同不等于赞同。赞同是同意对方的看法;而认同是认可对方的感受,了解对方的想法,但并不是同意对方的看法。认同对方感受的作用是淡化冲突,提出双方需要共同面对的问题,以利于进一步解决异议。一个有效的认同方法是重复对方的反对意见,并将语气淡化。

> **相关案例**
>
> 一位大夫正给患者看牙齿。
>
> 患者:我真的非常害怕拔牙,太痛了,能不能不拔呀?
>
> 大夫:我了解你的感受,拔牙时确实会有一点痛,但如果不拔掉这颗病牙的话,它会继续发炎,也许还会伤害到其他的好牙,到那时会痛得更厉害。别害怕,我们一定会尽最大可能地减少您的痛苦。
>
> 患者:好吧,那就拔吧。
>
> 采取积极的态度,重视对方的异议,认同对方的感受,拉近与对方的心理距离。同时,认同感受,可以给对方以心理上的慰藉,使患者配合拔牙。认同感受,是成功解决异议的开始。

(二)忽视法

所谓"忽视法",顾名思义就是当对方提出一些反对意见,并不是真的想要获得解决方案或提出来讨论时,您只要面带笑容地同意就好了。

对于一些"为反对而反对"或"只是想表现自己的看法高人一等"的意见,若是你认真地处理,不但费时,尚有节外生枝的可能,因此,您只要让他满足了表达的欲望,采用忽视法,就可迅速地引开话题。

忽视法常使用的表达方式是:微笑点头,表示"同意"或表示"听了您的话""您真幽默!""嗯!真是高见!"

(三)补偿法

在沟通时,当对方提出的异议有事实依据时,应该承认并欣然接受,强词夺理地否认是不明智的。但同时,要从另外一个角度给对方一些补偿,让他得到心理的平衡。

艾维士有一句著名的广告语:"我们是第二位,因此我们更努力!"这就是一种补偿法。谁都有位居第一、不愿名列第二的愿望,但是第二位能让"我们更努力",从另一个方面使人的心理得到补偿。如客户嫌两厢轿车不够大气时尚时,销售人员可以这样告诉客户:"车身短能让泊车非常方便,若您是大型的停车位,可同时停二部车"。具有补偿意味的话语,可能消除顾客的异议。

> **相关案例**
>
> 客户:"这个皮包的设计、颜色都非常棒,令人耳目一新,可惜皮革的品质不是最好的。"销售人员:"您真是好眼力,这个皮料的确不是最好的,若选用最好的皮料,价格恐怕要高出现在的五成以上。"
>
> 世界上没有一样十全十美的产品,当然要求产品的优点愈多愈好,但真正影响客户购买与否的关键点其实不多,补偿法能有效地弥补产品本身的弱点。也就是让他产生两种感觉:一是皮包的实际价值与售价一致,二是皮包拥有的优点对客户来说是重要的,皮包没有的优点对客户而言是不太重要的。

（四）柔道法

在沟通中遇到异议时,我们可以采用一种类似于借力打力的方法,叫做柔道法。这种方法不是强行说服对方,而是用对方的观点来说服对方。在沟通中遇到异议之后,首先了解对方的某些观点,然后找出其中对自己有利的一点,再顺着对方的观点发挥下去,最终说服对方。

> **相关案例**
>
> 保险公司的业务员向客户介绍保险业务。客户说:"我收入少,没有钱买保险。"保险业务员顺势说:"就是因为您收入少,才更需要购买保险,以便从中获得更多的保障。"
>
> （服装店）客户说:"我这种身材,穿什么都不好看。"销售人员答:"就是身材不好,才需要稍加修饰,以弥补不好的地方。"
>
> （儿童图书店）客户说:"我的小孩,连学校的课本都没兴趣,怎么可能会看课外读本?"
>
> 销售人员答:"我们这套读本就是为激发小朋友的学习兴趣而特别编写的。"
>
> 柔道法能处理的异议多半是客户通常并不十分坚持的异议,特别是客户的一些借口。在沟通中,使用柔道法能巧妙地处理异议,明确地表明:对方接受我们的观点,能获得某种利益。

（五）折中调停法

当矛盾双方争执不下时,调停者可以采取折中的方法来消除异议。所谓折中调停法,是指针对矛盾双方不同的利益诉求,调停者在满足双方的基本利益诉求时,又要求双方各自退让一步的消除异议的技巧。

> **相关案例**
>
> 1945年8月15日,日本宣布无条件投降。美国总统指示远东盟军最高总司令麦克阿瑟安排受降仪式。命令一出,引起轩然大波。
>
> 当美军太平洋舰队总司令、海军五星上将尼米兹得知这一消息后,大为光火。他情

绪激动地说:"是谁打赢了太平洋战争?是我们海军!从瓜达尔卡纳尔岛到冲绳岛,洒满了美国海军将士的鲜血。"尼米兹强硬地表示:如果在日军投降仪式上不能充分体现海军的功劳,他将不参加受降仪式。

然而,麦克阿瑟指挥下的陆军,在对日作战中同样战功赫赫,丝毫不逊色于海军。仅在收复菲律宾的战役中,就有近6万名士兵血洒雨林,战况之惨烈,令人动容。这一点尼米兹也不否认。

就在美国朝野上下为此大伤脑筋之时,美国海军部长福雷斯特想出了一个"绝妙"的主意:日军投降仪式仍由陆军主持,但仪式的地点却选在海军"密苏里"号战舰上。让麦克阿瑟代表盟国方面签字,而尼米兹则代表美国政府签字。杜鲁门总统欣然采纳了这个陆军、海军都能接受的建议。

在由谁来主导日本的受降仪式的问题上,美国太平洋舰队司令尼米兹与远东盟军最高总司令麦克阿瑟争执不下。为此,美国总统采取了折中调停法来化解二者的矛盾分歧。首先,满足双方的基本利益诉求。由麦克阿瑟和尼米兹分别代表陆军和海军,共同出席日本的受降仪式,分别以胜利者身份在日本投降书上签字。其次,陆军和海军各自退让一步。就陆军而言,由陆军主持的日本的受降仪式,但要将受降的地点改在海军军舰上;就海军而言,将受降的地点放到海军军舰上,但受降仪式要由陆军将领主持。这就是折中调停法,矛盾的双方都能接受,很好地消除了双方的异议。

【思考和练习】
(1) 消除异议有哪些方法?你在生活中运用过哪一种?
(2) 案例分析:

张科长:A公司材料科科长,男,42岁。工作认真,性格倔强。
牛先生:A公司材料科分析员,男,28岁。业务能力强,脾气倔强。
公司老板在中午快下班时打电话向张科长布置了一项紧急任务,要求在下午2点前办好。于是张科长拦住了正要去吃饭的牛先生,让他利用中午休息时间将工作赶出来。虽然工作并不复杂,对业务熟手来说,用一点时间就可以完成,可是牛先生拒绝了,说午休是职工应享有的权利,况且自己中午还有点私事要办。

讨论案例:面对目前的僵局,张科长应该怎样扭转局面?

第五节　达成协议和共同实施

沟通的结果就是最后达成一个协议,然后将之实施。达成协议是沟通的一个结果。但是在实际工作中,任何沟通的结果都仅仅意味着一项工作的开始,而不是结束。要共同按照协议去实施,并取得预期的效果,才是真正有效的沟通。

一、达成协议

沟通的双方经过沟通前的准备、确认对方的需求、阐述观点、消除异议等一系列沟通的基本步骤，对某些问题达成共识。但沟通的过程尚未完成，还要在此基础上，达成一个双方都认可的协议，作为双方共同实施这个协议的行动纲领。

就人际沟通而言，所达成的协议一般是口头的形式；就商务沟通而言，所达成的协议一般是书面的形式，如合同、协议等。当然，也有例外。就人际沟通来说，离婚的双方就孩子的抚养、财产的分割达成共识后，可以签订《离婚协议书》；商务沟通中，也可以就一些简单的问题达成口头协议，如送货的时间，付款的方式等。但是，无论是口头的形式还是书面的形式，沟通双方都必须达成一个协议，这是最重要的。

二、制订实施计划

双方或者多方沟通完毕后，根据沟通所达成的协议，制订一个实施计划，将沟通成果落到实处，确保实现最初的沟通目的。实施计划的内容可繁可简，但一定要有实现沟通目标的主要行动的步骤。这个实施计划的形式可以是"腹稿"的形式，存在于个人的心中；也可以是书面的形式，作为实现商务沟通成果的行动文本。

三、共同实施

共同实施是指沟通双方以实际行动履行双方所达成的协议的过程。

（一）共同实施的意义

在达成协议之后还要共同实施。达成协议是沟通的一个结果，这个结果意味着共同实施这个步骤的开始。只有沟通的双方都按照达成的协议去实施，并取得预期的效果，才是真正有效的沟通，才真正体现了沟通的意义。相反，将达成的协议束之高阁，不去落实，就会前功尽弃。

（二）共同实施的要点

1. 信守协议，言而有信

我们一定要注意，信任是沟通的基础，如果我们达成了协议，但是没有按照协议去实施，对方会觉得你不守信用，那么，下一次沟通就变得非常困难。所以，在沟通的过程中，对所有达成的协议一定要按照协议去实施。

2. 轻重缓急，分步进行

为了确保我们能按照计划完成沟通目标，还需要分清事情的轻重缓急，不能胡子眉毛一把抓。要统筹安排时间，将其用在最有价值的地方。

"四象限法"是由著名的管理学专家史蒂芬·柯维提出的时间管理工具。史蒂芬·柯维根据待办事情的重要性和紧急性，将每天遭遇到的事情分成四个象限：重要且紧急、重要不紧急、不重要但紧急、不重要也不紧急。在他看来，将时间和注意力放在不同的象限会造成不同的区别，这就是造成工作绩效差异的原因。

在共同实施的过程中，对于"重要且紧急的事情"，要尽快去处理，给予最高的优先级；而对于"重要而不紧急的事情"，要尽可能的提前办好。以防当事到临头、火烧眉毛的时候，这类事情从"重要但不紧急"转变为"重要且紧急"的状态；"不重要但紧急"的事情和"既不重要也不紧急"的事情,只要花费不多的精力就能做好的事情。

我们在共同实施沟通协议的时候,可以遵循以下步骤:

(1) 先列出若干待办事情的清单;

(2) 结合重要性和紧急性,确定每件事情的优先级;

(3) 根据优先级等级的排序,将各个事情放入四个象限;

(4) 将注意力放在"重要且紧急""重要但不紧急"的两个象限上。

3. 保持顺畅,通力协作

为了保证共同实施顺利进行,当事双方要做到事前沟通、事中沟通、事后沟通。只有这样,双方才能协同一致,实现沟通的目标。同时,也为后续的沟通与合作打下基础。

【思考和练习】

(1) 回忆你自己在工作或学习生活中与他人沟通的经过,对照有效沟通的五个步骤,找出你最擅长的一两个步骤,详细分析。

(2) "陡峭的悬崖顶上,有一串果子,猴子团结起来搭成猴梯,最上面摘到果子的猴子独自享用果子,下面的猴子一哄而散,最上面的猴子无法下来,最后饿死在悬崖上面。"请问这个案例说明了什么道理?

技能与训练

一、相关案例分析

张明是金源大酒店的总经理助理兼餐饮部经理,是一位很年轻的管理干部。当然,他的快速提拔也令那些年龄较大的资深部门经理心里不痛快。

一天下午,张明发现天棚上的灯泡有不少是不亮的。他问客房部郭经理,是否已经报修。郭经理递上报修单,张明一看,确实是当日报修的,但只写了这样一句话"会议厅坏了1个灯泡。"张明就问郭经理:"坏了这么多,怎么就报修1个呢?要扣你们部门的绩效分。"郭经理的脸色特别难看。

这时,客房部的服务员送给郭经理一张报修单,嘀咕了几句。郭经理来了精神头儿,跟张明说:"刚才你看错了,登记的不是1个,而是31个。"张明一看就明白了——他们把"了"字改成"3"字,显然是弄虚作假。张明忍住气说:"一会儿再谈。"

三点半,检查完毕,张明开会总结。说到客房部的灯泡问题时,张明派去查坏灯泡数量的检查人员报告说,一共坏了25只。张明就问郭经理:"为什么坏了25只,却报了31只?"郭经理脸上有些挂不住了说:"那6只是服务员自己换的。"张明又问:"怎么就换了6只,别的没换呢?是不是服务员撒谎?"这下郭经理可忍不住了,马上提高了嗓门儿,情绪激动地说:"酒店领导怎么能不信任自己的员工呢?"

张明晚上躺在床上还在琢磨,明天是撕破脸皮把事情弄个水落石出呢,还是和和稀泥,敷衍了事呢?

【案例思考题】

（1）郭经理为什么会和张明发生冲突？

（2）假如你是张明，你在事前、事中、事后会怎样处理与郭经理的矛盾？

二、项目实训：解决沟通中的冲突

1. 项目名称

根据上述案例，请你为张明制订一个方案——《解决沟通冲突的行动计划》。

2. 实训目的

通过制订《解决沟通冲突的行动计划》，将学到的有效沟通的基本步骤用以沟通实践，锻炼学生实际解决问题的能力。

3. 实训内容

（1）制订解决沟通中冲突的方案。

（2）模拟冲突情景，现场演练解决争端的技巧。

4. 实训指导

（1）张明和郭经理的资历、身份有何不同？他们潜在的矛盾是什么？

（2）张明在拒绝郭经理时应该注意什么？

5. 组织实施

（1）分组讨论，制订《解决沟通冲突》的行动计划。

（2）小组选派代表发言。

（3）分小组进行"处理冲突"过程的情景模拟。

中编

人际沟通的实用技巧

第六章 日常生活中的沟通
第七章 职场沟通
第八章 会议沟通
第九章 网络沟通

**XINBIAN SHIYONG
GOUTONG YU
YANJIANG**

第六章　日常生活中的沟通

学习目标：
(1) 了解家庭沟通的原则,掌握家庭沟通的方法,建立和谐美好的家庭关系。
(2) 运用正确的方式与亲友进行沟通,建立友好的亲友关系。
(3) 掌握师生沟通的方法,建立良好的师生关系。

任务导入

刘琴是某市一所重点中学高三年级一名品学兼优的学生,正值高考前夕,却突然离校出走了。出走之前,她给自己的好朋友李曼留下了一封信,说"高考对于自己来说,已经没有什么意义了,不想参加了"。当班主任把这个消息告诉刘琴的父母时,她的父亲沉默无语,泪流不止,母亲一时气急,昏倒在地。

经过了解,班主任知道了刘琴离家出走的原因:刘琴的父母因为她爷爷生病住院,把家里的积蓄全部花光了,还向很多亲友借了不少钱。母亲一直都抱怨父亲没有用,不如他的同学有出息。父亲也对母亲的责备心生不满,夫妻之间总是争吵。父亲经常对刘琴说,一定要好好学习,考上一个好大学,不要像自己一样没出息;母亲也不时地说,如果不是巴望着刘琴能够考上大学的话,早就和她父亲离婚了。懂事的刘琴知道,为了让父母缓和关系,只有拼命学习取得优秀成绩,才能保全这个家不至解体。但是最近爷爷生病住院一事让刘琴父母的关系越来越紧张,有一次周末刘琴回到家中,刚刚进门就听到了她父母的争吵——母亲指责父亲的弟弟对爷爷的病痛毫不关心,说如果父亲的弟弟再不拿钱给爷爷治病,就让爷爷自生自灭。一时愤怒的父亲打了母亲一个耳光,双方都说出了"坚决离婚"的话语。当发现伏案哭泣的刘琴时,父母又懊悔不已,一再向刘琴表示说要离婚只是气话,希望刘琴不要受到父母吵架的影响。但是无论父母如何向刘琴解释,她都一直咬着嘴唇沉默不语。返回学校的第二天,刘琴就离校出走了。

班主任知道刘琴与同班同学李曼是好朋友,就告诉李曼一定要想办法联系上刘琴。李曼先是打刘琴的手机,但是刘琴的手机一直处于关机状态。后来班主任和李曼又在QQ上给刘琴留言,告诉刘琴其实她父母是非常爱她的,老师和同学们也十分惦念她,希望她不要做傻事。刘琴的父母还通过电视台,向刘琴表示了深深的歉意,恳求她原谅父母的过错。当刘琴看到老师、同学对自己的关心,听到父母对自己诚恳的道歉时,她哭着拨通了妈妈的电话……

任务分析

"离校出走的刘琴"这一事例,涉及的沟通情况比较复杂,牵扯的沟通对象也很多,有家庭成员之间的误会(如刘琴父母的争吵、刘琴与父母之间的隔阂)、亲友之间的矛盾(如刘琴母亲对父亲的弟弟的不满)、师生之间的交流(如班主任和李曼给刘琴的留言)等。从这一事件中,我们也可以看到:在日常生活的沟通,对我们个人的思想、情感、学业、工作和生活,都有极其重要的影响。

在日常生活中,如何端正沟通的态度,应该运用怎样的沟通方式与家庭成员、亲朋好友、老师同学进行沟通,达到最佳的沟通效果是本章需要学习的内容。

第一节 家庭沟通

一、家庭沟通的重要性

家庭沟通,是指家庭成员之间进行的信息交流的活动。

家庭是社会的最小的组成单位,也是一个小群体。所谓群体,是指多数个体因某种目的而相处在一起,形成某种关系或建立某种情感的组织。家庭与其他的群体如党派类群体、社团类群体、宗教类群体等不同,它是一个特殊的小群体。

家庭的成员是由婚姻关系及有血亲关系的人员所组成。家庭关系有夫妻、父子、祖孙、兄弟姐妹、婆媳、翁婿关系等。家庭成员相互之间的关系具有私人性、长久性、发展性的特点。从我们呱呱坠地的那一刻起,就与自己的家人有了一种密切不可分的关系。

不同的人对"家"的感受、认识可能会各不相同,但希望自己的"家"能够稳定和谐,希望"家"能够给人以亲切温馨的气氛,希望"家"能够给人带来快乐和幸福,是每一个人心中的美好愿望。而良好的家庭沟通方式就是通达这个美好愿望的重要桥梁。

据有关调查研究发现:一个人的性情爱好、品格精神、人生态度、思维方式、为人处世等方面的表现与其家庭沟通的内容、模式有着密切的关系。如果家庭沟通方式不妥,家庭成员之间的交流就会出现障碍,家人之间的关系就会变得紧张,家庭成员就可能出现焦虑不安、心烦意乱、精神委靡、情绪失控、疾病缠身等多种危害身心健康的情形,甚至做出违法犯罪、自我毁灭的过激举动。

家庭沟通的态度、方式、效果,直接关系到家庭的稳定和谐,对每一个家庭成员的生活和工作、身心健康都有着十分重要的影响。

二、家庭沟通的原则

> **小测试**
>
> 通过下面的家庭沟通测试,了解自己家庭沟通的状态。
> 1. 家庭成员之间经常进行思想感情交流吗?
>   A. 是　　　　　　　B. 偶尔如此　　　　　　　C. 不是
> 2. 家庭成员之间特别注意从某个成员的体态语言(如沉默、叹气、眼神等)来推测他的心事并给予相应的关心吗?

A. 是　　　　　　　B. 偶尔如此　　　　　C. 不是

3. 家庭成员之间对重要的事情能共同商量并取得一致意见吗？

A. 能　　　　　　　B. 不一定　　　　　　C. 不能

4. 家庭核心成员即家长对每个成员都一视同仁吗？

A. 是　　　　　　　B. 不完全是　　　　　C. 不是

5. 家庭对每个成员的正当爱好予以尊重吗？

A. 能　　　　　　　B. 看情况　　　　　　C. 不能

6. 家庭成员之间经常互相赞赏、鼓励吗？

A. 能　　　　　　　B. 有时　　　　　　　C. 不能

7. 家庭成员之间中出现了矛盾，能通过其他成员帮助解决吗？

A. 能　　　　　　　B. 有时能　　　　　　C. 不能

8. 家庭成员间偶然发生的纠纷能迅速地平息并不积怨吗？

A. 能　　　　　　　B. 有时能　　　　　　C. 不能

9. 家庭会经常出现温馨、愉快、幸福的气氛吗？

A. 有　　　　　　　B. 有时有　　　　　　C. 没有

10. 家庭成员都能对其他家庭成员的亲友来访热情接待吗？

A. 能　　　　　　　B. 不一定　　　　　　C. 不能

如果选择的答案A占6个以上，说明家庭沟通态度、方式、效果较好；答案B占6个以上，说明家庭沟通态度、方式还需要改进；答案C占6个以上，说明家庭沟通态度、方式很不妥当。

家庭沟通要想取得良好效果，必须要遵循以下原则。

（一）经常性原则

2004年10月上海徐汇区组织专家进行的一项普通家庭心理健康调查显示，缺少经常、合适、愉悦的情感沟通正成为影响家庭成员心理健康的首要问题。

在对440多户普通家庭进行心理健康调查以后，徐汇区"刘博士心理阳光工作室"的主持者、解放军八五医院心理学博士刘素珍得出这样的结论："对于许多家庭来说，物质上并不缺乏，而彼此的思想情感沟通却存在许多问题。"在专家看来，家庭矛盾发生的天数一般应该控制在每年55%左右（约201天），但在许多家庭测得的结果却达到70%的天数（约256天）。家庭矛盾之所以如此之多，很大一部分原因是由于家庭成员之间的沟通太少引起的。

相关案例

十六岁的李雯近来心情十分郁闷，放了学不想回家。尽管家里现代化的电器应有尽有，吃的、玩的东西也数不胜数，但李雯就是觉得不快乐。因为每天爸妈回到家不是忙着烧饭、做菜、洗衣服，就是打电话、用电脑、写材料。自己除了做作业，就是看电视、玩电子游戏机。一家三口很少在一起交流。有时李雯都觉得与爸妈虽然在一个屋里生活，但距离却是那么遥远。正在李雯苦恼之际，家里发生的一件事却让这一切都有所改变。

> 一天晚上由于起大风,电线出了故障,造成了停电。屋子里突然一片漆黑,李雯不由自主地大喊:"妈妈,你在哪里?"妈妈赶忙摸索着靠近李雯,搂住了慌乱的女儿。爸爸一边安慰李雯,一边赶紧去找蜡烛。等点着了蜡烛,爸爸妈妈才去做饭,李雯也跟在他们身边帮忙。
>
> 一家人一起摸索着做好了饭,又围在饭桌前共进晚餐。这一晚,他们在蜡烛下谈天说地,聊了好久好久。聊着聊着,李雯看着跳动着小火苗的蜡烛突然说:"看,烛光真美丽!"妈妈轻轻地刮了一下李雯的鼻子,笑着说道:"烛光下的女儿,真漂亮!"爸爸也高兴地说:"平时有电时,我们一家人各干各的事,很久没有聚在一起说话了。没想到停了电,我们才找回了开心和快乐。"
>
> 从这个改变李雯家庭气氛的停电事件中我们可以发现,家庭成员之间经常性的沟通会促进家庭成员之间的亲密感情,使家庭成员之间的关系更加稳固,家庭成员情绪也会因为经常性的沟通处于一种平和、愉快、幸福的状态之中。

(二)民主性原则

中华民族是世界上最重视家庭的民族之一。孝敬父母、尊敬长辈、互帮互爱、强烈的家庭责任心是中华民族提倡的优良的家庭传统。但由于几千年来中国封建社会的宗法制度的影响,不少中国人的家庭还存在"长者为尊""父母为大""家长至上""男尊女卑"的思想,在家庭沟通中存在着"家长制""一言堂""大男子主义"的情形。

有的女性为了反对"男尊女卑",维护自己在家庭中的地位,又走向了另一个极端——家庭一切事务由自己做主,让丈夫成为了"妻管严"。还有的家庭由于溺爱子孙,子孙的要求就是家庭的"圣旨",一律给予满足等。这些不良的沟通方式违背了"民主性"沟通原则,很容易导致家庭矛盾的出现,产生十分严重的后果。

现代家庭应大力倡导民主性沟通,家庭成员在沟通时要做到地位平等、开诚布公、宽容忍让,做到互相尊重理解、互相关怀信赖,虚心接受其他家庭成员的意见和帮助。沟通时不能居高临下、唯我独尊,也不能盛气凌人、争强斗气,更不能把自己的意志强加给其他家庭成员,甚至做出伤害亲人的言行举动。

(三)赞美性原则

一个人的成功,离不开鼓励和赞美。人人都需要赞美,如同万物生长需要阳光的温暖一样。心理学家马斯洛认为:荣誉感和成就感是人的高层次需要。一个人具有某些长处或取得了某些成就,需要得到他人和社会的承认。赞美就是承认他人的长处和成就的最好方式。人们的行为受到称赞,就会受到鼓舞,发挥更大的积极性,继续努力前进。在我们与他人交往时,会时常运用赞美的原则来建立良好的人际关系,但在家庭沟通中,人们却往往忽视了这一原则。

在现实生活中,我们很多的家庭成员互相沟通时,往往是希望要求多、批评指责多、埋怨争执多,对家庭成员的优点长处却视而不见或认为不必赞美。如果一个家庭长此以往,家庭气氛就会处于一种紧张、压抑的状态。

> **相关案例**
>
> 大学生王英接到母亲的一封来信,从信中王英感觉到母亲沮丧的情绪:因为文化水平低,母亲下岗半年了还没有找到工作,家里的经济条件不能让女儿像家庭条件较好的大学生那样生活。母亲甚至觉得自己已经被社会淘汰、抛弃了。
>
> 王英看了信,在深深体会到母亲对自己的爱的同时,也认识到自己有责任帮助母亲渡过思想难关。她给母亲写了一封长长的信,信中写到"亲爱的妈妈,在女儿的心里,您永远是世界上最善良、最勤劳、最能干、最心灵手巧的妈妈。您不但爱我、爱爸爸、爱我们的亲人,还把爱无私地献给与我们本素不相识的张婆婆,几年如一日地帮助和照顾她。妈妈,您知道吗,我们寝食的同学总在念叨您做的美味可口的辣酱、泡菜,您剪出的窗花是那样的漂亮,我们学校艺术系的老师看了都赞不绝口。目前,虽然您下岗了,但我相信亲爱的妈妈一定会重新创造新的生活的……"
>
> 王英又给爸爸打了电话,希望爸爸能多关心妈妈,帮助妈妈恢复生活的信心。在王英父女的鼓励下,一个月后,王英的妈妈自筹资金,开了一家食品店。
>
> 家庭成员之间也特别需要互相肯定、互相鼓励、互相欣赏。在家庭成员的沟通中,我们要少指责埋怨,多鼓励称赞,多发现家庭成员的长处和优点。赞美在家庭沟通中能创造和谐的家庭气氛,增强亲密情感,能树立家庭成员的自信心,激发家庭成员的生活热情,促进家庭成员的自我完善,能培养家庭成员乐观处世、心胸开阔的人生态度。

(四)轻松性原则

有些家庭虽然豪华阔绰,但生活在其中的家庭成员未必轻松愉快;有些家庭也许十分贫寒,但其家庭成员却乐在其中。据有关专家研究,这与家庭气氛是否和谐愉快有密切关系。家庭沟通中"轻松性"原则的运用,就能创造一个能让人身心放松、和谐融洽、欢乐甜蜜的家庭气氛。

家庭成员之间如果能经常共同进行愉快的游戏、参与调节家庭气氛的活动、发挥每个家庭成员的长处,有助于营造轻松、和谐的沟通环境,使沟通达到最佳效果。

(五)换位思考原则

中国的家庭结构与西方家庭相比,家庭成员的关系较为复杂。家庭中不仅存在夫妻关系、父子、兄妹关系,而且还可能有祖孙、婆媳、翁婿、妯娌、连襟等关系。由于家庭成员在年龄、阅历、职业、文化水平、性格爱好、思维方式等方面存在差异,在日常生活中必然会出现一些摩擦、矛盾,沟通时也会发生争执。这时我们不能只是一味地表明自己的观点和看法,而要站在对方的角度进行换位思考,以理解、宽容的心态倾听对方的想法或暂时停止沟通,过后再找机会交流。

> **相关案例**
>
> 老张的儿子有一段时间忽然迷上了吉他,每天回家只要有空就弹,一直弹到上床睡觉为止。但老张是一个科学技术工作者,工作了一天,本想晚上回家以后好好休息一下。偶尔听音乐听的也是古筝、古琴、笛子等乐器演奏的舒缓优美的曲子。可是儿子

弹的都是节奏明快、激烈的吉他曲,老张心中好不厌烦。

一天,老张终于忍不住对儿子大声训斥道:"你弹的都是什么乱七八糟的东西呀!"儿子也不甘屈服:"你懂什么呀,老古董!"之后儿子还是继续弹着让老张难受的吉他,气得老张好几次都想把儿子的吉他一折两半。老张的妻子看到父子俩因吉他引发的紧张的关系,就分别与父子两人进行了交流。

老张最后接受了妻子的建议,主动向儿子表明态度:"你弹吉他可以,但只能在晚上九点以前。十点以后,就不要再弹了,让我能够早点休息好不好?"儿子也接受了父亲的要求。后来的老张父子关系越来越好,儿子能用吉他演奏不少老张喜欢的歌曲,老张在儿子弹吉他时竟然还会跟着节奏打拍子了。

老张与儿子的关系从紧张到和谐,关键就在于父子之间都能尊重对方,站在对方的角度思考问题。如果他们父子只是一味地考虑自己的感受,只是对对方提出要求,恐怕父子关系就会越来越僵,甚至水火不容。

总之,良好的家庭沟通需要在以上五个方面做出努力。中国有句俗语,叫"家和万事兴",而要想"家和",家庭沟通必不可少。家庭沟通要想取得好的效果,家庭成员之间平时的相处就要做到互相关心、尊重、坦诚、信任、宽容,在与家人沟通时也要根据不同的情形采取灵活多变的方式、方法,达到有效沟通。

特别需要注意的是:家庭成员之间的关系体现着十分强烈的私人性、情感性,在与家人沟通的过程中,即使发生了什么问题,也不能像对待外人一样,单靠说理来追究原因与责任,也不能依靠处罚的方式来解决问题,而要考虑到"情"的一面。因为家庭成员都是自己人,只要能使对方感受到真挚、诚恳、无私的情怀,问题会很快解决。

三、家庭成员之间的沟通技巧

(一) 父母如何与儿女沟通

(1) 多用商量语气,不用命令口吻。
(2) 多听儿女心声,不摆父母威严。
(3) 多给儿女赞美,不能总"泼冷水"。
(4) 多提参考建议,不要万事做主。
(5) 多造快乐气氛,不要乱发怨气。

(二) 儿女如何与父母沟通

(1) 多主动交流,少避而不谈。
(2) 多表达爱意,少忽视亲情。
(3) 平日多做事,犯错要道歉。
(4) 坦诚说出想法,虚心接受教育。
(5) 尊重体谅父母,避免纠纷冲突。

(三) 夫妻之间的沟通

(1) 有事多商量,信任不隐瞒。

（2）常说"对不起"，多说"我爱你"。
（3）有理退让显真爱，逞强好胜伤感情。
（4）争执时就事论事，吵架了得控制情绪。

【思考题】

（1）家庭沟通应该遵循哪些原则？

（2）依据你的家庭沟通情形或你所了解的他人的家庭沟通状况，列出家庭沟通中的不良表现及改正方法。

第二节 亲友沟通

自古以来，中华民族不仅十分注重家庭建设，也十分注重亲族、亲友之间的关系。中国人对亲族、亲友关系的亲疏远近十分讲究，并形成了许多如何处理亲友关系的伦理道德法则。

中华民族千百年来所倡导的"仁、义、礼、智、信"的伦理道德规范，就是建立在人们应该如何处理和对待家庭、亲族、亲友的关系的基础上。社会发展至今，人们的生活范围、交际范围已越来越广，但以血缘关系为纽带，以亲友关系为中心的人际交往仍然是中国人最重要和最重视的人际交往活动。

亲族、亲友之间的互相关心、互帮互助、互惠互利、荣辱与共、一呼百应、一人有难众人扶持等诸多观念，在现代社会仍然深入人心并为人称道。而一个人活在世上，如果无亲无故就会倍感孤独寂寞，如果亲友与之老死不相往来，或者亲友与之反目成仇，甚至落到众叛亲离的境地，就会给人带来极大的痛苦。

因此，如何运用正确的沟通方法，很好地对待和处理亲友关系，对于当代的每一个中国人来说，有着十分重要的意义。

一、亲属之间的称呼

中国人历来十分重视家庭、亲情，认为血浓于水。在中国人的传统观念中，亲属在人们的心目中占有重要的地位。在长期的历史发展过程中，我国形成了纷繁复杂的亲属称呼体系，并发展到对陌生人有时也以亲属关系称呼。

而在西方国家，亲属称呼十分简单。例如，在我国"伯母、婶母、姑母、姨母、舅母"等称呼在英语中只用"aunt"来称呼，"伯父、叔父、舅父、姑父、姨父"等称呼英语只用"uncle"来称呼。

我国现代亲属间的称呼由古代发展而来，并形成了现代称呼的特点。在与亲属沟通时，正确地称呼对方，是密切双方情感、建立良好关系、达到有效沟通的第一步。

（一）对长辈的称呼

父亲的父亲、母亲：分别称祖父、祖母或爷爷、奶奶；自称孙、孙女。

父亲的哥哥、嫂嫂：分别称伯父、伯母；自称侄、侄女。

父亲的弟弟、弟媳：分别称叔叔、婶母；自称侄、侄女。
父亲的姐姐、妹妹都称姑母或姑姑；父亲的姐夫、妹夫都称姑父；自称内侄、内侄女。
母亲的父亲、母亲：分别称外公、外婆或姥爷、姥姥；自称外孙、外孙女。
母亲的兄弟称舅舅；母亲的嫂嫂、弟媳都称舅妈；自称外甥、外甥女。
母亲的姐妹称姨妈；母亲的姐夫、妹夫都称姨父；自称外甥、外甥女。
祖父的兄弟可称伯祖父、叔祖父或称爷爷；祖父的嫂嫂、弟媳称伯祖母、叔祖母或称奶奶；自称侄孙、侄孙女。伯叔祖之子女称堂伯、堂叔、堂姑。
祖父的姐妹都称姑奶奶；祖父的姐夫、妹夫都称姑老爷；自称内侄孙、内侄孙女。姑奶奶之子女称表叔、表姑。
祖母的兄弟称舅公或舅爷爷；祖母的嫂嫂、弟媳称舅婆或舅奶奶；自称外甥孙、外甥孙女。舅公之子女称表叔、表姑。
祖母的姐妹称姨婆或姨奶奶；祖母的姐夫、妹夫称姨老爷；自称外甥孙、外甥孙女。姨婆之子女称表叔、表姑。
丈夫的父亲称公公或爸爸；丈夫的母亲称婆婆或妈妈；自称媳妇。
妻子的父亲称岳父或爸爸；妻子的母亲称岳母或妈妈；自称女婿。
夫妻双方的其他长辈应与丈夫或妻子原来的称呼一致。

(二) 对平辈的称呼

哥哥称兄或哥哥，嫂嫂称嫂或嫂子；自称弟、弟妹、妹。
弟弟称弟或弟弟，弟媳称弟妹；自称兄、嫂、姐。
姐姐称姐姐，自称弟、弟妹、妹。
姐夫称姐夫，自称内弟、内弟妹、内妹。
妹妹称妹妹，自称兄、嫂、姐。
妹夫称妹夫，自称内兄、内嫂、内姐。
伯父、叔父的儿子称堂兄或堂弟，其女儿称堂姐或堂妹。姑、舅、姨的儿子称表兄或表弟，其女儿称表姐或表妹。
妻子的哥哥称内兄，自称妹夫或弟弟；妻子的弟弟称内弟，自称姐夫或哥哥；妻子的姐姐称姐姐，自称妹夫；妻子的妹妹称妹妹，自称姐夫；妻子的姐夫称襟兄，自称襟弟或弟弟；妻子的妹夫称襟弟，自称襟兄或哥哥。

二、亲友之间有效沟通的前提

中国人亲友之间的交往十分密切，在一些重大的节日如春节、国庆节、中秋节等，亲友之间会互相拜访，联络感情。中国人的家庭如果出现了诸如结婚生子、乔迁新居、开张大典、孩子生日、老人寿诞、亲人生病或去世等重要活动和事件时，就会告知相关亲友。接到通知或信息的亲友们也会以各种方式表达其关注之情。

在生活、学习和工作中，很多时候我们都要与亲友进行沟通和交流。喜事来临时，我们希望亲友能与自己一起分享快乐和幸福；受到打击时，我们期盼亲友能为自己分担忧愁和痛苦；处于困境时，我们渴望亲友能伸出援助之手。那么，在与亲友的交流和沟通过程中，应该怎样做才能达到较好的沟通效果呢?

（一）尊重亲友

每个人都需要通过其他人的尊重、欣赏、鼓励、期望来感受被重视,亲友之间的互相尊重是亲友之间进行有效沟通的最重要的前提。与亲友沟通时,一定要关注亲友的尊严,从尊重、欣赏、鼓励、期望的角度来善待对方,不要做有损亲友尊严的事情。只有这样,才会得到亲友的尊重,达成共识。

但在现实生活中,有些人却不注意尊重亲友,造成了与亲友的矛盾和隔阂。例如,有的人只愿意与"富亲戚"来往,看不起"穷亲戚";对地位、学识比自己低的亲友不屑一顾或爱理不理;经常在众人面前挖苦嘲讽亲友的缺点和毛病;与亲友说话盛气凌人、口不择言、行为粗野;等等。这些行为都会严重地伤害亲友的感情,刺伤亲友的心灵,使沟通难以顺利进行。

（二）关心亲友

关心和被关心是人类的基本需要。在人生的每一个阶段,都需要被理解、被接受、被认同。我们需要亲友的关心,更应当关爱亲友。亲友处于困境、病痛和衰老来临之际,尤其需要我们的关心。经常把关心、关爱传送给亲友,也就在自己和亲友之间架起了一座最稳固、最顺畅的沟通桥梁。当亲友从我们的关心中获得了物质的帮助、情感的满足、精神的愉悦、前进的动力时,我们就会获得亲友的尊重、理解和信任,沟通就会达到很好的效果。

（三）体谅亲友

在与亲友交往沟通时,要特别注意站在亲友的角度考虑问题,以体谅、理解的心态对待亲友。遗憾的是有的人在亲友之间的交往中,只重视自己的感受,而忽视亲友的感受,不能站在亲友的角度考虑问题,而把自己的意愿强加于亲友,给亲友带来沉重的精神负担和心理压力。

相关案例

姐弟俩周末一起回到父母家。快到中午了,姐姐走进厨房,准备做饭。弟弟也跟了进来。姐姐先做红烧鱼,弟弟在她旁边指手画脚:"小心!火太大了,鱼要糊了!"姐姐斜了弟弟一眼,没理会,继续干活。

不到三秒钟,弟弟又说道:"赶快把鱼翻过来。放葱啊!"姐姐没好气地回应:"你走远点!"

姐姐做好了鱼,开始做麻辣豆腐。谁知弟弟仍然在旁边唠叨:"油放太多了!""把豆腐整平一下。""哎哟,锅子歪了!""放点水呀!""盖上锅盖焖一下,更好吃!"

姐姐实在忍无可忍:"闭上你的嘴巴!我还不知道怎样炒菜吗?"

弟弟说道:"你当然懂了,老姐!我只是要让你知道,我在开车时,你在旁边喋喋不休,我的感觉如何。"

虽然这只是一个幽默故事,但却告诉我们,与亲友的沟通,不能把自己的思想观念强加于对方,不要过多地干涉对方的生活。

还有一些人,为了满足个人的需求,经常打搅亲友的正常生活或总是有求于亲友,提出一些让亲友为难的要求。当亲友不能满足自己的愿望时,就认为亲友对自己不尽心、不周到、不讲情面,并且表现出不快、生气、愤怒的情绪,这些情形都会对沟通造成不利影响。在与亲友交往沟通时,要特别注意站在亲友的角度考虑问题,以体谅、理解的心态对待亲友,不能意气用事,斤斤计较。

（四）礼尚往来

中国的传统文化是伦理性的文化,讲究人情关系,礼尚往来的社会氛围相当浓厚,中国也因此号称"礼仪之邦"。中国古人讲:"礼尚往来。往而不来,非礼也,来而不往,亦非礼也。"中国人亲友之间的礼尚往来,名目繁多。时令节日、婚丧喜庆、添丁进口、寿诞迁居等,亲友之间都会赠送礼品、祝贺宴饮,俗称"送人情"。

日常生活中,人们喜欢用送礼这种形式来表达人与人之间的亲情、爱情、友情等。亲友之间的礼尚往来是联系亲友关系的一条纽带,也是亲友沟通的良好催化剂。要想通过送礼的方式创造与亲友之间的良好沟通,必须注意以下几点。

第一,所送礼物最好是对方所需。例如,给老人送保健品,给小孩送衣物书籍,给女性送化妆品、首饰,等等。

第二,礼物要寄托美好的情感。例如,给病人送鲜花祝早日康复,给新婚夫妇送优生优育的书籍祝早生贵子,给店铺、公司开张的亲友送匾额祝事业发达,等等。

第三,根据亲友个性送礼。例如,对年轻人可送新颖独特的礼物,对有兴趣爱好的人可围绕对方的爱好选择礼物。

第四,礼物要适当,不能给对方造成压力。俗话说"君子之交淡如水,小人之交甘如醴""千里送鹅毛,礼轻情意重"。在亲友的交际中,送厚礼有弊无利,不仅自己在经济上有压力,而且送礼过重意味着人家一定要还礼,给对方造成心理负担。

第五,送礼要防止触忌。我国是一个多民族的文明古国,在送礼时应考虑民族风俗的特点。例如,给年长多病或刚刚离休的人送钟（与"送终"谐音）就很不恰当。

第六,送礼不可带有功利色彩。要克服送礼时的从众心理、攀比心理、补偿心理和投资心理。

三、亲友交往时常见的沟通技巧

亲友交往的情况多种多样、变化无穷,与亲友交往沟通时,要根据不同的实际情况如所谈话题、对方的思想个性、时间场合等采取不同的沟通方式、方法,使沟通有效进行。下面选取与亲友沟通常见的几种情况,做简单介绍。

（一）增进感情的沟通技巧

首先,要经常与亲友联络。联络的方式可以多种多样,如经常登门看望亲友、在对亲友及其家人的重要或特殊的日子表示心意或赠送礼物、邀请亲友共同参加有关活动。如果无法相聚见面,打电话、发邮件、写书信、托人捎带口信、转送礼物等也是联络感情的很好方式。

其次,要多关心帮助亲友,特别是在亲友痛苦烦恼、处于困境、家庭不幸的时候更要表达自己的关爱,排解亲友的忧愁,给予亲友力所能及的帮助和支持。

再次,及时表达亲友对自己的帮助的谢意。当亲友给予了自己帮助时,要及时地、由衷地向亲友表达谢意,不要理所当然地接受亲友的帮助,或者认为没有表达谢意的必要,甚至认为亲友的帮助没有如自己所愿,不仅不感谢反而心存怨气。最好在感谢的同时要表明在对方需要帮助的时候,自己一定倾力相助的意愿。

最后,就是要对亲友以"诚"相待,这是最重要的一点。"诚"即为"诚恳、诚信、热忱",它可以使亲友的感情亲密无间,水乳交融,而"圆滑、虚伪、冷漠"则是破坏亲友感情的"剧毒"。

(二) 有求于亲友的沟通技巧

当人们遇到困难、需要帮助时,首先想到的求助对象便是自己的亲友。在日常生活中,向亲友提出要求、寻求亲友帮助的情形司空见惯、数不胜数。但并不是每一个人在向亲友求助时都能成功,有时同一件事情,有的人一向亲友说明,就会得到对方的允诺,而另一个人则费尽九牛二虎之力,也可能达不到很好的效果。除了其他原因,很大的可能是由于不懂如何与亲友沟通而造成的。

有求于亲友时,要注意运用以下几个方面的沟通技巧。

(1) 用真情打动对方,运用诚恳、商量的语气与亲友沟通。

(2) 选择合适的方式、地点和时机,提出要求。

(3) 适度称赞恭维对方,满足其自尊心和荣誉感。

(4) 求借钱物时,要立下字据,说明归还时间。

(5) 得到允诺和帮助,表示真诚的谢意和感激之情。

(6) 受到拒绝时,要保持礼貌,体谅对方,不可伤害亲友的感情。

(三) 拒绝亲友要求的技巧

世界著名影星索菲亚·罗兰在她的自传《生活和爱情》一书中记录了她与世界艺术大师卓别林的一段谈话:"你必须克服一个缺点,如果你想成为一个生活异常美满的女人,你必须学会一件事,也许是生活中最重要的一课,你必须学会说'不'。你不会说'不',索菲亚,这是一个严重的缺陷。原来我也很难说出口,但我一旦学会了说'不',生活就变得好过多了。"卓别林的话告诉我们:生活中我们应学会拒绝他人,拒绝去做某些事情。

在日常生活中,我们会向亲友求助,亲友也有可能向我们求助。热情帮助亲友,对亲友的困难有求必应,当然有助于建立融洽友好的亲友关系。但生活中也常有这样的事,即亲友求之于你的事情,而他求的恰恰是你感到为难或无能为力的事。当亲友的请求违反你的意愿、超出你的能力范围,或者有可能使你违纪犯法时,就得拒绝亲友的请求。然而拒绝亲友会让求助于你的亲友失望、不快,还可能使气氛变得沉闷阴冷,甚至影响到彼此的交情。那么,该如何艺术地拒绝亲友的要求呢?

1. 说明苦衷,表示歉意

拒绝时态度要诚恳,语言要温和,使对方了解你是爱莫能助。如果对求助的亲友态度生硬、爱理不理、敷衍了事,表现出不满、厌烦的言行举止,会极大地刺伤亲友,导致双方的情感出现裂痕、关系恶化。

2. 延时拒绝,避免尴尬

如无法帮助亲友,可以这样告诉亲友"我来想想办法,是不是能办成我一定尽快给您回音,您看怎么样?"过一两天再打电话表示无能为力,就比当时直接回绝的效果要好得多。既可以避免当场拒绝的尴尬,又表明自己还是把亲友的请求放在了心上,只不过因为能力有限而无法满足亲友的要求。

3. 幽默拒绝,改善气氛

直接拒绝亲友总会造成对方的失望,也可能使沟通气氛变得沉闷,如果采取幽默的方式拒绝,就可避免这种情形发生。

美国总统罗斯福当年在军界工作,他的一位朋友想从他那里打听一项军事机密。罗斯福不愿泄密,也不愿伤害朋友。于是他故作神秘地向朋友问道:"你能保守秘密吗?"朋友连声应到:"当然,我一定保守秘密,绝对不告诉任何人!"这时,罗斯福拍了拍朋友的肩膀说:"你能做一个保守秘密的人,那么我也能!"罗斯福的朋友先是一怔,随即明白了罗斯福的意思,也拍着罗斯福的肩膀大笑起来。

这个事例说明,在我们拒绝亲友的要求时,运用幽默的方式既可以表明自己的态度,又不会使双方的感情受到影响。例如,你的叔叔请你到他家吃饭,饭桌上提出了一个请求:希望为他介绍你认识的一位政府官员,通过这个政府官员去做一笔生意,事后给予你和政府官员一定的报酬。如果你严肃地向叔叔说:"这是违反国家政策的事,我不会去做,更不会拉朋友下水!我就是去说了,他也不会答应的。"这样肯定会造成难堪的局面。但如果你这样说:"叔叔呀,要是我能办到您所说的事,今天我恐怕早就开'奔驰'而不是挤公共汽车来您这里了!"叔叔从你幽默的话语中自然会明白你的态度了。

4. 提醒亲友,另谋出路

如果自己无法帮忙,可以与亲友共同分析情况,或给亲友提出一些建议。如对亲友说"对不起,这件事我确实很难帮忙,不过您可以找一找××人,看看他能不能帮上您。""这个月市里会有很多人才招聘会,您不妨多花时间去了解一下。以您的能力,找一个能充分发挥您才干的单位或企业,应该没有问题。"

5. 他人转告,避免难堪

当亲友有求于你,如果当面难以回绝,或由自己来说不妥,则可以请与你或与亲友关系较好的第三者巧妙地转达拒绝之意。例如,你新买了一架照相机,借的人很多,这回你堂兄又来借,就可以找其好友小王帮忙说服:"上次他把相机借给某人,某人把快门给弄坏了,他郁闷了好久呢。我们看你还是另想办法吧,免得他为难了。"这话通过堂兄的好友小王讲出来,堂兄就自然地知道你的态度了。

(四)发生矛盾时的沟通技巧

现实生活中,亲友之间的交往并非总是和谐融洽的,有时也会因为这样或那样的原因产生矛盾误会,引起争吵和纠纷。对于亲友之间的问题,如果不及时解决,就会使亲友双方积怨加深,身心受到严重的打击,影响和妨碍彼此的正常工作和生活。在与亲友沟通时,如果出现了矛盾,我们可从以下几个方面来化解。

1. 控制情绪,就事论事,避免出言不逊

在与亲友的沟通中,会出现意见、思想观点不一致的情形,也可能与亲友发生分歧和争执。面对这样的情况,有的人不能控制自己的情绪,要么固执己见,要么对亲友进行指责、谩骂和攻击,有时还牵扯出一些与亲友之间的陈年旧事,把亲友的缺点或以前所犯的错误抖落一通,这样只能加深双方之间的矛盾,使亲友之间的关系越来越紧张。

2. 理解对方,不要以牙还牙,以眼还眼

沟通时,当亲友出现言词激烈、态度恶劣的情况时,要力求以谅解和宽容的心态对待亲友,不要计较亲友的态度,要保持头脑冷静,不能逞一时之快,反击亲友。要尽量站在亲友的角度看待问题,平心静气地与亲友交换意见,沟通的气氛才会好转。

3. 转移话题,巧妙缓解紧张气氛

当发现与亲友的沟通话不投机时,不妨先暂时放下刚才谈论的话题而转移到另一个话题,以避免不必要的争执。用幽默的言语自我解嘲、恰当地肯定对方的优点、回忆以前双方之间的愉快之事等方法都可以缓解紧张的气氛,使沟通顺利进行。

4. 主动联系,以情动人,以理服人

如果与亲友的沟通因为意见不同、分歧太大不欢而散,过后应主动再与亲友联系沟通,有错认错,有过即改,以真诚之心打动亲友,赢得亲友的谅解和尊重。如果错在对方,也不要因为有理就盛气凌人,而应耐心说服亲友,使其明白利弊得失和自己的良苦用心,必要时可以适当让步。当然,如果亲友的想法和做法确实大错特错了但仍固执己见,一意孤行,那就要坚持原则,不能妥协退让。

【思考和练习】

(1) 亲友沟通要想达到良好的效果,前提是什么?

(2) 如果你有求于亲友,在沟通时你会怎么做?

第三节 师生沟通

美国的卡内基工业大学研究人员曾分析过一万名在事业上卓有成就者的档案,结论是知识和专门技术在这些人的成功因素中只占15%,而85%的成功因素取决于良好的人际沟通。

美国一名叫威廉的博士,对美国四千名被解雇的员工进行研究发现,只有10%的人是因为不称职被解雇,而90%的人是因为在工作中没有处理好人际关系,无法施展才能而被解雇的。可见一个人的事业成败,人际关系往往起着举足轻重的作用。

学校是专门进行教育活动的一种有目的的社会组织。在一个学校中,有领导与教师、领导与职员、领导与学生、学生与学生、教师与学生等多层次、多角度的人际关系,在这众多复杂的人际关系中,最重要、最基本的是教师与学生的关系。要想使学校的教育顺利进行,正确处理师生之间的关系,建立和谐融洽的师生关系至关重要。

一、建立良好的师生关系

师生关系是教育过程中最基本、最主要的人际关系,它影响师生之间教育信息的互相传递和思想感情的交流,影响学校教育的整体效果。良好的师生关系,不但有助于教育措施的有效实施,更有助于学生的自我发展、自我成长。良好的师生关系对提高教学质量、全方位提高学生素质有着举足轻重的作用。良好的师生关系应该有以下三个特点。

(一)师生关系应该是民主平等的

师生之间要互相尊重对方的人格,要互相理解对方的思想和情感。师生双方都能用宽容的胸怀来相互爱护和包容,允许另一方发展其独特的个性与创造力。

在传统观念中,"师道"总是与"尊严"联系在一起,老师是神圣而绝对不可冒犯的。然而,随着时代的发展,师生关系也在悄悄地发生着微妙的变化。师生关系不再如过去"一日为师,终身为父"般刻板,而是多了亦师亦友的温馨色彩。如今在校园里,常常可见一些"没大没小"的有趣情景:老师将学生请上讲台,由学生来讲课;课堂上学生可以坐着回答老师的问题,随时提出不同于老师的意见;学生称呼老师为"某某兄"或直呼英文名,为老师进行形象设计;师生一起逛街,一起唱卡拉OK……这些有悖于传统教育伦理的行为,正是师生关系民主平等的具体表现。

(二)师生关系应该是和谐融洽的

和谐的师生人际关系,是一种师生在理解基础上的合作关系,需要通过师生间的"情感互动"来实现,它包括三个方面。

一是真诚,师生在交往中要真诚,打开心扉,以真实的面目进行真诚的交流,才能达到相互理解,这样学生不会因教师的缺点而失去对他的尊敬,教师也不会因为学生的缺点而放弃对他的教育。

二是信任,师生要互相信任,信任是相互接受的前提,信任会形成一种良好的教育气氛,使师生在信任中相互理解。

三是关心,师生彼此都知道自己受对方重视,彼此适应对方的需要,但一方需求的满足并不以另一方需求的牺牲为代价。

(三)师生关系应该是互相作用、不断发展进步的

师生间的积极期望、互相欣赏、互相激励,对于促进师生关系的全面发展有积极的作用。学生总是希望自己的老师是最优秀的、最有魅力的;老师也总是希望自己培养的学生是最棒的,能尽得自己衣钵真传。师生间的积极期望是师生相互作用的一种表现,它可以使双方大脑都处于兴奋状态,成为推动师生关系前进与发展的重要心理因素。在这样的积极期望作用下,师生关系就可以经常保持积极的状态,并不断发展和进步。

根据师生关系的密切程度,我们可将师生关系分为三种类型:紧张型、冷漠型和亲密型。

（1）紧张型是指老师要求学生无条件服从，学生对老师畏惧顺从但却不喜欢老师，师生之间感情疏远，关系紧张或对立。

（2）冷漠型是指老师对学生没有付出真情，学生对老师既不喜欢也不害怕，师生之间感情冷漠，各行其是，不合作也不对抗。

（3）亲密型是老师对学生关心、爱护，尽心教育，学生对老师尊重、信任、热爱、敬佩，师生之间感情和谐、关系友好，能够互相理解、合作共进。

想要建立起亲密型的师生关系，需要教师和学生双方都做出努力。师生双方在教育活动中和日常交往的沟通中，要做到礼貌诚恳、热情开朗、乐于助人，做到尊重、信任、理解对方，做到襟怀坦荡、大公无私、不感情用事。只有这样才能彼此欢迎，达到心理共容，保持稳定、和谐、长久的师生情谊。

二、老师如何与学生沟通

在老师与学生的沟通中，老师往往是主动的，学生经常是被动的。不论是课堂讲授，还是日常工作和生活的沟通，老师的讲话要想使学生易于接受、迅速领悟，能让学生心悦诚服，从中受到启发教育，就要做到以下几点。

（一）亲切平易，尊重理解

"爱"是老师教育学生成材的最有效途径。在与学生沟通时，老师就需要用和蔼可亲的态度、对学生的尊重和理解来传达对学生的"爱"。老师微笑的目光、和蔼的神情、亲切的语调，会减轻学生的紧张情绪和压力，给学生创造一个轻松的谈话氛围。

老师与学生沟通时，要以真诚、平等的心去聆听；以轻松自然的体态、专注的神情、真诚的话语去表现出对学生思想情感、心理处境的理解，对学生的自尊心和人格的尊重。

据有关专家调查，学生最不能容忍的就是那些损害他们自尊心的教师，沟通时老师只顾自己说话，不听取学生意见，对学生进行命令、讽刺、挖苦、恐吓、体罚等行为，都会极大地刺伤学生的自尊心，引起学生的逆反心理和对抗情绪，造成师生关系紧张。

学生最喜欢的是能与他们成为朋友的老师。如果教师能够把学生当作朋友一样对待，尊重学生的个性与人格尊严，师生关系就会融洽和谐。因此，在教育界有一句流行的名言："把学生看作天使，教师便生活在天堂；把学生看作魔鬼，教师便生活在地狱。"

（二）实事求是，有的放矢

实事求是地评价学生、分析对错，可以体现出老师对学生的了解程度，体现出老师对学生的公平公正、一视同仁的态度。无论是在表扬奖励学生还是批评惩罚学生时，老师都要做到实事求是、公正客观、标准统一，不能主观臆断、有所偏袒、标准不一，否则就会造成学生的抵触情绪，难以达到有效沟通的目的。

老师在对待评价自己的言行、决定时，也要体现出"实事求是"的特点。不能认为自己的所思所想、所作所为都是百分之百正确。特别是在出现了错误时，一定要向学生实事求是地说明，并承认错误。

老师与学生沟通时做到"有的放矢"，则不仅可以使学生在有限的时间内很好地获取信息、把握要点、领悟实质,而且可以使学生感受到老师较高的业务能力、分析能力和表达能力,树立良好的自身形象。那种漫无目的的长篇大论、无关痛痒的分析讲解、啰唆唠叨都只能引起学生的不满、厌烦和反感。

(三)给予关怀,经常鼓励

关怀是建立良好师生关系的催化剂。教师对学生无微不至的关怀,会获得学生的依赖和信任。沟通时老师运用适当的有声语言或无声的肢体语言向学生传达关爱之情,会取得意想不到的效果。请看下面的例子:

赵明在与同学争执后动手打了对方,班主任张老师要找其谈话。在赵明走进办公室后,老师看到他穿的衣服比较单薄,就马上脱下外套给赵明穿上。赵明对那位同学还有气,本来是不愿承认错误的,但张老师的这一举动使他心中的怨气一下烟消云散,诚恳地承认了错误,并主动向那位被自己打的同学道歉。

沟通中老师的鼓励则可激发学生的自尊心、自信心,引导学生发现自己的优点、长处,不断挖掘自身的潜力,提高自身的素质。古人说:"责子一短,不如奖子一长"。在沟通过程中,老师要不吝惜表扬,让每一个学生体验到成功的喜悦、获得前进的动力。

一位老师在总结自己的教学工作经验时,谈到了如何鼓励不同层次的同学的方法:"对一些学习能力较强的同学,回答得很完整、准确,我会对他们说:'你思考得很有深度,令我赞叹'。对于能力一般的同学的回答,接近答案却不十分准确,我会对他说:'你说得已经很接近答案了,你肯定能作出更精确、更出色的回答。'对于学习能力较差的同学,回答错误时,我会对他说:'你是从另一个角度思考这个问题的,如果你仔细思考,也会回答得很好的。'"这位老师通过不同的表扬激起了班级每一个同学的学习热情,师生的感情也日益增强,教学效果十分显著。

(四)方式多样,不拘一格

1. 课堂式沟通

这是老师传授知识道理或向学生布置相关事宜的最常见的沟通方式。老师所说的话语针对的是在场的全体学生,要做到重点突出、言简意赅,根据学生的反应灵活安排讲话内容。在这种场合下的沟通,老师特别要注意不能随意批评、嘲讽学生。

2. 谈话式沟通

这是最直接、最传统的沟通方式,沟通时间可长可短,沟通的地点也可自由安排,师生双方直接面对面,老师如果能真诚而坦率地与学生交流思想感情,沟通的效果就能立竿见影。

3. 书信沟通

在某些因素的影响下,师生之间不方便直接面对面沟通,老师采取写信的方式来与学生进行沟通,也是一种较好的方法。这种沟通不仅可以使老师能够更完整、明确地传达思想感情,而且可以使学生感受到老师的诚意、关心和帮助。

4. 电话及网上沟通

据调查显示,经常通过电话与学生进行沟通的老师容易赢得学生的尊重,学生也更愿意把自己的心里话向这样的老师倾诉。随着互联网的日益发展,网络无处不在,上网也成了学生业余生活的一部分。老师可以利用网络的优势与学生进行沟通,在网上与学生聊天、探讨问题、玩游戏,可以使学生感受到老师的亲切、平和,增强师生的亲密感。

除了以上的沟通方式,老师还可以利用批阅作业、召开班会、举办各种文体活动、邀请学生到家中聚会、在学生面前展示自己的特长等方式与学生进行全方位的交流和沟通。

三、学生如何与老师沟通

由于受到"师道尊严"的思想的影响,不少学生认为老师不好亲近,不敢与老师进行平等的对话和交流。即使老师错了,也不好意思指出来。随着学生年龄的不断增长、交际范围的不断扩大、知识阅历的不断增强,学生对老师的情感依赖也呈下降趋势,一些学生就出现了如果老师不找自己沟通,就不会找老师交流的情况。有的学生也想与老师沟通,但又不知道应该采取什么方式、如何与老师沟通。

其实,学会与老师沟通是学生获得知识、接受教育、培养能力的一条重要途径。多与老师沟通,对于提高学生的认知能力,提高学生的交际能力是非常有帮助的。由于老师和学生的社会角色关系的特殊性,学生与老师之间的沟通也有着不同于其他类型沟通的特殊要求。具体来说,学生在与老师沟通时,要注意以下几个方面的问题。

(一)讲究礼仪,态度恭敬

不管是在什么场合,学生在与老师面对面沟通时,都要做到衣着整洁、打扮得体、表情自然、举止大方,站则挺拔而不僵硬,坐则自然而不随意。邋遢脏乱的仪表、新奇怪异的装扮容易引起老师的反感。手足无措、抓耳挠腮、低头顺耳、目光游移、表情紧张、口齿不清等情形,会给老师留下不好的印象。与老师的交谈距离应既不显得疏远,又不过分亲昵。一般来说,师生沟通的距离以一米左右为宜。

学生在与老师沟通时,言谈举止要表现出对老师的礼貌和恭敬,做到多使用礼貌用语,多表达对老师的尊敬、爱戴、喜欢、敬佩等情感。学生对老师的尊重、肯定,会使老师获得极大的满足感和愉悦感,老师也会因为学生的尊重和肯定,愿意与学生沟通交流,愿意为学生付出更多的汗水和心血。

(二)虚心请教,勇于认错

学生与老师沟通时要注意虚心向老师请教。常向老师请教学习、工作和生活的问题,不仅可以加深师生彼此的了解和感情,缩短与老师的距离,而且可以促进学习、思想的提高,使学生受益无穷。在沟通中,教师可能会对学生的缺点和不足提出批评或改正的建议,对此学生应该虚心接受,体会老师的一片好心,不要产生误解而影响师生关系。

学生犯了错误要在老师面前勇于承认并及时改正。但在现实生活中,有的同学明知自己错了,受到老师批评时,即使心里服气,嘴上也死不认错;有的人则相反,被老师批评之后就特别害怕老师,认为老师会对自己有成见,这都是没必要的。

(三)诚实坦率,倾吐心声

在与老师沟通时,不管是向老师汇报工作,还是交流思想感情或是请教问题,都应该诚实坦率。如果在老师面前或居功自傲,或不懂装懂,或含糊其辞,或隐藏歪曲事实,都不利于师生沟通的进行。长此以往,会给老师留下"这个学生不可信"的印象。

> **相关案例**
>
> 老师找杜明了解他的室友张武与人打架的事情经过。杜明因为与张武的关系很好,在向老师反映问题时隐瞒了张武先动手打人的情况。
>
> 杜明向老师反映情况时隐瞒事实的不诚实的做法是学生与老师沟通时的最大忌讳。老师的责任感和职业道德要求他们关心学生的成长,尽力了解和解决学生学习和生活中存在的问题。在与老师的沟通中,学生应给老师提供较多的、真实的信息,以便老师掌握情况,做出准确的判断和恰当处理。

有的学生在发现老师缺点和错误时,往往会私下里非议、鄙视老师,这也是不可取的。要知道老师也会有缺点、也会犯错误,对此学生正确对待,并诚恳地向老师指出来,而不应挑剔、取笑。

(四)主动交流,大胆表现

据有关专家调查,不少学生只有遇到与学习有关的功课问题、学业问题时,才会主动去寻求老师的帮助,至于其他的如个人的心理、情绪、家庭、交友、恋爱等问题,则很少有人会去找老师帮助。实际上,学生如果能积极主动地找老师沟通,会得到老师很好的指导和帮助。

> **相关案例**
>
> 春秋战国时期,耕柱是一代宗师墨子的得意门生,不过,他老是挨墨子的责骂。耕柱觉得非常委屈,因为在众多门生之中,大家都公认他是最优秀的。
>
> 一天,耕柱愤愤不平地问墨子:"老师,难道在这么多学生当中,我竟是如此的差劲,以至于要时常遭您老人家责骂吗?"墨子听后,不动肝火,而是向耕柱提出了一个问题:"假设我现在要上太行山,依你看,我应该要用良马来拉车,还是用老牛来拖车?"耕柱回答说:"再笨的人也知道要用良马来拉车。"墨子又问:"那么,为什么不用老牛呢?"耕柱回答说:"理由非常简单,因为良马足以担负重任,值得驱遣。"墨子说:"你答得一点也没有错,我之所以时常责骂你,也只因为你能够担负重任,值得我一再地教导与匡正你。"
>
> 从这个案例中,我们可以得到这样的一个启示:学生主动与老师沟通,可以很好地了解老师的所思所想,使学生获得意想不到的教益。一般来说,老师要考虑的事情很多很杂,可能会忽视与学生的沟通。更重要的一点就是,老师布置了有关工作后,自己并没有亲自参与到具体工作中去,就有可能没有考虑到学生所会遇到的具体问题。学生如果能主动与老师沟通,就可以避免出现老师因为工作繁忙和没有具体参与执行工作而造成的不良情况。

学生积极主动地与老师进行沟通,既可以与老师加强思想感情的联系,又是展示个人性格、爱好、素质、才干的时机。通过与老师的沟通,可以使老师更加了解自己,发现自己的优点和长处,帮助自己克服缺点、弥补不足,对自己的成长十分有利。

四、同学之间的沟通

同学是学生人际交往的主要对象,同学关系是学生人际关系的主要内容。根据各自的兴趣、爱好、性格等的不同,学生会结成如学习型、娱乐型、生活型、社团型、老乡型等不同的交际圈。这些交际圈中,同学之间的关系有亲疏之分,有好朋友和一般朋友之分。与同学的交往过程顺利,学生就会心情舒畅、身心健康;交往受挫便会心情郁闷、身心受损,产生不良后果。那么,同学之间的交往和沟通应该怎样进行呢?

(一)开诚布公,敞露心扉

"人之相知,贵相知心",人们都喜欢真诚坦率、热情友好的人,讨厌虚伪冷漠、圆滑狡诈的人。与同学的沟通要想取较好的效果,就要做到开诚布公,愿意把自己的所思所想与同学交流,向同学敞开心灵世界。

只有播种真诚,展现真实的自我,才会收获别人的信任和喜欢。有的同学害怕敞露心扉后,因自己的缺点、不足、苦恼等被同学知道而影响自己的形象。这种顾虑是没有必要的。心理学研究表明:各方面都十分完美的人并不受人们的喜爱,而恰恰是那些各方面都表现优秀而又有一些小小缺点的人最受欢迎。

如果与同学总是若即若离,经常隐瞒自己真实的思想,封闭自己的情感,甚至对同学总是持猜疑、忌妒、不信任的态度,同学之间的沟通就会非常困难,导致同学关系的冷漠和恶化。同学之间有摩擦、误会、矛盾是在所难免的,在这个时候更需要有开诚布公的态度和勇气。有了问题挑开来说,就可以减少摩擦、消除误会和解决矛盾。

(二)学会赞美,求同存异

赞美是人际关系的润滑剂,它可以使被赞美者得到肯定、欣赏,得到愉悦和满足,也可以架起与被赞美者之间沟通的桥梁,使双方关系得到更好的发展。然而,很多人却误将赞美别人与"拍马屁"混为一谈。实际上真诚的赞美与虚伪的谄媚有着本质的区别:前者看到和想到的是别人的美德,而后者则是想从别人那里得到好处。

向别人传递一个真诚的赞美,能给你和对方的心灵带来光明,带来巨大的前进动力。在与同学的交往和沟通时,如果总是能以发自内心而具体明确的语言、表情来称赞、欣赏对方的优点长处、能力学识、美好的品德、出色的表现、个人的魅力等,一定会获得对方的好感,使同学的关系和谐融洽。称赞同学的时候,也是在向同学展示自己的优点:你是一个懂得关心同学、尊重同学、欣赏同学的沟通者。

与同学的沟通,要学会"赞美欣赏",更要学会"求同存异"。由于每个人的家庭背景、生活环境、思想情感、个性特点、追求爱好等并不相同,沟通时就会经常出现观点有分歧、意见难统一、步调不一致、情感不协调的情形。有的同学在这种情况下为了维护自己的思想观点或个人的自尊心,就会与同学进行争辩、争执、争斗,造成沟通中的不愉快。长此以往,同学就会对其敬而远之,不愿与其交往了。

在与同学沟通时,要善于听取同学的意见,做一个虚心谦逊、善解人意的倾听者,站在同学的角度考虑问题,不能固执己见、自以为是,不要斤斤计较、争强好胜。当然,如果对方故意谩骂、侮辱、伤害自己,也不能忍气吞声,而应有理有节地维护自己的尊严和人格。

(三)及时道歉,谅解包容

> **相关案例**
>
> 大学生刘丽娜来自高干家庭,家庭条件优越,刚上大学时的她心高气傲,对寝室其他的成员要么不屑一顾,要么盛气凌人,还常常出言不逊。室友们对她十分不满,不愿再与她说话。刘丽娜开始还无所谓,但时间一长,强烈的孤独感就不时涌上心头。
>
> 痛苦之中,她找到了辅导员倾诉自己的苦恼。辅导员告诉了她一个解除烦恼的绝招——找一个机会向室友们道歉。刘丽娜开始还放不下架子,但最终还是鼓起了勇气,向室友们检讨了自己错误,表示了诚恳的歉意和改正缺点的决心。看到原来总是那么高傲的刘丽娜流下真诚的泪水,室友们也就摒弃前嫌,与刘丽娜和解了。
>
> 这个事例告诉我们:"金无足赤,人无完人",在与同学的交往沟通中,如果出现不当的言行或犯下一些错误,只要及时认错,就能获得同学的谅解。另一方面,与同学相处,我们不要一味苛求其十全十美,苛求其的思想言行都符合自己的要求。如果同学向我们认错,就要用一颗宽容的心给予谅解。

在与同学沟通和交往的过程中要特别牢记的是:只有学会检查自己是否有错、懂得认错、懂得改错的人,才有可能获得同学更多的理解、体谅和宽容;只有做一个懂得理解、懂得体谅、懂得宽容的人,才能成为一个令人尊敬的、令人信任的沟通者。

【思考和练习】

(1) 你认为师生沟通要想达到良好的效果,最关键的问题是什么?

(2) 如果你和同学发生了矛盾,你会如何与其沟通化解矛盾?

技能与训练

1. 训练目的

通过训练,使学生在日常生活沟通中端正态度,掌握与家庭成员、亲友、师生沟通的方法和技巧。

2. 训练内容

阅读有关事例,进行分析讨论,归纳出家庭沟通、亲友沟通和师生沟通中的最重要的问题和最有效沟通的方式方法。

3. 训练形式

(1) 以5~6人为一个讨论小组,阅读下列有关事例并进行分析讨论;

(2) 以抽签方式决定各小组将对哪一个案例进行发言;

(3) 各小组先选派一个成员对抽中的案例阐述看法,之后小组其他成员可以进行补充,其他小组成员也可以发表不同意见。

事例一：

周伟是高二年级的一名学生，他的学习成绩在班上一直名列前茅，可就在高二上学期的期末考试中，他的成绩直线下降，掉到全班第二十五名。周伟回到家里闷闷不乐，整天把自己锁在房间里看书，根本不愿与父母谈论这件事情。眼看孩子的情绪一天天低落，父亲想出了一个主意：全家人去北戴河海边度假。

到达北戴河的第一天，周伟还是不开心，忧郁地坐在海边。第二天，他开始跑来跑去捡贝壳，也去游泳，眼睛里渐渐有了光彩。第三天他自由自在地欢笑玩耍，还结识了几个朋友，再也看不到前些天委靡不振的样子了。

这时，父亲找了个机会与孩子谈心："小伟，海大不大？"周伟答道："当然大。"父亲又说："大海之所以这么大，是因为它有包容一切的心胸。我觉得我们做人就要像大海一样，不论遇到什么问题和困难，都要以一颗平常心来对待啊！""爸爸，你不是在说我吧？"父亲看到小伟不再回避与自己谈论考试的话题，便继续说道："小伟，爸爸妈妈知道你这次期末考试没考好心里难受，前几天我们不敢问你，可心里都很担心。但我们所担心的不是因为这一次你的考分不理想，而是怕你因为这次考试没考好就丧失了自信！"听着父亲亲切的话语，望着浩瀚无垠的大海，周伟终于明白了父母的良苦用心，甩掉了思想包袱，新的学期又成为了班级的佼佼者。

思考：

你认为周伟的父亲在与孩子沟通时值得肯定的做法有哪些？这些做法有什么好处？

事例二：

小李的父亲因病住院，需要两万元住院费。他手上的钱一时不够，就找经营餐馆的表哥借钱。

进了表哥家门，刚刚坐下，小李就说道："表哥，我爸爸住院了，想找你借八千块钱。我知道，你餐馆的生意一直很好，但是借我八千块还不是像在牛身上拔根毛！"

谁知他表哥面露难色地告诉小李："真是不好意思，因为刚刚添置了不少餐饮设备，钱都用出去了。不过我看能不能向我的朋友借一借吧。"

小李一听，把手中端着的茶杯往茶几上重重一放："我看你就是一个忘恩负义的人！你不要忘了，你开这个餐馆，我爸爸也就是你的舅舅可是帮了忙的！自己不愿借钱就算了，还说什么向其他朋友去借，你哄鬼去吧！"表兄俩当天不欢而散，从此表哥一家再也不愿与小李来往了。

思考：

1. 你认为小李向表哥求助时的沟通方式存在哪些问题？

2. 如果你是小李和其表哥共同的朋友，想要化解小李与其表哥的误会，你会如何与他们沟通？

事例三：

大学生吴浩性情开朗，不拘小节，早上起床经常随便拿其他同学的杯子去卫生间刷牙。钱军是来自一个父母均是医生的家庭，十分讲究卫生，对吴浩的行为无法忍受，但又不想因为这样一件小事让同学认为自己小气,也不想伤了同学之间的和气。

钱军把怨气埋在了心里,把自己的杯子藏到了书桌的抽屉中。谁知吴浩有一天发现了钱军所藏的杯子,就对钱军开了一个玩笑:"一个杯子,又不是珍贵的文物,还值得你这样藏来藏去的!"钱军一听,不由得火冒三丈,冲口说道:"要不是你,我还不会这样呢!"吴浩先是一愣,随即抓住钱军的衣领,大声嚷道:"你给我说清楚了,我会偷你的东西吗?"两人因此扭打起来。

思考:

1. 如果你遇到了吴浩这样的同学,你会怎么做?
2. 面对出言不逊的钱军,你认为吴浩的反击妥当吗?如果是你,你会怎么做?

事例四:

大学生邓红梅来自贫困山区,生活很清苦。一次寝室同学的一百元钱被盗,辅导员找她问话时,她觉得老师对她有怀疑。邓红梅心里十分难受,整整一个礼拜每天都以泪洗面。从此她见到辅导员就低头而过,并对老师产生了恨意。

思考:

1. 如果你是邓红梅的同学,她向你倾诉了自己的苦恼,你会如何与她沟通?
2. 如果辅导员发现了邓红梅的问题,应该怎样与她沟通?

第七章　职场沟通

学习目标：
(1) 培养与领导、下属、同事的沟通能力；
(2) 培养求职应聘中的沟通能力。

任务导入

高翔大学毕业后进了一家私企，待遇不错，但工作很辛苦，公司内部的人际关系比较紧张。

高翔上了一年班，他所在的部门已经换了三个经理。

第一任经理叫黄琦，毕业于名校，才华横溢。她刚来公司时处处争先，工作总是抢着干，每天玩命似的加班加点。黄琦经常和大家开会开到很晚，每次都非常动情地鼓励大家和她一起加班。刚开始大家还很受感染，可后来就渐渐打不起精神来了。因为他们毕竟是没有加班费的。日子久了大家对这个喜欢煽情的上司都颇有怨言，任务派发下来也不肯好好做了。无奈，这个好强的女孩子只好忍着泪水跟老板辞职了。

第二任经理与黄琦性情相反，他也很有才华但非常高傲，平时不爱多说话，总是要下属靠自己的理解去领会他的意思。遇到谁出了错误也不多责骂，只冷冷看上两眼，一副很不屑的模样。面对这样一个冷漠清高的经理，大伙儿自然更不买账了，结果设计部的整体工作效率迅速下降，老板震怒之下，决定另请高明。

这一次请来的经理叫林文，是个出名的乐天派，随遇而安，懂得知足。她不卑不亢的作风，宛如一股清新的风，让人刮目相看。林文话不多，但会给每个人恰到好处的指点，她态度友善，但对个别人的懒惰和错误也会毫不留情地指出。才来不到一个月，部门的人就都围拢在她身边。大家齐心协力做出了不少好的设计，订单接踵而至，老板给林文的部门发了大额奖金，人人皆大欢喜，自此大家对林文更是心服口服。

林文这样的成功者在工作中不乏其人，他们积极能干，不温不火，在与人沟通时犹如演绎一曲流畅婉转的小夜曲，很容易就能抓住人心。所有的人都感觉林文很亲切，但又感觉她是威严的。所有的人都觉得她是不可侵犯的，但她又是那么可亲。对比林文的不温不火，黄琦则显得过于热情，话说得漂亮事情却做得一般，为了达到承诺的效果而拼命透支，结果反倒让人不信任。而第二任经理则显得过于冷漠，不愿以平等友好的态度来对待下属，下属得不到应有的尊重，自然不会用好的工作业绩来回报上司。由此可见，过于热情或过于冷漠，都可能导致沟通的失败。

任务分析

21世纪是一个竞争残酷激烈的时代，是一个讲求人脉的时代，也是一个以沟通为主的时代。每天我们都要与不同的人打交道,要想在这个竞争激烈、纷繁复杂的社会里立足生存,占据自己的一席之地,我们就必须掌握职场沟通的技巧。对内,我们要学会与上司相处、与同事相处、与下属相处;对外,我们要学会与客户沟通,与竞争对手沟通。即将大学毕业的你,怎样才能找到心仪的工作?初入职场的你,又如何尽快度过"适应期"?这都是本章将要讨论的话题。

第一节 与同事的沟通

一、同事的含义

一般而言,同事是指在同一单位一起工作的人。同事有广义与狭义之分:广义的同事包括上司、下属,以及同级别的共事者,狭义的同事仅指同级别的共事者。由于后面将阐述与上司沟通、与下属沟通的有关知识,因此我们这里将"同事"定义为"在同一单位共同工作的同级别的共事者"。本节要阐述的是与一般同事沟通的艺术。

二、与同事沟通的重要意义

据某权威咨询机构抽样调查表明,近七成的职场人士在工作上遇到过人际关系的困扰。

确实,上班以后,每天和我们相处时间最长的人是谁?不是家人,不是朋友,而是同事。早上一睁开眼,便急急忙忙赶去与他们见面,直到夜幕低垂,才满脸倦意地互道"再见"。因此,同事是构成个人职场环境的重要组成部分。而且,在就业竞争激烈的今天,我们很难选择单位,更无法选择同事。我们能够选择的,就是心态,与同事保持良好的沟通心态。如果与同事相处融洽、和谐,就能获得良好的人际关系,有效地提高工作效率,为事业的成功奠定坚实的基础;反之,如果不注重与同事的沟通,就会使人际关系紧张,进而也会影响到工作和生活,阻碍事业的正常发展。正因为如此,如何与同事相处,对于任何一位上班族而言,都是一个不容忽视的问题。

三、与同事沟通的原则

有人这么说:如果你有一个幸福的婚姻,可以多活 20 年;如果你有一群相处愉快的同事,可以多活 15 年。这个话不无道理,因为同事关系对现代人来说,是如此的重要。即便你不加班,一天也有 8 个小时和一班同事在一起,甚至超过了和家人相处的时间。但正因为相处时间长,就难免磕磕绊绊。特别是在单位这样一个充满竞争和利益冲突的地方,同事之间出现矛盾和嫌隙的概率会大大增加。那么在这种情况之下,我们怎样才能做到与同事和谐相处呢?

(一)学会尊重,平等待人

相互尊重是处理好任何一种人际关系的基础,同事关系当然也不例外。同事关系不同于亲友关系,它不是以亲情为纽带的社会关系,亲友之间一时的失礼,可以用亲情来弥补,而同事之间的关系是以工作为纽带的,一旦失礼,创伤难以愈合。所以,处理好同事之间的关系,最重要的是尊重对方,平等相待。

1. 互谅互让,多换位思考

在工作中与同事之间要彼此尊重,互谅互让,多换位思考,而不能随意散布有损他人人格的言论,做出有损他人形象的事情。这样做了可能自己一时痛快,但却埋下了同事间不团结的祸根。与同事相处要尊重同事的意见。

2. 遇事商量,听取建议

一个人的知识和经验是有限的,再精明的人也难免有考虑不周到的地方。为了尽可能地减少失误,对于自己分管的工作应该注意多与其他同事商讨、交流,积极主动地征询他们的意见,采纳他们合理的建议。切不可把自己分管的工作视为自己的领地,容不得别人插手,听不得别人的意见。与同事相处要尊重同事的劳动。

3. 谦虚谨慎,切忌自傲

事情是大家合作完成的,对于其他同事的劳动,我们决不能熟视无睹,甚至将他人的功劳据为己有。在自己工作取得成绩时,不要把功劳都记在自己的功劳簿上,要看到其他同事对自己工作的辅助,要尊重他人的劳动。只有这样你才能始终得到同事的关心和帮助,工作才能取得更大的成绩。

4. 要一视同仁,忌趋炎附势

同事当中,既有在各方面条件都占有优势的佼佼者,也有身处劣势的平平者,无论同事的主、客观条件孰优孰劣,在与同事相处时,都一定要注意做到平等待人,尤其是在人格上要一视同仁。如果在与同事相处中明显地表现出趋炎附势,甚至为了一己之利,势利地搞起了小圈子和小山头,那么,势必会遭到其他同事的反感,甚至厌恶。

(二)团结合作,竞争进取

现代社会的发展使人与人的合作显得越来越重要,可以说,即使再有本事的人,一旦脱离了团队的合作与帮助,都将会一事无成。只有归属群体,才能使自己的工作能力得到充分的发挥,价值得到更充分的体现,也才能创造出更突出的业绩。

1. 分工不分家,补台不拆台

分工是人们从事各种不同而又相互联系的社会化劳动的一种形式,只有实行科学的分工,明确规定每个人所负的具体责任,才能做到事事有人管,人人有专责,也才能充分发挥个人的积极性。但是,分工具有相对性,每个人分工负责的工作,是集体工作的组成部分,他们之间的工作都不是彼此孤立的,而是互相联系的。如果把分工看成是"分力"的话,那就大错特错了。只有大家通力合作,使各自付出的力量达到最大并通过合作合理叠加,从而产生一种新的合力,才能做好各自的工作。

2. 处理好合作与竞争的关系

同事之间既是天然的"合作者",又是潜在的"竞争者"。合作与竞争,是同事关系中不可分割的两个方面。合作推动竞争，竞争又有助于更好地合作。只讲合作而不讲竞争，最终将减弱自己的合作能力，即使合作也不可能持久而有效。所以，每个人都要辩证地对待合作与竞争，自觉树立竞争意识，对同事既要热情合作，又要敢于竞争。这种竞争应该是积极的、健康的：一方面要依靠自己的不懈努力创造全优的工作，以竞争来不断激励自己；另一方面，竞争中既要自觉地向同事中的强者学习，又要热情地帮助在竞争中暂时落后的同事。在和同事的竞争中做到，领先时不骄傲，落后时不气馁，一如既往地积极进取。

（三）保持距离，口有遮拦

有人把人际交往的距离准则比作"刺猬理论"，这是很有道理的。人际交往中，如果双方"亲密无间"，往往会造成彼此的伤害。同事之间更是如此，因为观念、文化、知识、性格等方面的差异必然会影响到自身的处世态度和交际方式。如果同事之间交往过近过密，有时由于相互个性或价值观的差异会发生碰撞，反而会损害彼此间的关系。再则，同事之间虽是事业的合作者，但却又是利益的竞争者，在名和利的面前，往往会充当掣肘者。所以，同事相处，既要密切配合，又要保持适当的距离，这样才能减少不必要的摩擦，使彼此少受伤害，有利于友情的发展和延续。

自古以来就有"祸从口出"的警策之言。同事之间交往，如果彼此比较信得过、合得来，可以多谈一些，谈深一些，但也不可信口雌黄。如果面对同事中某些关系较疏远的人，交谈时你就更需要谨慎一些。这是因为，我们的同事当中，确实存在着某些谗言、流言、毁言、诬言，你如果口无遮拦，就有可能被人利用而深受其害。所以，对某些还不很信任的同事，你只能"逢人只讲三分话，不可全抛一片心"。与此同时，你不可在人前随意议论他人的长短，以及兜售自己的某些隐私或亮出自己的某些底线。这样，就不会因口无遮拦而吃亏上当。

（四）求同存异，学会妥协

同事之间由于经历、立场等方面的差异，对同一个问题，往往会产生不同的看法，引起一些争论，分寸把握不好就容易伤和气。因此，与同事有意见分歧时，千万不要过分争论。客观上，人接受新观点需要一个过程，主观上往往还伴有好面子、争强好胜的心理，彼此之间谁也难服谁，此时如果过分争论，就容易激化矛盾而影响团结。同事不是陌生人，吵过之后双方可以走人，再也不见面；同事不像家人，因为有血缘或亲情关系，吵过之后容易重归于好。同事之间争吵之后仍然要在一起共事，甚至要相互竞争。这种特殊的关系，使得同事间关系的裂缝难以弥合，创伤难以平复，误解难以消除，它将使同事间的人际环境长时间地蒙上阴影。所以，与同事交往，最忌讳争吵。同事之间倘若发生矛盾，要忍一忍、让一让，相互克制，尽量避免发生正面冲突。

当然，忍让不是随波逐流，追求表面的"以和为贵"，对待原则问题还是应该坚持自己的意见，不刻意去掩盖矛盾。面对问题，特别是在发生分歧时要努力寻找共同点，争取求大同存小异。实在不能一致时，不妨冷处理，表明"我不能接受你们的观点，我保留我的意见"，让争论淡化，又不失自己的立场。

同事之间经常会出现一些磕磕绊绊，如果不及时妥善处理，就会形成大矛盾。俗话讲，冤家宜解不宜结。在与同事发生矛盾时，要主动忍让，从自身找原因，多换位思考，避免激化矛盾。如果已经形成矛盾,自己又的确不对,要放下面子,主动道歉,以诚心感人。退一步海阔天空,如有一方主动打破僵局,就会发现彼此之间并没有什么大不了的隔阂。

(五)拒绝敏感,不乱猜忌

由于受各种主、客观因素的影响,同事之间必然有亲疏之分。有时,你常会发现志趣、情趣、性格相投的同事也许会接触得多一些,交谈得多一些,而对志趣、爱好、性格不那么相近的同事可能就会少交谈一些。有时你见别的人谈得投机、融洽,可是你一旦去接近时,别人却又缄口不谈了。这时,你千万不要神经过敏,不要以为他们准是在议论你了。倘若你如此多疑,就会影响你与同事之间的关系,使交际环境笼罩上阴云。

(六)诚实守信,立身之本

同事之间,经过一段时间的相互交往,有了一定的了解。对于值得信赖的人可增强信任,对那些品德不好的人则必须加以提防。为人处世要讲信用,孔子说:"人而无信,不知其可"。与人交往,守信用才能取得信任;说话算数,言而有信,才能获得信誉。同事相交,失去了信任,就失去了一切。守信,是立身处世之本。同时,信任是建立在不乱猜疑的基础上的。同事之间切记不要在上级那里打小报告,不搞别人的鬼。当听到闲言碎语时,不要听风就是雨,要认真分析,明辨是非。做到心术要正,眼睛要明,耳根要硬,不受错误东西的干扰,不让别有用心的人利用,任凭谣言起,稳坐钓鱼台。只有这样,才能换来他人对自己的信任。

(七)注重礼仪,乐于助人

俗语说:礼多人不怪。同事之间的交际也要注意礼节。例如,早晨上班,进了工作场所或办公室打个招呼、问一声好。这时切忌把家庭之中的不快情绪带到工作场所里。同事帮了你的忙,要诚心地表达你的谢意。下班前,若有事要先走人,应与同事说一声:"对不起,我有××事,先走一步!"因为你对同事十分尊重,彼此之间就多了一份亲密感,这对人际环境的构建是有好处的。能够成人之美,不泼对方面子也是构建和谐同事关系的重要法则。例如,可以在适当的场合,恰如其分地夸奖同事的特长和优点,在单位树立他的形象和威信;当发现他有什么缺点或做得不对的地方时,应该私下里实事求是地指出,并帮助他改善。

同事之间要肯帮忙。例如,同事家里有困难或急事,要及时到场,积极协助解决。这样,同事会记住你的恩情。即使是一些鸡毛蒜皮的小事,也要肯帮忙。例如,有人来电话找你的同事,恰逢你的同事不在,这时,你接到电话后,对可以转告的内容要积极帮助转告,对不宜转告的内容,可将有人来过电话找他的事,设法告诉你的同事。别小视这些鸡毛蒜皮的小事。只要你处处肯帮同事的忙,他们会感谢你的。

同事之间可能有相互借钱、借物或馈赠礼品等物质上的往来,但切忌马虎,每一项都应记得清楚明白,即使是小的款项,也应记在备忘录上,以提醒自己及时归还,以免遗忘,引起误会。向同事借钱、借物,应主动给对方写借条,以增进同事对自己的信任。有时,出借者也可主动要求借入者打借条,这也并不过分,借入者应予以理解,如果所借钱物不能及时归还,应每隔一段时间向对方说明一下情况。在物质利益方面无论是有意或无意地占对方的便宜,都会在对方的心理上引起不快,从而降低自己在对方心目中的人格。

四、初入职场时,如何与同事沟通

初入职场,每个新人都会有一段"适应期",其中因为人际关系处理不好而受到困扰的不在少数,如何处理因角色转换而带来的种种不适呢?

(一)注意培养乐观积极的心态

心态决定一切,心态决定了沟通的成败。当我们来到一个新单位或新部门,总会遇到一些难对付的人或难处理的事。如果抱着一种悲观的心态,你就很容易打退堂鼓,为自己的逃避或放弃找种种借口。"这个人真麻烦,我再不要跟他打交道了。""这是件很棘手的事,我肯定处理不好。"这样的念头注定了你不会成功。而那些持积极心态的人,无论眼前是什么境况,都会用"困难只是暂时的""肯定有办法"等积极的意念鼓励自己,他们往往立场坚定,不会把时间和精力花在那些沟通中让人不愉快的事情上,而是全力以赴地去争取成功。即便有些难题无法马上解决,也不妨碍他们充满信心地从头再来。

我们怀着什么样的心态进行沟通,就会得到什么样的结果。如果我们能怀着积极的心态来面对沟通,就可以很轻松地营造出一种和谐的气氛,对方也能感受到我们身上散发的朝气和成功的潜力,从而愉快地进行交流。这正如卡耐基所说:"一个对自己的内心有完全支配能力的人对他自己有权获得的任何其他东西也会有支配能力。当我们开始用积极的心态并把自己看成成功者时我们就开始成功了。"

要想获得成功的沟通,就要在平时注意培养自己乐观积极的心态,就必须注意从各个细节各个角度来改变自己。

> **相关案例**
>
> 肖菲在大学学的是英语专业,在找工作时,因为各种原因她没有找到自己满意的工作,最后只好在一家外贸公司做起了文员。由于工作实际和自己的理想有所差别,肖菲一直是一副郁郁不得志的样子。每每和同事谈起来,她也总说"我在这里工作只是暂时的,总有一天要跳槽的。"因为专业不对口,肖菲觉得自己没有用武之地,工作只挑简单的做,遇到困难的工作,她就说自己不是这个专业的,不会做。
>
> 请问:你觉得肖菲的心态有没有问题?你能给他一些什么好的建议呢?

(二)给自己做出准确的角色定位

准确的定位对沟通的成功至关重要,它可以让我们的职业操守、专业素质与整体心态和能力都得到提升。我们先要确认自己在职场中的角色定位,然后才知道什么话可以说,什么话不可以说;什么事能做,什么事不能做;该负什么责,能负什么责,怎样才能负起这个责。将个人的"特点"与沟通的"需求"相吻合,找到一个最佳切合点并把握好度,然后才能取得好的沟通效果。

我们对自己所做的定位不能过高也不能过低。过高的定位会让我们自我感觉良好,对他人难免有所怠慢,从而让沟通的对方不满。过低的定位则会让我们心生自卑,减少勇气,在沟通时变得唯唯诺诺,畏头畏尾,使对方看低我们,从而无视我们的要求。

要找准定位,首先,应该明确整个沟通的目的,知道自己在做什么,为什么而做;其次,就是要对自己有一个清醒的认识,知道自己的特点是什么,在这次沟通中要扮演什么角色;再次,要清楚对方的特点,把他们可能采取的措施都分析一下,并对应变措施有所准备;最后,我们还应对沟通的结果进行预测。只要沟通角色定位准了,我们和沟通对象之间出现的许多棘手的问题就会迎刃而解。

> **相关案例**
>
> 马奇是名校研究生,毕业后应聘进入某大型外资企业,担任市场部经理。工作仅半年就成绩突出,备受总经理青睐。在一场市场大战中,他提出了一个新的推广计划,这个新的推广计划几乎否定了前面所有人的工作,但受到总经理的好评。在总经理的鼎力支持下,新计划顺利推行,并取得显赫战果。在庆功晚宴中,马奇酒酣耳热之时大言,公司没有他是不行的,他做经理之后将如何如何。三个月后,总经理找了个冠冕堂皇的理由,让马奇"体面地"离开了公司。
>
> 请问:总经理为什么要辞退马奇,马奇的角色定位有什么问题?

五、如何与难以打交道的同事相处

一个公司就是一个社会的缩影,不同性格的人在一个公司里都有可能遇上,有些还是工作当中无法避免的麻烦人物。面对不同性格的人,如何找出共事策略,共创工作绩效?

（一）推卸责任的人

> **相关案例**
>
> "嗨,我昨天跟你说的那份资料,你弄好了吗?"
>
> "我现在没办法给你。昨天你跟我说了以后,我就开始动笔了,可是老板临时要一份报告,我只有先做报告,后来不知怎么搞的我的计算机坏了,所以我只有回家写,事先声明不是我没写完啰,而是昨天我正在修改的时候,我的猫跑来把它叼走了,就再也找不到了。我没办法,要是赶话我把相关资料给你,你自己做!"

第一,请他们协助工作时,目标必须明确,时间、内容等要求要讲清楚,甚至白纸黑字写下来,以此为证据。

第二,不为他们所提出的借口而动摇,温和地坚持原来的决议,表达你知道工作有其困难性,但还是期望他在一定范围内完成。

第三,如果他们试图把过错推给别人,不要被他们搪塞过去,你只需坚定说明那是另一回事,现在要解决的是如何达成原定的目标。

第四,如果他们真的遇到问题,除非真有必要,你不用主动帮他们解决,防止养成他们继续对你使用这招以摆脱工作的习惯。

第五,请主管在不影响整体工作的情况下,重新协调工作分配,以达成工作目标优先的目的。

（二）过于敏感的人

> **相关案例**
>
> "对不起,你刚刚给我的那份报告里面有几个错字,可不可以改一下?"
>
> "有错字?你的意思是说我中文程度很差啰,这对我是很大的侮辱,我只不过是一时的疏忽,没有看到计算机打出来的是错的,这不代表我就只会写白字,你这样讲让我很不舒服,我好歹也是大学毕业的啊,从小到大可不是白混的,我还得过学校作文比赛第三名,你说我不会写中文也太过分了点!"
>
> 第一,尽量避免在其他人面前对他们做出可能冒犯的评语,要批评请私底下讲。
>
> 第二,即使像"有点""可能""不太"这类有所保留的语气,都会让他们不舒服,因此在批评时尽量客观公正,谨慎选择你的用词,指出事实就好。
>
> 第三,尤其要让他们了解你只是针对事情本身提出意见,而不是在对他们进行人身攻击。
>
> 第四,针对他们过激的反应,你不要也跟着乱了手脚急于辩解,那可能会越描越黑,只要重申事情本身就好了。
>
> 第五,提出意见时也同时指出他们的优点,以及表现出色的地方,以建立他们的自信心。

（三）怨天尤人的人

> **相关案例**
>
> "刚刚真是可惜,没有得到客户的青睐,不过你的报告内容还真不错呢!"
>
> "谁说的,我可不这么觉得。唉,还不都是小王害的,他不要一直在旁边扯我后腿就好了,讲什么客户需要的是提高品质,这我知道啊,我的报告也有啊。还有你,没事跑过来干吗,把我投影机的插头弄掉了。就连打印机都跟我过不去,打印一张要花三分钟,在客户面前真是出丑,我真是倒霉!"
>
> 他们之所以抱怨,是因为他们在意事情的发展。如果抱怨的内容跟你负责的业务有关,最好能有快速的响应或改善;如果他们抱怨的是无关紧要的琐事,听听就算了,也不需要动气反驳。
>
> 第一,在做任何会影响他们的决定前,先征询他们的意见,如果他们能有所参与,就不会抱怨了。
>
> 第二,如果你们合作一项工作,最好时时询问他们有没有问题,如果他们说没有,以后就不会抱怨了。
>
> 第三,光抱怨不能解决问题,问问他们觉得最好的解决方法是什么,怎么样才能避免问题再度发生,将他们的精力引导到问题的解决上来。

（四）悲观者

> **相关案例**
>
> "小王提出来的这个意见真好，对我们的工作效率一定有帮助。"
>
> "行不通的，这个办法早在两年前就有人提过了，那时候大家信誓旦旦地说要把业绩做起来，结果呢，还不是都一样，根本没什么起色。不是我要泼大家冷水，事实就摆在眼前啊，而且当时老板投入了大笔资金，结果却血本无归，这次他不会再重蹈覆辙了，所以我认为一定不可行！"
>
> 第一，他们的负面看法是自己凭空猜想的，还是有事实根据？请他们在表达的同时，也明确指出产生问题的原因。
>
> 第二，他们害怕失败，不愿意冒险，所以会以负面的意见阻止改变。问问他们认为改变后最坏的结果是什么，事先准备好应对的方法。
>
> 第三，不要因为他们的负面意见就感到沮丧，你可以把他们的看法当作是预防犯错的一种机制。
>
> 第四，告诉他们如果失败的话是整个团队的责任，而不会光责怪他们，解除他们的心理压力，他们就不会在一旁唠叨。

（五）支配狂

> **相关案例**
>
> "嘿，小王你这样做不行，应该要把东西这样堆才好看，来，就照着我这样做……老陈，你的计划书为什么只有简单几页，你如果没办法处理好这个部分，我实在不敢跟你合作……还有你，我说过多少次了，不要把纸的边边裁掉，现在好了，完全不能用了……讲这么多害我口渴，算了算了，先去帮我买罐咖啡！"
>
> 第一，了解他们对工作要求的水准，让他们知道你其实是可以信赖的。
>
> 第二，随时告知他们工作的进度与状况，必要时询问他们的意见，让他们知道工作正在大家都满意的状况下进行。
>
> 第三，如果你不小心犯了错，也要让他们知道你会从这个错误中学习，不会重蹈覆辙。
>
> 第四，询问他们事情最糟的状况是什么，可以帮助他们了解结果通常不会像他们想象的那么糟。

（六）喜怒无常的人

> **相关案例**
>
> "上次经理发的那份讲义还在吗？"
>
> "在啊。"
>
> "能不能借我看一下？"

"行啊,就在我桌上,你自己去拿。"

"谢谢!"

"嘿,你干吗?我最讨厌有人乱翻我的桌子,东西动得乱七八糟的,还顺便偷看我的报告内容,你想剽窃我的创意吗?我好心借你东西,你居然这样回报我!"

第一,不要响应他们无理的行为,找个借口,如倒杯水、拿东西等离开现场,等他们冷静一点再回来。

第二,面对他们的情绪失控,不要也被撩起情绪,应以冷静、客观的态度响应,陈述事实即可,不需要辩解。

第三,一旦他们恢复理智,要乐于倾听他们的谈话;万一他们中途又开始"抓狂",就立即停止对话。

第四,他们这种行为可能养成了习惯,一时改不过来。在他们能理性沟通时,让他们知道办公场所是不能随心所欲的,会吵的小孩不一定有糖吃。

(七)独行侠

相关案例

"嘿,老张,我想跟你讨论一下星期五的说明会。"

"不用讨论啦,我那部分我会负责的,其他的就不关我的事。"

"可是我们应该要一起做演示文稿的,不是该讨论一下流程吗?"

"免啦,我不喜欢和人家合作,你讲你的,我讲我的就好了。不要再来烦我了!"说完就躲到自己的办公室里,"砰"的一声把门关上。

第一,让他们保有隐私,不强迫他们参与需要跟很多人接触的聚会或活动。

第二,承认他们也有很多优点,例如,有能力能独力完成工作、能仔细处理细节问题,等等,当需要他们合作时即可请他们帮忙。

第三,他们既然喜欢独来独往,分配工作时可协调让他们自行负责可独力完成的部分,减少造成彼此困扰的机会。

第四,透过电话沟通会比面对面沟通容易,所以尽量少进入他们的办公室与他们谈话,用内线交谈反而效果更好。

(八)竞争意识过强的人

相关案例

"告诉你一个好消息,小江接到了一个大单子!"

"嘿,那个客户原来是我的,我看小江这几个月都没有订单进来,才好心让给他的。先前我不知下了多少工夫在这个客户身上,每天嘘寒问暖,又是送礼物又是额外帮他的忙,所以这个订单能进来,全都是我的功劳,经理应该要知道这个状况的!"

第一,对于自己的工作内容要时时加以记录,包括自己当初提出的想法与做法,是怎样演变到今天这个令人欣喜的局面,作为书面证据留存,必要时可以提出供主管参考。

第二,有时候证明功劳所有权要付出大量的时间和精力,不证明除了心里不爽外并无其他大碍,不妨就看开点。

第三,鼓励他们跟自己竞争,挑战更高的目标,把竞争的力气向外发展,而非花在内部。

(九)现实的人

相关案例

"我现在要先把手上的事做完,你帮我把这些会议记录整理一下分送给大家吧!"

"做这件事对我有什么好处?会列入我的考核成绩中吗?不然我才没兴趣,花力气做这种又不是我该做的事,太吃亏了,下次这种事别找我,要做你自己去做。想想看,上次我帮你打报告,你只不过是谢我一声而已,我什么都没捞到,还耽误了我该做的工作!"

第一,对于不是他们分内的工作,他们有权利拒绝,你必须先有这样的认知,也不用对此生气或感到挫折。

第二,他们对是不是自己分内工作自有一套解读的方式,你最好也弄清楚,让彼此有相同的认知。

第三,真的需要他们帮忙额外的工作时,不要用命令的语气,而应该让他们知道你是真诚地请求他们帮助。如果他们拒绝,也应该欣然接受,让他们知道你尊重他们的决定。

第四,真的需要他们帮忙时,不妨提出双边交易,例如,这次你帮我这件事,我可以帮你另外那件事,感谢他们也激励他们。

(十)金口难开的人

相关案例

"有关 A 公司的那份资料,你可以在星期三下班前给我吗?我好放在计划书里一起交给经理看。"

"嗯……"

"到底是可以还是不可以?你说句话啊,我能不能准时把东西送出去?"

"这个嘛……"

第一,不给压力,与他们说话时不能语带威胁,更不要带情绪,并放下架子。

第二,花时间与他们一起将每个工作步骤写成白纸黑字,彼此对工作有相同的认知。

第三,让情况保持稳定熟悉,突如其来的改变会吓着他们,尽量让他们做自己分内的工作就好。

第四,尽量多问一些开放性的问题,鼓励他们说话,如果他们一时无话可说,就耐心等待,给他们时间思考,不用对彼此之间的沉默觉得不自在。

第五,称赞他们的成就,以符合他们需求的方式鼓励他们。

六、如何应对职场的难堪局面

要想和同事相处得好,不仅要善于和各种不同性格的人打交道,而且还应学会处理各种各样棘手的事情。只有处理好了这些令人头疼的事情,才能使自己在人际交往的泥潭中摆脱出来,获得事业发展的新天地。

(一)假如你被同事孤立

参加工作的头一天,你的父母一定是千叮咛万嘱咐:在外面,讲究的是一团和气,和同事低头不见抬头见的,千万别生嫌隙。但人算不如天算,尽管你小心翼翼地维护着和同事的关系,但有一天却仍可能惊奇地发现,自己怎么被同事孤立起来了?被同事孤立的滋味当然不好受,被孤立的原因也有很多。但每个感到孤立的人都应该静下心来想一想,为什么被孤立的是自己,而不是别人呢?除了遇上一些天生喜欢忌妒的小人,大部分时候,自身的一些缺点都是导致被孤立的主要因素。在单位里,飞扬跋扈的人、搬弄是非的人、越俎代庖的人、爱出风头的人,往往都是被孤立的对象。假如你被孤立了,赶快检查一下,自己是不是这类人?

> **相关案例**
>
> 林玲在一家国有企业从事财务工作,财务部只有主任、出纳和她三个人。主任不管业务,出纳去年才凭关系进来,于是全部门所有的工作几乎都压在了林玲身上。出纳只做现金一块的工作,连最基本的报销都不做,但主任从来不说半个"不"字,因为她有靠山。在领导的纵容下,出纳工作极其马虎。相反,林玲做事努力尽心,可到最后总是吃力不讨好。主任有时还会暗示林玲,她对工作太认真,把事情都默默地做完了,不等于把他架空了吗?林玲心里直呼冤枉。主任连计算机都不懂,动不动就甩手把所有的工作都给她一个人做,把她累得几乎趴下。到头来,却埋怨她太过能干,林玲感到自己简直里外不是人。现在,主任和出纳都明显地表现出不喜欢林玲,平时两人总是有说有笑、有商有量,单单把林玲排除在外,林玲为此苦恼不已。
>
> 被同事孤立时,我们也应从自己身上找找原因。如果一个人不喜欢你,可能是他不对;如果所有人都不喜欢你,也许问题就出在你身上。林玲对工作兢兢业业,为什么不被主任肯定?很可能是她平时有些越级的举动,令主任不满。她说,自己很想把财务部工作搞好,可是,三个人中,就只有她有这个意识。由此可以看出,她把自己的角色弄错了。把部门工作搞好是主任的事情,作为下属,应当配合上级完成这一目标,而不是干脆代替上级去思考。她在言谈中,对主任颇为鄙视,主任对此怎么会没有察觉呢?看来,林玲还是应该先摆正自己的位置。

(二)对同事能否有求必应

作为刚刚步入职场的新人,由于工作还没有上手,你难免经常要麻烦同事帮忙,为了表示对他们的感激,也为了能够更快地融入新的环境,凡是你力所能及的事情,你都乐意去给其他同事帮忙。可是没有想到的是,从此以后同事们就习惯了"差遣"你。什么闲杂的工作都要叫你去做:这个叫你复印,那个让你发传真,大家都没有注意到你的工作量在不断增加,你的过于热情反而使自己骑虎难下。类似的情况你曾经碰到过吗?想和同事搞好关系,并不意味着要牺牲自己的利益去迁就他人,而应与同事保持一定的距离。给同事帮忙也要视自己的具体情况而定,手头工作不多的时候,帮帮忙当然只是举手之劳,但条件不允许的情况下,也要善于拒绝自己做不了的事或承担不了的责任。

> **相关案例**
>
> 　　王凯是一家财务公司刚招聘进来的新员工,为了博得大家的好感,他对同事们提出的要求总是有求必应。一次一位同事休假,就把自己没有完成的费用统计工作移交给王凯负责,因为这个同事是一位资格较老的员工,王凯没有办法拒绝,问都没有问清楚就答应了下来。可是后来才发现这个同事完成的部分错漏百出,之前还有一笔账是有问题的。最终老板查账的时候发现了错误,这个同事竟然拿王凯当替罪羊,说他是新人,难免出错。弄得王凯是哑巴吃黄连,有苦说不出。
>
> 　　职场中难免磕磕绊绊,最重要的是吃一堑长一智。给同事帮忙也要学会看人,分清楚事情的轻重,权衡自己的利弊之后才能做决定。不要做老好人,更不要什么事都随便答应。如果答应替人帮忙,也一定要搞清楚事情的来龙去脉,否则碰上德行不好的同事,就难免背黑锅。

　　(三) 假如你知道了同事的隐私

　　许多发生在办公室的隐私一直被一些敏感的职场人士以一种看似淡漠、实则在意的目光关注着,也许正因为涉及太多的个人利益、充斥着不为人所知的欲望,隐私也就更容易被当成手中可以利用的王牌,但是否打出这张牌就能成为最终的赢家,却是一道值得仔细斟酌的难题。假如你无意间发现了同事的隐私,那么请记住:第一,隐私是别人的私事,而不是你自己的私事,所以不要妄加评判;第二,不要去追问别人的隐私,如果遇到旁人在谈及隐私话题时,最好马上走开,更不能去参与。这样,你就会比别人少一些受伤害的机会。聪明的人在得知了同事的隐私后,会巧妙地、装作不知地避开。例如,在进入他人办公室时主动敲门,在推开较为封闭的办公间时不露痕迹地发出一些警示性的信号……这绝非多余或草木皆兵,而是极好的自我保护的方法。能够置身事外让自己没有机会去面对别人的隐私被识破的尴尬,是错综复杂的人际网络中一个决不可忽略的问题。

> **相关案例**
>
> 　　在办公室做秘书的李佳无意中发现业务员胡亮偷偷从计算机中调出别人的客户信息。李佳便把这件事告诉了对自己一直不满也与胡亮面和心不和的张丽,以此作为讨好张丽的手段,要知道张丽可是老板的红人呢。当张丽在与胡亮的一次争执中讥讽他窃取别人的客户时,恼羞成怒的胡亮马上意识到这是李佳说的,因为那次只有李佳在场。于是在以后的工作中,胡亮便经常向经理报告李佳工作中的失误,比如打错了价单、传真没有及时发出、忘了把客户的留言转告他……这样在一年一度的调薪时,李佳没有赶上那次涨幅高达 30% 的薪水调整,而张丽在经过这件事后虽然少了对李佳的不满,但却与李佳更加疏远起来。

> 李佳太自以为是,结果聪明反被聪明误。因为她把同事的秘密当成了取悦别人的手段,须知靠排挤别人、拉帮结派、打击一方来取悦另一方其实是一种很不光明的行为,张丽最终没能成为李佳所希望的"知己"便是最好的证明。
>
> 把握好与同事间距离的尺度,以宽容、平和的心对待别人的隐私,实际上是在为自己减少不必要的危险与烦恼的机会。真正善于为人处世的人,是懂得"不要对别人的隐私抱有好奇心"这一道理的,要知道有些事只能点到为止。

其实,与同事相处所碰到的棘手问题远不止上面所提到的这些,比较常见的还有同事与你争功怎么办、怎样与同事化敌为友、升职后如何赢得同事的信任与好感、同事偷懒你告不告密,等等。面临这些问题时,你不必烦恼,就把它们看成是工作中不可或缺的一部分好了。也许你刚开始的解决方式不甚完美,那也不要苛求自己,每一个人都是在"吃一堑,长一智"中慢慢成长起来的。

第二节 与上司的沟通

我们过去有一种误解,总以为一个人的成败全在自己,其实不对。我们在超市中可以看到,同样的商品,摆在货架的中间和摆在货架以外的角落,销售情况大不相同。在工作中,能或多或少地决定你的位置,从而掌控你的成败的人就是你的上司。运用所学的沟通技巧,与上司建立起友好的关系,这不仅是一种成功的保证,也会使你在工作中感到格外的愉快。

一、要满足上司

所有的上司都有支配欲和指挥欲,所有的人都有满足自己成就感的欲望,员工就需要满足他的欲望,给他以足够的敬重。

二、要让上司放心

从人际关系的角度看,上下级关系实际上是由三个层面构成的。一是工作层面,二是道德层面,三是人际层面。从工作层面上看,核心问题是能力和本事,达到要求则得到任用;从道德层面上看,关键问题是品性、忠诚度,达到要求则得到信任;从人际层面上看,首要问题是与上司的亲密程度,达到要求则得到赏识。这三个层面分别是由业务指标、监控指标、情感指标来衡量的,用不同的指标来衡量得出的结果也不同。符合业务指标的可以"放手";符合监控指标的可以"放任";符合情感指标的才可以令人"放心"。

根据以上三个层面的分析,我们发现,实际工作中,下属与上司之间的关系是很微妙的。例如,一项工作在开展之前或进行之中,干好干坏总是个未知数;即使工作完成了,对于完成好坏的评定,上司的主观测评占有很大比例;况且上下级之间完全想到一起的情况很少出现;再说信任也并非永远可靠。也就是说,上司任用你,放手让你干工作,这只是最表层的关系,用业务指标衡量,也只是看你能否完成任务,发挥功用;上司信任你,对你干的所有事情不闻不问,放任自流,在道德品质上你过关了,用监控指标衡量,也不过是看你没大问题;上司赏识你,什么事都最先想到你,什么事交给你办,他都完全放心,上下级关系就进入了最深一层。因此,中国式沟通技巧的运用,就是一步一步求得上司的任用、信任,最后达到让他放心的程度。中国式沟通技巧所要达到的最高境界,就是要让上司能够完全放心。

如何才能让上司放心呢?

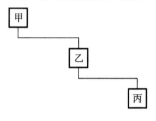

图7-1 职场阶梯图

图7-1中甲是老板,乙是主管上司,丙是下属。从图的构成来看,这是一个排列有序的阶梯。中国式沟通从本质上看不是平等关系,而是等级关系,是有明显的级次区分的。既然存在着这个区分,那么,全部问题就集中在一个字上:"位"。这个字很重要,记住,无论在任何时候都不要越位!即使你的业务能力远远超过你的上司。

以最简单的"听""说"关系为例,来看一下什么叫做不越位。一般来说,构成听说关系,通常也就构成了双向交流的关系,即交流双方不作"听"和"说"的身份限定,双方听或者说的身份是可以随时互换的。但是中华民族几千年来的以等级观念为基础的礼仪体系中,无论是在组织系统中还是在家庭系统中,除了那个处于最高地位的人以外,其余的人该如何说话或该何时说话,都与其身份、地位,以及相互间利害关系等密切相关。因此,一个人能否按照自己的身份、地位说话,就成为一个非常敏感的问题。即使是现在,中国人对于谁该说什么,怎么说,该谁说,该谁听,心里都是十分清楚的,特别是上下级之间,这种限定是十分清晰的。那么,与上司之间构成听说关系,就应该自觉地把双向交流关系变为"单向表述"关系,听上司说远比对上司说重要得多。中国人把这种关系处理得非常精妙,下属即使要向上司说出自己的看法,也会先谦虚地询问:有句话我不知当讲不当讲。上司如果说:但说无妨。下属才会说出自己的看法。这一套说辞,几乎成为上下级交流的固定格式,因为只有守住自己的本分,才能使上司放心。

做到"不越位"的关键就是"得体"。世界各国的人在沟通、交往中,都遵循"谦虚、礼貌、得体"的礼仪规范,但是中西方对得体一词的内涵理解是不一样的。

相关案例

1942年,宋美龄访问美国,罗斯福总统在与宋美龄的一次谈话中就讲到了当时美国著名的"好斗"工会领袖刘易斯,他当时正在威胁美国政府要举行一次煤矿工人罢工。罗斯福问:如果遇到这种情况,中国政府会怎样处理。宋美龄优雅地伸出纤纤玉手,在脖子上一抹,这一举动,惊得罗斯福目瞪口呆。

是否得体,从宏观上看,不仅会因为语境和场合的不同而发生变化,也会因为民族传统、国家制度的不同而变化。工人罢工,在罗斯福看来是麻烦,但未必不得体。在宋美龄看来,就"不得体"到了该杀头的地步。宋美龄自以为风度优雅的得体的回答,在罗斯福看来就"不得体"到了让人无法理解的地步。是否得体,从微观上看,会由于沟通双方的关系,以及所持的立场与理解角度的不同而变化。得体的一般通则是要求在适当的时间、地点,说符合自己身份的话,做符合自己身份的事。只不过,在西方如果不得体,最多是影响交往关系而已,在中国,如果不得体,则可能会因此造成巨大损失,中国人在这方面要求也就更严格。中国几千年的文化传统,形成了一种文化期待:必须自然得体地说话办事。在这样的文化环境中,中国人设计了许多手段、方法、策略,以使自己显得得体。例如,夏天,阳光刺眼,你和上司都戴着墨镜,当你们在路上相遇,他可以不摘下墨镜,但你却必须摘下;你和上司在路上站着说话,他手里夹着香烟,你手里也夹着,这时,你应该把香烟扔掉。你不这样做,就是不得体,也表现了你没有把自己的位置摆对。

三、把握四条基本原则

1. 尊重上司,维护其权威

为了说明问题,我们可以打个比方,假如你是抬轿子的,上司是坐轿子的。

问题一,轿子启动前,你该做什么?

问题二,上坡过坎时你该做什么?

问题三,烈日下,你很疲惫了,前面有片小树林,你想休息了,你该怎么说?

问题四,明明有条路又近又好走,上司偏偏心血来潮要换条路走,而且,误了事肯定还要你担着,这时你该怎么办?

作为抬轿子的,首先要搞清楚,你该说什么或者你该干什么。

第一个问题,轿子启动之前,你当然要先提醒坐轿人坐稳了,然后请示走哪条路合适。尽管方向已经确定,但是具体走哪条路依然要由坐轿子的人来定。

第二个问题,上坡过坎时,抬轿子的最苦最累,但是坐轿子的未必知道,稍微有些颠簸,他还一肚子意见,这时,你既不能默默无闻地埋头干活,也不能借此发牢骚、诉苦水。你应该站在坐轿子的人的角度,为他考虑,提醒他我要上坡或过坎了,你千万坐稳当。大多数人误以为只要踏踏实实干好工作,迟早会使上司注意到自己的,但是可惜情况常常不是这样的,你不设法表现自己,你将永无出头之日。还有人认为,只要自己做事问心无愧就行了,上司注不注意无所谓。这更是大错特错。我们再重复一遍:超市里商品的摆放是很讲究的,同样的商品,放在醒目的地方和放在角落里给人的感觉是大不一样的。上司把你摆放在什么位置上,这可是决定你前途的大事。

第三个问题,你实在太累了,想休息一下,正好前面有片小树林,你可别说是你累了想休息,你最好提醒坐轿子的,天太热了,是他而不是你,应该到小树林中避避暑。

第四个问题最复杂,也是与上司沟通中最应该引起注意的地方。上司要走的那条路肯定是错的,你该怎么办?你能说上司是错的吗?不能!你只能按照上司的意图办,办错了,如果需要你承担,你就得承担。这其中没有什么道理可讲,你承担了,这既是你的本分,也是你的情分。

记住,在与上司沟通的过程中,第一条原则是尊重上司,维护上司的权威。没有哪个领导喜欢有人蔑视或挑战自己的权威。

2. 只提建议,不提意见

作为下属,面对上司时,最好是把自己的认识、看法和意见转化成建议,这样,既有利于工作的开展,又不至于使上司难堪。每个人都喜欢听赞美的话,大多数人都不喜欢被人批评。如果上司的决定对工作会产生很坏的影响,你不说话肯定是不行的,那么,怎样才能既说明自己的看法,又能保全自己呢?最好的办法就是从关心上司的角度去提出建议。

> **相关案例**
>
> 你在一家公司管财务,主管交给你一项任务,这项任务很明显有些地方是违法的,你接了任务,该怎么办?
>
> 中国人的含蓄是最精妙、最实用的。对于上司,你不能处处顺着他,但也不要试图去改变他。既然不能处处顺着他,又不能试图改变他,那怎么办才恰当呢?你接受的任务明显是违法的,怎么办?很好办,先接过来,拖一段时间不办,记住,违法的事绝对不能办,前文已经说过,出了问题只有你自己承担。拖过一段时间后,再找上司汇报,告诉他,上次交代的任务,这段时间我一直在找法律依据,到现在都没找到。看他是什么反应,如果他是故意的,他当然知道你不愿意干,他自然知道该怎么处理;如果不是故意的,他立即就会明白问题出在哪里了。你千万不能告诉他这项任务是违法的,这等于明确告诉他,你已经掌握了他的证据,抓住了他的弱点,你实际上已经成为了一个危险人物,任何人在身边都不会放一颗定时炸弹的。

3. 工作中的成绩要归功于上司领导有方

当你在一家公司时间长了,工作绩效也有了,人缘也相当好了,这时,你可以高枕无忧了吗?错了!这时,你该警觉了。

> **相关案例**
>
> 清雍正年间,有一员悍将名叫年羹尧,这个人创下的战绩,可以说撑起了清王朝的半边天,且此人党羽甚多,羽翼渐丰。有一次,他的部队凯旋京师。雍正帝检阅,当看到将士们个个如钉子般站立,龙颜大悦,皇恩体恤,让将士们稍息,但整个部队却纹丝不动。偏在此时,年羹尧还说了一句话:他们但知将令,不知君命。雍正帝便有了除年羹尧之心,他将年羹尧的职务一降再降,降到最低位时,年羹尧仰天大笑。不久,年羹尧便被满门抄斩。
>
> 问题:想一想,年羹尧为何被杀?
>
> 年羹尧被杀的一个重要原因是功高盖主,他的气焰、气势、实力都表现得太过分了。一个人的功劳再大,也不能超越上司,一旦超越,过去是杀头之罪,现在是开革之忧。

所以,与上司沟通的第三个原则,也是最重要的原则,就是你所取得的所有成绩,都是也只能是上司正确领导的结果。那么,你是不是就永远没有成就了呢?不是的,只要你这样做了,上司心里是会有一本账的,你的成就其他人看见没有用,只要你的上司心里有那本账,事情就好办了。中国人在讲自己的成绩时,总喜欢前面加几句套话:之所以取得这些成绩,都是领导和同志们帮助的结果。这些套话显得很假,却很有用。

4. 工作一定要向上司请示、汇报

> **相关案例**
>
> 你在公司是业务骨干,上司交代一项业务,这项业务有相当的难度,业务开展之前,你要制订计划和方案;业务开展中,你肯定会遇到困难。这时:
>
> 问题一,你准备制订几套方案?
>
> 问题二,遇到困难时你准备怎么办?
>
> 你应该准备两套方案:一套必用的;一套备用的。拿这两套方案去向上司请示,让他从中选择一套合适的。然后,按照他的选择去干。虽然方案是你拟订的,但却是由他选择的,这一过程就既表现了你对他的充分尊重,又显示了他的决策能力。当你的业务工作在开展过程中遇到了困难,这不仅是你施展才华的好机会,也是你与上司沟通的好机会。这时你应该及时去向上司请示,希望得到他的帮助。这一过程也表现了你对上司的充分尊重。

也许你的上司并不比你高明,但只要是你的上司,就必须服从他的命令,并且努力去发现那些优于你的地方,并尊敬他、欣赏他、向他学习。如果我们都有这样的心态,即使彼此之间有很多隔阂,有许多误解,也会慢慢消解的。

对上司充分尊重的基本要求,就引出第四个原则:一定要请示,要汇报。如果工作开展起来没有困难怎么办?那好办,没有困难创造困难也要请示。实在不行,在工作有些进展的情况下,向上司汇报。总之,在你开展工作的进程中,至少要有一次向领导的请示、汇报,即使你的工作干得很出色,例如,你的一份"策划书"制作得无懈可击,也应该拿给你的上司过目,再经过一些必要的修改和增删,最后让上司批准通过。

四、利用自己的优势与劣势

在上司面前如何利用自己的优胜和劣势,这是一个技巧性很强的问题。

1. 退就是进

著名作家莫言在部队当兵的时候,一无背景,二无口才,提干似乎毫无希望。那时,部队提干有一个硬指标,就是看你做了多少好事。别人做好事都是连长、排长在的时候干得很欢,连长、排长不在的时候就不干。他却反其道而行之,只要连长、排长不在,他就干,而且越是不在就越干得越欢。表面看来他是吃亏了,实际不然,他因此还提了干。中国人历来讲究吃亏是福,但绝不吃暗亏,事情做在明处,别人早晚会知道。

2. 忠诚就是优势

有一个大学生找就业咨询指导教师问:我想发大财,有希望吗?教师说你毫无希望,因为想发大财的人有的是。他又问:我老老实实,忠诚于我的公司,怎么样?教师说你大有希望,因为这样的人太少了。在单位尽量表现出你的忠诚来,这就是优势。

3. 变劣势为优势

在职场中,我们的许多方面是处于劣势的,千万不要拿自己的劣势和别人的优势比。

"横看成岭侧成峰,远近高低各不同",有些事,换一个角度看就有了出路。你知道《西游记》中,猪八戒是怎样讨得唐僧喜欢的吗?猪八戒在他的"老板"唐僧面前,常常装傻,唐僧也因此常常维护他。在上司面前藏拙示弱,有时是很好的办法。

> **相关案例**
>
> 清道光帝年事已高,准备立储。当时有条件即位的只有两人:一个是皇四子奕詝,一个是皇六子奕訢。四子与六子相比,远远不如,文治武功两个方面都相去甚远。问题来了,奕詝在没有任何优势的情况下,如何争储?一次,道光帝举行围猎,目的当然是为了检测一下各位皇子的马上功夫。奕詝和奕訢的老师都分别为他们出了主意。我们来看毫无优势的奕詝是如何占尽优势的。围猎中奕訢当然是满载而归,奕詝自然两手空空。道光不悦,问他为何如此。奕詝答道:正值春季,母兽有孕,不忍下手,且不愿以此与诸皇子争长短。道光说:仁之至也,帝王之心。

从这个故事中,我们该知道如何使用自己的劣势了吧。

4. 在上司面前学会用附加语

由说话人在自己的陈述语句的末尾附加上的提问,就是附加语。例如,"是不是""行不行""好不好""对不对"等。这种语句的使用,是表示主动地寻求认同和寻求对方的确认。

比较下面两句话。

A:处长,咱们这个星期去郊游,好不好?

B:处长,咱们这个星期去郊游去吧。

这两个祈使句虽然都包含希望得到对方认同的期待,但B句显然把自己的确认强加给了对方,这在与上司的沟通中是很不合适的。而加上了附加语,就把遵从对方的意思表达出来了。

5. 是自己错了,就主动地认错

任何时候,错误本身并不可怕,可怕的是错了却既不认账又不改正。错了就主动到上司那里去认错,这不仅是自己改正错误的机会,也是向上司表示自己真诚可信的机会。

五、与上司沟通的几个基本礼仪问题

礼仪问题关系重大,但是礼仪总是通过一些细节体现出来的。正因为如此,在礼仪上一旦出了问题,往往是无法挽回的。一些大事出了问题,可以通过一些方式去缓解,通过一些渠道去解释,小事如果出了问题,连解释的机会都没有。例如,你被上司叫到办公室,为了工作上的事,上司批评了你几句,然后让你离开。这时,你偏偏没有注意到,外面有风,而办公室的窗户又都是打开的,你随手把门一带,就听"嘭"的一声,办公室的门被关上了。你知道事情不妙了,但是,你怎么去向上司解释呢,这种事情是越解释,就越坏事。所以说礼仪问题是绝对不能在任何细小事情上被忽视的。礼仪是为大众和权威所认可了的行为方式。如果刚到一个单位工作,先不要盲目地运用学到的礼仪规范,你一定要先观察、体会,看别人是怎么做的。礼仪的一个基本原则就是从众,你首先要知道大家在这个单位里都一致认可并遵从的礼仪习惯,然后照着去做,准没错。除此之外,一些基本的礼仪规范和要求,我们还是应该了解的。

1. 称呼

(1) 称呼是有一定的场合规范的,在公务行为场合中,对上司一定要称他的职务,哪怕是非常熟悉了,也不能以姓名相称。这是起码的礼仪礼节,即使上司很随便,你在这方面也不能随便。当然,职务称呼也应该尽量选择别人比较愿意接受的。例如,对经理的称呼,称呼"李总"比称呼"李经理"更能使人接受。

(2) 对自己的顶头上司,直接称呼职务,不要加姓氏。称呼具有一种显示功能,一是显示身份、地位,一是显示亲近关系。例如,见到你的顶头上司李科长,你就直接叫他科长,不要叫李科长,不加姓氏,直接称呼职务,这表示一种直接的关系,加上姓氏,那就不是你们科的科长了。

(3) 按照中国人的习惯,职务称呼往往取其上限,某人担任的是副职,但在日常语言交际中,"副"字常常是被省略掉的。遇到担当副职的上司,通常按照正职称呼。

> **相关案例**
>
> 小张到单位时间一长,见到上司,话也就多起来了。他们处的处长姓穆,副处长姓何。这一天,见到穆处长,小张和他客套了几句后,就说:"你们两个处长的姓真有意思,合在一起就是一个很有意义的词:'和睦'。这表明我们处上下一条心。"话音刚落,就见穆处长板着面孔说:"穆、何!"
>
> 在职场中,上下级关系无论怎样和睦,职务称呼的排列也是不能错的,一错就出问题。

2. 举止

举止除了要求彬彬有礼以外,还应该注意以下几点。

(1) 站立的位置。不要站立在上司的正前方或者正后方。行进过程中,走在上司的侧后方;到办公室,站在他办公桌的侧面,不要站在正面正对着他。记住,必须通过你的礼仪,时刻显示上司的权威性。

(2) 谈话。和上司谈话,即使是谈到高兴处,也不能指手画脚。他可以指手画脚,甚至可以手舞足蹈,你却不行,除了一些必要的有节制的手势以外,其他的动作都要免掉。谈话的进程无论多么流畅,你也不要插话,一定要等他说完了,才可能轮到你说。即使谈话是作为交流意见进行的,你也要把它当作单方面领受意图来进行。

(3) 上司很喜欢你,每次见到你都很亲热地拍你肩膀。为了表示亲热,你去拍他的肩膀行吗?当然不行。对于上司的亲热,你只需要表示欣然接受就可以了,用不着你再去多余地表示什么了。

(4) 到上司的办公室去,一定要先敲门,千万不能推开门探头探脑。

3. 用语

用语常常具有褒贬色彩,"褒义"的使用,要求在不违背真实情况的基础上,选择"拔高"

了的上限词,而不用下限词。

> **相关案例**
>
> 你到上司的办公室,正好看到他看书。你准备对此表示你的关注,你至少可以有三种寒暄式表述。
>
> 第一,您正看书呢。
>
> 第二,您正攻读呢。
>
> 第三,您正钻研呢。
>
> 第一种寒暄涉及看书的行为,不包含对看书的态度、心境的评价;第二种寒暄包含了对看书行为的赞赏;第三种寒暄不仅包含有赞赏,而且还把被赞赏者列入了一个比较高的层次。

评价上司的行为要用赞许的口吻,应用上限词。

4. 特殊情况

你接到上司的通知,叫你到他的办公室去汇报工作。结果,你到他的办公室时,他正好有个客人。

问题一,你是否照常汇报?

问题二,你该如何处理?

你并不知道客人和上司的关系,所以你不能照常汇报。你既不能汇报,又不能干站着,你最好问一声:"经理,需要我做点什么吗?"如果经理让你汇报,你就汇报,如果经理让你给客人倒水,你倒完了水后,就应该赶紧退出来。

5. 与上司的距离

上司在工作方面是不愿意和下属之间距离太近的,他有他的担心,他担心私人感情会干扰工作关系,担心个人情况会被下属了解过多。既然如此,作为下属,就一定要和上司保持距离。

(1)你可以和上司在工作上、信息上、感情上保持很近的距离,但是对他的工作方式、个人习惯,生活作风,一概不闻不问,你和上司的个人之间的关系,在公开场合必须绝口不谈。一旦让上司感觉你对他了解透彻了,感觉什么都瞒不过你了,你对他而言可就太危险了。

(2)永远不做上司的贴身服务员。你为上司端茶倒水、打扫卫生,甚至利用周末到他家去做家务,你了解他的习性和喜好,你的所有服务他都感觉很满意。这时,你以为可以得到重用或提升。那就完全错了,上司早已经把你定位为保姆了。

(3)不做上司最亲近的人。上司当然愿意和下属建立良好的工作关系甚至是朋友关系,但是他一定会保持相当限度的尊严和威信,这一点是任何人都不得触犯的。你和上司有了亲近关系,甚至你可以和他称兄道弟,这时你已经开始触犯他的尊严和威信了。当他感觉工作遇到阻力时,他自然会把这一切归因于你对他的威严的破坏。

6. 与不同类型的上司的沟通

所有的上司都会有不同的特性,依据不同的特性以不同的方式进行沟通,会有良好的效果。

1）热诚型

这样的上司会对你表现出特别的好感，会让你以为他对你特别的信任。你千万不要非常幼稚地认为你和他"相见恨晚"，其实，这样的上司对谁都一样，他们恰恰是那种能够和所有的人保持等距离的高明的上司。那么，若想和这样的人拉近距离，最好的办法就是不要太近，有时，敬而远之反而能起到好的作用。记住，他的热情可以全面释放，你的热情只能缓慢地逐渐地释放。

2）冷静型

这样的上司一般话不多，喜怒不形于色，你很难看出他是表示赞成还是表示反对，你想随声附和都找不到机会。遇到这样的上司，你可千万不要自以为是，自作主张，你必须时刻记住要多请示、多汇报，遇到困难也别指望他会帮你解决，你所干的一切都必须是按部就班的，你所说的一切都必须是平心静气的，即使是你遇到了极大的难处，也无须向他诉说，他根本不会听你的。记住，和这样的上司沟通，言行举止，语气语调都必须是平缓的、平和的。

3）傲慢型

这样的上司支配欲望最强，一般的人是很难让他看上眼的。遇到这样的上司，你绝对不要主动去和他接近，你只需要干好你的工作就行了。对于他的任何指派，你必须无条件服从，满足他的支配欲望，同时，在适当的时候，和他争辩一两次，这样的人通常事业心很强，并且也会欣赏和自己的秉性大致相同的人。

4）豪爽型

这样的上司是最好的，你有幸遇到这样的上司是你的福气，只要你是一个有本事、有能力、有发展前途的人，他就会对你特别的关注。所以，在他手下，一定不能错过任何机会，只要有条件、有时机，你就要充分表现自己。

5）阴险型

这样的上司，城府很深，对于一切不合他意的人，他都会不择手段地给予暗地里整治。对于这样的上司，唯一的办法就是另谋高就。

6）暴躁型

这样的上司情绪很容易失去控制，为一点小事就大发雷霆。通常这样的人支配欲望特别强烈，遇到这样的上司，你当然不能提醒他去看心理医生，你只能自我保护了。最好的办法就是遇到他大发雷霆时迅速离开，在最短的时间里从他眼前消失。

7）顽固型

这样的上司无论你怎样解释你的理由，他都一概置之不理，认定他的方法是唯一正确的，你只能完全按照他的话去办，并且丝毫不能走样。对这样的上司必须首先专心聆听他的训示，一定避免和他当面冲突，绝对不能抢先发表意见。你应该有足够的耐心，在一个私下的场合以委婉的语气说出你的看法。如果他是一个实在不可理喻的人，就没有理由继续在他手下干了。

8）糊涂型

这样的上司做事情很马虎，布置工作也常常使下属无所适从，在对他的老板的意图还没有了解清楚的时候就敢传达,任何人问他问题,他的回答都不知所云。更糟糕的是他还自以为是,假充内行,什么事情他都插手,他一插手事情就糟糕了。对这样的上司,只要他在位一天,你就要维护他,但是方法一定要巧妙。例如,上司传达上级指示时,有人提出问题,上司当场哑口无言,别人只好去问在场的秘书。秘书面对十分尴尬的上司,既不能说上司没有理解上面的精神,又不能由他做出解答,而应巧妙地说:这个问题上面也没有完全确定,过几天等进一步落实了再回答你。

【自测题】
- 你准备用什么方式不露痕迹地让上司觉察到他在你心目中有很高的地位?
- 你知道怎样使上司感到你特别在乎他?
- 怎样使上司产生优越感?
- 你会有意去突显上司的强大吗?
- 你是否学会了怎样顺着上司说话?
- 上司突然问了一个你意想不到的问题,你应该怎么回答?
- 你对上司不了解会怎样?充分了解了会怎样?你对他的充分了解表现出来了会怎样?
- 上司和你非常熟悉了,他的一些私人情况也告诉了你,你仅仅是不说出去就够了吗?
- 和上司接触多了,同事们不满意,为了让同事满意,又和上司疏远了,二者比较,你应该偏重于哪一方?
- 工作布置下来后,你干得很顺利,忽视了和上司的联络,或者说上司有了新的想法,工作有了新的变化,你却不知道,结果会怎样?
- 上司遇到难处了,你知道自己应该怎么办吗?
- 你会用什么方法引起上司的注意?
- 你为上司办了一件私事,他很满意,你因此到处炫耀,后果是什么?你想到了吗?
- 在一次喝酒的场合,上司说出了他和妻子之间的烦心事,你会劝解吗?

沟通技巧的运用,不仅是能力和学识的展示,也是自信心的展示。胆子大一些,态度主动一些,姿态放低一些,大大方方地与上司沟通,因为上司其实也想和你沟通。阅读完本节之后,就在现实生活中操练一下,相信你的沟通技巧会不断得到提高的。

第三节　与下属的沟通

一、上司该干什么

1. 知人善任

你交给下属一项任务,下属把这项任务搞得一团糟;或者,你交给下属一项任务,下属很快就干完了,接下来几天,他实在没事可干。出现这种情况,下属有责任吗?

上司与下属间的关系,核心就是四个字:知人善任。例如,下属能挑八百斤,一定给他八百斤,不能多也不能少,多了完不成,少了不够干。"知人"就是识别人才,什么是人才,人才是在使用之中的,用得好都是人才。先知先觉的人就让他出点子、搞策划,后知后觉的人让他按策划搞管理,无知无觉的人就让他上生产线。让每一个人都在一个恰当的位置上,这是上司与下属构成良好关系的起点。这一点都做不到,其他便无从谈起。

明白了这一点,上面的问题就有了答案:下属把交给的任务搞得一团糟,或者下属很轻松地就完成了任务,很快就感觉没什么事情可做,责任当然不在下属,这一定是上司分配任务时出现了问题,他不能做到知人善任,他没有对下属有一个起码的认识。对下属情况有一个大致的了解,是上司的基本功。下属的基本情况包括性格、能力、才干、喜好等,这些基本情况综合在一起,就成为判断下属适合干什么,适合干多少工作量的依据,根据自己的判断,有的放矢地分配任务,就不会出问题了。

2. 表态

上司和下属沟通的最大不同就是,上司要经常表态。上司表态的最大作用就是告知和激励。

1)告知

告知的目的:如何将自己需要传达的内容表述得既准确无误,又能够适度。告知的方式:并非所有告知都要有一说一,选择恰当的告知方式至关重要。《战国策》中"触龙说赵太后"的故事讲的是触龙如何从惦记太后的身体,问候太后的饮食起居,到谈论自己的孩子开始,逐渐引导出"究竟是妇人还是男人更疼爱自己的孩子"的核心话题,最后才劝告太后同意长安君前往齐国去充当人质。人们的接受是有一定限度的,运用曲折的告知方式更能显示独特的魅力。选择不同的告知对象进行告知,实际上就是表态。

> **相关案例**
>
> 办公室里已有四个人,两个年龄大,两个资历长。不久前,刚刚分来一个年轻的本科毕业生。作为上司,你需要交给他一项任务。这时,就需要运用一定的告知技巧了。
>
> 你应该怎样向年轻人告知任务,并且,你的告知又能够兼顾办公室中的其余四个人?
>
> 你到办公室去,直接把任务就交给那个年轻人,并告诉他三天内完成。这样,你就把年轻人害惨了!同一个办公室的人,所从事的工作大致相当,你却把一项任务单独交给一个年轻人,让他独立完成,这就已经明确表态,对其他人不信任,或者至少你无视其他人的存在。偏偏那剩下的几个人又都是办公室的老资格,那么,这些老资格的工作人员,不要说从中作梗,即使他们不给予必要的配合,年轻人恐怕三个月都完不成任务。
>
> 你应该变换一下告知方式,任务交代完以后,告诉大家有一个更重要的任务,年轻人接受任务仅仅是给他一个锻炼的机会,大家一定要尽力帮助他,别让他出问题,任务是他的,但把关的是大家。这样,就表明了你的态度,任务交给年轻人,但你看重的是大家。

2)激励

如何通过言行使对象从中受到某种刺激或震撼,借以起到鼓动情绪的作用,这是上司与下属沟通时所做的经常性工作。问题是激励一定要掌握好"度",经常会出现这样的情况,激励的一方情绪很热烈,而被激励的一方的反应却很冷淡,或者反应热烈,却又很快冷却。这就需要激励者与被激励者之间有一个情绪上的同步节奏,即激励要适可而止,不要使人有"被人牵着鼻子走"的感觉。上司用来激励下属的最常用的方法是赞赏、赞美。赞美、赞赏是一门艺术,夸张的或者不合时宜的赞美、赞赏只能适得其反。明明工作没干好,你却说干得不错,那你这是赞美还是讽刺?换个说法:这次比上次好多了,继续努力吧。这样才是适当的。任何一个人,他都有值得赞赏、赞美的地方,你首先应该学会发现别人这些东西。比如对一个人,我们可以赞赏他的形象,形象很差,我们可以赞赏他的衣服,衣服很糟,我们可以赞赏他衣服的价格。其次你要学会赞美、赞赏,即你的赞美、赞赏,能让别人很愉快地接受。例如,某办公室的一位中年妇女对两个年轻女同事说:"别人都说,幸亏我是个女的,不然,早就犯错误了"。这样的赞美,巧妙地把对方的气质、魅力都包含进去了,别人当然会愉快地接受。总之,我们对他人时时处处都能用上赞美、赞赏的方法。

二、上司该怎么干

先来看本章第二节图 7-1 中的甲(本书中未作特别说明的甲、乙、丙均是指图 7-1 中处于特定层级的对象),甲是老板,他的工作只有两项:一是监控,他只需要监控大局,具体执行全都由分管干部去处理,并让他们用自己的方法去处理;二是搞平衡、协调。他与下属的关系,最得体的处理是不能情绪化,要尽量控制,少发脾气或不发脾气。除此之外,还应做到三点。① 少作指示,一作指示,或遭反对,或受拥护。遭反对,没面子;受拥护,乙的主动权就容易抹杀。② 不定指标,指标让下属自己定,定低了,年终虽能完成任务,但没奖金。③ 要深藏不露。"楚王好细腰,宫中多饿死",你喜欢什么,厌恶什么,下面一定作出样子给你看,从而产生不良的后果。总之,甲就像唐僧一样,只需管大方向和内部协调,至于"降魔伏妖"的具体工作就交给下属去做。

再来看图 7-1 中的乙,乙是最难做,也是最被动,最缺乏主动权。所有具体的工作都是他来干,所有的埋怨都是他来承受,所有的责任都由他来承担。

1. 肯定、夸赞与迎合

乙在与下属的沟通中,总是要表达自己的理性评价和情感倾向的,并以此激励下属。

肯定:对下属的表扬虽然也能起到鼓励的作用,但由于表扬适宜在公开场合,官方意味太浓,不能使下属处于独立关注的地位。因此需要用肯定的方式。"肯定"通常都采取个人立场,取个人立场表示肯定,有助于拉近与下属的距离,同时,当思想行为尚未获得公认时,不宜表彰,从个人角度表示肯定,是最好的方法。

夸赞:要让下属尽力办事,表示赞赏和激励是个好办法。夸赞一定要真诚、准确、及时。对下属的赏识有时可以产生极大的动力。

迎合:这种方法可以使下属愉悦。所谓迎合,就是通常不要正面否定下属,顺着下属的意思引导他自己否定自己。例如,某单位一连换了三任主管,都因贪污出了事,局领导向上汇报时,依然自吹自己如何反腐败。他的上司没有直接批评他,而是说:是呀,一连出了三个贪污犯,反腐败成绩很大呀。

2. 布置任务

乙处于上情下达的位置,乙在下达任务的时候,一定不能把甲的话原封不动地传达给下属。乙最不能说的话就是老板是如何如何说的。中国式沟通有一个最经典的模式,一是这话我告诉你,千万不要告诉别人;二是你告诉别人千万不要说是我说的;三是你说是我说的,我肯定不认账。乙在开展工作时最棘手的就是按照甲的意图,用自己的方式处理事务,并处理好。

▎相关案例 ▎

随着市场对某种商品的需求量增大,公司生产车间的产量要提高,每个职工原来只需要生产10个产品,现在需要生产12个产品,增加了2个产品,但奖金增加并不多。乙从甲那里接受任务后,开始部署。注意:要求是在奖金增幅很小的情况下,工作量在原有的基础上增加。

问题一,开个动员会,直接向员工提出要求,你设想一下,会出现什么情况?

问题二,把甲的意图直接向员工传达,员工会作何反应?

问题三,有没有一个好的办法,真正做到不加奖金却加大工作量,员工还没什么意见?

加大工作量确实是一个棘手的问题,"问题三"所提出的问题,你可能会产生疑问:天下能有这等好事?是的,我们所说的有效沟通,就是要达到让别人替你办事,他还没话可说甚至还要感谢你的境界。被动地接受任务,最好的情况也就是达到尽力而为的程度,但对自己的承诺却会全力以赴地去实现。想一想,利用这样的特点,用什么样的沟通技巧使得这项任务能变成员工自己的承诺。

你直接向员工提出要求,员工会骂死你的。你说这是老板的要求,肯定两头挨骂,一点好处都没有。遇到这样的问题,首先应该想到,是不是所有的事情都要亲力亲为?如果是这样的话,那就什么事情都干不成了。作为乙,最好的处理方法是寻找代理人,代理人找准了,什么事情都迎刃而解了。基于你对下属的基本了解,你应该知道生产车间里的班组长是最好的代理人。你当然应该首先找到班组长,告诉他:我现在遇到一件事,搞得我焦头烂额,我是实在没有办法了,你看能不能帮我想想办法。你只要和他交心交底,并给足他面子,他会全心全意地为你着想的。在这个基础上,再装糊涂,问他现在的生产定额是多少,并和他商量,任务量下来了,看到底能加多少。他说:量加得太多,恐怕不行。你完全站在他的角度说:那当然,多了,神仙都完不成。这就已经在为他考虑了。然后问:你看在原有的基础上加1个怎么样?加2个是不是就到头了。他如果答应了,就告诉他:那好,我把你的想法向老板汇报。这样,就把任务量的增加,变成了他的功劳。这以后,你根本就不用操心了,他一定有办法完成。

▎相关案例 ▎

公司业务不断更新,这是一个公司充满活力的标志,你有幸正好就在这样的公司,并且幸运地坐到了乙的位子。现在,公司又有了新的业务,在人手不增加的情况下,你来把这项新的业务落实到具体的人身上。好了,现在就看你的功夫了。

问题一，用指派的办法行吗？万一人家说：干可以，但我怕干不好。这责任你可担不起呀！

问题二，有没有办法能让人家主动地、愉快地接下来？

用指派的办法肯定不行，工作没做到家，别人确实干不好。这时，就需要根据中国人的特性，运用一定的沟通技巧了。还是老办法，先找部门中老资格的工作人员，千万不要讲道理，讲道理没用，而要由情入理。你可以说：任务实在推不掉，可是如果我接下来，又真是把你们害惨了，现在搞得我是左右为难。话说到这份上，他会替你分担的。别人这是帮了你的大忙，你一定要诚心诚意地说：千万不要过于为难了。别人实在接不下来，他也会向你推荐合适的人选。例如，他推荐说：咱们公司的小刘干过这个。那你一定要反复落实，确定小刘真干过。然后，你把小刘找来，对他说：原先我还真是不知道，我没来公司以前，你亲手操办过一项业务，直到现在，公司的人一提起这事，依然是赞不绝口，这是真的吗？他说是的。那么好了，你拿出那项业务，交给他，没问题了。

请记住前面讲的，只要你给足对方面子，很少有办不成的事。提示：作为上司，你没有手腕，别人不听你的；你要手腕，别人讨厌你。但你真心待人，用些手腕，保准没问题。这就是我们特别讲究并能准确把握的"度"。

3. 处理问题

作为乙，每天都会遇到并处理许多问题，有些问题的确相当棘手，处理不好，麻烦不少，后患无穷，有些问题还会直接影响正常的工作流程。能不能运用一些沟通技巧，解决问题，化解矛盾？当然能。

相关案例

你的下属中有这么一个人，他有本事、有能力，但就是不肯干；干也不多干；干多了也不情愿，他的牢骚话所造成的损失比他的贡献大。这样的人，你还不能开除他，一个单位开除一个有用的人，别的人才就不会来了。

问题一，为了让他多干，给他提薪怎么样？

问题二，批评他或表扬他，有效吗？

上司与下属间的沟通，说穿了，本质上就是个如何待人的问题。待人问题的核心，其实就是要了解别人的心理，就是要知道别人的心里最在乎什么。中国人最在乎什么，把这个问题搞清楚，许多事情就迎刃而解了。领导工作就是给人做思想工作，摸透人的心理，是基本功。《三国演义》中，诸葛亮雄才大略，蜗居襄阳隆中，其实他是早想出山了，那么，他在等什么呢？他在等知他、用他、给他以足够信任的人来请他。但刘备下了份聘书，他却不出山。只有当刘备、关羽、张飞三人亲自前往，诚恳相约，他才出山了。为什么？就因为此举表明了诸葛亮在那刘备心目中的地位，三人一起来，这分量足够了。如果你作为乙，应该知道怎样对待那个有本事但却不做事的人了吧。有一点是可以确定的，就是一不能给他提薪，提薪等于是在鼓励他，二也不能用表扬或者批评的方法，这两种方法对这样的人是没有任何用处的。

第七章　职场沟通

> **相关案例**
>
> 你是乙，丙有些事情本该找你协商处理，可他却绕过你直接去找甲；或者甲有些事本该找你布置交代，可他却绕过你直接去找丙。也就是发生了越级现象。
>
> 问题一，遇到这种事，甲该如何处理？他能够制止丙的行为吗，或者他直接出面来处理乙和丙之间的问题吗？
>
> 问题二，乙对丙的行为听之任之，或者加以制止；去询问甲的举动原因。这样行吗？为什么？
>
> 先说甲。首先，甲不能制止丙的越级行为，这样的话，下面的情况你就很难了解，中间层是最容易一手遮天的。听了丙的汇报就处理，行吗？显然也不行，这样，中间层从此就会处处顺着他的下属，免得下属经常汇报，工作就很难开展了。这两种方法都不行，怎么办？中国人处理类似的问题，用圆通的办法就解决了。可以把两个办法兼顾起来，合二为一，听丙的汇报，但是却不处理，听完后对丙说：以后这样的事就不要直接找我了，可以找自己的上司。并把这种情况交给他的上司去处理。因为是甲交办的事情，所以，他的上司既不能打击报复，又会很好地处理这件事的。
>
> 再看乙。乙所面临的越级问题是一个经常遇到并十分麻烦的事。遇到这样令人头疼的事，第一步先要认真检查一下自己。过去，中国人走后门的情况非常多，那是因为前门走不通，当然会想方设法走后门。同样，乙首先要检查自己，下属与你的沟通是否被阻塞了，如果沟通渠道在你这里阻塞了，那当然就怨不得丙要越级了。如果沟通渠道疏通之后，丙依然要越级，这就需要认真对待了。首先，你不能去询问甲，记住一个原则：自己这里出了问题一定要在自己这里解决。其次，解决办法不是作出什么规定，规定是没用的。你可以向你的下属把问题说清楚：甲是我的上司，也是你们的上司，你们当然可以直接找他处理问题，这没有错。不过，凡是需要我负责的事情，你最好告诉我一声，不需要我负责的，你不用告诉我。这样，事实上就明确地对下属提出了警告：这里有一个责任问题，告诉了我，一旦出事，我替你承担，不告诉我，出了事，我想管也管不了。明确责任，这样对我们都有好处。最后，如果说过之后，丙依然不先向你通气，结果出了事，找到你要求帮忙，怎么办？第一，不用管他。人到难处才求人，这样做人是很失败的，所以中国人有一条训诫，告诉大家"平时要多烧香"。第二，要看大家的反应。古时候，打了败仗的人要被问斩，大家一求情，就没事了。同样，丙出了问题，你不管他，大家都看他的笑话，他就没救了，大家都求情，证明他还有救，"佛度有缘人，药医不死病"，可以救他一次。

> **相关案例**
>
> 你是乙，大家一起正在甲的办公室谈问题时，你当着甲的面和另一个主管干部说：老李呀，我这段时间实在是太忙了，你看是不是从你那里抽三个人过来帮个忙？
>
> 问题一，老李会怎么回答？
>
> 问题二，其实，这一下你把老李推到了一个极为尴尬的境地，你知道这是为什么吗？

问题三,你如果必须和老李协商,应该怎么办?从这一设置情景中,你将得到什么教训?

记住,绝不能当着上司的面去和同级干部协调。当着甲的面,老李根本就无法回答。答应你,甲会认为他的部门实在太轻闲了,至少已经多出三个人了。不答应,你又没面子。这样的事,最好是私下协调。你可以对老李说:我知道你现在也很忙,但是我确实急需人手,你这次不帮我,我就只有跳楼的份了。然后,借此机会,向甲汇报,说明老李在十分繁忙的情况下帮了我一把,并表示以后老李有什么困难,我再难也会帮他的。这样,甲会认为你们既辛苦了,又配合很好。皆大欢喜,是中国人认为最圆满的。

相关案例

你所掌管的下属部门有生产科、总务科、销售科等,作为上司,你对你的下属必须有充分的了解。现在,你已经了解到,最近,生产科的任务繁重,员工意见很大。这一天,秘书打电话通知你,说生产科长求见。你当然知道生产科长找你一定不是来和你谈家常的,他找你必定是来反映员工的意见的。比如,员工要求减少工时,增加工资等,而这些又不是你能解决的,你又不能躲着不见生产科长。他马上就要进门了,请你赶快给他想个办法。

注意,沟通就是既要达到自己的目的,又要让对方满意。知道《三国演义》中,"群英会蒋干中计"里的周瑜是怎样使蒋干中计的吗?知道的话,就用他的办法。

周瑜是怎么使用反间计的?蒋干来的目的是为了劝降,周瑜的办法是从始至终都没让蒋干说出劝降的话来。因为他一说出劝降的话,答应他肯定不行,不答应,他完不成任务,就只好一走了之,反间计就没法用了。同样的办法,就是不让生产科长开口。不让他开口的办法就是捧他,中国人一捧,天大的难处都不会说了。秘书电话通知说生产科长找你,还没等他进门,如果有别人在场,就可以借题发挥,训斥别人:就你们事多,天天不是这个找,就是那个找,你们看看人家生产科,任务那么重,奖金也没多少,可是人家说什么了?然后,回过头来问生产科长有什么事,他通常都不会说什么了。如果当时没人在场,那更好办,拿起电话,随便拨一个空号,对着电话训斥得更狠。当然,这种办法用过之后,生产科长过不久又找来的话,你就要帮他想办法了,因为他可能真的遇到了无法克服的困难。

在乙的这个位置上,最难处理的事情是开革员工。

相关案例

甲找乙问:你们科的丙怎么样?乙答:还不错。甲问:是这样的吗?乙答:当然他也有不少毛病。甲问:那还留着他干什么?

甲在暗示什么呢?显然他在暗示要开除丙。注意:凡是老板的暗示,都不要重复,领会精神,照办就是了。

问题在于,开除员工,这在西方不是问题,每到周五,通知员工到财务处去领他应领的工资,他就知道下周一不用来了,"黑色星期五"大家都明白。但在中国,这是最麻烦的。因为中国人从来都是没事不惹事,有事不怕事的。特别是落入最底层的人,通常都是无所顾忌的人。遇到这事,你打算怎么办？千万不要以为丙已是走投无路的人,开除就开除了,他也没办法。你尤其不能对丙说：其实我很同情你,但老板非要开除你,我已经尽力了。想一想,运用中国式沟通技巧,有什么办法能让他自己辞职不干呢？

你可以用谈心的方式先问丙：你对目前这项工作满意吗？他会说挺满意的,你说：那最近我怎么听说你不大满意呀。他通常会说出许多不满意来,因为人对工作总是有许多不满意的地方。你因势利导,对他说：既然你有这么多不满意的地方,我看这样吧,把你调到某某单位去（最差的单位,民工居多,他又肯定不愿意去的单位）,你看怎么样？这一刺激,就有效果了,中国人是很不能受委屈、受刺激的,他会说：老子不干了。这时,你一定要挽留他：不要着急,你回去再想一想。中国人的特点是越劝越来精神,说不定他当时就会办手续。

4. 执行规章

乙必须清楚,在中国,规章制度的制定,只能管例行的事,却管不着例外的事。规章制度要制定,但是必须是大家都能够执行的；规章制度要贯彻,但是只能贯彻在一般层面,若有例外或特殊情况,就要特殊情况特殊对待了。在中国,有些事情的出现,是有一定背景的,而中国人又是很重视背景的。

▎相关案例 ▎

处长很欣赏李新这个年轻人,把他安排在一个基层单位当主管。李新到任后,推行了一整套有关严格工作纪律的规章制度。但是许多人对此根本不在乎,照样迟到、早退、聊天、看报。李新决定照章办事,杀一儆百。他先找单位的元老老刘商量,看先拿谁开刀合适。老刘却一言不发,李新急了,说"小张天天上班迟到早退,扣他的奖金,看他还敢不敢。"老刘摇头说："小张是局长的儿子呀。""那就扣小王的,这家伙居然上班时间出去会女朋友！""小王的二姨刚好分管我们单位的人事。""那就小英吧,她一上班就聊天、串门、打毛衣。""小英可是赵主任的老婆,赵主任专管财务"……正商量着,门被撞开,司机老周闯进来,喊了一声："我请几天假。"说完转身就走。李新一看,怒火满腔,这个老周,平时上班,说不来就不来,今天正撞到了枪口上,于是,大吼一声："以后你就不要再来了！"老刘摇头叹息道："年轻人太冲动了,这老周是咱们处长的老丈人。"

第二天,李新接到处长的电话,电话里处长语重心长地说："小李呀,听群众反映,你工作方式和工作态度很成问题呀。不过没关系,允许你犯错误,当然也允许你改正错误。"李新自此以后就知道应该如何处理这样的事了。

中国人处理这样的事,一般都是私下提示,绝不会当众处理。例如,对在办公室看报的,既然规章制度中有一条不准在办公室看报的规定,那就要管,但是你一定要明白,规章制度都敢不遵守,那一定是有原因的、有背景的。你千万不能像李新那样去处理,你只能在一个私下的场合,很随意地说："小刘,我这有本书,挺有意思的,你拿去看看,不过可别在办公室看,不然的话,别人会说我的。"相信这样说过后,应该是有效果的。

第四节 求职应聘

一、应聘前的准备

企业、事业单位最重要的资源当然是人力资源,但是人力资源的流向与企业、事业单位对人力资源的需求之间往往不能合拍,这就造成了许多事没人干、许多人没事干的现象。要弥补这种结构性缺陷,首要的问题是必须知道这些企业、事业单位到底需要什么样的人。

1. 企业、事业单位需要什么样的人?

企业、事业单位招聘人才的目标是非常明确的,他们考察人才的重点就两条:一是专用技能,就是你的专业技术能不能用,他们关心的是你的专业和工作背景,以及你所具备的技能;二是一定的文化行为能力,他们关心的是你以前在工作中遇到困难时是怎样处理的,你有没有在竞争激烈的情况下成功地完成项目的能力,以及你是如何提高自己的工作效率的。对专用技能的测评,通常是通过课题来完成的,对文化行为能力的测评,通常是通过对应聘者过去的经历进行行为分析,以判断他们的综合素质,如思考能力、分析能力、沟通能力,以及敏锐程度和情绪稳定性。

2. 应聘者的素质

根据企业、事业单位的需要,应聘者应该具有如下基本素质:良好的沟通素质,能够很快地就和招聘人员交流意见,并在表情上、态度上表现出开朗的性格;与同事相处的能力,对过去的同事朋友决不抱怨;礼仪素质主要包括体格外貌,言谈举止,走、坐站的姿势;人格素质主要表现为性情随和、兴趣、爱好、运动项目,以及方式、结交的朋友;家庭背景,包括家庭教育情况、父母的职业、家庭成员的兴趣爱好、家庭的期待;忠诚程度表现为对过去的单位、领导、部门、同事,以及所从事的事业或学习的态度;发展潜力主要表现在责任心、自主精神、思考判断能力、人生的目标和抱负。

3. 对应聘者的基本要求

1) 能力要求

思维能力:分析归纳能力;逻辑性强,思维面广。语言表达能力:清晰、准确、明了、流畅。组织能力:办事有计划,会协调,书面计划的可行性强。反应能力:迅速、准确应答,不停顿,反应机敏、临机处事能力强。自控能力:受到批评,遇到压力,遭到挫折,能够克制、容忍,保持理智、耐心和韧劲。判断、决断能力:能在一定时间内,完成两套以上的可行性方案,遇事能够迅速采取行动。领导能力:合情合理地处理问题,带领部属完成任务。

2) 专业要求

具有专业知识的深度和广度,有一定的工作经验,符合用人单位对专业的需求。

3) 性格要求

个性:沉稳、坚韧、自觉、主动,有耐力和承受力。进取心:自我有约束力,敬业精神,不安于现状,敢于创新。兴趣爱好:喜欢的活动。

4)动机与期待

工作目标具体,求职意向清晰,对单位的要求明确,能够预先设计工作追求,对应聘单位有基本的了解。

二、职业设计

首先要解决"选择干什么"的问题。职业方向直接决定着一个人的职业发展,因而需要倍加慎重,正所谓"男怕选错行,女怕嫁错郎",选错了行业,可能会毁掉自己本该有所作为的人生。我们可以确定几个职业设计的基本条件:一是要自己喜欢;二是要合于自己所学专业;三是要能发挥自己的特长;四是工作单位合适;五是劳动报酬合意。那么,有没有五个条件都能满足的可能?当然没有。应该怎么办呢,"天下三分明月夜,二分无赖是扬州",三分明月,占了二分就已经美得不得了了,所以说五个条件,能够满足四个最好,满足三个也行,不要幻想什么事情都能"正合我意"。五个条件哪几个是必要条件?一是能发挥自己的特长;二是合于自己所学专业。你的职业和生活方式与你的生活目标相一致,例如,一个有着很强组织意识、文字天赋和教诲倾向的人,能从编辑、教师等职业生活中得到最大满足,这是最好的择业方向,所以,我们应该根据这两个条件来确定自己的职业选择方向。

根据职业选择方向应聘一个对自己有利的职业并因此得以实现自我价值,是每一个人的良好愿望,也是实现自我的基础,但这一步的迈出要相当慎重。就人生第一个职业而言,它往往不仅是一份单纯的工作,更重要的是它会使你初步了解职业、认识社会,在此基础上确立信心,一定意义上说它是你的职业启蒙老师。如你想从事任何一项工作并想有所作为,你可以事先设定一个自我发展计划:①选择一个什么样的单位;②预测自己在单位内的职务提升步骤,个人如何从低到高一步一个台阶地往上走;③从最基层做起,在此基础上努力熟悉业务领域、提高能力,最终达到你所预想的理想生涯目标;④预测工作范围的变化情况,不同工作对自己的要求及应对措施;⑤预测可能出现的竞争,如何相处与应对,找到自我提高的可靠途径;⑥如果发展过程中出现偏差,如果工作不适应或被解聘,如何改变职业方向。

以下是职业设计必要的参考依据。

1. 你的储备

1)你学习了什么

在校期间,你从专业学习中获取了什么收益;社会实践活动提高、升华了哪方面的知识和能力。努力学好专业课程是职业设计的重要前提。要注意学习、善于学习,同时要善于归纳、总结,把单纯的知识真正转化为自己的智慧,为自己多准备点后备能源。

2)你曾经做过什么

在学校期间担当的学生职务、社会实践活动取得的成就及工作经验的积累等。要提高自己经历的丰富性和突出性,你应该有针对性地选择尽量与职业目标相一致的工作项目,坚持不懈地努力工作,这样才会使自己的经历有说服力。

3) 最成功的是什么

你做过的事情中最成功的是什么？如何成功的？通过分析，可以发现自己的长处，例如，坚强、智慧超群，以此作为个人深层次挖掘的动力之源和魅力闪光点，形成职业设计的有力支撑。

2. 你的欠缺

1) 性格的弱点

人无法避免与生俱来的弱点，这就意味着，你在某些方面存在着先天不足，是你力不能及的。多安下心来，跟别人好好聊聊，看看别人眼中的你是什么样子，与你的预想是否一致，找出其中的偏差并弥补，这将有助于自我提高。

2) 经验或经历中所欠缺的方面

欠缺并不可怕，怕的是自己还没有认识到或认识到了而一味地不懂装懂。正确的态度是：认真对待，善于发现，努力克服和提高。你可以打出"给我时间，我可以做得更好"的旗号。

3. 应聘技巧

根据招聘单位通常必问的一些问题，我们设计几个问答方案，其中的应答技巧，可供大家参考。

1) 谈谈你自己

分析：这是个开放性问题。从哪里谈起都行，但是滔滔不绝地讲上一两个小时可不是雇主所希望的，别人也没有这个耐心。这样的问题是测验你是否能选择重点，并且把它清楚、流畅、简洁地表达出来。问这个问题的目的是想让你把你的背景和你想要得到的位置联系起来回答。

回答对策：有几个基本的方法。一个是直接简要回答所问的问题，另一个是在回答前要求把问题问得更明确。在上述两种情况下，你都要很快地把你的回答转到你的技能、经验和你为得到目前这份工作上来。

范例："我来自一个普通的家庭，父母都还在工作，我下面还有一个弟弟。中学毕业后，我主攻市场营销学并拿到了学士学位。我曾经在一家商业机构当过实习行销执行员，实习期间学到了不少管理方面的知识。例如，我全权负责的一个批发销售公司的业务，销售总额一年为200万美元。在那里，培养了我怎么管理人事和如何在压力下解决问题的能力。我希望能有机会更好地运用我的知识和技能为贵公司服务，我相信我的经验和学历将会有助于我迎接未来更大的挑战。"

评语：只简单地介绍了个人历史，就很快地将重点话题转到与工作有关的技能和经验上来。当然，你也可主动地请招聘者把他确实想了解的东西集中到一点，例如，你可以问："您是不是想知道我受过的教育，或者与工作有关的技术和经验？"，大多雇主都会乐意告诉你他们感兴趣的是什么？

2) 我们为什么要雇用你

分析：这是个直接、正面的问题，尽管这个问题不会问得这样明确，但是会在其他问题之后被提出来。问这个问题的目的是要你回答你到底有什么别人非用不可的特长。

回答对策：直接的问题需要直截了当的回答，为什么他们要雇用你呢？前面我们已经讲过，沟通的一个基本原则就是站在对方的角度，为对方着想。这时，最巧妙的回答是对他们有利而不是对你有利。这个问题的回答最好是你向他们提供证据，以证实你可以帮助他们改进工作效率、降低成本、增加销售、解决具体问题（如准时上班，改进对顾客的服务，组织一个或多个管理工作等）。

范例："我在员工队伍建设方面，无论是组织项目的实施还是鼓励员工合作，都有丰富的经验，处理这方面的事情，总能得心应手。多年来，我已经掌握了一套用人和留人的技巧。此外，我还擅长帮助公司顺利实现技术改造和员工培训。我具有与本行业相关的专业知识，我能够经常对主要客户进行示范讲解。经过我和我的同事的共同努力，我们的销售额在过去两年平均增加了87%。"

评语：在回答中，以实例提供有力的证据，直接而自信地推销自己。

3）你主要有哪些优点

分析：这个问题问得相当直接，但是有一点隐含。

回答对策：你的回答应当首先强调你所能适应的工作和已具有的技能。雇用你的决定在很大程度上取决于这些技能，你在后面的重点，应该放在详细介绍你与工作有关的技术、技能上。回答时，一定要简明扼要。

范例："我具有朝着目标努力工作的信念。一旦我下定决心做某事，我就一定会把它做好。例如，我的志愿是成为一名出色的公关经理，这个志向符合我的个性，我喜欢接触不同的人，善于和各种不同的人打交道，也乐于服务大众。为了实现这个目标，我目前正在修读有关专业课程。"

评语：如"我的学习能力、适应能力很强""人际关系很好"等都是可提出的优点，但尽可能要提供与工作相关的证据，特别是一些一上岗位就能发挥作用的优点，一定要给以特别的强调，这会使你与众不同。

4）你主要有哪些的缺点

分析：这是个棘手的问题。若照实的回答，你的某些缺点会直接影响你找工作，你会因此失去机会。这个问题的测评目的，是招聘者试图使你处于不利的境地，就此观察你在类似的工作困境中将作出什么反应。

回答对策：回答这样的问题有几种方式和途径。完满的回答应该是用简洁正面的介绍抵消反面的问题，即用积极的一面来陈述自己消极的一面。当然，也可以列举一些比较大众化的缺点。

范例A："工人们指责我对工作太投入。因为我经常提前一点上班，安排好我的工作，又经常晚一点下班，使要干的事得以完成，并且为明天的工作做一些必要的准备。我十分清楚我有一点工作狂的毛病。"

范例B："我需要学会更耐心一点。我的性子比较急，我总对自己提出要求：我的工作必须赶在第一时间完成。我从来都不能容忍怠慢工作。"

评语：回答的虽是自身的缺点，但却表现了正面的效果，对工作的积极抵消了缺点。

5) 你想得到的薪水是多少

分析：这是一个两难的问题。如果你对薪酬的要求太低，那显然贬低了自己的能力；如果你对薪酬的要求太高，那又会显得你自以为分量很重，公司受用不起。这个问题的测评目的是，一些招聘者通常都会事先对招聘的职位定下开支预算，因而他们第一次提出的价钱往往是他们所能给予的最高价钱，他们一下子就把底线交代出来，只不过是想证实一下这笔钱是否足以引起你对该工作的兴趣。

回答对策：在商谈薪酬之前，你应该已经调查、了解了自己所从事工作的合理的市场价格。在与对方商谈时，不妨尽可能插入"合理的和市场价格"等专用术语，以此表示你是个有心人。记住，商谈时降低原来的开价轻而易举，但一旦开出低价后想再提上去就难乎其难。所以，商谈薪酬之前的准备是完全必要的。

范例A：如果你尚未彻底表现自我价值，面试者就提出此问题，你不妨参考以下答案。"钱不是我唯一关心的事。我现在最关心的是我的能力是否能够得到充分发挥，所以，我想先谈谈我对贵公司所能做的贡献——如果您允许的话。""我对工资没有硬性要求，工资也不是一成不变的东西，我相信贵公司在这个问题上会处理得合情合理。我注重的是工作机会，所以只要条件公平，我通常不会计较太多。"

范例B：如果你已经阐明该职位的重要性，以及你个人对这个职务的重要性，可是对方仍旧告诉你他们给你的报酬已是最高的了。你不妨指出这项职务的工作性质实际上值得你获得更高的报酬；阐明你将如何通过努力缩减公司的开支；说明在工作中你得自我承担哪些费用等，以证明你对公司的价值，和表明你要求更高报酬是以你的工作表现为前提的。

但是如果对方不愿妥协，在你未得到肯定能够获得此工作的答复之前，不要使招聘者排除对你的考虑。你可以问一个封闭性的问题："你们决定雇用我了吗？"如果答案是肯定的，报酬却使你不愿接受，你可以按以下方法拒绝。

"谢谢你给我提供工作机会。这个职位我很想得到，但是，和我所能做出的贡献相比，工资比我想要的低，这是我无法接受这份工作的原因之一。也许你会重新考虑，或者以后能有对公司和对我个人更合适的机会时再考虑我。"

评语：即使拒绝对方，也要为协商留有余地。如果雇主需要你，他会乐于满足你的要求。一旦你对他们提出的标准直接说"不"，就没有回旋的余地了。

6) 你以前的经验和我们现在的工作有哪些联系

分析：这个问题要求你在与其他求职者进行比较时，要克服你背景中显示出来的任何弱点。

回答对策：首先要介绍你的优势。假如其他求职者明显比你接受的教育多，工作经验多或知识多，那么你就要介绍你的专业技能方面的优势。

范例A："如您所知，我刚刚结束计算机编程方面的强化培训。另外，我在企业方面有三年多的工作经验，其中包括在老板不在时管理小型企业。在这期间，我掌握了一些如何处理财务的方法和技巧，学到了不少的会计方面工作的知识。我还经营和管理过价值30万美元的产品。这些经历帮我认识到企业使用计算机编程的作用。虽然我刚接触编程工作，但是我对计算机语言是熟悉的。我受的教育是全面的，我还有300多个小时的计算机操作时间,这是我课程的一部分。虽然我是新手,但我决心比别人更努力地工作,我相信我能够顺利并及时地完成任务。"

评语:这种回答既强调了可转换性的技能(会计方面工作的知识),也强调了适应性技能(按时完成任务,更努力工作)。这对缺乏工作经验的程序员来说是必要的。特别应该引起注意的是:在这种情况下,学校学的知识的重要性,也要像"正式"工作那样予以强调。

范例 B:"在以前的工作中,我实际操作过很多与做好这项工作所必需的相关的技术。尽管是不同的企业,但管理企业都需要我现在已经具有的组织和监督能力。在过去的七年里,我使我的部门成为我们公司赢利最多的部门之一。在我工作期间,每年销售额平均上升 20%,利润也增加 20%。由于这是个老公司,这样的业绩是很不一般的,七年中我得到两次晋升,并很快地荣升到管理层。我想在你们这样成立不久,并且有着发展前景的公司接受挑战,我认为我的经验为我走向这一步已经做好了充分的准备。"

评语:回答者明白以前的工作领域与现在的截然不同,但是,他强调了成绩和以前的成功。为完成这项工作,各种管理技术都会用到。回答中还谈到继续接受刚刚起步的公司的工作挑战。

7)你对以后有什么打算

分析:这个问题的测评目的,是在考察你的工作动机。它是在探究是否可以信赖你能把工作长久干下去,而且干得努力。

回答对策:你最好的对策就是诚实。这是一贯强调的。并非是要你把负面的信息也摆出来,你应该准备坦率地、正面地回答招聘者关心的问题。而哪些是他们关心的问题取决于你介绍个人背景的具体情况。

例如:

你对现在的工作满意吗?(如果不满意你会离开公司吗?)

你会在短期内成家吗?(如果成家,你会停职去照料小孩吗?)

你是否有过短期工作后离开的历史?(如果有,你会不会也放弃这份工作呢?)

你是否刚搬到此地,是临时的人口或暂住人口?(如果是,你也不会在此地久居,对吗?)

你是否有比本工作环境更好的工作机会?(如果是,是什么使你不去高就呢?)

你有什么优势和承诺在今后的工作中发挥和兑现吗?(如果没有,那么,谁需要一个没有优势和动力的人呢?)

有什么原因使你感到不满吗?(如果有,招聘者自然会设法搞清楚。)

范例 A:对于一个刚刚参加工作的人,可以这样回答。

"我认识到要在这一领域造就自己,这是一个很好的机会,我很愿意从此开始。我想过我要做什么,而且肯定我的特长和技能正是做好这项工作所需要的。例如,我善于与人打交道。在我过去的一项工作中,我每周需要向 1000 多名不同的人提供服务。在我 18 个月的工作中,我曾为 72 000 多名顾客提供服务,从未得到一次正式的投诉。事实上,他们常因我的周到服务表扬我。我认识到我喜欢与公众接触,如果我能得到这份工作的话我会感到非常愉快。我想在工作中更好地学习,并与我所供职的单位共同进步。由于我对公司的贡献和价值会在今后的工作实践中不断提高,我希望能考虑使我得到责任更重大的职务。"

评语:招聘者想了解你会长期工作下去并努力工作。这样的回答使对此表示关注的招聘者感到安慰。(注意,这样的回答可以在快餐店工作获得的经验为背景。)

范例B:对没有工作经验和只有各种短期工作经验的人,可以这样回答。

"我做过几种工作(一种或失业),我认识到应该珍视体面的、稳定的工作。我的各种经验是一种财富,我在曾经工作过的地方学到过很多东西,我可以把它们用于这项工作中。我正在寻找一份可以安定下来,并持久下去的工作。"

评语:这是一种可以接受的回答,只是回答太短,也没有提供证据。介绍自己的实例最好放在最后一句话之前。有些职务,如销售方面的工作,要求你有勃勃雄心、不达目的不罢休的耐心和敢于尝试的勇气。其他工作有对工作领域或专门机构的要求,你不会总能预料到招聘者想要什么。如果你能把话说得很圆满,你就会具有满足任何工作要求的条件,而这一切只需要你用嘴讲出来,就是这么简单。

8)你以前的雇主(如教师、介绍人、管理员等)对你的评价如何

分析:这个问题的测评目的,是招聘者想知道你的适应性技能怎样,即你是否容易相处,你是否是很能干的人等。你以前的雇主可能会谈到你存在的问题,当然,也可能不谈。你知道,许多雇主会在雇用你之前查阅你的证明信,如果你在面谈时谈的与你以前的雇主说的不一样,你就要倒霉了。

回答对策:一定要与你以前的雇主讨论你的求职计划,也要征求你介绍人的意见。要明确地告诉他们你想找的工作种类,以及你准备做好新工作的理由。假如以前的雇主会说一些不利于你的话,你要和他开诚布公地谈谈,看他会说些什么。

如果你是被解雇或被迫辞职的,你可以向未来的雇主进行辩解。有很多成功的人与前雇主发生过冲突,如果能把这些冲突尽可能地讲出来,许多面谈者是会理解的。对和你关系不好的旧雇主,明智的办法是请他写一份文字证明材料,在这种情况下,他们不会出具极为不利的证明材料。

如果可能的话,使用那些对你有利的证明信。要是你的前任老板不愿意这么做,找个愿意帮助你的人便行了。如果你被解雇了,最好的对策是实话实说。但是对你的前任老板不要太苛刻,尤其是不要抱怨,这样会让人觉得你是个好抱怨而无责任感的人。再者,你也不是一点错也没有。要先承认有这么一回事,接着要趁机谈谈你从中得到的教训。

范例:"我的三个前雇主都说我工作努力,可靠、忠实,我离开那里是因为个人冲突。为此我常常感到烦恼,所以,只有放弃那里的工作。你可以给他们打电话询问一下,他们对我的评价应该是正面的。但我认为还是向你们谈谈为好,虽然我仍然尊敬我过去的雇主,我在他那儿也得到了几次晋升的机会,但是,随着我权力的增加,冲突也越发地多起来。造成冲突的主要原因是不同类型、不同性格的人,看法和做法区别太大。我不知道问题会有那么严重,因为我一心只想工作。这是我的错,我认识到我应该更加注意人际关系的处理。"

评语:回答中介绍了一些正面的技能,并用具体事例加以说明,因而是有力的。

9)你为什么要找这样的职位?为什么是在这里?

分析:这个问题的测评目的,是招聘者想了解你是不是那种无论什么公司有工作可做

就行的人。果真如此,招聘者就不会对你感兴趣。招聘者要找那种想解决实际工作中的问题的人。他们有理由认为这样的人工作起来更努力、更有效率,而那些想去特定的公司工作的人也是如此。

回答对策:事先了解哪些工作适合你的技能和兴趣非常重要。要回答这个问题,就要谈到你选择工作的动机、那项工作所要求而你又具备的技能、各种专业培训或与职务有关的教育证书。

这个问题实际上有两个方面的含义。一是为什么选择这个职位;二是为什么选择这个公司。如果你有选择这个公司的理由,或选择这个公司是你的最大愿望,你就要准备回答为什么。如果可能的话,在面谈前,你要事先尽可能地对公司进行了解。与别人联系得到详细的情报,或到图书馆查阅,看公司的年度报告,或任何能使你了解情况的方法都是必要的。

范例:"我花费了很多时间考虑各种职业的可能性,我认为这工作最适合我,原因是这项工作要求的许多技能都是我擅长的。举例来说,迅速抓住问题要点并能及时解决问题是我的强项,在以前的工作中我能比别人更早发现和解决问题。有一次,我提出一项计划使得租借设备的退货率减少了15%,这听起来不算高,但却因此取得了年增长25 000美元的好效益,而成本仅为100美元。目前,你们公司似乎是能让我施展解决问题能力的地方。这个公司运行良好,发展迅速,善于接受新思想。你们的销售去年上涨了30%,而且你们准备引进几项大型新产品。如果我在这里努力工作,证实我自身的价值,我感到我有机会与公司共同发展。"

评语:这种回答巧妙地运用了"提供证据"技巧,这样的话符合一个出色的经理或优秀的秘书的身份。

4. 应聘时的忌讳

1) 忌打听招聘人数

最明显的就是问"你们要几个人?"对用人单位来讲,招一个是招,招十个也是招。问题不在于招几个,而是你有没有实力和竞争力。"你们要不要女的?"这样询问的女性,首先给自己打了"折扣",是一种缺乏自信的表现。面对已露怯意的女性,用人单位刚好"顺水推舟",予以回绝。

2) 忌过早问待遇

"你们的待遇怎么样?""你们管吃住吗?电话费、车费报不报销?"有些应聘者一见面就急着问这些,不但让对方反感,而且会让对方产生"工作还没干就先提条件,何况我还没说要你呢"这样不好的想法。谈论报酬待遇是你的权利,这无可厚非,关键要看准时机。一般在双方已有初步聘用意向时,再委婉地提出来。待遇问题是一定要提的,但必须是在工作有了着落以后。

3) 忌回答问题不合逻辑

面试的考官问:"请你告诉我你的一次失败的经历。"答:"我想不起我曾经失败过。"如果这样说,在逻辑上讲不通。又如考官问:"你有何优缺点?"答:"我可以胜任一切工作。"这也不符合实际。我们所说的合逻辑,不一定是"实有之事",但必须是"应有之事",就是说你所说的事要在逻辑上讲得通。

4）忌报有熟人

面试中急于套近乎，不顾场合地说"我认识你们单位的某某""我和某某是同学，关系很不错"等。这种话主考官听了会反感。如果你说的那个人是他的顶头上司，主考官会觉得你在以势压人；如果主考官与你所说的那个人关系不怎么好，甚至有矛盾，那么你这样引出的结果很可能就是自己搬石头砸自己的脚；如果你说的人和主考官的关系很好，你可真给他找麻烦，因为我们中国人是讲究避嫌的。

5）忌超出范围

例如，面试快要结束时，主考官问求职者："请问你有什么问题要问我吗？"这位求职者欠了欠身子问道："请问你们公司的规模有多大？中外方的比例各是多少？请问你们董事会成员里中外方各有几位？你们未来五年的发展规划如何？"诸如此类的问题。这是求职者没有把自己的位置摆正，提出的问题已经超出了求职者应当提问的范围，使主考官产生厌烦。主考官甚至会想：哪有这么多的问题？你是来求职的还是来调查情况的？你在应聘之前对公司没有一个比较充分的了解。你所问的问题恰恰暴露了你准备得不足。

6）忌不当反问

例如，主考官问："关于工资，你的期望值是多少？"应聘者反问："你们打算出多少？"

这样的反问就很不礼貌，好像是在谈判，很容易引起主考官的不快和敌视。遇到这样的问题，最好的办法就是根据自己的条件如实说出你的期望值的上限。

7）忌穿顶级名牌

即使你的爸爸妈妈再富有，你也千万别去碰那些顶级名牌。要知道，办公室里训练出的考官，个个都有一双辨别品牌的犀利眼睛。如果你穿的品牌是他都没穿过的，或他正在穿的，不用说，你一定给他的心理带来压力。

8）忌简历太完美

难道简历不是越完美越有机会吗？不完全是。如果你事先没有做过任何调查研究，把所有的优秀全部在陈列纸面上，你太优秀了，会使公司在职者感到威胁。而招聘人员中往往就有你将去工作的那个部门的负责人。还有的单位不喜欢用这证那证一大把的学生，所以有的学生就在简历中删除了一些内容。

9）忌过分谦虚

面试时既不能一味地强调自己无所不能、所向披靡，又不能一副学生腔。你只要表现出完全能胜任你现在应聘的这份工作即可。别把自己说成全才，也别先许下诺言。应聘者的中心论点就是"我一定能胜任这份工作"，其余的一概免谈。

10）忌不卑不亢

如果一味地要求求职者强调个人尊严，灌输求职要"不卑不亢"的观念，恐怕有"误人子弟"之嫌，尤其是如今求职特别难的时候，若非市场紧缺或顶级人才，切莫听信"不卑不亢"的建议，因为弄不好你所认为的不卑不亢，恰恰是别人认为的"冒犯有加"。

如果考官问："你认为对你来说现在找一份工作是不是不太容易，或者说你很需要这份工作？"你只要老老实实回答："是的。"一切便大功告成。但为了体现你的不卑不亢，回答说:"我看不见得。"所有的人都会认为你很傲慢。

11）忌乱拍马屁

别见了考官就一副老朋友的样子,尤其不要夸张地赞美。有个女应聘者曾见了女考官就大夸考官的衣着有品位,人长得靓,但那位已经40多岁的女考官已经有些"发福",赞她靓实在有些尴尬。结果不用说,女考官没给那位应聘者一点好的脸色看。

12）忌同考官较2劲

求职者特别要避免在那些与应聘并无实质关系的问题上同面试官争论。有些面试者为测应聘者的性格,故意制造一些争论问题。比如,考你一个知识性的问题,即使你答对了仍说你错了,但应聘者仍需要表现得沉着冷静,避免争论。即使对方怀疑你的学历是假的,也微笑着说,这绝对是真的,我可以配合你到学校做调查。记住,争论会令对方感觉"不爽",这对应聘而言是致命的。记住前面说过的,中国人之间交往沟通,争论通常都是没有什么好的结果。

13）忌毒辣之术

到了最后一关面试,考官常常拿出具体案例请应聘者分析。这时要切记的是,千万不要逞能,乱献计献策。这时考官考察的,往往不是你的策略,而是你的人品。如果你献上一条毒辣之策,即使老板心里觉得此策中意,但也会对你不寒而栗,觉得你是对手而不是朋友和好的手下。

14）忌面试后一切与我无关

面试后要写信表示感谢。为了加深招聘人员对你的印象,增加求职成功的可能性,面试后的两三天内,你最好给招聘人员打个电话或写封信表示感谢。感谢电话要简短,最好不要超过3分钟;感谢信要简洁,最好不超过一页纸。感谢信的开头应提及你的姓名及简单情况,以及面试的时间,并对招聘人员表示感谢。感谢信的中间部分要重申你对该公司、该职位的兴趣,增加一些对求职成功有用的新内容。感谢信的结尾可以表示你对自己的信心,以及为公司的发展壮大做贡献的决心。

15）忌不要过早打听结果

在一般情况下,每次面试结束后,招聘主管人员都要进行讨论和投票,然后送人事部门汇总,最后确定录用人选,这个阶段可能需要三五天的时间。求职者在这段时间内一定要耐心等候消息,不要过早打听面试结果。

16）忌"万金油"

什么都能做等于没有专长,应聘者应该事先对相关信息有一个筛选,并对岗位情况作简单评估,根据自身条件综合考虑。如果应聘时岗位意向跨度过大,容易给人留下"急于求成、好高骛远"的印象。另外,求职意向不明确,也会给人一种没有自信的感觉。

5. 谨防职场陷阱

非法职业介绍所和非法用工单位是求职者最容易遇到的职场陷阱,对此,一定要防止上当受骗。

真假职介的区别:正规职介机构,应在场所内显著位置悬挂合法证照,如《职业介绍许可证》《工商营业执照》和《税务登记证》,此外,从事劳务派遣的机构还需持有《劳务派遣资质证书》，这些证件、执照都必须是原件。如果你去的职介场所不具备这些条件，就要提高警惕了。

警惕高薪岗位：有些职介机构列出的一些岗位信息，由于薪酬很高，具有很强的吸引力，这样，你很可能就乐意为这些"岗位"交纳登记费、报名费、跟踪服务费，结果等到的是一场空。其实，你只需要到正规的招聘市场去看一看，就知道各个岗位的工资指导价位，或者问一问亲朋好友他们从事类似岗位工资是多少，就不会被所谓的高薪所诱惑。

三、求职技巧案例

人的需求是多方面的，但我们必须确定什么是最主要的；我们必须先要了解现代职场需要什么样的人才；进入职场之前，要在培养勤奋、耐劳、心理承受力和沟通能力上下一番工夫；最后，我们还要掌握一些应聘技巧。

▎模拟面试▎

岗位：营销业务员

应聘者：李华（男）、王丽（女）

场景一

李华：我叫李华，市场营销大专毕业，有一年的工作经验，适应能力和开拓能力比较强！

考官：能告诉我SWOT理论和4P理论的意思吗？

李华：SWOT理论是指优势、劣势、机遇和挑战的意思，而经典4P理论则主要是产品、价格、渠道和促销的英文缩写。

考官：如果我因为你是大专学历而拒绝你，你会怎么想呢？

李华：我觉得学历固然重要，但不能成为选择人才的唯一标准！

场景二

王丽：我毕业于××大学食品科学与工程专业，我觉得生物化工是一个发展前景广阔的朝阳行业……所以我非常希望加入贵公司。

考官：以你的专业背景来应聘销售工作，你都做过哪些准备呢？

王丽：我在大学期间做过食品促销，也看过一些销售类书籍。

考官：但是我们很少招聘女性销售员，你怎么看？

王丽：女性细腻敏锐，也有自己的优势……

比较而言，男士略胜一筹，他的优势并不是个人能力的绝对优势，而是工作经验带给他的背景优势。两位应聘者回答面试提问时都有不尽完善的地方。男士在被问到学历问题时尽管镇定，但是不够充分，他还可以表达自己除了具备销售代表的关键特质以外，还有很强的学习能力。应聘者应当尽力理解考官问话背后的意图。女士在应对压力时反应很快，但是回答不够严谨。比如，她说女性员工细腻敏锐，这确实是女性的特质，但这些特质未必是销售岗位所必需的，不需要则不必要，不需要则不重要。这两条是应聘者应该注意的，应答时，应该听清楚再回答，不要答非所问。

> **模拟面试**
>
> 某公司需要招聘一位营销主管,经过筛选,只有A、B、C三个人进入最后角逐。主考官给每个人都出了五道题,他们每个人在回答问题时,主考官都连连摇头,并且提出建议说:我测评了那么多的人,这么糟的我还是第一次遇到,下面的环节我看就没必要进行了吧。这样,A退出了。第二轮测评结束,主考官说:我们公司实在不需要像你们这样的人,确实太差了,你们另谋高就吧。这样,B退出了。C虽然并未坚持留在公司,但是他却坚持了一点,他希望主考官能够具体指出他的缺陷,主考官说:我没有时间和你谈论这些事情,你自己回去想。C说:那我回去自己把它总结出来,如果我把它写成书面材料,你能不能抽时间帮我看一下?说完,很有礼貌地倒退着走到门口,轻轻地拉开门,回身向主考官点一下头,然后出去。第二天,他得到了聘用通知。
>
> C能被聘用,有几个条件:一是他有足够的心理承受能力;二是他具备良好的礼仪习惯;三是他有相当的自信;四是他有韧性。我们在应聘之前,就要做好这些准备。

技能与训练

一、案例分析

刘芸千辛万苦获得了心理咨询师的资格,被一家咨询中心录用,但工作的喜悦没过多久就消失了。因为这里的工作内容,与刘芸原本的设想实在相差太大。天天做着杂七杂八的小事,还要应付各种各样难缠的人,她觉得这份工作确切地说还不如叫"接待员"或内勤更合适。

至于在咨询现场旁听的机会,根本是没有的。因为这家咨询中心不会牺牲客户对保护隐私的要求,白白提供给刘芸学习的机会。有几次刘芸违反纪律,偷着在电话里直接给对方做咨询,结果被主任批评了一顿,提醒她这样"角色不对"。

所以这几天她的工作热情直线下降,接电话也没有以前那么有耐心了。偏巧这时打进电话的人特别烦人,号称自己查阅了很多心理学的资料,确定自己的孩子是有点人格障碍,要给刘芸他安排一个专家来咨询。

刘芸为他推荐了一名心理咨询师。可对方又问还有没有其他人,让刘芸一个又一个地把每个咨询师的情况作一番介绍。这还不算,接下来他又不依不饶地问到底是不是专家,够不够权威?

一个电话打了足足20分钟,这让刘芸有种想摔东西的冲动。更让她火冒三丈的是,对方竟然说:"你们只知道赚钱,尽弄些所谓专家来糊弄我们。"

刘芸开始怀疑自己当初的职业选择,究竟是应该坚持下去,还是应该另谋高就呢?

【思考题】

(1)刘芸私自在电话里为客户做咨询,遭到主任(上司)的批评,你认为原因是什么?

(2) 刘芸与电话咨询者(客户)的沟通为什么不顺畅,请你试着分析分析原因。

(3) 作为一名职场新人,刘芸究竟应该坚持下去,还是应该辞职走人?你能给她一些建议吗?

二、项目实训

1. 实训目的

很多职场新人都经历过这样的阶段:被安排在不受重视的部门,干着打杂跑腿的工作,得不到必要的指导和提携,时常还会面临无端的批评、指责,代人受过。心理学将这种职业状态称之为职场蘑菇。如何顺利地度过这个阶段,是每一个刚入职场的年轻人必须面对的课题。本次实训的安排正是为了帮助毕业生做好心理准备,更好地走出"蘑菇期"。

2. 实训名称

如何走出"蘑菇期"?

3. 实训内容

(1) 分小组调查 5 名工作 1~2 年的大学毕业生,了解他们刚毕业时从事什么样的工作,目前在什么岗位,工作内容与自己的兴趣、特长是否吻合,重点调查工作中他们是否经历过职场"蘑菇期",他们是如何应对这个特殊时期的。对调查结果做好记录。

(2) 整理并分析调查结果,确定一个顺利度过或不能度过"蘑菇期"典型的事例。

(3) 对于顺利度过"蘑菇期"的案例,分析其成功的原因;对于不能度过"蘑菇期"的案例,制定出相关的对策。

4. 实训指导

(1) 帮助学生了解并掌握几种常见的沟通方式。

(2) 指导学生根据调查目的确定调查内容。

(3) 指导学生分析、归纳调查结果。

5. 组织实施

(1) 分组调查并做好记录。

(2) 整理、分析调查结果,推举代表作小组发言。

(3) 总结归纳如何快速高效地走出"蘑菇期"的方法和对策。

6. 考核方式及成绩评定

(1) 实训小组个人的分工及表现,考核占 40%。

(2) 以"如何走出职场'蘑菇期'"为主题的小组发言,考核占 60%。

第八章 会议沟通

学习目标：
(1) 了解会议的定义、作用与分类。
(2) 掌握安排会议与主持会议的相关技巧。
(3) 掌握冷场、离题等会议中出现问题的处理方法。

任务导入

某机械包装公司决定加快工艺流程改造，并进行工艺改造重组。但以前进行工艺改造重组时，工人的反应非常强烈，对工艺的改动持反对态度。为了顺利实施计划的改革，公司管理层采用了三种不同的策略。

策略一：与第一组工人采取沟通的方式，向他们解释将要实行的新标准、工艺改革的目的及这么做的必要性和必然性，然后，给他们规定一个反馈的期限；在会议沟通中有些工人沉默不语，有些工人表现出事不关己的样子，有些工人在下面窃窃私语，有位老资格的工人则不时打断会议的进程。

策略二：告诉第二组工人有关现在工艺流程中存在的问题，然后进行讨论，得出解决的办法，最后要求从他们中派出代表来制定新的标准和流程。

策略三：对第三组工人，要求每个人都讨论并参与建立、实施新标准和新流程，每个成员全部参与，如同一个团队一样。

最后，结果是令人惊奇的，虽然第一组工人的任务最为简单，但结果他们的生产率没有任何提高，而且对管理层的敌意越来越大，在40天内有17%的工人离职；第二组工人在14天内恢复到原来的生产水平，并在以后有一定程度的提高，对公司的忠诚度也相应提高，没有人离职；第三组工人在第二天就达到原来的生产水平，并在一个月里提高了17%，对于公司的忠诚度也很高，没有工人离职。

任务分析

从上述案例可以看出，通过会议这种群体沟通的有效方式，一定程度上可以提高会议成员的主人翁意识，增强集体凝聚力，做到群策群力，充分体现成员们团队协作意识，积极发挥成员的主观能动性，从而使生产效率真正提高。会议是一种很有效的沟通手段，会议中面对面的交流可以传递更多的信息。那么，什么是会议？如何实现会议沟通的目的？会议主持有什么技巧？作为与会者在会议发言中有什么讲究？如何处理会议中"冷场"或"离题"等现象？这些都将是本章学习的内容。

第一节 会议概述

一、会议的含义

"会议"是一个动态合成词。从字面上讲,"会"的基本意思是聚会、见面、集会等;"议"就是讨论、商议事项或问题。

现代意义上的会议的含义是指有组织、有领导地召集人们以沟通为手段,商议事情或传递信息的行为过程。会议是人类社会经常性的活动,是领导活动的有效手段。

两人谈话或讨论,叫交谈或会谈;三人以上,没有主持人,没有中心议题的谈话,叫闲聊。

有些会是"会"而不"议",不能叫会议。例如,庆功会、欢迎会、声讨会、运动会、展销会、宴会、追悼会、舞会,等等。这些"会",只是"聚会"的意思,是"会而不议",因此不能叫会议。

从会议的含义可以看出,无论何种会议,都是人与人打交道,都需要沟通和反馈信息。会议进行的过程,实际上是一个人们交流信息的过程。一个人在漫长的职场生涯中,要参加(或主持)很多会议,掌握会议的沟通技巧对于职场发展,具有重要意义。

二、会议的分类

会议根据不同的划分角度,可以分出不同的类型。

(1) 按内容(性质)分类:有代表大会、工作会议、学术会议、咨询会、协商会、动员会等。

(2) 按形式分:小组会、座谈会、报告会、电视电话会、视频会议等。

(3) 按与会者的成分来划分:党委会、董事会、记者招待会等。

(4) 按规模来划分:大型会议、中型会议、小型会议等。

> **相关案例**
>
> 视频会议是通过通信网络将两个或者多个异地同时的多媒体会议终端连接起来,它可以传送各种图像、话音和数据信号,让出席会议者有亲临现场的感觉。
>
> 例如,神龙汽车公司发动机厂与总装厂之间有大约三个半小时的车程。在采用视频会议系统之前,两个工厂的工程师经常需要到对方生产地点出差。测试数据需要通过信件在两地之间传送,反馈意见与决策信息通常要三到四天时间之后才能看到,这不可避免地延长了产品开发的周期。为了提高工作效率,他们建设了视频会议系统。现在,神龙汽车公司这两个厂的工程师出差次数大大减少。大家不用离开办公室就能参加会议,开会的时候不需要再刻意地限制人数了。相关的所有工程师都能够出席会议,避免了上传下达可能带来的失误和时间的浪费。
>
> 此外,在"风神"汽车的开发过程中,武汉的神龙汽车中国总部经常利用视频会议系统与法国总部进行远程研讨。既节省了大家宝贵的时间,免去了巨额的差旅费用,又有效加强了各方的沟通,使每个人都能有更多的时间专注于自己的业务工作,提高了劳动生产率,加快了产品开发的进程,为"风神"汽车的按时下线立下了汗马功劳。

三、会议的作用

1. 决策作用

有许多决策是经过开会讨论后决定的。通过开会进行决策,是决策科学化、民主化的有效手段。例如,一个企、事业单位的重大决策的形成,往往要召开党委会、经理办公会讨论,形成决策或决议。

2. 执行作用

通过开会,传达上级指示、政策,布置本单位行动计划,解决执行中的问题。因此,会议可以起到执行的作用。例如,从集团公司开会回来,分公司老总召集中层干部开会,传达上级布置的任务,部署本单位的行动计划。

3. 协调作用

由于个人或部门看问题的方式不同,利益诉求的差异,企业和企业之间,企业内部的各部门之间,都会产生矛盾冲突,影响生产和工作。通过会议,领导可以主持协调,化解矛盾,形成合作机制。

4. 沟通作用

任何会议都是信息输入、输出、传递的过程,也是一个信息反馈的过程。通过会议可以上传下达,下情上达,互通情况,发挥互通信息的作用。

四、会议要素

（一）与会者

与会者是指参加会议的正式成员。

1. 确定与会者的原则

该参加的一个不少,不该参加的一个不多。具体讲,与会者应具有必要性、重要性、合法性。

2. 必要性

必要性是指与会者必须与会议直接有关的人员。如经理办公会的与会者是本公司的总经理和副总经理,也包括经理办公室的工作人员。

3. 重要性

重要性是指与会者与会议虽没有直接关系,但有利于会议的进程或扩大会议效果的人员。例如,1998年湖北发生特大洪水,省政府召开省长办公会,布置全省抗洪救灾工作。会议请下属单位省防汛指挥部的同志与会,通报汛情。请长江险段的监利、洪湖、荆州等地的领导列席会议,报告灾情。省防汛指挥部和地方领导虽不是省长,不具有与会者的"必要性",但具有"重要性"。

4. 合法性

合法性是指与会者必须具有合法的身份和法定的资格。如党员开会,与会者必须是党员;公司的董事会,与会者必须是董事;主管会议,与会者必须是公司的主管。

(二)主持人

主持人是会议的召集者和组织者,对会议的进行起领导作用。主持人在会议中发挥的作用至关重要,基本作用在于以下几点。

1. 会前

确定目的、议程、与会者、时间、地点、会议种类、资料、用品、器材等。

2. 会中

创造和谐的气氛、宣布开会、控制议程、鼓励发言、控制发言、总结发言、做出决议、确认行动与责任、安排下次会议、宣布闭会。

3. 会后

对本次会议进行回顾与总结、汇报会议的决议、督导会议决议的执行。

(三)议题

议题是会议所要研究解决的问题。企事业单位的重大问题才能作为会议的议题。具体小事,由领导当场决定即可。

会议议题应该做到注重实效,适时调整。如果出现会而不议,议而不决,决而不行,行而无果的情况,都属于是无效的会议。议题能够顺利有效达成,可以分为以下三个阶段。

1. 顺利导入议题

进入议题讨论前,主持人要说明研讨议题的目的及重要性,引起与会者的重视,从而全心投入议题的讨论。

2. 提倡充分发言

主持人要尽量引导大家的意见,包括可以运用指名发问、交替发问和以全体人员为对象发问等方式都可以使与会者充分发言。

3. 获得一致的结论

要去掉无能力做到和离题的意见,并对剩下的可行性意见,让与会者评估优劣,选定一个最佳的意见,并将最佳意见与议题的目的进行比对,评估实现目的的程度。

(四)议程

"议程"一词来源于拉丁文,意为"必须做的事"。简单说,议程就是将会议的数个议题,按照内在的逻辑关系,合理安排其先后顺序。它包括两层含义:一是指会议的议事程序;二是指列入会议的各项议题。

安排议程要应该注意以下几点。

(1)确定会议的召开和结束时间并和相关部门做好协调。

(2)充分考虑会议进程,写出条款式的议程安排。开头为会议的日期、时间与地点,每一项均有一个编号,每一项均有一个起始时间,下次会议细节可写在议程的末尾。

(3)把议程安排适时地交到与会者手中。

（五）时间

会议的时间有以下三种含义。

1. 会议召开的时间

某个会议什么时间召开最合适？要考虑多种因素。例如，一年一度的公司职工代表大会，适宜于年初召开，有利于总结上一年的工作，部署新一年的工作。

2. 会议所需要的时间

少则几分钟，几十分钟；多则数小时、数天。要尽量紧缩会议时间，提倡开短会。

3. 会议时间限度

据心理学家测定，成年人能集中精力的时间为45～60分钟，超过90分钟，人就容易感到疲劳。因此，每次会议的时间限度做好不要超过1个小时。如果开长会，要安排中间休息。

在一个会议全程进行的过程中，人们的注意力在时间分布上是不同的，这就要求会议召开者适时适度地进行会议时间的安排。

与会者参会注意力转化图如图8-1所示。

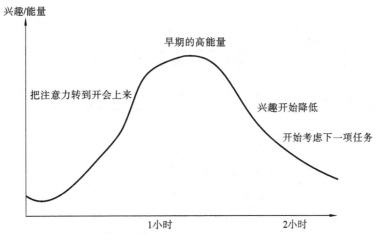

图8-1 与会者参会注意力转化图

（六）地点（会址）的选择

会议地点，即开会的具体会场。

开会要借助于一定的场所，会场各个方面条件的好坏，舒适程度的高低，对与会者的心理起到不可忽视的作用，而且与会者的心理状态，直接影响到会议效果，因此要重视会场的选择和布置。

会议地点应与会议目的相适合。若会议的目的之一是让两部分人进一步相互了解，一种宽松的郊外气氛是合适的。同样的道理，不要在一个乱糟糟的开放式办公室召开正式会议。

选择会议室应该遵循以下原则。

（1）大小适中：太大显得松散，太小则过于拥挤。
（2）地点适中：尽量离与会者的住所或所在位置近一点，免受奔波之苦。
（3）会议设施齐全：会前准备如麦克风、空调、卫生、计算机、多媒体设备等。

【思考和练习】

（1）结合不同专业实际，思考今后可能召开的会议，安排会议前的准备工作。（例如，旅游专业的景区开园会等）

（2）会议沟通能力测试见表8-1。

表8-1　会议沟通能力测试

你的会议沟通表现	是√	否×
总是在会议开始前三天就已经安排好了会议的日程，并将该议程通知到每位与会者。		
当与会者询问议程安排时总是回答："还没定呢，等通知吧"。		
对于会议将要进行的每项议程都胸有成竹。		
会议开始前半小时还在为是否进行某几个议题而犹豫不决。		
提前将每一项会议任务安排给相关的工作人员去落实，并在会议开始前加以确认。		
临到会议开始前才发现还有一些会议设备没有调试好。		
预先拟定邀请与会的人员名单，并在开会前两天确认关键人士是否会出席会议。		
自己也记不清邀请了那些人出席会议，会议开始前才发现忘了邀请主管领导参加会议。		
会议时间安排恰当，能够完成所有的议题。		
会议总是被一些跑题、多话者干扰，难以顺利进行。		
会议室布置恰当，令与会者感觉舒适又便于沟通。		
会议室拥挤不堪，令与会者感觉不快，大家都盼望着早点结束会议。		

以上12个问题，可能是你的会议沟通活动中常见的表现，你如果选择了题号是单数的行为表现，请给自己加上一分；你如果选择了题号是双数的行为表现，请给自己减去一分。最后看看自己的总分吧！

3～6分：你的会议沟通技巧是值得称赞的。

0～3分：你的会议沟通技巧也还不错，但需要进一步改进。

低于0分：你的会议沟通技巧真不怎么样，赶快努力吧！

第二节　主持会议的艺术

主持人是会议进行的灵魂人物，因此，一场会议的顺利进行就要求主持人应能引导发言,控制会场秩序,管理时间、管制发言不偏离主题,归纳出席开会人的发言要点、做出结论。主持人如果能成功地扮演好上述角色,会议方能取得圆满成功。可见,主持技能是科学,也是艺术。

一、会议主持人的能力要求

会议主持人要掌控、引导会议的进程。他们常用引导性的提问,使与会者的思路集中到会议主旨上来。所以,会议主持人应该具备以下能力。

(1) 思维清晰敏锐,具有较强的言语表达能力和一定的幽默感。
(2) 把握会议的主旨,具有合理分配各项议题的时间,调控会议节奏和进度的能力。
(3) 具有较强的倾听能力和分析概括、总结归纳的能力。
(4) 主持人应该具有鲜明的个性魅力,能够因"会"制宜,调动情绪。
(5) 具有随机应变,处理会议意外或突发情况的能力。

二、主持会议的基本程序

(一) 宣布会议开始

做好会议的准备工作可以避免因紧张忙乱而出错。经过充分准备的开场白,可以带给整个会议一个富有组织的、卓有成效的开始。

1. 准时开会

对于每一位商务人士而言,最头疼、最厌恶的事情莫过于对方不准时,不守时。在高速运转的信息社会,时间意味着商机,意味着金钱和财富。有人说"浪费别人的时间,就等于谋财害命"是毫不夸张的。因某些人迟到而推迟开会的时间,浪费的是所有按时与会的其他人员的时间,这不仅会加剧与会者的焦躁情绪,同时也会令与会者怀疑组织者的工作效率和领导能力。

2. 如果有客人或新人与会,要表示欢迎

如果有上级领导、兄弟单位或有业务往来单位的领导与会,会议主持人可以对他们表示欢迎。如果有新入职的成员参会,表示欢迎后,可让其向大家做自我介绍。

3. 制定会议的基本规则

会议的基本规则是会议中行为的基本准则。会议主持人可以使用"不要跑题""保持安静,不要私下讨论",以及"每人的发言时间不能超过5分钟"这样的规定。如果准则是由与会者共同制定而不是由主持人强加给与会者的,效果会更好一些。主持人可以询问与会者"大家都同意这些规定吗?"得到肯定答复后,大家遵守这些规定的积极性、主动性就会提高。

4. 安排记录员和计时员

如果可能的话,让大家自愿来担任这些职责而不要由主持人指定。计时员负责记录时间并保证会议按规定的节奏进行。记录员则负责做会议记录。对于一些例行会议而言,不妨由所有人轮流担当这些职责。

（二）完成议题

会议议程的制定中会包括议题和议题的先后顺序；还会包括每一议题由谁负责准备；由谁负责资料及文件；每个议题的预期结果；每个议题预计花费的时间。确保议题能够顺利完成主要有以下方法。

（1）面对面会议：应让与会者当面充分地讨论问题，进而完成议题。

（2）电话会议：利用远程通信设备，让与会者异地同时参加会议，共同完成议题。

（3）电视会议：让身处异地的与会者在约定的时间通过音像设施，实时观察和听取对方谈话，相互沟通，共同完成议题。

（4）网络会议：通过因特网或者内部局域网在一段时间内进行交流讨论，确保完成议题。

实践中应根据不同的会议目的或类型，合理采用不同的方式，以确保会议议题顺利完成。

（三）会议总结

无论是什么样类型的会议，当会议结束的时候，会议主持人应重新回顾会议目标、会议取得的成果或已经达成的共识，提出落实会议精神的要求，加深与会者对会议主要内容的印象，巩固会议的效果。

（四）宣布会议结束，进行会议追踪与反馈

完成所有的议题后，主持人可以用昂扬的声音宣布会议结束。

会议结束后，还要做好落实会议精神的跟踪工作。会而不议，议而不决，决而不行，都会使会议的效果大打折扣。为了避免这种情况，可在会后形成《会议纪要》，然后根据会议纪要制定《会议行动追踪表》，必要的时候进行催办或者督办。

三、主持会议的技巧

会议依赖于与会者的相互作用。开会时出现问题是不可避免的。有时问题因为人而产生，有时因为程序或逻辑而产生。在任何情形下，主持者都有责任令讨论热烈，确保与会者都参与讨论，并保持讨论的正确方向。

1. 不同议题间的衔接技巧

许多会议，往往有着数个不同的议题，除了各个议题之间的先后顺序的安排有讲究外，各个议题之间的衔接与过渡也是主持人必备的技巧。常用的衔接用语有两种方式。

直截了当式："接下来进行的最后一个议题，请公司党委书记讲话。"

承上启下式："刚才各位对公司的销售工作提出了很好的意见和建议，我们将加以研究，制定出新的销售激励政策。下面，我们要评选今年的销售能手。"

2. 如何控制发言者时间

在会议进行过程中，会议主持人应该善于运用各种提问方式，这样可以合理控制发言者的发言时间,避免发言者占时过长。一般常用的提问方式主要分为两类:开放式的问题与封闭式的问题(前章已提)。开放式的问题需要我们花费更多的时间和精力来思考回答,而封闭式的问题则只需一两句话就可以回答了。比如说:"小王,你对这个问题怎么看?"这就是开放式的问题;"小王,你同意这种观点吗?"这就是封闭式的问题。提出封闭式的问题,可以使与会者在回答中占用时间较短,在会议进行中,可以合理运用封闭式提问,以控制与会者发言的时间。

封闭式提问与开放式提问方式见图 8-2 所示。

图 8-2　封闭式提问与开放式提问方式图

会议问题类型见表 8-2。

表 8-2　会议问题类型

问题类型	问题特点
棱镜型问题	把别人向你提出的问题反问给所有与会者。例如,与会者:"我们应该怎么做呢?"你可以说:"好吧,大家都来谈谈我们应该怎么做。"
环形问题	向全体与会者提出问题,然后每人轮流回答。例如:"让我们听每个人的工作计划,小王,由你开始。"
广播型问题	向全体与会者提出一个问题,然后等待一个人回答。例如:"这份财务报表中有三个错误,谁能够纠正一下?"这是一种具有鼓励性而没有压力的提问方式,因为你没有指定人回答,所以大家不会有压力。
定向型问题	向全体提出问题,然后指定一人回答。例如:"这份财务报表存在三个错误,谁来纠正一下?小王,你说说看。"这种提问方式可以让被问及的对象有一定的准备时间。

相关案例

某高校科学馆会议厅内正在召开"中国二十一世纪的管理教学发展趋向"的研讨会。会议进行期间,就 MBA 教育的发展方向问题,不同的与会者提出了不同的看法,有的认为 MBA 教学应该以"案例教学"为主;有的则认为应以理论修养的培养为主;也有的主张像美国哈佛商学院那样采用大量的案例教学,甚至可以取消传统的教师讲授的形式;这些不同观点在讨论过程中,争论得比较激烈,眼看讨论时间将近尾声,但与会代表为了充分表达自己的主张,很难"刹车",每个发言者占用的时间都非常长。

问题:如果现在你是这次研讨会的主席,面对这种不同主张分立的局面,你如何应付这种局面?你又如何就研讨的问题作总结?

> 在会议中常常出现会议主张不统一，产生一些争端。在本案例中，与会者观点偏差较大，争论时间过长，这是应发挥主持人的作用，灵活处理争端，把握会议用时。提问如果采用封闭式提问，用时时间少，在会议接近超时时，主持人应尽快做出提醒。

3. 处理发言人离题情况的技巧

出现离题发言主要有两种情况：一种是闲话式的离题；一种是发挥式的离题。

1）引导闲话式离题的技巧

在会议进行中，有人喜欢谈论传闻、轶事及与议题无关的闲话，越扯离议题越远。这种现象通常是因为与会者认为议题与自己无关，不感兴趣而出现的。也有的人对议题（如给领导提意见）感到不好，而有意说一些无关紧要的话，凑足说话的时间，表示完成了发言的任务。

面对这种情况，主持人可以采取一些技巧，将话题引导到正题上来。

（1）接过离题者的某句话，顺势巧妙地引回到正题上来。例如，会议正在讨论如何提高产品质量的问题。某人发言，先强调产品质量很重要，后闲扯到自己购买到劣质产品的不愉快的经历，发誓再也不买某个品牌的产品。这时，主持人顺势接过离题人的话头，说道："是呀，你的经历说明产品质量很重要，我们的产品如有1%的不合格，对用户就是100%的次品。所以，大家还是对如何提高我们公司的产品质量，多提意见或建议。"主持人巧妙地插话，将话题引到正题上来了。

（2）善意或风趣地截住离题人的话头，将之引入正题。例如，会议正在讨论如何加强公司的党风廉政建设，某发言者大谈网络上看到的外省某贪官腐败的经历，对其奢靡的生活作风津津乐道，讲得眉飞色舞，绘声绘色。此时，会议主持人插话道："你很有口才，令人羡慕。我想，你如果谈谈如何加强我们公司的党风廉政建设，也会很有见地的吧。"使用这种方法，可以将与会议主题无关话题引回到正题上。

2）引导炫耀式离题的技巧

某些发言者为炫耀自己的才能或见识，有意或无意地讲一些与议题无关的内容。

对这种离题现象的处理也不能简单粗暴，而应尽可能采用不影响情绪和气氛的方式，用礼貌的形式提醒发言者。会议主持人应具有高度的敏感性，以分辨离题的发言。

3）以退为进，导入正题的技巧

发言人离题，会议主持人可以适当插话，以未能告知会议目标或讨论主题而向大家道歉。例如，主持人可以说："很抱歉，由于我没有将会议的主题说清楚，使个别人的发言有点偏离主题。下面，我再把会议的主题明确一下，希望大家围绕主题，发表自己的看法。"运用这种技巧的时候，主持人在态度、措辞、语气及面部表情上，均应避免使离题者感到主持人是在变相批评自己。另外，主持人还可以技巧性地将离题者的言论放在一边，进入正题。例如，主持人可以这么说："刚刚你提到的这个问题非常重要，但是它跟我们的会议目标及讨论主题似乎并没有太大关系。假如你不介意，我希望将它留待会后再详谈。"

4）多次提醒，分步加码的技巧

有些习惯性或顽固性离题的发言人，洋洋千言，离题万里。主持人如果不及时纠正，会议进程就会远离主旨，浪费大家的时间，削弱会议的有效性。

首先，注视造成问题的人，利用身体语言提醒他；其次，感谢或肯定这个人，以及肯定他的良好意图；再次，建议他采取一种新的行为方式；最后，多做几次尝试，可以逐步改变或提高要求。

相关案例

小王是个很风趣的人，总是在开会的时候讲很多的笑话，让会议跑题。在一次小组讨论会上，小王又故伎重演。为了制止他，会议主持人可以分步采取以下方法。

注视小王并说："小王，你的笑话很棒。我有个建议，会中休息的时候，你再为大家讲笑话，效果会更好。"让小王知道，会议主持人不希望他的笑话影响到会议。

如果小王没有领会主持人的意图，继续讲下去，主持人可以继续加大话语的力度，予以制止："小王，大家平时都喜欢听你讲笑话，不过在会上我想大家更愿意听听你对这个问题的看法，希望你发表高见。"

如果小王还是没有改变，主持人可以加重语气："好了，别这样了。我们已经乐过了，谢谢你活跃了会场的气氛。不过现在我们该回到正题。"

如果公开制止仍然不见效，主持人可以起身说："小王，你出来一下，我有事情找你商量。"在这种私下的场合，主持人可以直接告诉小王："你已经影响到了会议进程，让我很为难。希望你不要再讲一些与议题无关的话，开好这个会。干扰会议的进程，耽误的还是你和大家的时间。"

对于习惯性或顽固性的跑题者，会议主持人首先委婉提醒；如果对方不改，可稍微加重语气再次提示；再若不改，可以直接提醒小王不要再讲了；如果仍不见成效，主持人则请小王出来，当面表达自己的不满，明确告诉他不要影响会议进程。这种分步加码的多次提醒，可以向与会者表明，主持人做到仁至义尽，也可以让小王因感到主持人的宽容而羞报。如果小王第一次违反会议纪律，主持人就严厉批评，很可能发生冲突，让会议泡汤。一般而言，会议主持人提醒一两次，违纪者都会收敛自己，真正屡教不改的人很少。

4. 如何引导不爱发言的与会者

(1) 鼓励胆小者发言，可以采取启发式的提问，引导胆小者发言陈述自己的意见与见解。并可以指名发言，指名某位与会者发言。也可以采取依序发言，让每位与会者至少能发表一次意见，而且可以采取诱导发言。以轮流的方式安排司仪、记录、计时工作，让大家当一次会议的旁观者，借此让他们体尝会议冷场的滋味。

(2) 另外可以针对某人一定知道的事情，请他发言。也可以让每个与会者提前了解议题，并指派任务给一些与会者，而在下次会议中，这些与会者就有参与发言的机会。

5. 处理争端，解决冲突

1) 与会者发生争端的种类

在会议中，有些人可能自认为无所不知，或者其掌握的信息完全是错误的，或者是一个吹毛求疵的人，他们喜欢插话打断主持人，甚至故意引起会议争端。在任何情形下，主持人都要保持清醒的头脑。一般与会者发生争端，可以分为以下几种情况。

(1) 与会者对会议目标或讨论主题不清楚。
(2) 与会者对会议过程中的某些问题,具有不同的看法或感受。
(3) 与会者想借会议而发泄自己心中的某些不满。
(4) 与会者相互间的不满,或借会议而相互挑衅。

2) 预防会议争端的方法

面对以上问题,主持人应该积极地预防会议争端,避免会议发生冲突。一般情况下可以采取以下方法。

(1) 会前应澄清会议的目标与讨论的主题,以避免离题的争论。
(2) 事先应强调这样的观念:"真正重要的是什么是对的,而非谁是对的。"这个观念有助于避免议题内的争论。

3) 会议争端的处理方法

然而一旦发生了会议争端,主持人应即时处理,一般可以采取以下方法。

(1) 倘若争论是离题的,则立刻制止,并复述会议的目标与讨论的主题。若双方的讨论变得过分激烈,主持人可以站起来重新控制局面并使他们镇静下来。同时,注意使用一种平静的、有分寸的语调使会议回归正题。一般情况下,有些喜欢辩论的人会意识到当前状况,然后不再提出问题,制造麻烦。但如果这个人不太敏感的话,主持人就必须直截了当地向他指出,他这种吹毛求疵的做法扰乱了整个会议的进程,浪费了大家宝贵的时间。然后主持人转移话题,向另一个人提问,以便让讨论继续下去。

(2) 倘若争论是议题内的,则先强调"什么是对的"远比"谁是对的"更加重要,应将注意力集中在论点本身。讨论时应该注意"对事不对人"。然后可以征求那些沉默的与会者的意见,最后主持人再显示自己的个人观点或个人立场。通过提问,主持人可以引出这些人不正确的发言,然后不再理睬他们。通常,这种人会激怒其他的与会者,会有人讲出不欢迎他们的话,然后一片沉默。这时,主持人可再问其他与会者一些直接的问题,从而维持会场气氛不至于失控。

相关案例

某公司的年终市场销售分析会议正在进行,公司总经理担任会议的主持人,在会议进行过程中,公司负责市场工作的副总经理提出,公司明年的市场营销重点应从"以巩固国内市场为主"转向"以开拓国际市场为主"。他希望他的设想能在这次会议上得到大家的支持和通过。但在会议进行过程中,负责市场营销的部门经理、副经理对这个设想提出了反对意见,他们认为国内的市场潜力还很大,而企业的资金实力不够,如让其全面开花,还不如采用"各个击破"的方略,先在国内市场取得绝对优势地位。结果双方争论得不可开交。

问题:这种情况下如果你是会议主持人,面临与会代表这种相争不下的局面,你准备如何解决?

处理会议争端时,会议主持人或会议主席应充分发挥自己的沟通协调能力,如果就某一问题现阶段无法一时定夺,会议主持或主席可以转移议题,进入下一议题,将矛盾分歧在会后再进行商议,或双方做出可行性报告分析后再定夺。如果会议主持或者主席已经有一定目的或建议,可以发挥主席的权威性,为争议做出决定。

四、控制会议的进程

掌握好议事进度对一次会议的成功至关重要。控场也是成为一个合格的主持人最应该掌握的技巧之一。掌握好议事进度的方式主要有两种:语言方式和非语言方式。

1. 语言方式

语言方式是指主持人用一些比较有技巧的话语来控制会议的议事进度。例如,面对一些非常容易滔滔不绝的发言者,主持人可以凭借对其的了解,让其先发言,使其尽量缩短发言的时间。具体做法如:"能不能用 3 分钟的时间,给我们简单地说一下?"当他说到 5 分钟的时候,主持人可以再说:"你说的正是我们需要的,不过,已经 5 分钟了。"或者可以采用一带而过的方法,例如,"你刚才说的内容非常好,你对下一问题怎么看?"这样就可以把他从一个问题带到另一个问题,防止离题的发言人继续浪费会议时间;或是可以转移说话对象,如"你说得很好,坐在您旁边的这位怎么看呢?"很自然地终止了离题者无实际意义的话题,让下一个与会者发言。通过这种言语方式,主持人可以有意识地、合理地控制会议的进度。

2. 非言语方式

还有一种有效掌控议事进度的方式是用非语言的方式,即通过眼神、手势、身姿等非言语手段,告诉发言人说多了或者别说了。比如主持人把目光转向别人,提示离题者。或者用其他方式提醒,如不停地看手表,做出瞌睡状等,也能达到同样的效果。

语言和非语言这两种形式的合理运用,可以做到有效的控场,使会议既不会太短,也不会太长,准时开始,按时结束。

五、对会议进行总结

(一) 常见的总结模式

无论是什么样类型的会议,在会议结束的时候都可以重新回顾一下会议目标、取得的成果和已经达成的共识,以及需要执行的行动。

(1) 总结会议主要的决定和行动方案,以及会议的其他主要结果。

(2) 回顾会议的议程,表明已经完成的事项,以及仍然有待完成的事项,说明下次会议的可能议程。

(3) 对会议进行评估,在一种积极的气氛中结束会议。

主持人可以对每一位与会者的表现表示祝贺,表达你的赞赏,然后大声地说"谢谢各位"来结束会议。

(二) 会议总结的主要方法

1. 直接叙述法

直接叙述本次会议办成了哪些事,会议中达成了哪些共识,解决了哪些问题,以此加深与会者对重要议题的印象。

2. 归纳法

在回顾会议议程的基础上,对整个会议取得成果进行高度概括。

3. 鼓动法

用鼓舞人心的话语作总结，进而提出希望和要求，例如，号召"大家为……奋斗！"

六、主持会议的八忌

1. 忌紧张猥琐

主持人首先应该做到能够自我放松，才能够使会议在轻松的氛围下进行，使会议成员充分融入会议当中。

2. 忌面无表情

主持人应该充分运用自己的身体语言，面部表情语言等，辅助自己的语言，引导会议顺利进行。切忌面无表情，冷若冰霜，一副拒人千里之外的样子。

3. 忌中心议题不明

主持人如果不明确议题，就会导致会议偏离目标，无法觉察发言离题，影响会议的效率。

4. 忌套路陈旧

有人主持会议的方法和风格一成不变，生硬刻板，八股味浓，令人厌倦。

5. 忌拖泥带水

将短会开成长会，主持人首先应该具有时间意识。

6. 忌冷场

在出现冷场时，主持人应该启发与会者，引导话题。

7. 忌搞一言堂

在会议中，有些职位高的人常常会出现"一言堂"的局面，一个人长时间的夸夸其谈，不留时间给大家发言。

8. 忌打官腔

满嘴"哼""哈"，官腔十足，容易引起与会者的反感。

【思考和练习】

（1）谈谈主持会议的原则是什么？

（2）假设你是学校某系部元旦联欢会的主持人，为该联欢会设计开场白。

第三节　会议发言的艺术

一、消除紧张心理

每个人在面对大型会议、应聘面试、演讲等公众发言时，都会出现紧张心理。消除紧张有几个重要方法。

首先,是应做到在公众发言前,有着充足的准备。如果在公众发言前有一个万分充足的准备,这时内心的自信就可以战胜紧张感。虽然说"计划不如变化快",但是事实上以"不变应万变"是万全之策。因此,在每个会议召开以前,充分的准备工作是避免表现紧张的关键。

其次,事先应做好后备计划,以防突发事件,做到有备无患。

最后,可以采取一些及时消除紧张的方法。例如,深呼吸,平息心境,或者用力握紧拳头,自我暗示告诉自己很棒,自己没有问题,再放开拳头等,这些都是及时放松的好方法。切忌在重大发言前坐立不安,走来走去,这样会更加慌乱,应该做到坐定,深呼吸,整理思路,明晰话语。

二、确定发言的主要内容

会议发言应该紧密围绕议题进行,在发言前应当列下提纲或打下腹稿,忌语无伦次,离题千里,废话连篇。列提纲可以使自己的观点鲜明,语言流畅,语义明确,发言中最好能够做到突显逻辑顺序。例如,可以用第一,第二,第三等;或者用首先,其次,再次等。当无法列下提纲时,在发言前,应打下腹稿,明确自己发言最希望将什么样的信息顺利传递给与会者。

三、明确主题,防止跑题

在会议发言中,有些与会者还会常出现跑题的现象,浪费会议时间,甚至导致无效会议。可以采取以下方式,防止发言跑题。

1. 明确会议的主题和议题

弄懂会议主题和议题,确定自己的发言内容,这是防止发言跑题的第一步。

2. 把重点内容讲深讲透

(1)与主题无关的话不说。

(2)数个观点中,分清主次,把主要观点讲透。

(3)观点应是深刻的见解,做到一针见血;主观认识与客观实际相统一。

四、其他应注意的事项

1. 运用目光管理,拉近同与会者的距离

目光是心灵的窗户,眼部语言主要能够分为注视与眨眼两大类,在会议沟通中,运用较多的是注视。发言时要多注视与会者,与与会者有目光交流,忌目中无人、目空一切。

2. 体现自己言语的个性特点

每个人说话做事都是有自己的风格。有的人语言风趣幽默;有的人语言严谨;有的人语言一板一眼,有的人语言如行云流水……不管是什么样的风格,都应体现自己的言语个性。因为,体现自己言语的个性,才能最大限度地发挥自己的言语才能,增强发言的感染力。

3. 关注听众,防止沟通漏斗效应

沟通是存在沟通漏斗效应的,它是一种由上至下的信息数量逐渐减少的趋势。如果一个人心里想表达的东西是100%,用语言表达时,已经漏掉了20%的信息,说出来的只剩80%了;而当这80%的东西被对方的听觉接收时,只"存活"了60%。实际上,真正被别人理解了、消化了的东西大概只有40%。等到这些人遵照领悟了的40%的信息采取行动时,已经变成20%了。沟通漏斗图见图8-3所示。

这就是所谓的沟通漏斗,它的吞并功能非常强大。因此,一定要掌握一些沟通技巧,争取让这个漏斗漏得越来越少。要关注于听众的反应,让听众听懂,并能够赋予实践,可以采取以下方式。

(1) 多做会议记录。
(2) 减少会议干扰。
(3) 增加与会者参与的环节,增强讨论。
(4) 注重会议反馈。
(5) 会议计划实施落实到个人。

4. 换位思考

沟通中存在着沟通金三角的模式,沟通金三角反映的是一种换位思考的思维模式。图8-4中,在三角形的底端,"自己"和"对方"在两边说话,你谈你的事儿,我谈我的事儿,这只是在对话,沟通是不会成功的;只有在金三角的顶端,开会沟通的双方采用换位思考的方式,使谈话双方都站在对方的角度上,设身处地地为对方考虑,才能真正体会彼此的意思,也才能实现成功的沟通,所以沟通的关键在于换位思考。在会议中,如果会议发言人不能够换位思考,那么这样的发言可能会索然无味,或者产生沟而不通的现象。

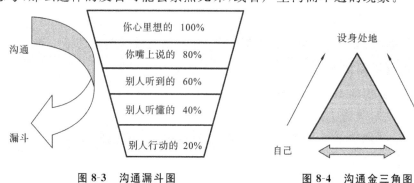

图 8-3 沟通漏斗图　　　　图 8-4 沟通金三角图

【思考和练习】
(1) 思考如何弱化沟通漏斗效应。
(2) 利用图书馆里图书资料或网络资料,了解一些专业大型相关会议的主题与宗旨。

第四节　组织会议讨论的技巧

一、安排好讨论的议题

会议议题通常是指会议所讨论的内容、中心、主题。一般来说,议题的安排及确定应该遵循以下原则。

(1) 议题应该是工作中亟待解决的问题。

(2) 议题合法可行,所议问题属于会议权限内。

(3) 会议主题明确。

(4) 根据议题安排好会议程序,确立好议题排序,确立各个议题进行的先后顺序。

二、正确对待不同的意见

1. 鼓励大家畅所欲言

提的意见越多,产生好意见的可能性越大,好想法的出现都是有一定比例的;除了提出自己的原创意见外,可以鼓励与会者对他人已经提出的设想进行补充、改进和综合。在会议中,主持人可以采取一些方式鼓励与会者积极发表不同的意见,主持人也可以对不同的意见进行反馈。一般来说,反馈包括两种方式。

1) 正面指导反馈

积极的反馈是一种正面的强化指导,即一般意义上的表扬。如果出现不同意见时,主持人可以首先采取积极性的反馈。例如,"小李,你的这个意见提得很不错,说明你关注了这个事件。"

2) 建设性反馈

建设性反馈是一种劝告指导,即一般意义上的批评。批评要非常注意方式,既要达到反馈的目的,又不能伤害别人的自尊。在会议中如果有不同的意见时,我们可以采取积极性反馈与建设性意见结合。例如,小李,你的这个意见提得很不错,说明你关注了这个事件。但是,这个意见恐怕在现阶段我们难以实施。

2. 听取不同意见

毛泽东说过:真理往往掌握在少数人手里。会议讨论中,大家对某个问题的看法不一致,是很正常的现象。不同意见甚至反面意见,不一定是错误的。主持人要引导大家注意听取不同的意见,广开言路,打开思路,通过各种思想碰撞,才能统一认识,协调行动。

妥善处理不同意见的方法有:

(1) 让对方把话说完,这是一种美德,也是一种修养;

(2) 肯定对方善意的出发点,肯定其不同意见中的合理部分;

(3) 对不同意见中不合理的部分,说明不赞同理由。

3. 不评论他人说话意图的好坏

评论他人意图的好坏会直接影响发言人的发言积极性,可能会使其以后不愿意再提出自己的想法,同时,也会给其他人造成一种负面的影响而不敢发言,使会议冷场。在会议进行过程中,应尽量避免使用那些影响其他人发言积极性的话语,例如,"你的发言理论上可以说得通,但实际上并不如此。""这个提议没有价值吧!""可能大家不会赞成。""会被人讥笑的。"

三、如何处理讨论过程中的争论

在会议中出现争论是十分正常和合理的现象,说明了会议大多数成员愿意参与会议,并有一定的主人翁意识。相较一个无人发言或者与会者都唯唯诺诺的会议,有争论的会议更加具有生机与活力。

一般来说,会议的争论的原因主要有三点:因不同意见而造成的争论;因人身攻击而造成的争吵;因争强好胜导致的争吵等。

在处理会议争论时,要求会议主持人尽可能做到公正,尽全力避免与会者的争论升级,因为争论是有一定正面作用的,但是争论上升为争吵,会导致会议无法进行。

当产生争论时,会议主持人应加以引导和控制,做到"对事不对人"。引导或控制会议争论的步骤如下:

(1) 分析造成分歧的因素;
(2) 研究争论双方或各方的观点,了解协调的可能性;
(3) 将争论的问题作为会议的主题之一,展开全面的讨论,以便把会议引向深入;
(4) 若分歧难以弥合,那就暂时放下,按会议议程进入下一项。

四、如何处理讨论会上冷场的问题

冷场,是会议讨论活动中一种常见而又使会议主持人颇感难办的问题。冷场因沉默而引起。主持人应当思考与会者产生沉默的原因,巧妙打破沉默,这是主持人需要掌握的技巧。会议中的沉默通常有以下几种情况。

1. 因胆怯、害羞导致的沉默

对于因胆怯害羞引起的冷场,会议主持人要鼓励这些人发言,多加引导,再提出一些比较容易发挥的话题,让他们发言。同时,还要表示出对他们的发言很感兴趣,鼓励他们大胆发言。

2. 因持不同意见引起的沉默

当会上多数人同意某种意见时,就会出现一边倒的情况,少数人尽管持有不同的意见,但怕得罪大多数人而被孤立,于是就用沉默的方式逃避发言,导致会议冷场。在这种情况下,主持人这时不应急于表态同意多数人的意见,应当耐心地、热情地鼓励有异议的人讲出自己的见解,以便比较和选择出最佳的看法或方案。

3. 因事不关己导致的沉默

当会议的议题与部分人的切身利益关系不大时,其中少数人就会抱着无所谓的态度参会,不愿开动脑筋积极发言,导致会议冷场。其实,在一个单位内部,所有的会议或多或少,都会与每个成员的利益有关联,会议主持人要发掘出这种利益相关性,促使他们思考,引导他们发言。

4. 因对立导致的沉默

有的人对会议主持人或会议议题有抵触情绪,便采取不予理睬的态度,有意沉默,让会议冷场。会议主持人应主动、热情地引导他们发言,甚至可以幽默地说:"每个人都要发表自己的高见,不然就集体打坐,不散会。"如果有人发表对立的意见,主持人也应给予鼓励支持,而对其激烈的言辞不要过于介意。这样,就可以让大家把话说完,不至于冷场。

5. 与会者无思想准备导致的冷场

有些会议由于时间紧急或其他原因,事先没能告知与会者提前准备,大家不知道该说什么、如何说。会议自然就很容易冷场。这时会议主持人可以鼓励大家先谈不成熟的意见,在讨论中再补充完善。也可以临时提供相关信息资料,让大家先做短暂的准备,然后发言。

6. 因涉及敏感利益而导致的冷场

如果会议议题涉及与会者中部分人的利益,另外一部分人碍于情面或不愿意得罪人,有太多顾虑,不愿意发言,造成冷场。对此,会议主持人应先启发利益关系不太大的人先发言,也可以请大家公认的正直公道的人发言,然后再逐步深入。只要有人开了头,冷场的局面就会有改观。

7. 因议题难度大引起的冷场

有些议题专业性强,或者超出了与会者的业务范围,大家一时不易提出明确意见,出现冷场。这时会议主持人可以先挑选难度较小的外围问题,引导大家发言,就可能相互启发、触发灵感,热烈讨论甚至争论,逐步指向难度较大的中心议题。另外,主持人也可以请分析能力强、专业对口或相近的与会者首先发言,打开其他与会者的思路,引导大家积极发言。

沉默和冷场有着密切的关系,但并不是所有的沉默都需要主持人加以引导,要求其发表意见的。会议中沉默的原因很多,不一而足。如有的人不吭声可能是表示同意,有的暂不表态可能是想听别人意见后再说,有的人不发言是因为没有新的意见等。这些情况均属正常,主持人不必太在意。

五、会议讨论中其他应该注意的事项

1. 一事一议

会议讨论的问题过多,既容易导致会议的重点不清晰,又容易产生不同的讨论方向,从而导致论题的随意延伸或扩大。

2. 对事不对人

会议讨论中,会有不同的意见或观点。主持人应该提示不同意见的双方,要对事不对人,就事论事,专注于分歧本身,不得涉及人身攻击。主持人提醒双方把个人的情绪和会议议题分开,有助于维持双方的关系,冲突的问题也容易得到处理。

3. 相互尊重

当会议主持人意识到争议可能激化的时候,要求意见不同的双方做到:不要贬低、嘲讽不同意见的人,更不能进行人身攻击。因为冲突双方往往根据对方的反应调整自己的对策,当一方友好可以使另一方也回报以友好;反之亦然。

4. 摒弃部门利益

当出席会议的双方因部门利益争执不休、难以形成决议的时候,主持人应要求双方:从大局出发,以开放的心态,多听取对方的意见;从全局的角度看问题,换位思考,互谅互让,互惠互利,处理争执;从对方的角度或双方共同的利益来考虑问题;同时要坚持用客观标准来评判问题,因为问题的解决方法往往独立于双方的意志之外,而存在于客观标准当中。

【思考和练习】

(1) 如何安排好会议议题?

(2) 会议沟通中出现冷场或离题问题,如何灵活处理?

技能与训练

一、相关技能分析

请根据下面左栏的问题,从右栏挑出相应的对策,将问题和相应的对策用直线连接起来。通过该练习学习如何更好地进行会议控制。

问题	对策
① 你想令讨论热烈。	A. 请每个与会者总结其他人的发言。
② 你想打断某项讨论。	B. 问小组一个开放式的问题。
③ 几个与会者在开小会。	C. 询问小组的反馈意见。
④ 两名与会者就一个观点争执。	D. 问小组一个具体的问题。
⑤ 与会者问了你一个难以回答的问题。	E. 把问题转回给小组。
⑥ 你想调查对一个观点的支持程度。	F. 问与会者一个具体的问题。
⑦ 你想知道自己是否是个成功的会议主持人。	G. 请某个与会者总结讨论。

答案:①——B;②——G;③——F;④——A;⑤——E;⑥——D;⑦——C。

二、项目实训

1. 实训名称

会议策划。

根据自己的相关专业,搜集相关专业的大型会议资料(例如,酒店专业的学生,今后就业会是在一些大型酒店,可以搜集相关酒店业内召开会议的资料),请你联合自己的小组成员,组成团队,根据实际情况,结合现有条件,策划一个会议。

2. 实训目的

通过制订《××会议策划书》,形成运用沟通的基本原则来指导沟通实践的意识。

3. 实训内容

(1) 会议前的调查:准备会议相关资料,确定会议场所,以及备用设备,安排会议前相关准备工作,策划会场布置方案。

(2) 会议策划:成立一个策划小组,推选项目负责人,拟定会议相关议题,进行会议策划,并撰写会议策划书。

4. 实训指导

(1) 注重前期会议信息的搜集与分析:了解行业内大型会议动态,查阅相关会议的文件和资料,了解往届会议相关的信息,为制订会议的策划方案打下基础。

(2) 制订《××会议策划书》时,注意可行性和必要性。

5. 组织实施

(1) 分组搜集相关信息。

(2) 分组讨论、制订《××会议策划书》。

(3) 各小组在全班交流会议策划的体会心得。

6. 考核方式及成绩评定

(1) 实训小组表现情况,全员参与合作,分工落实到个人,考核占40%。

(2) 《××会议策划书》的成绩评定,包括PPT展示,文字策划方案,口头陈述,考核占60%。

第九章　网络沟通

学习目标：
(1) 了解网络沟通的概念、特点及优势、劣势。
(2) 熟悉常用的网络沟通工具。
(3) 掌握网络沟通工具的选择方法,以及注意事项。

任务导入

2010年春,湖北黄石市的一位董大妈为增长知识开始接触网络。因为做过民办教师,她很快就掌握了计算机打字和上网的技巧。自从学会上网和玩微博后,她利用网络助人为乐,帮助网友解决各种问题和矛盾,被网友们亲切地称为"黄石好人董大妈"。

网友小曹得了一种怪病,曾有轻生念头。"你年纪轻轻的,要好好生活,现在科技这么发达,要有信心去治疗。"接连几天,董大妈一上网就与小曹耐心沟通。如今两年过去了,在董大妈的劝说下,这位青年打消了自杀的念头,并在上海进行了治疗。目前正处于康复阶段。

如今网络骗子多,一般人不愿意有经济来往,但董大妈不怕,经核实网友确实需要钱财资助的,她会倾囊相助。2012年春,她通过网络得知黄石市大冶有一名网友袁先生在做工程时周转金遇到困难,董大妈通过多方了解后,将自己仅有的6500元存款,取了6000元给对方。充分的信任和热心的帮助,让袁先生感动不已。几个月后,讲信用的袁先生与妻子一起驱车,上门将6000元现金归还给董大妈。

董大妈说,经过自己的努力,可以让冰冷的网络有温度,让人与人之间的距离变得更近。

任务分析

网络是我们现实世界之外的一个虚拟世界,与我们的生活密不可分。只要运用得当,网络一样可以成为我们沟通的好工具,成为连接人与人之间关系的纽带。网络沟通也可以很温暖,为我们排忧解难。另一方面,网络上也存在着许多虚假信息,我们要提高警惕,防止上当受骗。

那么,什么是网络沟通?常见的网络沟通工具有哪些?它们各自有哪些特点?如何选择合适的网络沟通工具?这些都是这一章要讲的问题。

1994年,我国正式被国际承认为"有互联网的国家"。而在西方,这一年则被称为互联网的商业化年。在1998年5月举行的联合国新闻委员会年会上,互联网被正式冠以"第四媒体"的称号,以独立于传统的三大媒体——报纸、广播和电视,这在大众传播发展史上具有划时代的意义。世界各国的专家们预言：作为20世纪人类历史上最伟大发明之一的第四媒体，将成为21世纪的主导传媒，十到二十年内，第四媒体的影响力可能超过传统媒体。虽然网络在我国出现的时间不长，但发展迅猛。可以说，网络现在不仅影响着我们的生活方式和工作方式，而且对我们的沟通行为也产生了巨大的影响。本书所提到的网络主要指互联网。

第一节 网络沟通概述

一、网络沟通的概念与特点

（一）网络沟通的概念

网络沟通由网络和沟通两个概念组合而成，将网络这种新的传播媒介与人类的沟通行为相结合就构成了网络沟通。所谓网络沟通，指的是个人与个人之间、个人与多人、多人与多人之间，为了互通信息，交流思想情感，完成特定的工作任务或个人事项，以国际互联网为信息通道，借助文字、图片、声音、影像等多种符号系统进行信息传递和反馈的过程。

这种新型的沟通渠道是伴随着第四媒体的出现而产生的，因此，它既具有一般沟通的特点，又具有典型的网络化特征。网络沟通的主体包括个体、群体，以及企业、政府和国家等组织。

（二）网络沟通的特点

网络给予计算机和移动终端双向传输多种信息符号的能力，是一种极具传播优势与亲和力的信息通道，现在已成为人们最主要的信息来源渠道和通信工具之一，具有不同于以往沟通渠道的独有特点。

1. 网络沟通双方的平等性

网络沟通双方的平等性，主要是指网络信息的发送者和接收者地位、人格的平等，且双方的角色也是可以迅速互换的。网络是一个平等开放的媒体，也是一个隐秘的空间，现实社会中存在的社会地位的差别、文化层次的高低、职业身份的区别等沟通障碍受到极大的削弱甚至消失，人们可以自由地在网络上发表意见、探讨理论、交流情感，而无须承受过多的社会压力。双方可以平等、和谐地进行沟通，每一个人也都可以成为网络沟通的参与者。

2. 网络沟通内容的丰富性

网络是一种复合型的媒体，具有强大的资源共享和信息交流的能力。它能容纳社会生活各方面丰富多彩的庞大信息内容，例如，新闻、财经、军事、美容、旅游、美食、购物、育儿、医疗、娱乐、科技、时尚、炒股……可谓包罗万象，无所不及。通过网络，沟通双方不仅可以就学习上困惑、工作生活中的压力展开细致的交流，更可以对双方共同感兴趣的经济形势、时事热点等话题进行深度的探讨，沟通的内容十分丰富多样。

3. 网络沟通方式的多样性

网络集人际沟通、小组沟通、组织沟通和大众沟通等多种沟通形态于一体,它集文字、图片、声音、影像于一体,为人们提供了多样化的沟通方式。通过网络,人们可以使用文字、图片、声像等多种方式沟通信息,常见的有电子邮件、QQ、MSN、微信、飞信、微博等,还可以通过麦克风、视频设备,相互进行实时面对面的语音通话。

4. 网络沟通环境的虚拟性

网络上流行过这样一句话:在网上没有人知道坐在电脑前的是一个人还是一条狗。这句话道出了网络沟通隐匿性好的特性。网络自从诞生之日起,就逐渐从现实社会中分离出来,乃至形成一个既与现实社会相联系又相互区别的虚拟数字世界。人们在网络上可以隐藏自己的真实姓名、性别和身份,随性地扮演自己梦想中的角色,并为自己进行必要的装扮。然而,这种虚拟的角色却能够使沟通双方卸下心理负担,表现出最真实的自我,真诚地表达自己的思想情感。

5. 网络沟通范围的广泛性

互联网是一个覆盖全球的国际网络,面向所有信息发送者和接收者开放,这一全新的沟通渠道真正实现了沟通无疆界。只要在被网络覆盖的地方,就可以与全世界任何一个地区的任何一个人进行对话。这在网络产生之前是无法想象的。网络是一个十分广阔的交流平台,扩大了人际交往的范围。人们可以在网络上随意地结交有共同志趣的朋友,与他们进行交流,人和人之间就像是"海内存知己、天涯若比邻"一样尽情自由地交往。

6. 网络沟通信道的快捷性

与其他沟通信道相比,网络具有无可比拟的快捷性,这是众所周知的一大特点。随着现代信息技术的进步,网络消除了时空的差距,可用光速传输信息,传递、接收和处理信息的速度十分惊人,而且还可以二十四小时不间断运行。网络快捷的传输速度使信息的时效性得到了空前加强,它可以在第一时间报道突发事件和新闻事件,不断刷新、修改或删除。人们可以第一时间在网络上了解这些信息,并能够利用网络信息平台对热点话题进行即时的沟通和交流。

7. 网络沟通传播的交互性

交互性是指网络可以让信息在发送者和接收者之间实现双向或多向互动式的传播。它有两层含义:第一是双方或多方的交流反馈,他们的角色可以自由频繁地相互转换,发送者可以变身为接收者,接收者也可以变换为发送者,此时此地是发送者,彼时彼地是接收者;第二是人们可以根据个人喜好主动地在网上获取信息,自主选择何时何地以何种方式获得何种信息,即拥有获取所需信息的自主选择权,换句话说,信息是可以被拉出来的。

8. 网络沟通语言的新奇性

在网络交流中,人们利用自己独特的智慧和个性创造出一套亲近贴切、简洁方便、生动幽默的网络语言。如果你不懂，你可能很难与他人在网络上进行交流。网络语言最大的特点就是新奇性，它与传统语言有着很大的不同，深受人们的追捧和喜爱。这主要是因为年轻人是使用网络的主体，他们思维活跃，追求时尚，不太愿意接受传统语言规则的约束，热衷于使用新奇有趣的语言，以彰显自己鲜明的个性。同时，他们文化程度较高，熟悉英语和计算机语言，能够大量创造网络新词汇。当然，汉语中大量同音、谐音词汇的存在也为网络语言的产生和流行提供了土壤。

二、网络沟通的优势和劣势

（一）优势

1. 即时有效，快速便利

现代信息技术的飞速发展使网络即时沟通成为现实，只要有一台能上网的计算机或手机，一分钟就可以将信息传遍全世界。再如，采用即时通信软件，人们可以对自己感兴趣的热点话题或某些事情进行实时地、快速地沟通，向对方及时表达自己的想法和意见，以便消除分歧、达成共识并最终解决问题。而且，利用网络沟通的双方足不出户就可以在一起进行交流，保持持续的互动和反馈，不需要面对面，也不受时间和地点的限制。这种沟通的即时性和便捷性，节省了沟通的时间，极大地提高了沟通效率，信息资源的共享让沟通更加顺畅，信息的电子化更加有利于资料的记录和存档，为人们的工作学习和生活带来了很大的便利。

2. 沟通成本更廉价

网络作为一种跨越国家的全球化媒介，它以最低的信息成本供无数的人共享。网络沟通的成本比其他传统沟通方式所产生的费用都要低。随着网络的普及，网络沟通工具得到广泛的应用。截至目前，几乎所有开发网络沟通工具的公司对相应软件都未收费。这也就是说，只要能够上网，你就可以免费使用网络沟通工具。此外，网络上大量的图、文、声、像信息也免费提供使用。总的来说，与传统沟通方式相比，网络沟通可大大地降低沟通成本。

3. 跨平台容易集成

跨平台是能够将电脑程序语言、软件和硬件设备放在不同系统上进行正常运行的复杂技术，既可以跨硬件平台，又可以跨软件平台；而且容易集成，将各种文字、图形、声音、影像有机地整合在一起。例如，在计算机上安装屏幕阅读器软件，可以实现将文字、图形及其他计算机连接设备上的信息转化成语音或盲文的功能，视障者或阅读障碍者也可以进行网络交流。盲人浏览器也是为方便视障者浏览网页而开发的。2008年北京残奥会官方网站正是因为应用 WAI[①] 标准而使盲人可以通过各种浏览器获知残奥会比赛信息。

[①] WAI(Web Accessibility Initiative，网页易读性倡议)是 W3C(万维网联盟)标准的一个分支，主要的是对一些残障人士访问页面提供一些便利，比如，在页面上体现出字体大小的缩放、页面色彩对比度的增加，以及提供一些实时语音朗读系统的接口。

4. 超强的信息储存能力

网络沟通拥有比传统沟通方式大得多的信息含量,这源于网络为沟通信息提供了极大容量的存储空间,显示出它超强的信息存储能力,既满足了人类社会日益增长的信息存储需求,又满足了人们为保护地球环境而提倡的无纸化办公要求,可谓一箭双雕。现代网络能通过网络通信将大量与计算机联网的和外接的光盘、硬盘等存储设备连接成一个超大容量的虚拟存储系统,而网络沟通中各种文字、图片、声音、视频等信息都可以被转换成二进制数据存储在这个虚拟存储系统中。这些存储的信息是人类社会共同积累的知识,通过互联网可以方便地为人类社会所共享,从而实现存储信息的价值。

5. 不受时间和空间的限制

电话需要对方在第一时间接听才能沟通,书信抵达到对方手中有一定的延后性,面对面交流需要沟通双方身处同一时间和同一地点,传统媒体沟通有固定的版面或播出时段安排。而网络不受天气、时间和空间等自然因素的限制,没有边界,能实现全天候无障碍的沟通。即使远隔重洋,双方仍然可以利用网络沟通平台自由地实现思想、情感和信息的交流与互动。就算一方不在线,另一方也可以把信息传递过去,这体现了网络沟通异步性的优势。

6. 沟通立体化、直观化

与传统的书信和电话等单一平面式的沟通方式相比,网络在沟通的立体化、直观化方面具有无与伦比的优势。网络沟通中音、视、字、图、多媒体的同步应用,制造出集多种感官信息于一体的立体化信息空间,构建了一种全新的立体直观化的沟通方式,让人们在网络上有了更多的情感表达选择。例如,虚拟现实技术的应用可以使人们身临其境,在网络中得到视觉、听觉、触觉、力觉、运动、乃至味觉和嗅觉等立体化、直观化的感知;全息技术让人们无须戴专门的眼镜就可以看到3D图像和全息视频;借助增强现实技术,配合头戴式显示器人们能看到真实环境中不存在的虚拟对象与实际环境叠加融合在一起,获得超越现实的感官体验。

(二)劣势

作为一种新型的沟通方式,网络沟通虽然有着传统沟通方式难以比拟的各项优势,但是"金无足赤,人无完人",网络沟通也有着自己的劣势与不足。

1. 沟通信息超负荷

网络就像一个巨大的信息海洋,各类信息层出不穷、应有尽有。从广度上来看,互联网共享了全球天文、地理、人文、科学等各方面的信息资源;从深度上来讲,利用超文本链接方法,网络信息供给可以向纵深推进,这是任何传统沟通媒介都无法做到的。但古语有云"少则得,多则惑",网络中海量的信息资源也导致了沟通信息的超负荷,人们难以辨别和筛选自己想要的信息,从而造成网络沟通的负面效应。例如,英特尔公司进行一项在线调查结果显示,过多的在线共享已经导致了网络信息超负载,并且已成为了全球性问题。2012年伦敦奥运会就出现了网络超负荷状态,因此,人们被国际奥委会告知若非紧急之事,就不要发微博。

2. 口头沟通被弱化

不得不承认,虚拟的网络世界是丰富多彩的,吸引着人们花大量的时间驰骋于网络世界寻求精神交流。网络沟通填补了人们内心的空虚和寂寞,但同时也有一个不容忽视的不足之处就是导致人们口头沟通能力的弱化。很多人在网络上能言善辩,而在现实生活中却木讷寡言。甚至还有这样的情况,原本两人在网络上沟通十分顺畅,但在面对面交谈时却遭遇交流障碍,成为最熟悉的陌生人,以至于出现网聊热而见面冷的尴尬。

3. 语言规范受挑战

网络语言根植于传统语言,它能在网络世界大受欢迎,说明它是有生命力和有存在价值的。但是网络语言中的另类表达,却对传统语言规范构成了极大的挑战,带来的冲击不容小视。具体表现主要有如下四点。

第一,网络语言中不符合语法规范的语句俯拾皆是,如"人来了都""开心ing",完全违背了构词规律和语法规则,严重影响了语言的严谨性。

第二,大量畸形变异、故意误解和语音误读的词语充斥着网络,如"反对"叫"拍砖""偶像"叫"呕吐的对象""喜欢"叫"稀饭",增加了理解的难度,造成了交际的困难。

第三,无厘头、恶搞、粗俗的语句大行其道,没有实际意义的废话、调侃他人的戏谑、出口成"脏"的辱骂,严重破坏了民族语言典雅纯洁的形象。

第四,错别字随处可见,最初是没有耐性保证打字的准确性,后来是渐渐的习以为常,于是"我来了"就成了"我来乐"。

最令人担忧的是,这些不规范的网络语言已经对处于语言学习阶段的青少年带来一定的负面影响。大量的"火星文"、新潮的网络词汇和胡编乱造的成语出现在许多中小学生的作文里就是最好的说明。

4. 传情达意受限制

尽管许多网络沟通工具已经拥有了表情符号,也可以实现语音和视频的交流,但仍然没有真实的表情那么有人情味。因为通过网络,人们进行的是虚拟的"人—机—人"式的交流,面对面沟通中具有的真实表情、神态、手势、眼神等体态语,以及副语言都不复存在。在网络中联络,人们经常在键盘上不停地敲字,边敲边思考,主要还是利用一行行文字与对方交流。文字的组织是有技巧的,表情达意的功能也受到一定的限制,人们可以用文字掩饰自己的真实情绪。于是这些没有承载太多情意的文字,让人与人之间的真实情感慢慢变淡,很容易被误解和误会,最终还是要通过电话和面对面沟通来化解。

5. 网络沟通的信息受重视的程度不够

与打电话和面谈相比,网络沟通在受重视的程度上有着明显的不足,主要表现在两个方面。一是反馈不及时,无论是即时通信工具中的聊天,还是虚拟网络社区中的留言,都有或长或短的延时性和滞后性。必须在看到文字、视频或听到语言并思索片刻之后,才能做出相应的回复。而如果对方长时间不上网,反馈就会推迟。二是网络沟通主要通过文字进行,即使有语音和视频,也因对肢体语言和沟通环境等非言语信息缺乏把握而无法接收到全面、准确的交流信息,于是无法引起重视。

> **相关案例**
>
> 某IT行业创业期公司员工离职率突增,公司的人力资源管理部门在与离职人员沟通中发现了一个共同的原因:公司领导对员工不够重视。在与公司经理进一步沟通后得知,由于半年来外务繁忙,他有事只会在网络上留言,确实忽略了与内部员工的日常交流,特别是执行了一年之久的每周例会停止了三个月。以往,例会上公司经理会就员工关心的问题和大家交换意见。但例会取消后,沟通渠道也就受到阻塞,结果流失人员大大增加。在发现该问题后,公司经理不论多忙,都会抽出时间与员工进行面对面的沟通,情况也随之好转。
>
> IT企业汇集年轻人,他们有想法、有激情,愿意付出,希望得到他人的肯定。创业领导对员工的重视对工作的正向影响是巨大的,在面对面的沟通中所起到的作用也是其他任何层级的人无法达到的。在沟通中建立起的情感桥梁往往更易增强年轻员工的忠诚度,搭建起组织与员工之间的心理契约,员工也因此倍感企业的重视,发奋工作。所以,面对面沟通无疑是必不可少的。

6. 组织沟通扁平化

很大程度上,网络的出现使组织沟通渠道呈现扁平化的特点,即横向沟通扩展而纵向沟通收缩。网络为横向沟通提供了极好的交流渠道,最大限度地实现了组织信息共享,把部门的信息资源变为整个组织的信息资源。这一方面使大量信息相互借鉴利用,每个组织成员比以往任何时候都容易获得组织内部信息并及时交流,降低了横向沟通的成本;另一方面促进了跨部门之间员工的相互交流与了解,增强了部门之间的合作,降低了横向沟通的噪声。

但与此同时,网络在一定程度上削弱了纵向沟通。在传统组织中,领导依靠对信息资源的垄断支配地位拥有绝对话语权,并以此树立领导权威。而进入网络时代,组织沟通信息来源广、传播速度快、方式多,每个组织成员既可获取信息又可发布信息,消息十分灵通,对上下级沟通的依赖减少,希望有更多独立的话语空间,这对组织的纵向沟通构成一定的挑战。

三、网络沟通的主要阶段

我国学者潘莉莉和刘雅坤根据人的心理和行为两个维度,将网络沟通分为五个阶段(见表9-1),认为不同的阶段在这两个维度上都有各自的特点。

表9-1 网络沟通的五个阶段

阶　　段	心理表现	行为表现	影响因素
单方选择	产生交往愿望和冲动	寻找交流对象,搜寻目标特征	交往动机,身份背景,社会阶层
双方接触	相互吸引,有交流的愿望和动机	表面接触,初步交流,表层话题,传递信息	交往活动范围,网络使用经验与技术

续表

阶　　段	心理表现	行为表现	影响因素
思想深层融会	自我表露的相互接受，产生多次共鸣	深层思想交流、深层话题、深层体验	网络体验、人生阅历、对网络沟通的认知
持续互动	建立亲密感、信任感和依托感	亲密交往形成网友关系、交流近况	上网时间等现实因素
双方分离	缺乏新鲜感、刺激感、虚拟身份的透明	终止交往	现实交往的失望或长时间缺乏思想深层次交流，停留在双方接触的阶段

网络沟通的五个阶段并不是固定不变的，网民之间、网民的不同交往阶段都有着交往过程的特殊性。网络沟通有可能停滞在任何一个阶段，也可能直接实现阶段的跨越和次序的颠倒。如有网民有着直接明确的交流目的，他们会将思想交流直接提升到第二阶段（双方接触），在深层的交流结束之后再了解彼此的基本情况。又如，出现心理困扰的网民，他们通常在第一阶段（单方选择）选择有心理学背景的交往对象，在接下来的交往中为了寻求心理支持，就有可能跳跃到第三阶段（思想交流）直接进行心理求诉。但从网民的整体交往来看，表 9-1 中的五个阶段确实是存在的，而且网民间的交往也是按照这个规律进行的。因此，对这种阶段性的把握有助于网民更有的放矢驾驭自己的交往过程，建立更正确的上网交友策略。

四、网络沟通的作用

（一）信息搜集

网络上的信息浩如烟海，分布在无数的服务器上，就像一颗颗散落在海滩上的珍珠。如果没有被串起来，我们可能无法发现和收集它们。假设你想对网络上的信息做一番穷尽的考察，那无异于海底捞月。因此，我们面临的一个棘手问题就是，如何在纷繁复杂的网络信息海洋中找到自己想要的信息？借助于网络搜索引擎，我们可以快速找到所需要的信息。

互联网是一个巨大的共享信息宝库：一方面我们可以从这个宝库中搜索自己所需的资料和数据；另一方面我们还可以通过与他人的网络沟通远程查询所需的信息和结果。我们在网络上所使用的各种沟通工具基本上都是按时间的顺序或逆序来记录和组织交流内容的，这十分有利于沟通信息的查询和检索，同时，也有利于我们看到交流的全过程和事件发展的全貌。

（二）信息传播

促进信息传播是网络沟通的又一大作用。网络是一个新型的交互式媒体，是当代社会人们之间信息交流的一种非常重要的渠道。网络中的信息传递具有传输速度快、传播范围广、内容个性化、信息海量化、交互能力强、成本费用低等特点，极大地推动了网络时代信息的广泛散发、吸收和利用。人们运用各种网络沟通工具，即时地对热点新闻事件和话题进行同步的、动态的、全方位和立体式的报道和评论,运用文字、图表、音频、视频、动画等多种形式进行综合表达和展现,不断地持续跟进并进行深入挖掘,极大地丰富了传播内容的深度和广度。再加之以众人的不断转载、链接和分享,使得网络交流中的信息呈现出几何级数式的爆炸式扩散和增长。例如,在2013年四川雅安地震中,很多人借助网络纷纷转载和传播求救、寻人、余震警报等救援信息,从而使网络沟通工具成为地震灾区信息传播的前沿阵地。

（三）专题讨论

网络的交互性和开放性为人们发表个人观点和相互交流提供了一个广阔的自由空间。专题讨论不再是专家学者的特有权利,普通大众也可以参与进来。网络时代专题讨论的门槛较之以前已大大降低,当然这需要借助网络作为媒介来进行沟通。人们参与网络专题讨论的途径主要有两个。一是博客。博主的精彩博文会吸引成千上万的读者,甚至更多的读者围绕博文主题参与交流互动,形似一个网络专题讨论会,各方观点显现其中,相互辩论。二是论坛。人们不分地域或时空,均可在讨论区参与热门话题的讨论,积极发帖、回帖、跟帖并发表评论,与其他网友交换意见。

【思考和练习】

（1）什么是网络沟通？它有哪些特点？

（2）网络沟通有哪些优势和劣势？

第二节　常用的网络沟通工具及其选择

一、常用的网络沟通工具

（一）电子邮件

电子邮件(E-mail),也被大家昵称为"伊妹儿",它是一种用电子手段提供信息交换的通信方式。电子邮件的内容可以是文字、图像、声音等方式。用户也可以得到大量免费的新闻、专题邮件,并实现轻松的信息搜索。

（二）即时通信工具

即时通信(instant messaging,简称IM)是一个终端服务,允许两人或多人使用网络即时的传递文字信息、档案、语音与视频交流。即时通信按使用用途分为企业即时通信和网站即时通信;根据装载的对象又可分为手机即时通信和计算机即时通信。即时通信工具的主要代表有QQ、飞信、阿里旺旺和微信。

1. QQ

QQ是腾讯公司推出的一款免费的多平台即时通信软件,支持文字、语音和视频聊天、聊天室、离线续传文件等全方位基础通信功能,并且还可与移动通信终端(如能够上网的手机、平板计算机)等多种通信方式相连,发送信息。目前,QQ为中国最多人使用的即时通信软件,均占据中国个人计算机和手机即时通信市场第一。QQ 拥有即时通信软件所具有的实时性、跨平台性、成本低、效率高等诸多优势,使之日益受到人们的喜爱。随着互联网成长起来的年轻人,在交换联系方式时已经习惯了交换 QQ 号。

2. 飞信

飞信是中国移动的综合通信服务,即融合语音、短信等多种通信方式,覆盖三种不同形态(完全实时、准实时和非实时)的客户通信需求,实现互联网和移动网间的无缝通信服务。它可以通过电脑、手机等多种终端登录,实现电脑和手机间的无缝即时互通,具体表现在不但可以免费从电脑给手机发短信,而且不受任何限制地与好友语聊,还具有手机电脑文件互传等更多项功能。飞信具有无缝链接的多端信息接收功能,最新版已经面向联通和电信用户开放注册,由此三网之间可以互加好友,进行无缝隙的沟通。

3. 阿里旺旺

阿里旺旺是淘宝网和阿里巴巴公司为从事电子商务人士提供的,它是一款将淘宝旺旺与阿里巴巴贸易通融合在一起的免费网络商务沟通软件。阿里旺旺是目前国内使用最为广泛的商用即时通信软件。它的特色在于作为国内使用最为广泛的商用即时通信工具,可以让用户随时联系客户、在海量商机里搜索信息、一次性批量发布信息,它还并支持流行的文本、语音、视频聊天及超大容量文件传输等服务应用。

4. 微信

微信是一款由腾讯公司推出的,支持多平台,旨在促进人与人沟通与交流的移动即时通信软件。2011 年微信正式被推出,它具有零资费、跨平台、拍照发给好友、发手机图片、移动即时通信等功能。微信能够显示对方实时打字状态,以实时掌握对方的响应情况,它还具有通过共享流媒体内容的资料和基于位置的"摇一摇"和"漂流瓶"等功能。微信可以发送语音短信、视频、图片和文字等信息,还可以群聊,仅消耗少量流量,适合于大部分智能手机使用。

(三)博客/微博

1. 博客

博客(Blog)又称为网络日志、部落格,是一种以互联网为依托,由个人管理,不定期"张贴"自己的文章或转帖他人博文,传播个人的思想和情感、观点和看法,带有其他博客或网站链接的自由出版方式。

现在,越来越多的人开始从博客中获取信息和知识,也有越来越多的人喜欢将自己的所见、所闻、所想以博客的形式发布到网络上。

正式而完整的博客必须达到以下三个方面的要求:第一,网页主体内容由不断更新的、个性的众多"帖子"组成;第二,它们按时间顺序排列的,而且是倒序方式,也就是最新的放在最上面,最旧的在最下面;第三,内容可以是各种主题、外观布局和写作风格,但是文章内容必须以"超链接"作为重要的表达方式,这体现了博客的开放互动性,博客主人利用这一特点可以相互交流推广,形成固定的博友圈。

2. 微博

微博,即微型博客(MicroBlog)的简称,是 Web3.0 新兴起的一类开放互联网社交服务,也是一个基于用户关系信息分享、传播的获取平台。用户可以通过 WEB、WAP 等各种客户端组建个人社区,以 140 字左右的文字更新信息,并实现即时分享。

微博具有四个显著的特点。

第一,文字精练性。微博的内容限定为 140 字左右,内容简短,不需长篇大论。

第二,交互自主性。与博客的直接交流不同,微博的交流是背对脸式的,你并不需要主动和背后的人交流,用户可以根据自己的兴趣偏好,来选择是否"关注"某用户。

第三,共享迅捷性。微博可以通过电脑、手机等各种网络平台,在任何时间和任何地点即时发布信息,信息发布的速度甚至超过传统纸媒及网络媒体。

第四,内容原创性。微博文字数量的限制导致大量原创内容爆发性地被生产出来,大多数沉默的人在微博上找到了展示自己的舞台。

(四)虚拟社区

虚拟社区是指一群具有某种相同的特质、通过计算机网络进行沟通的人们所聚集的场所。这里主要介绍第一代虚拟社区论坛和第二代虚拟社区社交网络,以第二人生为代表的第三代 3D 虚拟社区暂不涉及。

虚拟社区的独特属性体现在以下四点。

第一,虚拟社区的交往具有超时空性。

第二,人际互动具有匿名性和彻底的符号性。在虚拟社区里,网民用一个 ID 号标志自己。ID 号依个人的爱好随意而定。

第三,人际关系较为松散,社区群体流动频繁。

第四,自由、平等、民主、自治和共享是虚拟社区的基本准则。虚拟社区区别于以往社区的最大特点就是它的虚拟性,它是虚拟性和社会性的结合。同一虚拟社区的人们可能从未谋面,通过网络彼此交流、沟通、分享信息与知识,形成了个人社区关系网络,最终形成了共同的社区意识和社区文化。

1. 论坛

论坛全称为电子公告板(Bulletin Board System),简称 BBS,是一种交互性强、内容丰富而及时的互联网电子信息服务系统。它提供一块公共电子白板,每个用户都可以在上面书写,可发布信息或提出看法。用户在 BBS 站点上可以获得各种信息服务、发布信息、进行讨论、聊天,等等。我国人气比较旺的论坛有猫扑论坛、天涯论坛、搜狐论坛和百度贴吧等。

BBS 具有以下功能。

第一,社区通信。社区为每一个居民都提供了电子信箱,居民可以通过该信箱收发邮件或短信,以实现相互通信。

第二,聊天服务。具体有两种形式,一种方式是聊天广场,任何人都可以自由出入,谈话的内容也不受限制;另两种方式是聊天室,聊天室的开设者,即主人可以控制谈话内容,也可以对聊天的人进行取舍。

第三，张贴讨论。居民可以在社区中主要以张贴文章的形式自由地表达自己的思想，如提建议、讨论、提问、回答问题等。

第四，投票。居民在社区可以就某一问题发起投票或进行投票，从而对社区居民进行民意调查。

2. 社交网络

社交网络即社交网络服务（Social Network Service），简称 SNS。目前，比较著名的社交网络有人人网、开心网、豆瓣网、朋友网、同学网及 QQ 空间等。

（五）网络会议

网络会议是一个以网络为媒介的多媒体会议平台，使用者可突破时间、地域的限制通过互联网实现面对面般的交流效果。它可以通过现有的各种电子通信传输媒体，将人物静态和动态的图像、语音、文字、图片等多种信息分送到各个用户的计算机上，使得在地理上分散的用户可以共聚一处，通过图像、语音、视频等多种方式交流信息，增加双方对内容的理解能力，使人们身临其境参加在同一会场中的会议一样。

（六）移动互联网终端

移动互联网终端是通过无线技术上网接入互联网的终端设备，它的主要功能是移动上网，因此，对各种网络的支持就十分重要。无线技术和待机时间是移动互联网终端设备重要的技术指标。目前，主要的移动互联网终端有笔记本、智能手机和智能导航仪，其中，最流行当属可以通过移动通信网络来实现无线网络接入的智能手机。

二、网络沟通工具的选择

合理的选择网络沟通工具，可提高沟通的效率和质量，不同的沟通工具有不同的沟通功能。因此，即使针对同一沟通对象，沟通主体也要因地制宜，灵活选择合适的网络沟通工具，以达到高质量的沟通效果。

（一）网络沟通工具的比较分析

不同的网络沟通工具有不同的特点，且各有所长，能达到不同的沟通效果。以下是从互动时间、信息符号、交流范围、信息内容、沟通模式和系统开放程度六个方面对电子邮件、即时通信工具、博客、微博、虚拟社区、网络会议和移动互联网终端等七项网络沟通工具所做的比较分析，见表 9-2。

（二）如何选择适当的网络沟通工具

目前，可供选择的网络沟通工具种类繁多，究竟哪一种才是我们需要的，这是一个值得探究的问题。为解决这一难题，我们必须从沟通对象、沟通内容、沟通目的、沟通环境、沟通范围、信息安全等方面入手，结合实际情况综合考虑多种因素，恰当选择有效的网络沟通工具。

1. 电子邮件的适用范围

电子邮件主要适合于企事业单位人士、在校学生的办公及学习交流之用。作为一种正

表 9-2 网络沟通工具的功能比较

比较项目	电子邮件	即时通信工具	博客	微博	虚拟社区	网络会议	移动互联网终端
互动时间	异步	同/异步	异步	同/异步	同/异步	同步	同/异步
信息符号	文字、图片	文字、图片、表情、语音、视频	文字、图片	文字、图片	文字、图片、表情、视频	文字、图片、表情、语音、视频	文字、图片、语音
交流范围	私密	私密/局部公开	公开	公开	公开/私密	局部公开	私密/公开
信息内容	正式	非正式	正式	非正式	非正式	正式	非正式
沟通模式	一对一、一对多	一对一、一对多、多对多	一对多	一对多	一对一、一对多、多对多	一对多、多对多	一对一、一对多
系统开放程度	封闭	封闭	开放	开放	开放	封闭	封闭

式的书面沟通方式,它有标准的内容格式要求,且具有法律效力。电子邮件可以轻松地被检索、保存和转发,甚至某些情况下还能作为呈堂证供。电子邮件能满足对即时性要求不高、需要对内容做深入思考,以及传递大量信息的沟通需求,如关于工作建议、产品设计方面的信息等。电子邮件的可靠性较高,是重要信息备份的绝佳工具,任何能上网的地方均可下载查看。此外,工作报告、会议纪要和部门活动等通知性信息通过电子邮件发送效果非常好。反之,电子邮件不适合讨论问题,只适合阐述讨论结果。因为它是非即时性的,如果用来讨论问题就会占用大量时间;而且由于非即时性,如果双方对邮件的内容理解不同,也不能在最短时间内解释清楚。同时,由于电子邮件的契约性,用来阐述所讨论的问题的结果,加以确认是很合适的。

相关案例

一位美国公司高管,他觉得员工太懒惰了,比如,一上班就给自己冲咖啡,下午不到 5 点钟就下班。他就给全体员工发了份 E-mail,邮件中说希望所有人 7 点钟到公司,8 点钟开会,晚上 5 点前不能离开。这封 E-mail 被一个员工传到雅虎网站,引起了轩然大波,因为美国文化是很反对高压管理的。结果这个公司的股价跌了很多,这名高管也因此辞职。

这个案例想说明的就是,这位高管错误地使用了沟通方式,他想传达给员工的话,应该放在会议上来讲,可以用富有感情色彩和个人魅力的演讲方式,员工会更容易接受。

2. 即时通信工具的适用范围

即时通信工具使用总体上以年轻人为主。具体而言，QQ比较大众化，用户年龄比较分散，各年龄段的都有。飞信承袭了中国移动的用户，学生群体使用较多。阿里旺旺主要用户为商务人士和网络购物群体，消费能力较强，其网络商务沟通软件的特色十分明显。微信的用户群体主要来自于QQ用户，目前，主要以年轻人为主。即时通信工具能满足个人的聊天、交友、娱乐及休闲等需要，要求交流双方或多方要同时在线；沟通的内容五花八门，既有关于工作、学习和电子商务的信息，又有关于私人间的闲聊、音频、视频等交流；与电子邮件不同，即时通信工具更加适用于在私人场合与朋友进行更加"私密"性质的交流。由于即时通信工具软件自身的不足或网络环境不稳定等原因，它的信息安全系数不太高，因此，十分重要的信息不适合通过即时通信工具来发送。若受条件所限不得不如此，一定要再次通过电话确认来防止信息丢失或信息漏发。此外，我们一定要注意，尽量不要在学习和工作的场合中使用即时通信工具的娱乐聊天功能，因为这样不仅影响自己，还打扰了他人。

3. 博客与微博的适用范围

博客的用户主要为年轻人群体，其中受教育程度较高的人员占大多数。博客是一种相对正式且严肃的网络沟通工具，更加适合于知识和研究型群体。从个体用户来讲，博客是个人交流社会热点、个人生活情感和休闲娱乐等主要内容的好渠道；从群体用户来讲，博客是群体用户对信息、组织内部知识和情感等内容进行深度交流的良好平台。

人们使用博客的主要目的：一是记录自己生活感悟和思想历程等个人心情；二是与他人分享自己的资源，展示自己的荣誉和闪光之处；三是以文章的形式自由表达自己的思想观点并与他人互动交流；四是阅读博客中富有个性化和生活气息的博文以丰富自己的视野。

值得注意的是，目前，博客正在从大众化阶段向专业化阶段过渡，名人博客和各种专业类博客仍然备受人们关注。

微博的使用群体以来自于各行各业的中青年人为主，主要交流内容有个人心情感受、工作生活琐事、对时事热点的评论，以及精彩博文的分享等，能够实现用户随时随地表达观点、传播身边所了解的实时信息、获取新闻资讯和与他人探讨热点话题的沟通目的。由于手机的随身性和微薄的简单易用性，人们可以在上下班等碎片化的时间中，通过简短的文字篇幅、快速分享相片这类便捷的操作方式十分方便地使用手机微博。微博不适合于长篇大论，只需140字以内的只言片语就行。另外，未成年人对信息真伪的鉴别力和判断力不足，他们最好是在成人的帮助和介入下使用微博。

4. 虚拟社区的适用范围

虚拟社区是现实社区在虚拟世界中的对应物，适合于有相同、相近或相关爱好、经历、专业、职业和业务的人们在虚拟世界中进行聚会，相互交流知识和分享经验。

第一代虚拟社区论坛如果类型不同，那么其适用范围也各不相同。目前，在国内有影响论坛主要分三大类：第一大众类，以兴趣爱好休闲娱乐为主，既有网易社区、天涯社区和百度贴吧等大型论坛，又有西祠胡同、湖北论坛、合肥论坛等地方论坛；第二大学校园类类，适合在校大学生，以大学校园学习生活为主，如清华大学的"水木清华"社区、武汉大学的

"珞珈山水"社区等,这两类的社区都比较大,会员几十万,甚至过百万,在线人数通常有几千人,在国内有一定的影响力;第三类是各教育网站和网校中针对教师和中学生的教育社区,这类社区规模相对比较小,会员也不多。

第二代虚拟社区社交网络在人们生活中占有十分重要的地位,各年龄段人群都可使用,目前,使用社交网络的主要群体是学生和白领。交友、休闲娱乐和游戏是目前人们使用社交网络的主要目的。社交网络适用于与家人和朋友保持联系,包括熟识的朋友、已经失去联系的朋友和新认识的朋友。值得一提的是,寻找许久不联系的好友这个功能能让失散多年的好友重新建立联系,满足了人们怀旧的心理,收获了久别重逢的喜悦。通过游戏和娱乐,社交网络能够帮助和促进人们更好地与朋友沟通。但是,也要注意不把过多的时间消耗在社交网络中,避免社交网瘾;还要注意保护信息安全,避免隐私外泄和个人信息被人非法利用。

5. 网络会议的适用范围

网络会议主要适用于企业、政府等组织机构在办公环境中实现实时有效的远程协作与沟通。除满足召开网络会议这一基本需求外,它还能被很好地应用于远程教学、远程医疗、网络营销、远程指挥、应急指挥、可视化协同办公、异地面试、客户远程支持服务等不同领域。网络会议要求实时同步正常进行,因此,对系统售后维修保障、自身的网络环境、清晰流畅的音视频、网络适应能力及兼容性、强大的数据功能和安全的保密功能要求较高。

6. 移动互联网终端的适用范围

移动互联网终端是依托将传统互联网与移动通信相结合的移动互联网技术而发展起来的。通过它,我们可以进入互联网,在移动的环境中、碎片化的时间里保持随时在线,享受真正实时沟通的方便。具体来讲,我们可以实现移动即时通信、移动阅读、移动商务、移动搜索、获取新闻资讯、娱乐、邮件收发等操作目的。未来移动互联网终端将呈现一体化的发展趋势,集所有最佳体验、最优功能、最先进设备的超智能产品将更受用户垂青。

三、使用网络沟通工具的注意事项

(一)主动交流

利用网络沟通工具积极主动地交流,可以给我们带来良好的人际关系,促进我们与他人的相互理解,增进我们与他人的友谊。随着网络的普及,现在的青少年都是网络忠实的使用群体,热衷于上网聊天、交友、查资料、发微博等网络应用,不愿花时间与父母和老师交心谈心,因而造成相互之间的沟通冲突。试想,如果父母和老师可以在网络沟通工具中,用青少年熟悉的网络语言与他们积极主动地交流,以一种平等的方式来进行对话,就有可能很好地解决亲子沟通和师生沟通不畅的问题。

(二)及时回复

网络交流非常注重实效性,因为没有人喜欢坐在电脑前傻等。我们应该及时回复每一封电子邮件、每一个留言,以及每一条好友发过来的信息,回答他们的问题。不要因为手上事情太多而置之不理或让对方等太久才回复,这会给对方留下很坏的印象,或许下次你们之间就很难有良好的沟通了。及时回复能让对方觉得被重视和被关注,容易对我们产生信任感和亲近感。当我们有时候不在电脑或手机旁,而又有人可能联系我们,最好的办法就是提前设置一个很礼貌的自动回复,并且,说明我们一定会在第一时间回复他。而当我们看到信息之后就应该赶紧回复他人,这样才是正确的处理之道。

（三）注意礼仪

网络虽然是一个虚拟的世界,但是我们一样要注意礼仪。网络礼仪是网络行为文明的集中体现,同时也是网络沟通双方或各方相互理解的重要保障。我们在网络上与人沟通时所要注意的礼仪主要表现在以下方面:第一,网络用语要文明,不要"出口成脏",不要故意挑衅或污蔑他人,这会让人觉得我们缺少教养;第二,使用感叹词和各种网络表情,利用网络非语言的魅力增强语言的表现力和亲和力;第三,态度要友好,注意语言表达的情境和场合,不随意批评他人,不让自己的坏情绪影响到对方,给人传递乐观积极的信息;第四,热情有度,保持适当的距离,正所谓"距离产生美"。有时候在网上太过热情,反而会让对方怀疑我们的意图和动机。最后,把握交流的时间,如无特殊情况,一般不要在午休、就餐和深夜进行沟通。

（四）取信于人

信任是网络有效沟通的基础和前提。我们之所以要取信于人,是因为网络沟通的虚拟性使相互之间无法真正全面了解彼此的真实信息。如果彼此缺乏信任,我们在网络上建立起来的人际关系就会脆弱到难以维持。要做到取信于人,我们必须注意这几点。第一,我们传递的网络信息是真实的,虚假骗人的信息终究会露馅,只有真实的信息才能让我们之间的交流长久地进行下去,维持彼此的关系。第二,对他人要诚恳相待,以平等的身份与对方进行沟通,倾听对方的心里话,设身处地地为对方着想。第三,要尊重他人的隐私,不随意公开私人邮件、聊天记录、图片、视频和个人秘密等个人信息;还要尊重他人的劳动,特别是知识版权,不随便复制、粘贴和公开他人的知识成果。

（五）谨言慎行

网络的传播功能非常强大,远胜于任何一种传统媒体。现在,我们时常看到网友毫无顾忌地利用网络沟通工具发布各种不实的信息,而且,这些信息是可以被保存的、被复制的,还有的是可以被链接的。这类不负责任的行为十分不利于网络环境的净化,也不利于网络人际关系的良性发展,甚至还有可能触犯法律。因此,我们必须遵守网络道德规范、学习了解网络法律法规,一定要做到谨言慎行,注重自我防范。我们要提高甄别网络信息的能力,不误信不误传未经证实的网络谣言,更不要在现实社会中传播。在具体的网络交流中也要注意自己的言行,例如,不要打扰网络在线状态设置为"忙碌"的好友;若无正当理由,不随便加他人为好友;不随意给他人发送链接,即使是附加了说明的链接也要尽量少发。

（六）合理使用

网络沟通工具虽然有传统沟通方式无法比拟的优势,能够给我们的交流带来很多方便,但它也不是万能的。由于各种原因,网络表达中缺少了非言语沟通的参与,我们感觉不到对方的真实感情。即使通过视频可以看见对方,利用网络表情符号可以表现我们的喜怒哀乐,但是这仍然隔着一个冷冰冰的机器,我们无法体验到现场沟通的真实感。一项刊登在《美国国家科学院院刊》上的研究发现,繁忙的网上聊天可能会破坏我们理解他人情感的能力。此外,电子邮件还可能影响我们理解对话和阅读的能力。因此,我们应该认识到网络沟通只是社会沟通的一种方式,它无法取代现实社会中面对面的沟通,它只是我们传统沟通方式的一个很好的补充和延伸。健全的沟通应是全方位、多方面的,我们要学会合理使用网络沟通工具,发挥它的长处,规避它的短处,而不是过度依赖于它。总之,没有最好的沟通工具,只有最合适的沟通工具。

【思考和练习】
(1) 请说出电子邮件的收信人、抄送人和密送人有何区别。
(2) 请举例说明即时通信工具不适合在哪些场合使用。
(3) 请问微博适合于私聊吗?为什么?
(4) 请问网络沟通能够取代传统沟通吗?举例说明你的理由。

技能与训练

一、案例分析

小美是刚刚参加工作的"90后"女孩,在一家通信科技公司担任设计师助理,从事智能手机的研发工作。在小美入职之初,公司专门就商业保密问题进行了培训,同时,在劳动合同中约定,一旦泄露公司核心商业机密,公司有权解除劳动关系并要求赔偿损失。

小美平时爱玩微博,去年8月,她将实验室自拍照片上传至微博,但照片背景中有一款公司新研发的智能手机实验机型。照片被大量转发后,导致该款智能手机实验机型被提前曝光,影响了该通信科技公司的商业推广计划。为此,该公司将小美辞退,并通过诉讼程序向小美索要赔偿。

"90后"职场新人是伴随着网络技术成长的一代人,微博、微信等即时沟通工具成为日常生活的一部分。北京海淀区法院劳动争议庭的法官说,网络技术的普及也对企业商业秘密的保护提出了挑战,很多企业的商业信息通过网络被泄露。违反保密义务给用人单位造成损失的,劳动者应当承担相应的赔偿责任。

在此,该法官提醒"90后"职场新人:要提高保密意识,避免因一时疏忽而给用人单位造成损失,同时也给自己的职业生涯带来不利的影响。

【思考题】
(1) 小美发的微博泄露了公司机密,这体现了微博的什么特点?
(2) 请结合案例说说什么样的内容不适合在博客和微博上发布。

二、项目实训:网络沟通辩论赛

1. 实训名称
能力拓展训练主题辩论——网络沟通是否提高了我们的人际交往能力
正方论题:网络沟通能够提高我们的人际交往能力
反方论题:网络沟通不能提高我们的人际交往能力

2. 实训目的
通过辩论,让学生正确认识网络沟通的特点、优势与劣势,全面把握网络沟通对我们人际交往能力的影响,掌握查找资料和引用资料的基本方法,提高辩论技能和口语表达水平,锻炼主动探究和团队合作的能力。

3. 实训内容
(1) 围绕网络沟通辩论的主题分正反方公开辩论。
(2) 整理写作网络沟通辩论赛的书面报告。

4. 实训指导
(1) 可利用网络、书籍、调查等多种途径收集辩论赛的相关资料,应保证内容真实可靠,既有事理材料,又有事例材料。
(2) 网络沟通辩论赛的书面报告应将本方的主要观点和相关材料分条理列出,注意内容完整和格式清楚。

5. 组织实施
(1) 分班分组,辩论小组自行选择辩题、组建代表队。
(2) 熟悉辩论赛的相关流程与规则。
(3) 收集网络沟通对人际交往能力影响的相关资料。
(4) 以小组为单位,在班内分正方和反方,公开辩论。
(5) 完成网络沟通辩论赛的书面报告。

6. 考核方式及成绩评定
(1) 辩论小组小组表现情况,考核占80%。
(2) 《网络沟通辩论赛书面报告》的成绩评定,考核占20%。

下编
演 讲

第十章 演讲概述
第十一章 备稿演讲与即兴演讲
第十二章 演讲的表达艺术

XINBIAN SHIYONG
GOUTONG YU
YANJIANG

第十章　演讲概述

学习目标：
(1) 了解演讲的含义、特征、类型。
(2) 理解演讲的本质。
(3) 掌握演讲前需要做哪些准备。

任务导入

1945年，国共谈判期间，周恩来曾应重庆"西南实业协会"的邀请，出席他们的一次星期五聚餐会，并准备演讲《当前经济形势》。在此聚餐会之前，周恩来认真阅读了当时重庆的经济材料，并且叫经济学家许涤新同志前去汇报重庆资本家存在的问题和思想动态，汇报资本家对于国民党的经济政策和官僚资本的态度，等等。

在星期五聚餐会上，周恩来做了《当前经济形势》的演讲。听报告的人极其踊跃，不仅座无虚席，而且在讲堂的窗台和窗外都站满了人，但会场秩序很好，只有周恩来气壮山河的声音在震荡着。

任务分析

演讲虽是一种言语的表达，但是与平常的讲话不同，需要做较充分的准备工作，包括了解听众、熟悉主题和内容，搜集素材和资料，准备演讲稿和作适当的演练等。周恩来的这次演讲之所以能获得成功，是因为他做了大量的准备工作。

那么，什么是演讲？它有哪些特征和类型？如何做好演讲前的准备工作？这些都是我们这一章要解决的问题。

第一节　演讲的含义、特征和类型

演讲活动是一种源远流长的社会现象，始终伴随着人类文明的发展而发展。古往今来，凡是社会变革的重要关头，演讲的特殊功能就尤为突出。在西方现代社会，"舌头、金钱和电脑"已成为三大战略武器。

一、演讲的基本含义

演讲，又称为演说、讲演。它是一种独特的言语表现，这一概念，最早见诸荷马史诗。相传双目失明的诗人荷马，常年云游各地，演讲关于特洛伊战争的英雄事迹。在我国，有文字记载下来的最早的演讲是商朝盘庚动员臣民迁都于殷的三次讲话。

所谓演讲,是指在特定的时空环境中,运用有声语言和体态语言,公开向听众传递信息、表述见解、阐明事理、抒发感情的语言艺术。它是一种直接的带有艺术性的社会实践活动。

(一)演讲是一种具有现实性和艺术性的社会实践活动

演讲是在社会实践的直接需求下产生的。人们在政治、经济、科学文化,以及其他各种社会交往活动中,必然会发表见解、提出主张、释疑解惑、抒发情怀,以达到说服人、感染人、教育人、激励人的目的。

在这些活动中,无论演讲者、主持者或是听众,都有自己的目标指向和心理定式,都特别重视演讲的实际效益。一场富有吸引力的好的演讲,不仅可以生动地反映生活,揭示真理,帮助人们正确认识客观规律,同时也可以培养人们美好的道德情操,促进人们奋发向上,给人以强烈的美的享受。

演讲活动所发挥的认识作用、教育作用、美感作用,正是社会实践的直接需求,同时,它本身也是实实在在的社会现实活动。

演讲,不仅是一种现实性的社会实践活动,而且也是一种带有艺术性的社会实践活动。在演讲活动中,演讲者为了最大限度地达到自己的目的,使听众心悦诚服、精神感奋,必须"晓之以理,动之以情"。为此,常常要借助于戏剧、音乐、绘画、相声、小说、诗歌等多种文学艺术手段为其服务。当然,它毕竟不同于这些艺术形式。

(二)演讲必须有特定的时空环境

所谓特定的时空环境,一般是指演讲者和听众都处于一定的时间和空间环境中。如街头演讲,演讲者和听众同时身处街头;法庭论辩演讲,演讲者和听众同时身处法庭。

一般来说,演讲活动要有相应的场合、相当的听众、适当的布置、合适的讲台、良好的音响效果和一定的时限。一定的时空环境反作用于演讲,制约着演讲的内容、语言和表情动作等。一旦时空环境发生转移和变化,演讲的内容、语言和表情动作等也随之转移和变化,以适应新的时空环境。

(三)演讲的语言方式包含有声语言和体态语言

语言是人们彼此交流的重要交际工具。有声语言就是在演讲活动中传递信息、表达思想最主要的媒介和物质手段,凭借它,演讲者将其主张、见解、态度和感情有效地传达给听众。离开了口语表达,就无所谓演讲,这也是演讲的本质所决定了的。从另一方面来看,演讲要达到以理服人、以情感人、使听众心领神会的效果,演讲者的语言必须通畅易懂、富有魅力。

除了有声语言,演讲还必须辅之以相应的体态语言。所谓体态语言,就是指在一定程度上能辅助有声语言表情达意的眼神、面部表情、衣着、手势等。演讲中,以有声语言为主,以相适应的体态语言为辅,后者可以弥补前者声音效力的不足,增强表现力和感染力。有声语言和体态语言有机地结合,相得益彰,共同发挥作用,形成一个统一、和谐的传达体系。

总之,演讲是一种直接的带有艺术性的社会实践活动;在特定的时空环境中,演讲者凭借有声语言和相应的体态语言,系统地、郑重地发表见解和主张,从而达到感召听众的目的。

二、演讲活动的构成要素

整个演讲活动由三个要素构成:演讲者、听众和时空环境。

(一)演讲者

演讲者是整个演讲活动的主体和中心。没有演讲者,便不能构成演讲活动。演讲者又是整个演讲活动的支配者,是演讲成败的决定性因素。

(二)听众

听众是演讲活动的客体,是演讲的接受者、对象和演讲效果的体现者。它可以是演讲时的现场听众,也包括现代广播电视演讲的非现场的间接听众。

(三)时空环境

时空环境是演讲活动赖以进行的客观条件,是演讲者和听众构成特定关系的场合。对演讲活动能否顺利进行乃至成败具有直接制约的作用。

这三个要素构成了演讲活动整体,缺少哪一个要素也不能构成演讲。

三、演讲的基本特征

下面将从演讲的理论思维、语言表达和思维观念三个方面来阐述演讲的基本特征。

(一)理论思维的形象化

从总体上看,演讲的思维活动只是理论思维的推演,但是,演讲者的表达必须具有形象化的效果,把理论思维和形象感觉有机地结合起来。

(二)语言表达的立体化

书面语言是一种平面的语言表达形式,而演讲者融声音、形象、体态为一体,走上演讲坛就构成了一种立体的语言表达。中外著名演讲者正是善用这种视听联合的表达形式给听众留下永难磨灭的形象记忆。

高尔基曾这样评价列宁的演讲:"他的动作轻巧而灵活,手势简捷而有力,与他那言语不多但思维丰富的演讲完全相吻合。在他那蒙古型的脸上,一双锐利的眼睛在熠熠发光,表现出一个不屈不挠的战士对谎言的反对,以及对生活的忠实;他那双眯缝着的眼睛在燃烧着、使着眼色、讽刺地微笑着、闪烁着愤怒。这双眼睛的光泽使得他的演说更加热烈、更加清新。""有时仿佛是,他精神上有一种不可战胜的力量从他的眼睛里喷射出来,那内容丰富的话语在空中闪光。他的演说总是让你亲身感到:真理是无可反驳的"。

(三)思维观念的人格化

言如其人,听众往往把演讲者所宣传的思想观念和演讲者的人格等同起来。

西方总统竞选,竞选者常聘请高级公共关系专家为其出谋划策,其中,最重要的准备工作即是设计竞选演讲,因为这是竞选者在选民中树立自己人格形象的最主要途径。

1952年,尼克松竞选副总统。投票前夕,新闻媒介披露了尼克松曾经接受加利福尼亚

州某些商人的贿赂。针对这种传闻,尼克松在竞选演讲中增加了如下一段话:

在竞选开始,我们的确得到一件礼物。一位住在得克萨斯州的人听到帕特(尼克松夫人)在广播中提到,我们两个孩子希望有一条狗。信不信由你,我们进行这次竞选旅行动身的前一天,得到火车站的通知,说那里有我们一件包裹。你们知道这是什么东西吗?是只西班牙长毛小垂耳狗(狗同时出现在电视屏幕上),身上有黑白斑点,它装在一条板条箱中,从得克萨斯州远道送来的。我们六岁小女儿把这只小狗叫切克尔斯。你们知道,孩子们是喜欢这样的小狗的。正好在此刻我要讲这件事,不管他们对此说些什么,我们一定要养这只狗的。

这段演讲充满了善良真挚的父爱,博取了选民的好感。尼克松面对人格攻击的回答方式依然是通过演讲树立人格形象。

四、演讲的基本类型

根据演讲活动的性质和特点,可以把演讲分成几类。

一是按内容分,有政治类演讲、经济类演讲、学术类演讲、法律类演讲、管理类演讲、道德类演讲、礼仪类演讲等。

二是按形式分,有命题演讲、即兴演讲和论辩演讲等。

三是按目的分,有说服性演讲、鼓动性演讲、传授性演讲、娱乐性演讲等。

四是按场合分,有集合演讲、课堂演讲、法庭演讲、教堂演讲、战地演讲、广播电视演讲等。

五是按情调分,有激昂型演讲、深沉型演讲、严谨型演讲、活泼型演讲等。

分类角度不同,分类结果也不一样。从应用的角度出发,这里将简要介绍按内容划分的演讲类型。

(一)政治类演讲

政治类演讲是为了处理国家内外重大事务和关系而向公众发表的、代表一定阶级或一定社会团体利益的讲话。政治类演讲的基本特征是:政治倾向鲜明,富于雄辩性和鼓动性。

▍相关案例▍

1940年5月中旬,法西斯德军集中优势兵力,迅速攻克了荷兰、比利时、卢森堡三个国家,绕过马其诺防线长驱直入,锋芒直指法国,势不可挡,打得英法联军惊慌失措。就在这个不寻常的时刻,英国首相丘吉尔表现得非常坚定勇敢和沉着冷静。6月4日召开下院会议的时候,丘吉尔向英国人民发表了慷慨激昂的演说:

这次战役尽管我们失利,但我们决不投降,决不屈服,我们将战斗到底,我们将在法国战斗,我们将在海洋上战斗,我们将充满信心在空中战斗!我们将越战越强,我们将不惜任何代价保卫本土,我们将在海滩上作战!在敌人登陆地点作战!在田野和街头作战!在山区作战!我们任何时候决不投降……

在今后的时间里,我们可能还会遭受更严重的损失,曾经让我们深信不疑的防线,大部分被突破,很多有价值的工矿都已经被敌人占领。从今以后,我们要做好充分的准备,准备承担更为严重的困难。对于防御性战争,决不能认为已经定局!我们必须重建远征军,我们必须加强国防,必须减少国内的防卫兵力,增加海外的打击力量。在这次大战中,法兰西和不列颠将联合一致,决不屈服,决不投降!

这篇著名演说很快就在英国和全世界引起了强烈的反响。这篇演说对英国人民的悲观情绪和惊慌心理是一种安慰,对亡国威胁下的法国人民,以及其他国家的人民是一种鼓舞,对穷凶极恶的德国法西斯是一种警告和挑战。

(二)经济类演讲

经济类演讲是为了长期或短期的经济目的,向社会公众发表的旨在宣传企业、产品、服务等内容的讲话。经济类演讲的基本特征是:坦诚相待,实事求是,以影响公众的消费心理和消费行为为最终目的。

▎相关案例 ▎

原香港招商局副董事长、深圳特区的创业者之一袁庚先生,曾率一个经贸代表团访问某国。在与外商谈判时,对方恃其技术设备先进的优势,漫天要价,谈判陷入困境。在当地市商会举行的欢迎会上,袁庚在答谢演讲时,若有所指地讲述了以下内容:

中国是一个文明古国,我们的祖国早在一千多年前,就将四大发明——指南针、造纸、印刷、火药的生产技术,无条件地贡献给了人类,而他们的后代子孙,不仅从未埋怨过他们不要专利权是愚蠢的,反而盛赞祖先为推进世界科学的进步做出了杰出的贡献。现在中国在与各国的经济合作中,并不要求各国无条件地让出专利权,只要价格合理,我们一分钱也不少给……

袁庚先生不卑不亢的精彩演讲深深地打动了外商董事长,随后,外商主动恢复谈判并降低要价,双方就近亿美元的合作项目达成了协议。

(三)学术类演讲

学术类演讲是就科学领域中的问题向公众发表研究成果或过程、传授科学知识和学术见解的讲话。学术类演讲还包括了教师的课堂讲授,它的基本特征是:知识性、科学性较强,语言通俗而准确,富于逻辑说服力。

1946年,朱光潜先生在《谈作文》的演讲中有这样一段:

写作如下棋,一种基本的训练是最要紧的,我们必须做到有话必说,无话不说,说须心口如一的地步。也有的人写出来的东西,与他个人的思想感情并不完全一致。这假设不是他个人的表现能力不够,就一定是在存心说谎,若写作能力不够,尚可补救,只消不断地练习必有成功之一日。但若有心说谎,却是非常危险的!

朱光潜先生用通俗朴实的话,道出了意味深长的道理。

(四)法律类演讲

法律类演讲包括法庭上的公诉、辩论和为了宣传、贯彻法律理论、法制、法规而发表的各种讲话。法律类演讲的基本特征是:确凿的事实,固定的程序,严密的逻辑,雄辩的力量。

如某原告律师的诉讼代理词:

……我认为,本案被告王某对原告李某实施了人身权利的侵害行为,侵犯了原告的生命健康权……

……我认为,被告散布不符合事实的流言蜚语,贬低原告人格,侵犯了公民的人身权利,侵害了原告的名誉权……

这篇法庭演讲,注重事实和结论,没有添加任何文学色彩的词语。

（五）管理类演讲

管理类演讲是指企事业单位的领导层或其指定的相关人员,为了实现一定的管理目标,向听众发表的总结、动员、汇报、批评、表扬等方面内容的讲话。管理类演讲的基本特征:功利目的突出,条理清晰,有一定的格式。

（六）道德类演讲

道德类演讲是以人生观、精神文明等为基本内容,对群众进行思想品德教育的讲话。道德类演讲的基本特征是:声情并茂、以理服人,具有强烈的教育、启示作用。

道德类演讲在我国有着悠久的历史,积累了丰富的经验。这种教育方式很受各方面的重视,被广泛地推广运用。像李燕杰、曲啸、张海迪等人的演讲,又如近年来中宣部组织的各类巡回报告团的演讲,为启迪听众智慧,开拓人的内在潜力,弘扬民族精神,崇尚道德规范等,都曾产生过巨大影响。

（七）礼仪类演讲

礼仪类演讲是在各种社交仪式上发表的表达一定感情的讲话,包括送迎、贺喜、祝捷、宴请、凭吊等各类礼仪性讲话。礼仪类演讲的基本特征是讲究礼仪,言词谦恭得体,感情真挚充沛。

例如,爱因斯坦1935年11月23日在纽约罗里奇博物馆举行的玛丽·居里悼念会上的演讲:

在像居里夫人这样一位崇高人物结束她的一生的时候,我们不要仅仅满足于回忆她的工作成果对人类已经做出的贡献。第一流人物对于时代和历史进程的意义,在其道德品质方面,也许比单纯的才智成就方面还要大。即使是后者,它们取决于品格的程度,也远超过通常所认为的那样。

我幸运地同居里夫人有20年崇高而真挚的友谊。我对她的人格的伟大愈来愈感到钦佩。她的坚强,她的意志的纯洁,她的律己之严,她的客观,她的公正不阿的判断——所有这一切都难得地集中在一个人的身上。她在任何时候都意识到自己是社会的公仆,她的极端的谦虚,永远不给自满留下任何余地。由于社会的严酷和不平等,她的心情总是抑郁的。这就使得她具有那样严肃的外貌,很容易使那些不接近她的人发生误解——这是一种无法用任何艺术气质来解脱的少见的严肃性。一旦她认识到某一条道路是正确的,她就毫不妥协地,并且极端顽强地坚持走下去。

她一生中最伟大的科学功绩——证明放射性元素的存在并把它们分离出来——所以能取得,不仅是靠着大胆的直觉,而且也靠着在难以想象的极端困难情况下工作的热忱和顽强,这样的困难,在实验科学的历史中是罕见的。

居里夫人的品德力量和热忱,哪怕只要有一小部分存在于欧洲的知识分子中间,欧洲就会面临一个光明的未来。

这篇演讲既醒人耳目,又发人深省。它感情浓烈真挚,语言朴素凝练,听来感人至深。

丰富多彩的社会生活,创造了丰富多彩的演讲内容。以上简略的分类并不能囊括所有的演讲类型,同时,各类型之间也并不截然分开。

五、正确处理"演"和"讲"的关系

1. "演"和"讲"缺一不可

如果只有"讲"而没有"演"(包括主体形象),就会缺少实体感。就如同坐在收音机旁听广播一样。如果只有"演"而没有"讲",就犹如在聋哑学校看着哑语的手势一样。所以,"讲"与"演"这两个要素缺一不可。

2. 以讲为主,以演为辅

"演"与"讲"并不是平分秋色,各占一半。"讲"是决定因素,起主导作用,"演"则必须建立在"讲"的基础上,起辅助作用。如果平分秋色或颠倒了这一关系,也就不称为演讲了。所以,只有既"讲"且"演",以"讲"为主,以"演"为辅,这才是演讲的本质属性。

3. 讲演结合,完美统一

在演讲中,有声语言和态势语言应有机地紧密结合,相得益彰,共同发挥作用,演讲才能生动感人。

六、演讲和朗诵的区别

演讲与朗诵的范畴不同,演讲属于实用艺术,侧重于宣传鼓动。朗诵属于表演艺术,侧重于欣赏。

演讲的选题有很强的现实性、时代性。朗诵的材料有很大的超越性。

演讲讲究激情,要有激情点(高潮)。朗诵追求意境,其语言属于舞台表演语言。

【思考和练习】

(1) 什么是演讲?演讲的基本特征是什么?

(2) 做一次3分钟的演讲,向听众介绍你的家乡。

(3) 任选校园生活的某一侧面,做一次即兴演讲。

第二节 演讲前的准备

前面谈了演讲的含义、特征和基本类型,接下来再看看演讲前需要做哪些准备。

一、演讲选题、主题和标题的确定

根据不同的演讲目的,我们必须选择一个话题,确定要谈的主要内容。演讲者总是通过阐述、分析、议论选题来传情达意的。

（一）选择话题

选择听众乐于接受的演讲主题，或者为已确定的演讲主题选择演讲材料，是演讲者应该具备的基本技能之一。我们把选择主题和材料的准备工作统称为选择话题，并从不同角度介绍一些基本的方法和要求。

1. 选择听众喜欢的话题

一般听众对以下几个话题都怀有浓厚的兴趣。

1）满足求知欲望的话题

人们对于陌生的知识领域和无限的宇宙、遥远的过去、神秘的未来总是感到迷惘和困惑，总希望掌握各类知识，充实自己和发展自己。这是人类生存的本能需要。

2）刺激好奇心的话题

人人都有好奇心。世界趣闻、名人轶事、突发事故、科学幻想、个人经历等，都能激发听众的好奇心。

3）事关听众利益的话题

群众最关心涉及切身利益的事情。关系到听众吃、穿、住、行利益的演讲当然会受到欢迎，但高明的演讲者应该具备把间接涉及听众利益的话题转化为与听众直接有关的话题的能力。

4）有关信仰和理想的话题

听众，特别是青年听众，无论古今中外，都不会厌恶对人生的探索，对理想的追求，对事业的开拓等话题。某些有关信仰和理想的演讲不受欢迎，主要是缺乏针对性、现实性和生动性。

5）娱乐性话题

幽默、笑话、故事穿插于演讲之中或构成一段完整的演讲，在博得听众一笑的同时也征服了听众。娱乐性演讲一般时间较短，且多用于礼仪场合和交际目的。

6）满足群众优越感的话题

世界上很少有人讨厌"奉承"。演讲者要尽量多掌握听众基本的情况，以便在演讲过程中穿插一些能满足听众优越感的话。

2. 选择演讲者最熟悉、最热爱的话题

演讲者如果衷心地相信某件事，并热切地宣传它，便容易获得听众对这个话题的拥护和热爱。感人心者，莫先乎情。演讲者自己充满了对演讲者主题的"情"，才能引起听众强烈的"感"。

20世纪80年代中期，与曲啸、李燕杰等一起致力于青年思想政治教育工作的彭清一同志来到湖南某大学演讲。彭清一曾是我国著名的青年舞蹈演员。他在演讲中讲述了这样一个故事：

20世纪60年代初，彭清一和他的女舞伴接受了一项出访东欧某国的演出任务，他们日夜排练，运动量之大令人难以想象。但由于国家正处于三年困难时期，彭清一和他的舞伴所能享受的特殊营养品,也仅仅是每天早餐的一个鸡蛋和一杯牛奶。

一次排练中,彭清一不慎摔伤住院。住院期间,早餐的鸡蛋由一个增加到两个。彭清一深深感谢组织上的关怀,伤未痊愈即强行出院,又投入到紧张的排练中。一天早餐时,女舞伴三岁的儿子来到餐厅,看见了餐桌上的鸡蛋。在困难时期,鸡蛋在一般家庭中简直是山珍海味。不懂事的儿子缠着妈妈要吃鸡蛋。这位女演员在劝阻无效的情况下,一巴掌把儿子打得哭哭啼啼地走了。

彭清一目睹这一切,心里很不好受。他说:"我曾经非常尊重我的女舞伴,但今天的情景使我从心底里瞧不起我的舞伴。因为,连一个鸡蛋也舍不得让给儿子的女人太缺乏母爱了!"

过了几天,女舞伴在排练中突然晕倒了,急坏了彭清一和团里的同事们,因为,离出国只有几天了,医生匆匆赶到,诊断结论是:过度劳累和严重营养不良,饿晕了!团里的同事们含着眼泪告诉彭清一:他住院期间,每天增加的一个鸡蛋,都是这位女演员偷偷节省下来的。她一心想的是让舞伴尽快恢复健康,完成演出任务。

彭清一几乎是在哽咽中结束了他的故事。他以一种至死不悔的神情对当代大学生们说:在亲情和事业、亲情和同志之间,我们这一代人选择的首先是对事业的爱、对同志的爱。这难道不是世界最崇高、最伟大的爱吗!

当彭清一回顾这段往事时,他的全部身心似乎都沉浸在那种崇高的精神境界之中,每一句话语和每个细节,都倾注了他铭心刻骨的感受。一些女生在低低地抽泣,大学生在动情之中接受了彭清一的演讲结论。

因此,演讲者应该选择那些自己熟悉并坚定不移的信仰的话题。如果演讲者要就某一不熟悉的话题演讲时,就应该充分收集资料去熟悉演讲话题,并全身心地投入这一话题的准备工作。

3. 从演讲现场发掘话题

演讲,特别是即兴演讲,在准备时间很短或几乎没有时间准备的情况下,如何迅速选择和确定话题呢? 从演讲现场发掘话题是一个切实可行的办法。

1) 从演讲场合找话题

公众总是因一定的目的、在一定的时间和地点聚会。演讲者可以根据聚会的原因、时间和地点,确定自己的话题。即使在事先准备好的演讲中,演讲者也可以借助现场场景"临时发挥",把演讲主题表现得淋漓、生动。

闻一多先生曾在一次纪念"五四"运动的学生夜间集合上发表演讲,他触景生情地打了一个比喻:

我们的会开得很成功! 朋友们,你们看:(他指着刚从云缝中钻出来的月亮)月亮升起来了,黑暗过去了,光明在望了,但是,乌云还等在旁边,随时还会把月亮盖住……

闻先生的这种现场比喻深刻而形象地表达了革命者对前途的坚定信念和对形势的清醒认识。

1848年,法国著名文学家维克多·雨果参加了巴黎市栽种"自由之树"的仪式并应邀发表了演讲:

这棵树作为自由的象征是多么恰如其分和美好呀！正像树木扎根于大地之中，自由之树是扎在人民心中的；像树木一样的自由常青不枯，让人们世世代代享受它的荫蔽……

雨果的演讲紧紧扣住"自由、和平"的主题，将"自由之树"的形象比喻和他笃深的政治信念，富有激情的语言有机地结合在一起，在渴望自由、和平的公众心中激起了强烈的感情波澜。

2）从听众身上找话题

听众的心理状况，听众的构成成分，如籍贯、职业、年龄、性别、文化水准，乃至特殊的听众身份等，都可以成为即兴演讲的话题。

20世纪60年代，外交部长陈毅出访亚洲某佛教国家，公众欢迎集会上，一位宗教界长老向陈毅赠献了一尊佛像。陈毅虔诚而高兴地捧过佛像，即兴致谢道：靠老佛爷保佑，从此我再也不怕帝国主义了。（语音刚落，全场大笑）

陈毅同志诙谐、幽默的答谢词既表达了他对该国人民宗教习俗的尊重，又表达了共产党人坚定的政治信仰。

3）从前面演讲中找话题

善于演讲者往往善于倾听，在听的过程中受到揭示和启发，以此激发自己的演讲灵感。对前面的演讲话题，后面演讲者或者可以拾遗补漏，或者可以转换角度，甚至可以因某个词、某句话的启发，构思一篇精彩的演讲。

某市公共关系培训班学员们以演讲方式竞选班长。前面发表竞选演讲的十几位学员，都是以冷静的风格说明"我当班长要做好哪几项工作"或者"我具备了哪些当班长的条件。"台下学员对千篇一律的演讲开始厌烦，会场秩序呈现混乱的状态。这时，一位男学员大踏步地走上了讲台说："我——竞选班长！如果我当班长，我将是各位忠实的代表！（掌声）你们的愿望就是我的愿望！（掌声）你们的要求！就是我的要求！（掌声）请记住——选我，就是选你们自己！（热烈鼓掌）"

这位学员及时调整演讲角度和风格，运用了极富号召力的语句和语调，再辅之以大幅度的体态语言，造成了强烈的现场情绪渲染效果。

某大学中文系一次毕业茶话会上，首先是系党总支书记讲话，3分钟的即兴讲话主要是向毕业生表示祝贺。然后是彭教授讲话，他讲话的主题是希望同学们继续努力学习，还引用了列宁的名言。第三个讲话是潘教授，他朗诵了高尔基的《海燕》片断，以此勉励毕业生们学习海燕的精神。第四个讲话的是系副主任，他希望同学们永远记住母校和老师们。

紧接着，毕业生们欢迎王教授讲话，在毫无准备而又难以推辞的情况下，王教授站起来，一字一顿地说："我最喜欢别人说过的话。（笑声）第一，我要祝同学们胜利毕业！（笑声）第二，我希望同学们学习、学习、再学习！（笑声）第三，我希望同学们像海燕一样勇敢地搏击生活的风浪！（笑声、掌声）第四，我希望同学们不要忘记母校，不要忘记辛勤培育你们的老师们！（大笑、热烈掌声）"王教授通过对前面四个人演讲主题的简练概括，完成了一次机智、风趣且具有个性特点的演讲。

萌发了演讲的动机，就基本上确定了演讲的最初目的；根据这个最初目的，必须选择议题，确定中心。这个环节非常重要，直接决定着演讲的主题和价值，影响着演讲的成败。

（二）选题的基本原则

1. 体现时代精神

演讲的目的在于宣传、教育、组织和激励听众。因此，选题一定要有时代意义，必须紧紧抓住人们普遍关心的问题，抓住社会现实中的热点、焦点问题。例如，思想政治方面的重大问题，与现实社会息息相关的社会风气和道德修养问题，以及反映科学文化的发展动态、推动科学文化事业发展的问题等。要讲出时代感，讲出新意，对所讲问题给予科学的分析和全面的解释。

2. 适合听众要求

选题要有针对性，要能深刻影响听众，极大地感染听众。由于民族不同、性格各异、职业有别、年龄差距，以及生活环境和文化修养不同，听众存在着很大的心理差异、风格差异、感情差异等。选题时应考虑不同类型听众的需要，根据不同民族、不同职业、不同层次的听众的知识水准、兴趣爱好、风俗习惯等来确定。只有选题适合听众的心理、愿望，才能调动听众的注意力，唤起听众的热情和兴趣。

3. 切合自身实际

选择演讲议题，应切合自己的年龄、身份、气质，适合自己的知识水平和兴趣。这样，演讲者便能自然地融入自己的思想感情，得心应"口"，措辞、语调、口气也就自然、生动、有声有色、富有活力，给人以新鲜感和亲切感；否则，如果硬要去讲那些不切合身份、气质、年龄和知识水平的议题，就必然是力不从心，即使勉强讲了，也必然是生硬呆板，无法感人。

4. 考虑场合、时间

演讲内容要与演讲场合气氛相协调，也就是要考虑演讲时间和空间环境。时空环境不仅指演讲现场的布置，也包括时间、背景、组织和听众等因素。显然，在喜庆的场合大谈悲凉，在悲哀的氛围中大讲欢愉都是荒唐的。

选题时还应注意可供演讲的时间。心理学认为，一般人的大脑在一小时以内，只能解说或接收一两个重要问题。因此，演讲选择议题必须集中凝练，富有特色，时间要掌握得恰如其分。

演讲标题不等于主题。标题是标明演讲稿的名称，是演讲稿不可缺少的有机组成部分，是演讲的"眉目"。好的标题具有"眉目传神"的特点，给人留下鲜明的印象，引起听众浓厚的兴趣；如同"指路标"，使听众产生有正确指向的定势，为演讲的顺利展开创造条件。

标题一般在主题确定以后拟出，它可以说是主题和内容的最大限度的浓缩，它不是演讲者信手拈来、随意拟定的。新颖、生动、恰当而富有魅力的演讲标题，是演讲者经过认真思考反复推敲而得来的。它们有的含义深远，耐人寻味，有的思辨性强，饱含哲理，有的鼓动性强，掷地有声，有的豪情满怀，激励斗志。

（三）演讲主题的确定

选定了议题，就有了演讲的大方向，但仅有大方向还不行，还必须确定一条具体的途径,必须确定主题。主题是演讲的灵魂,它决定演讲思想性的强弱,制约材料的取舍和组织,影响到论证方式和主题调度。它是选题的具体化、明朗化。没有明确的主题,演讲就如同没有灵魂的偶像,即使讲得天花乱坠,也会让人不知所云,不得要领。

演讲主题要集中。一般来说,一篇演讲只能有一个主题,必须围绕这个主题展开阐述;否则,就容易出现观点模糊、思想枝蔓的毛病。主题要求鲜明、正确、新颖、深刻。鲜明是指主题要贯穿于全篇,能够使听众留下深刻的印象,引起强烈的反响;正确是指其观点见解具有积极意义,能使听众受到教益,取得良好的社会效应;新颖是指见解独特,给人以醒目之感,对听众具有诱惑力和吸引力,能激起听众的兴趣和注意;深刻是指提出的主张和见解能揭示事物的本质,能使听众受到启迪,从感性认识提高到理性认识。

而要做到这些,必须在选定角度和发掘深度上下工夫,做到立意深远。庄子云:"语之所贵者意也"。元代陆辅之《词旨》指出:"命意贵远,用字贵便,造语贵新,炼字贵响。"可见立意的重要。

例如,曾经荣获 1984 年"全国十八省市演讲邀请赛"一等奖的林波的演讲《不倒的碑》,最初确定的主题是"缅怀先烈,悼念先烈"。这个主题虽然鲜明、正确,但很一般,缺乏新意,也不够深刻。

后来几经讨论,"大家认为,作者的外祖父(革命先烈)宁死不屈、死而无憾的精神,同她外祖母('双枪老太婆'原型人物之一)蒙冤受屈、矢志不移的精神都说明了一个问题:因为他们有纯正的入党动机,所以才会'洒热血仰天大笑,历万劫不改初衷'。特别是其外祖母自新中国成立以来便受到不公平的待遇,甚至被劝其退党,而她仍旧按时交纳党费,仍然努力为党工作。这种信念是多么的坚定!"几经讨论,最后主题确定为"端正入党动机,矢志不渝为党奋斗终生。"这样一经提炼,角度改了,主题深化了,当 20 世纪 80 年代金钱观冲击着人生观和价值观的时候,特别是在当前部分人产生信仰危机的时候,其针对性和教育意义就更显得突出了。

(四)拟定标题的基本原则

1. 贴切自然

演讲标题的含义要清楚,与内容切合,能概括演讲的基本内容或提示主旨,不可"文不对题"或"题不及意"。同时,标题"大小"要适度,不宜过宽、过泛,也不宜太窄、太小。

2. 简明新颖

演讲标题的字数不宜过多,文字要干净利落,简短明快,力求新奇、生动,给人耳目一新之感。

3. 催人奋发

演讲标题要有积极性,有时代精神,适合现实要求,令人鼓舞,催人奋进,要耐人寻味,富于启发,能抓住听众渴望听讲的急切心情。同时,题目要饱含情感、爱憎分明,能引起听众感情上的共鸣。

二、演讲材料的收集和演讲提纲的编写

（一）演讲材料的收集

演讲只有大量地、广泛地收集材料和占有材料才能成功。善于收集材料对演讲是非常重要的，收集材料过程本身就是一个鉴别筛选的过程。我们认为，获取演讲材料的途径主要有两个方面：一是获取直接材料；二是获取间接材料。所谓直接材料，是指演讲者自己的经验和思想，以及亲身调查得到的材料；所谓间接材料，是指从图书、报刊、文献、宣传媒体等外界所得到的材料。这是最广泛的材料来源。无论是直接材料还是间接材料，都要留心观察，认真思考，反复揣摩，发掘新意，赢得听众的认同。

收集材料是一项琐碎的基础工作，必须养成习惯，持之以恒；同时也要得法。收集的材料可以记纲要、大意，也可摘录；一般记在笔记本上或卡片上，但以记在卡片上为好，这样便于整理归类、使用灵活。对收集的材料要精心筛选、分析，挖掘新意，提出自己的观点和见解。

（二）编写演讲提纲

编写演讲提纲，是演讲前的重要准备工作，它常常是临场发挥的重要依据。提纲编写的好坏，会直接影响演讲的效果。

一般来说，演讲提纲中要列举以下内容。

1. 演讲的标题

如有副题和插题，均应分别列举出来。

2. 演讲的论点

演讲的中心论点必须清晰地列出。中心论点所包含的分论点，以及分论点下属的小论点，也应用简明的语言逐层列出。

3. 演讲的材料依据

应用简明的语言逐一列出阐明主旨的事实材料和事理材料，以防遗漏。

4. 演讲的整体结构

演讲者用自己熟悉的方法标出演讲内容的先后次序。例如，如何开头、如何结尾、重点内容如何突出、如何过渡、结构层次如何安排等。

三、精神方面的准备

（一）建立演讲自信心

自信是演讲者的必备的心理素质。许多人害怕当众说话，许多人又希望自己能在公众面前侃侃而谈。建立自信，就是为演讲者提供演讲的动力。建立自信心的过程是与怯场心理作斗争的过程。

人们把当众说话产生的恐惧心理称为"怯场"。美国著名作家、演讲学家戴尔·卡耐基在总结他毕生从事于演讲教学生涯的体会时说："我一生几乎都在致力于协助人们去除恐

惧、培养勇气和信心。"

怯场是一种正常的心理反应,几乎每一位演讲者都必须逾越这一道演讲障碍。社会学家的调查表明,即使是文化层次较高、被称为"天之骄子"的大学生,也有80%~90%的人在学习演讲时,存在着不同程度的怯场反应。有关的研究还表明,轻度的怯场对演讲反而有帮助。因为轻度的怯场使你对外来的刺激保持了某种警觉性,临场反应能力会因此而更加敏捷,说话会更加流畅。

怯场心理会带来相应的生理变化,这些生理变化表现为:轻度的心跳加快、呼吸急促、颜面赤热;中度的手脚发软、肌肉抖颤、小便频繁;重度的当场晕倒。对怯场心理的产生原因众说纷纭。美国演讲学家查尔斯·R.格鲁内尔提出了"自我形象受威胁"论。

"自我形象受威胁"论认为:"每个人都具有理性的、社会的、性别的、职业的自我形象。当人们进行演讲时,就把自我形象暴露于公众面前。由于心里担心自我形象会因为演讲而被毁坏,就产生了窘迫不安的怯场心理"。例如,1969年,两位从事演讲学研究的教授在纽约开会,当他们向大会报告论文时,因为怯场而晕倒。"自我形象受威胁"论解释这种现象的产生是因为两位教授的职业自我形象在诸多同行面前受到了严重的威胁。

充分的准备和大量的演讲实践是消除怯场心理的重要途径。但在演讲过程中,还可以运用以下具体方法减轻怯场心理。

1. 自信暗示法

演讲者要对自己的演讲题材和演讲效果充满自信,要在精神上鼓励自己去争取成功。演讲者可以用如下语言反复暗示、刺激自己:我的演讲题材对听众具有极大的价值,听众听到后一定会喜欢;我非常熟悉这类演讲题材,我一定会成功;我准备得非常充分了;等等。演讲者不应在上台演讲前多想可能导致演讲失败的因素,例如:我忘了演讲词怎么办;听众嘲笑我怎么办;等等。这种负面的自我暗示往往会产生失败的结局。

现实的实验心理学表明,由自我启发、自我暗示而产生的学习、行为动机,即使这动机是佯装的,也是导致学习、工作取得良好效果的有力手段。

2. 提纲记忆法

初学演讲者常常把能够背诵演讲稿作为准备充分的标志。背诵记忆,对于初学者演讲者可能是一种必要的准备方式。但是,背诵依赖的是机械记忆,逐字逐句的记忆不仅耗费演讲者大量的时间,而且容易形成演讲者的心理麻痹。

实际的演讲过程中,一旦因怯场、听众骚动,设备故障等突然事故而打断了演讲者的思路,机械记忆的链条就往往被截断,演讲者脑海中会形成一片空白,导致演讲停顿。此外,单纯的背诵记忆,还极易形成机械单调的"背书"节奏,丧失了演讲应该具备的战斗性和人情味。

著名政治家、演讲家英国首相丘吉尔,年轻时也常常依靠背诵演讲稿而后发表演讲。在一次国会会议的演讲中,丘吉尔突然忘记了下面的一句话,他不断重复最后一句话仍然无济于事,最后只得面红耳赤地回到座位。从此,丘吉尔放弃了背诵演讲稿的准备方式。

在大多数的演讲中,应当采用提纲要点记忆法。提纲要点记忆的一般程序是:首先,就有关演讲的主题、论点、事例和数据等做好演讲笔记,再整理成翻阅方便的卡片;然后,对笔记或卡片上的材料进行深思、比较和补充,整理出一份粗略的演讲提纲,提纲注明各段的小标题;最后,在各段小标题下面按序补充那些重要的概念、定义、数据、人名、地名和关键性词句。至此,一份演讲提纲基本完成。在整理演讲材料和编排纲目的过程中,演讲者反复思考和熟悉了解自己的演讲内容,演讲时仅仅将演讲提纲作为揭示记忆的依据。

3. 预讲练习法

有两种预讲练习的方式。

第一种,为了纠正语音、锻炼遣词造句能力、训练形体语言,演讲者可以自撰一个演讲题,或模仿名家的演讲,在僻静处独自演练。著名演讲家、美国第十六任总统林肯,年轻时就经常模仿律师、传教士的演讲,独自一个人对着森林和玉米地反复练习。

第二种,为了参加正式的演讲比赛或在规格较高的会议上发表演讲,有必要进行试讲。这种试讲最好邀请一些亲朋好友充当听众,一则可以增加现场气氛,二则可以听取到亲朋好友的意见和建议。

大量的预讲练习可以帮助演讲者建立充分的自信,避免因准备不充分或不适应演讲环境而惊慌失措。

4. 呼吸调节法

适度的深呼吸有助于缓解紧张、焦躁、烦闷的情绪。演讲者在发生怯场反应时,可以运用深呼吸法进行心理和生理调节:演讲者全身呈放松状态,目光转移到远方景物,做缓慢的腹式深呼吸,同时,随呼吸节奏心中默数"1、2、3……"。

5. 目光回避法

初学演讲者往往害怕与听众进行眼神的交流,于是出现了低头、抬头、侧身等影响演讲效果的不正确的态势。但是,演讲要求演讲者正视听众,这不仅是出于一种礼貌,更重要的是演讲者与听众全方位交流的需要。

初学演讲者不妨按以下方法处理自己的目光:将视线移至演讲会场后排稍前的地带,以回避前排听众的目光;同时采用虚视方式,目光在会场内缓缓流动。此方法既避免了演讲者直接与听众目光对视所产生的窘迫和局促,又能使演讲者在听众心目中留下落落大方的形象。

(二)了解听众

了解听众是一项十分严肃而又能够获得听众好感的准备工作。即使是成熟的演讲家,如果对听众缺乏必要的了解,也有可能导致演讲的失败。1988年,著名思想教育演讲家李燕杰等在深圳蛇口与70多名青年对话,因双方观点有分歧,当场发生争辩,对话会不欢而散。此事被新闻媒介披露后,引发了一场全国重要报刊参与"蛇口风波"大论辩。"蛇口风波"实质上的分歧当然是思想认识方面的分歧,但从演讲角度看,演讲者一方对听众及社会环境缺少足够的认识和准备,不能不说是对话失败的重要原因。

对演讲效果的评判标准只能是听众对演讲的接受程度。因此,演讲者必须了解在演讲接受过程中起重要作用的听众心理特征和听众构成成分。

1. 听众的类型及分析

一场具体的演讲,还必须事先了解听众的具体构成成分,以便有针对性地做好演讲材料、演讲技巧、演讲风格的准备。从参加演讲会的目的来看,听众大致可分为以下几种类型。

1) 慕名而来

一般群众对各类名人都怀有一种敬仰、钦慕之心。因此,当著名政治家、科学家、演讲家、体育明星、影视明星等发表演讲时,往往有大批听众慕名前往。此类听众的主要目的大多是为了一睹名人风采,他们一般不太计较演讲水平的高低。同时,潜在的崇拜,往往使名人们的演讲在听众中激起异乎寻常的热烈反响。

2) 求知而来

为了获取新的知识和能力,听众会自觉选择那些能满足自己求知欲的演讲。学术讲座、技术辅导、国外见闻等演讲能够吸引大批听众的原因正是因为这些演讲满足了听众的求知欲望。此类演讲只要内容充实,条理清晰,听众一般不会过于挑剔演讲技巧。

3) 存疑而来

听众对自己渴望了解的演讲话题总有极大的兴趣。例如,调整工资、保健问答、产品介绍等演讲,如果关系到听众的切身利益,听众会十分主动地参与演讲交流过程。此类听众只要求演讲者把演讲内容交代清楚,他们对演讲者的身份、地位和演讲水平不会有苛刻的要求。

4) 捧场而来

在某些演讲、特别是命题演讲比赛中,往往有一些演讲者的同学、同事和亲属前来助威和捧场。这类听众的人数虽少,但在渲染演讲会场气氛、调动其他听众情绪方面却能起到极其重要的作用。演讲比赛和体育比赛一样,东道主往往因"地利、人和"而占据优势地位,其主要原因是拥有自己的捧场者。

5) 娱乐而来

青年人喜欢演讲比赛,是因为演讲场上充满了激烈的竞争和热烈的气氛,具有一定的娱乐性。仅仅"看热闹"这一条理由就已经能够吸引许多热心的听众。不过,在为娱乐来的听众的潜意识中,隐藏着他们对高水平演讲者的崇拜和学习演讲的欲望。这是一批公正的听众。

6) 不得不来

工作报告、经验交流、各种庆典的会场上,有相当一部分听众是由于纪律约束或出于礼貌而不得不来的。这类听众对演讲内容不甚关心,演讲过程心不在焉、反响冷漠。要征服这类听众,演讲者必须具有较高超的演讲技巧。

以上仅仅分析了听众参加演讲会的目的。在演讲实践中,演讲者还可以从其他角度了解听众的类型构成并采取不同的演讲方案。如人数的多寡、男女性的比例、职业差别、文化水平的高低等,都会影响到演讲方案的制订。

1993年,某市举行庆祝"六一儿童节"大会,参加会议的有幼儿园小朋友、小学生、家长、教师和干部,庆祝大会按照一般会议程序,领导致词、宣读表彰决定、颁奖、优秀教师和家长代表发言……

整个会议只维持了不到半个小时的安静,小朋友们开始有的哭闹,有的满场跑动,会场一片混乱。市委领导大喊"安静"也无济于事。此时,轮到一个市长助理讲话。这位市长助理当即放弃了他准备好的讲话稿,带着小朋友们朗读起他即席创作的一首儿歌。几遍儿歌带读,整个会场就在热烈而充满童趣的气氛中恢复了良好的秩序,这位市长助理无意中遵循了一条听众法则:当儿童与成人混杂在一个会场时,演讲者首先应对儿童说话。

2. 听众心理特征分析

当许多人聚在一起形成一个群体时,人们的心理状态较之独处时有一些明显的变化。下面重点讨论对演讲信息接收产生重大影响的几种群众心理特征。

1) 集体行为中的感染力量

"感染"指的是感情或行为从一群人中的一个参加者蔓延到另一个参加者。一个头脑冷静而具有较强理智的人,一旦进入某一规模的群体之中,常常会放弃平常抑制自身行为的社会准则,而与集体中的其他成员相互刺激并得到强烈情绪和行为的反应,即集体中的个体成员对任何种类的情绪暗示都易于接受,从而使他像周围的人那样行动。政治信仰者的狂热、足球迷的骚乱、追星族的疯狂,都表现了集体行为中感染的力量及其后果。

演讲中,也往往出现多数人笑,众人皆笑;多数人鼓掌,众人皆鼓掌;多数人打哈欠,众人皆有睡意的现象。善于演讲者善于控制、调节听众的情绪,能把握演讲成败的关键时刻。他们能适时煽起听众的热情,把演讲推向高潮;也能及时发现听众的不耐烦情绪,以主动出击的方式控制消极情绪的蔓延。

2) 自我中心的功利目的

某些演讲失败,并不完全是演讲者缺乏足够的准备,而是听众对与己无关的演讲缺乏兴趣。这在某些形式主义的讲话场合中更为常见。听众往往考虑那些与他们切身利益密切相关的事情。例如,晋升职务、调整工资、分配工作的话题总是比计划生育、人口普查、道德教育等话题更引人关注。

因此,演讲者应充分注意听众的兴趣和利益,不论何种类型的演讲,都应从听众角度精心选择和设计经济利益的分配,疑难问题的解答,精神上的娱乐和放松等内容,对听众而言都是一种功利的收获,都能满足听众"自我中心"的需求。

3) 持续时间有限的注意力

实验报告显示,人类注意力的持续时间非常有限。以一个单位对象为标准,人类注意力持续时间只有3秒到24秒。人的大脑时刻准备接受新的刺激。演讲实践也表明,听众很难聚精会神倾听关于一个问题的长时间的演讲。因此,演讲者应有意识地制造演讲内容的起伏跌宕,适时变换语调和节奏,以维系听众的注意力。

(三)熟悉和记忆文稿,反复试讲

演讲时要做到胸有成竹、从容镇定、侃侃而谈,必须熟记讲稿,反复试讲。对于演讲中最为精彩、节奏较快的部分,尤其要烂熟于心,达到流利表述的程度。熟记讲稿,方法很多,因人而异。有高声朗诵记忆法、具象联想记忆法、以纲带目记忆法、以情带理记忆法,还有机械记忆法等。

从记熟演讲稿到演讲获得圆满成功,这中间还有很大距离,试讲便是其中重要的环节。

通过试讲,不仅可以较全面、透彻地了解自己演讲风格和演讲水平,同时也可以发现自己演讲中可能出现的疏漏,以便及时采取相应的措施,还可以进一步加深和巩固演讲的内容,使自己的演讲更顺畅、优美、动人。

试讲的方法很多,也要因人因时而异。要通过试讲,明确自己的长处,善于发现自己演讲的弱点和不足,采取切实有效的措施,认真加以修改,以力求做到临场演讲时,语言规范、口齿清楚、态势恰当、富于感情。

四、演讲文稿的拟写和修改

演讲稿实质上就是一种特殊的应用文。由于演讲是一种辅之以姿态动作的讲话,演讲的内容与形式的构成必然具有自己的特点,因而,演讲稿与一般文章相比,无论是在传播对象、构思立意、选材组材,还是在体裁结构、语言运用等各个方面,与一般文章既有联系又有区别,它可以说是"成文性的口语"或"口语化的文章"。

演讲文稿总是由开头、主体和结尾三个部分组成。一般来说,演讲开头总是提出问题,主体部分分析问题,结尾解决问题。开头如何勾勒提要,定好基调;主体如何逐层分析,形成高潮;结尾如何自然收尾,发人深省,都必须认真揣摩,反复推敲。

与其他文章一样,对演讲稿也要进行多次修改。修改时,必须统观全局,从大处着眼,先校正主题,然后根据主题要求,采取增、删、调、变、修等手段,由内容、结构、语言等方面进行修改。修改演讲稿的总原则是:先整体,后局部;先观点,后材料。

从修改的范围看,演讲稿的修改主要包括内容和形式两个方面,即校正观点、增删材料、调整结构、变换手法、修饰语言等。

【思考和练习】
(1) 确定演讲选题的基本原则有哪些?
(2) 拟定演讲标题的基本原则是什么?
(3) 如何控制和调节怯场心理?

技能与训练

一、案例分析

古雅典卓越的政治家、演讲家德摩斯梯尼,年轻时口吃,说话气短,而且爱耸肩。这是最不适合学演讲的了,所以他初学演讲时曾被听从哄下台。但他毫不气馁,为了练发音,他嘴含石子练朗诵;为了克服气短,他一面攀登陡坡,一面吟诗;甚至悬起两把剑来改正自己爱耸肩的毛病。经过坚持不懈的长期努力,他终于成为著名的演讲家、雄辩家。

美国第十六任总统林肯,是闻名于世的演讲家。他年轻时为了成为一名律师,常常徒步 30 公里,到一个法院听律师们的辩护,看他们如何进行辩论,如何做手势。他一边听,一边模仿。后来他还对着树林和玉米地反复练习演讲。

【思考题】

(1) 应该如何学习演讲?

(2) 演讲的本质特点是什么呢?

二、项目实训

1. 实训分类

(1) 命题演讲训练。

(2) 自由命题演讲训练。

2. 实训目的

通过分组演讲或在全班演讲的方式,让学生熟悉演讲的相关知识,培养当众演讲的勇气和信心,掌握演讲训练的基本要领。

3. 实训内容

(1) 命题演讲训练。由指导教师确立演讲主题。如"理想与现实""我的中国梦"等,指导学生构思,然后分组演讲。

(2) 自由命题演讲训练。要求学生选择自己喜欢的主题,积极构思,参与小组演讲。

4. 实训指导

(1) 命题演讲的要求。

(2) 自由命题演讲的训练要求。在演讲训练中,教师应注意两个方面的问题:一是学生过于追求思想观点的深刻性,把演讲变成了辩论;二是学生过于注重情感的抒发,把演讲变成了朗诵。

5. 组织实施

(1) 教师提出命题演讲和自由命题演讲的要求。

(2) 学生准备:或选稿或构思,或自撰或改编。

(3) 分组演讲,学生互评,每个小组推荐一名优秀选手,参加全班的比赛,决出名次。

(4) 教师点评、总结。

6. 考核方式及成绩评定

(1) 实训现场小组考核占40%。

(2) 实训报告考核占60%。

第十一章　备稿演讲与即兴演讲

学习目标：
(1) 了解演讲稿的特点和即兴演讲的特点。
(2) 理解文采、修辞对演讲稿的重要作用。
(3) 掌握演讲稿的基本结构及其写作要求。

血浓于水　情重于山[①]
——写给台湾亲民党主席宋楚瑜回乡祭祖之行

　　五十六年的今天/你终于回来了/跨过海峡,越过高山/一身风尘/掩饰不住你急切的心情/我手中捧着咱家的族谱/你手里拿着一炷祭祖的高香/我们两人一起来到娘的坟前/我颤抖地叫了一声/娘,大哥他回来了/你撕心裂肺地喊了一句/娘,儿子来看您了……

　　这些感人的诗句,出自互联网上广为流传的抒情长诗《娘,大哥他回来了》。这首诗写于2005年台湾国民党领导人率团访问祖国大陆之际,抒发了海峡两岸人民血浓于水的手足亲情。

　　众所周知,由于历史原因,一道浅浅的台湾海峡,竟将海峡两岸骨肉整整阻隔了56年。56年呐,对历史而言,只是一个瞬间;可对于满怀乡愁的游子来说,却是那样的漫长、难熬。"乡愁是一湾浅浅的海峡,我在这头,大陆在那头。乡愁是一方矮矮的坟墓,我在外头,母亲在里头……"。台湾诗人余光中的《乡愁》道出了两岸人民的思念之苦,离别之痛……两岸人民企盼着,企盼"历经劫波兄弟在,相逢一笑泯恩仇"的那一刻,企盼着寻根问祖、共话衷肠的那一天。

　　这一天终于到来了！公元2005年一个春意盎然的时节,台湾亲民党主席宋楚瑜毅然冲破重重阻力,踏上了访问祖国大陆的"搭桥之旅",回到了阔别56年的故乡——湖南湘潭巨鱼村。"少小离家老大回,乡音无改鬓毛衰"。面对先祖的坟茔,铮铮男儿宋楚瑜神情哀伤,热泪长流。

　　"为什么我的眼中常含泪水？因为我对这土地爱得深沉。"艾青的诗句为宋楚瑜含泪祭祖作了最好的注解:游子飘零,叶落归根,是因为他对这片土地怀有深深的眷恋;三跪九拜,泪飞如雨,是因为他被海峡阻隔,难尽先祖孝心。一湾浅浅的海峡呀,生生将骨肉分离,这是何等的哀伤;56年漫长的等待呀,活活地把亲情煎熬,这是何等的苦痛！"男儿有泪不轻

[①] 这篇文章是本书主编李成谊先生在指导学生参加2005年由中宣部、教育部、文化部、广电总局、总政治部、国家语委、团中央等七部委联合主办的"全国青年普通话演讲大赛"时,专门为之撰写的一篇演讲稿,该学生获得"全国青年普通话演讲大赛"优秀奖。

弹,只是未到伤心时",积郁了半个世纪的游子泪呀,你痛痛快快地流吧,没人说你的软弱,因为"无情未必真豪杰"呀!

就要离开了,宋楚瑜深情地捧起一抔先祖坟茔旁的黄土,轻轻地包进雪白的手绢,要把它带回台湾,以解思乡之苦。斯人斯物,此情此景,怎不令人感动,怎不叫人哀伤。

我们热切盼望,海峡两岸,一统华夏。让游子不再飘零,让赤子不再流泪,让两岸骨肉欢聚一堂!

一般而言,备稿演讲是演讲的高级形式,具有较强的艺术性、情感性和感染力。这篇演讲稿通过描述台湾亲民党主席宋楚瑜回到湖南故乡扫墓祭祖的感人情景,抒发了海峡两岸人民的隔绝的痛苦和盼望和平统一的美好愿景。演讲现场,许多听众心灵受到震撼,流下了热泪。影视界有"剧本,剧本,一剧之本"的说法,来突出剧本的重要性;同理,好的演讲稿也是演讲成功的基础。那么,备稿演讲有什么特点?演讲稿有什么样的结构形式和写作要求?演讲稿常用的修辞方法有哪些?起到了什么作用?这些,都可以通过这一章的学习找到答案。

第一节 演讲稿的作用与特点

一、什么是演讲稿

演讲准备的一个重要环节是写好演讲稿。演讲稿又称演讲词,它是演讲者在演讲前事先写出来,供演讲时使用的文稿。简而言之,演讲稿就是发表演讲时所用的文稿。演讲稿是进行现场演讲的主要依据。要提高演讲的质量,首先要提高演讲稿的质量。

有人认为,演讲无须演讲稿,如果要做些准备,写写提纲,找几张材料卡片或者打个腹稿就可以了。他们的理由是:有了演讲稿,演讲者有了拐棍,演讲时会照稿念或背稿子,使演讲失去其生动性和灵活性。

上述认识,应该说有一定道理。然而,这只是看到演讲稿可能导致的消极一面,而忽视了写演讲稿更为主要、积极的一面。为了说清楚这个问题,我们还得从有声语言的演讲和无声语言的文稿说起,也就是研究口头语言和书面语言的关系。

有声语言有它的长处:一是传声性;二是表情性。就其传声性来说,演讲通过声调的高低、强弱,语气的缓急、长短,使有声语言增强了活力,在语流过程中显出千姿百态,能生动、具体地反映客观事物。就其表情性来说,演讲者不仅可以利用词句来表达自己的思想感情,还可以用语调来强调有意义的词句,用体态语来表情达意。这种多样的表现方法,使有声语言可将某些不说出来别人也会了解的话略去不说,或者通过动作、表情把语言难以表达的东西表达出来。

有声语言也有它的弱点。这就是口头语言从思想转变为语言的过程很短,思想一旦形成语言,就变成为最终形式。它不像书面语言那样,写作者有足够的时间来考虑表达方式、修改词句,甚至可以在定稿前三番五次地修改。正因为如此,在口头语言中常常会出现这样一些毛病:重复、啰唆、凌乱、模糊,以及用词不当,词不达意、词语搭配不当、音节重沓、脱落、停顿不当;习惯性的口头语,如"嗯""呀""这个""那个"等。

要清除人们口头语中这些经常出现的毛病,就需要把口头语言变成为书面语言,化语音为文字,把口头的演讲变为演讲的文稿。口头语言一旦变为书面语言,就可以在遣词造句、布局谋篇等方面进行加工,从而走向规范化。事实上,成功的演讲,大都有完整的文稿。有了一篇好的演讲稿,在一定意义上就为演讲成功奠定了基础。

二、演讲稿的作用

为什么要强调在演讲前写好演讲稿呢?目的就在于把演讲的内容书面化,写演讲稿不同于写一般的文章,它有把视觉转变为听觉的一个过程。这就要求,写演讲稿时要把语言写活,把书面语言还原为口头语言。只有这样,才能符合听众的要求。因此,写演讲稿是一种演讲的作文法,演讲稿的积极作用表现在以下几个方面。

(一)梳理演讲稿思路,提示演讲稿内容

撰写演讲稿过程大致上是对前期准备工作的选材、组材和提纲编列的一次实践性检验,使认识进一步深化,思路进一步明朗,再通过修改、完善、充实,使演讲内容更加完美,使观点和材料得到高度统一。撰稿过程也梳理了演讲者的思路,使演讲的内容更加清楚、有条理。有时为了备忘,它还可以起提示演讲内容的作用,演讲者如果在演讲中忘记了某些内容,随即看一眼,就会很快地使演讲词连贯起来。演讲者也可以根据熟悉的思路,随时组织语言,保证演讲的顺利完成。

(二)斟酌演讲词语,增强语言感染力

没有演讲稿,演讲者在演讲现场没有足够的时间来斟酌词句,演讲时常常会出现结结巴巴、语无伦次及词不达意的毛病。撰写演讲稿,演讲者可以选用精练、最恰当的字词,可以选择最恰当的句式,使演讲的语言通顺,理顺演讲的语序,克服词不达意的现象,以达到"出口成章"的程度,使语言表现力大大增强。

(三)消除怯场心理,树立心理优势

初次演讲的人,在演讲时往往担心忘掉讲话的重点而产生种种顾虑和恐惧心理。撰写了演讲稿,心里有了底,就能够轻松地进行演讲,再加上演讲前的多次练习,以取得心理优势,勇气、胆识也油然而生,这样有利于一心一意加强态势技巧,全力发挥主动性和灵活性,使演讲声情并茂,圆满成功。

(四)把握演讲节奏,限定演讲时速

演讲通常有时间限制,要在一定时间内完成。没有经验的演讲者,不能准确地把握演讲的节奏,或因紧张而语速太快,时间不长便把内容讲完了;或因喜欢发挥,而引经据典,滔滔不绝,常常不能在规定的时间内完成演讲,而草草收场,遗漏重要内容,这些都会影响演讲的效果。

有了演讲稿,可以按字数的多少来计算时间,演讲者在自己思维中加进文字之外的语言成分,便可以计算演讲的速度,把握演讲的节奏,有计划、从容不迫地在规定的时间里完成演讲。

(五)促进语言规范化,积极推广普通话

演讲时最好是使用普通话。普通话是全民族统一的、普及的规范语言。用普通话演讲,这是时代提出的要求,不学习普通话,不掌握普通话,而是用自己的方言去讲,即使演讲内容再好,往往也不会收到好的效果。

撰写演讲稿,是促进语言规范化的一条重要途径,在写稿过程中,可以字斟句酌,区别什么是土话,什么是普通话词语,区别什么是方言的语音,什么是普通话的语音,这样习惯成自然,就会逐渐在演讲时熟练使用普通话。

三、演讲稿的特点

演讲稿的写作比较复杂,它既属于演讲学研究的对象,又属于写作学研究的对象。这两个方面是相辅相成、相互制约的。演讲稿的写作有别于一般文章的写作,演讲稿虽然是书面表达的形式,但又要特别考虑口头表达的需要和临场的需要。

它虽然最终用口语发表,但却具有规范、严谨的特点,有更为明确的目的性、鼓动性和清楚的条理性。无论是从发表形式,还是从内容构成上看,与一般的文章相比,演讲稿的撰写都有其个性特征,归纳起来,主要有以下几个方面。

(一)传播对象不同

写出来的演讲稿要用嘴说出来,它的传播对象是听众。听演讲的人,一般是要一听到底的,不能有所选择,除非实在听不下去而悄悄退场。一般文章的传播对象是读者,读者对写出来的文章可以自由选择,愿意读便读,不愿意读则罢。撰写演讲稿时应该考虑这个不同之处,才能收到好的效果。

(二)选材重点不同

撰写演讲稿要自始至终地面对特定的听众,服务于特定的听众。要针对他们的年龄、职业、文化水平、兴趣爱好和关心的问题,选材时要更具体、生动、易于为听众所理解,不能有过多的抽象议论,使听众难以把握。演讲稿的内容要体现时代精神、反映新的思想、传播新的观念。

(三)结构处理不同

演讲是通过有声语言传播信息的,而且对听众来说,演讲者的语言稍纵即逝,听众几乎没有时间仔细领会其含义。因此,演讲稿要由浅入深、由已知到未知、由简单到复杂,以适应听众的理解能力。结构要求清晰明了,切忌繁杂冗长,既要精心设计开场白,又要巧妙地安排结束语。

撰写演讲稿时,在保持内容完整的前提下,注意内容的伸缩性,既要有简单的提纲,又要有详细的例证,根据听众的各种反映,随时调整某一部分的结构,以适应听众的需要。

(四)语言运用不同

演讲稿一般是自己写、自己讲、而让别人听的。因此,它无法摆脱有声这个特点。为了

发挥演讲稿的有声性特点,要把演讲稿写得"上口""入耳"。"上口"是指说的方面,"入耳"是指听的方面。"上口"就是讲起来与平常说话没有什么差别。"入耳"就是使人听起来明白易懂,没有什么障碍。演讲稿应经得起说和听的考验,就能充分发挥交流思想感情的作用。

【思考和练习】
(1)演讲稿有哪些作用?
(2)演讲稿的写作有什么特点?

第二节 演讲稿的结构

演讲稿不是主题和材料的简单相加,而是它们严谨巧妙的结合。《周易》云:"言有物""言有序"。物指内容和材料,序指思路与条理。意思是说,无论说话还是写文章,不仅要有充实的内容,而且还要有严谨的结构。演讲稿的组织与安排、谋篇布局,与其他文体的结构既有联系又有区别,它是根据演讲主题的需要,把收集到的材料,有选择、有步骤、有主次、有详略地组织起来,形成一个紧密的、有机的、统一的整体。

演讲稿要准确、充分地表达内容,要使听众明白,必须遵循人们的认识规律,符合事物的内在逻辑。由于演讲以论说为主,根据提出问题、分析问题、解决问题的逻辑思维顺序,一般将演讲稿的结构分为三部分:开头、主体和结尾。

这三个部分必须配合恰当,形成有机的整体。开头如何勾勒提要,定好基调;中间如何逐层分析,形成高潮;结尾如何自然收尾,发人深省,都必须认真揣摩。元代乔梦符说:"作乐府亦有法,曰凤头、猪肚、豹尾六字是也。"他虽然说的是乐府诗的作法,其实,写演讲稿也是这样。

一、演讲稿的开头

凤凰头,小巧美丽,演讲词开头应该短小精巧,新颖诱人。西方谚语讲:"良好的开头是成功的一半。"中国古语也说:"善于始者,成功已半。"

演讲的开头也俗称开场白。演讲成功与否,在很大程度上取决于开场白。莫泊桑说过:"情人的第一眼是千里眼。"而演讲的开场白则是听众的"第一眼"。当你走上讲台,开场白必须首先吸引人,引起听众的注意。在日常生活中,大概也能体会到。听一个素不相识的人说话,往往有一种陌生感,因为说话者与我们在感情上有一段距离,这段距离会使听者对他人说的话漫不经心。

因此,作为演讲者,要想取得演讲的成功,必须让开头的一两句话牢牢抓住听众,像磁铁一样,把听众吸引过来,要想方设法调动听众的思维和情感,拨动他们兴奋中心的那根弦,让他们跟着你走,按照你的思路一同行进。

开场白抓住了听众的心,也就是演讲者登上讲台就吸引住听众的注意力,听众会根据第一印象来决定是否耐心听演讲。成功的开场白,能顺利地传递你的信息,使听众保持对演讲话题的兴趣,从而使你把握住在演讲中的主导地位,这是演讲者迈出成功的第一步。

正确的开场白,是从吸引听众开始的。不管怎么说,万变不离其宗,只要能吸引听众就行。不过,吸引听众的目的是为引入正题创造有利条件。不能光为了吸引听众而撇开演讲主题,去讲一些与主题毫不相关的话题。成功开头应该是既能吸引听众,又要能水到渠成、顺理成章地阐述思想观点,一步步把听众的注意力都引向演讲者身上,听众能屏气凝神地倾听演讲者发表见解。所以,如何写演讲稿的开头,是很值得琢磨一番的。

一段良好的开场白对演讲有双重作用:一是赢得听众的好感,二是把演讲引入主体部分。在演讲的开头,演讲者一方面要调动一切合理手段,诱发听众的浓厚兴趣,把听众紧紧地吸引到自己这一边来;另一方面要把听众的思路自然而然地引导到正文上来。

这里也必须指出,演讲的双重作用并不是彼此对立的,它们是有内在联系的。因此,片面强调某一方面的作用,否定另一方面的作用,显然是不对的。我们应当把两方面完美地结合起来,才会产生最佳效果。

那么,究竟怎样设计和安排演讲的开头呢?除了考虑时间、环境和听众的情况外,应力求在内容上有新意,给人耳目一新之感;在形式上,力求巧妙、别致、新奇,能像磁铁一般紧紧吸引住听众的心。开头还应该有声势,也就是起调要高,不稀松、庸俗、平淡无味。篇幅较长、容量较大的演讲,应注意在开场白后,列出一个简单的细目,要简明扼要地向听众说明要讲哪几个问题,使听众做到胸中有数,这样就可避免出现台上口若悬河、滔滔不绝,台下不得要领、如坠云雾之中。当然,成功的演讲的开头大都是不拘一格、丰富多彩的。仁者见仁,智者见智。下面,我们介绍几种演讲的开头方式。

(一)设问式开头

聪明的提问是智慧的标志,是通往知识宝库的桥梁。演讲者一开始就提出一个或几个出乎意料的问题,触发听众神经元的亢奋,能够迅速地唤起听众的兴趣和注意力,引起听众的深思,自然地激发听众的参与意识,缩短演讲者与听众的距离,使两者的思想感情得以迅速沟通。提问同时还能加深听众对问题的记忆和理解。

例如,一位演讲者在演讲"应该树立正确的人生观"时,在开头一连使用了七个设问句:

人人都想有美好的爱情,但假若你失恋了,怎么办?人人都希望自己能健康地活着,那么假若有人告诉你,你的生命只有一个月了,你将怎样度过?人人都渴望得到幸福,然而你是否知道"幸福"二字的真正含义?……总而言之,你知不知道自己为什么活着?怎样更好地有意义地活着?下面我就一一回答这几个问题。

一连串的设问,使听众积极思考,从而造成听众专心听讲的气氛,并且,能够巧妙而自然地将后面的演讲内容引发出来,进而有机地衔接起来。

值得注意的是,提出的问题应饶有趣味、发人深省。如果提出的问题平淡乏味,不能引起听众的兴趣和重视,或者提出的问题过多,面对这一连串问题,听众不能细加思考,也把握不住要点,这样的提问就收不到良好的效果。

(二)解题式开头

解题式开头是指开头扼要地说明演讲题目的含义,能自然顺畅地转入正文的论述。

在《演讲与口才》杂志与吉林市图书馆联合举办的"演讲与口才培训班"结业典礼上,有13位演讲者作了汇报演讲。当长春市百货大楼的刘小玲讲到结尾时,她满面春风地对大家说:"欢迎大家到我们百货大楼来!"在听众的掌声中,一位民警走上了讲台,他向大家敬了个礼后,便借刘小玲的结尾,引入主题,开始了自己的演讲:

同志们,刚才那位营业员同志说,欢迎大家到百货大楼来,可我呢?却不欢迎大家到我那里去,因为我是长春市公安局交通警察大队的。提起交警,有人给我们送了一个雅号——马路橛子。好吧,今天,我就专题讲一讲"好个'马路橛子'"。

这种风趣的开头,不仅扼要地说明了题目的含义,也具有即兴的特点。

解题式的开头,要避免冗长啰唆、同义反复。同时,在承接前面演讲内容时,要力求出新,不落俗套,不要矫揉造作、故作谦虚,也不要"乱涂脂粉"、自吹自擂。

(三) 叙事式开头

叙事式开头是指演讲者一开始就讲述新近发生的奇闻怪事、令人震惊的重大事件或生动感人的故事。爱听故事,是人类的本性。故事本身的生动性、形象性和趣味性,能一下子把听众的注意力吸引过来。

日本电视连续剧《血疑》中的大岛茂有一次给新生上课时的演讲,感人肺腑,学生无不动情:

"同学们,我衷心欢迎诸位同学。

我是校医学系的副教授,叫大岛茂。你们来到学院,在今后四年里,我们要一起学习医学,我感到很高兴。今天,要讲第一课,在讲课之前,我想讲一件事,就是——我女儿幸子的事。幸子和诸位一样,经过努力,她终于——如愿以偿考上了医学院,但是她没有能够参加开学典礼,今天也没有能够坐在课堂听课,为什么呢?因为她死了,就在她期待已久的开学典礼前一天,死了。如果她还活着,今天,就会和坐在这里的诸位一样,满怀信心、聚精会神地听我讲课的。我的女儿为什么等不到这幸福的一天呢?这都要怪我,怪我这个当父亲的。这里是她的病历,也是她半年来跟白血病作斗争的记录……"

大岛茂的演讲一开始就选用了幸子之死这个典型事例,对于刚刚入学的新生来说,大岛茂讲的这段故事,是新闻,又是噩耗,是无限悲痛的事,又是发人深省之例。像这样的事例,毫无疑问会激发听众的莫大兴趣,可以有效地吸引听众的全部注意力。在典型事例的"牵引"下,听众的思路也随大岛茂的话语迅速地向纵深推进。

叙事式开头应该注意所讲之事要短小精悍、针对性强,能够揭示演讲的主题。故事叙述太长,且不能紧扣主题,就会出现本末倒置、虎头蛇尾,就会大大影响主要内容的演讲。

(四) 赞扬式开头

人总是喜欢听顺耳的话、赞扬的话。演讲者可以充分利用这一特点,首先赞扬一番所在地区的文化、传统、历史人物、巨大变化和在建设中所取得的新成就等,也可以首先赞扬听众的成就、优良作风、良好的思想品质等。

这样的开头,可以活跃气氛,使听众高兴,产生好感,缩短演讲者与听众之间的距离,也可以引起听众的兴趣和注意。1982年,李燕杰同志在上海给大部分是大学生的听众演讲的

开头是这样的:

上海是一座闻名世界的大城市,上海人民是具有光荣革命传统的英雄人民,上海的大学生也具有很高的政治觉悟和强烈的爱国热情。今天,我看到报上发表了上海复旦大学国际政治系的同学提议开展爱国主义教育活动的报道,使我深受感动。因此,我首先向在座的大学生,并希望通过你们向上海所有的大学生表示我衷心的敬意。

李燕杰的话音刚落,会场顿时爆发出一阵雷鸣般的掌声,这就是赞扬式开头的效果。

但是在使用赞扬式开头时,演讲者事前务必对听众和演讲所在地的情况有所了解,讲时不要言过其实、任意拔高,而且表情要自然,态度要严肃,语气要诚恳,否则就有哗众取宠、华而不实之嫌,引起听众的反感。

(五)明旨式开头

开门见山,用精练的语言交代演讲意图或主题,然后在主题部分展开论证和阐述,这种开头称之为明旨式开头。

1883年,马克思逝世,恩格斯发表了著名的题为《在马克思墓前的讲话》的演讲:

3月14日下午两点三刻,当代最伟大的思想家停止思想了。让他一个人留在房里总共不过两分钟,等我们再过去的时候,便发现他在安乐椅上静静地"睡着"了,但已经是永远地"睡着"了。这个人的逝世对于欧美战斗着的无产阶级,对于历史科学,都是不可估量的损失。这位巨人逝世以后所形成的空白,在不久将来就会使人感觉到。

恩格斯的开场白以简洁的语言交代了演讲的中心论点,马克思的逝世是无产阶级不可估量的损失。

明旨式开头,常常使用名言、警句、谚语。因为这些话语言简意赅,富有哲理性,发人深省,对演讲内容起提纲挈领、画龙点睛的作用。例如"生命之树常青"的开头:

伟大的诗人歌德曾有过这样一句话:"生命之树常青。"是的,生命是阳光带来的,应该像阳光一样,不要浪费它,让它去照耀人间。

明旨式开头,要尽量做到集中突出,语言准确凝练,不宜转弯抹角,过多渲染铺垫,否则容易造成开头臃肿而与主体比例失调。这种开头方式往往在比较庄重严肃的演讲中使用。

(六)幽默式开头

幽默式开头独具魅力,但不是任何人都能容易掌握的,因为它不仅要求演讲的内容具有喜剧色彩,而且需要演讲者具有幽默的素质。

有一位演讲者演讲"从'?'到'!'"就采用了幽默式开头:

当代大学生是什么?是一个谜,一个"魔方"。这是一位作家说的。当代大学生成了时代的"问号",社会的"魔方"……我不想举别的例子,就举一下发生在我们生活中的两件事。当中国足球队奇迹般的战胜科威特队时,我校群情激奋。有一位同学激动得一口气砸破了三个热水瓶,可是,他砸的却是别人的。这是爱国热情,还是自私自利?有几位同学在赌钱,可是,他们并没有把赌来的钱用于吃喝玩乐,而是寄给灾区去救济灾民。这是善,还是恶?

如果要运用幽默式开头,则需要注意的是幽默会引人发笑,但这个笑不是演讲者的真正目的,真正的目的是让听众在笑声中积极思考问题。这位演讲者举了两个例子:一是连砸了别人三个热水瓶来庆祝胜利;二是赌钱将赢来的钱寄往灾区救济灾民。听上去这些事情确实令人发笑,但也发人深省。当代大学生究竟是什么?这就是演讲者接下去要扩展的主要内容。必须指出,所选择的幽默内容要健康,情趣要高雅。若胡编乱诌,或趣味低级庸俗,就会影响整个演讲效果。如果一味地追求离奇好笑,而不顾及演讲的主题,则离奇有之,笑亦可笑,就是偏离了方向,达不到预期的效果。

(七)抒情式开头

抒情式开头借鉴诗歌、散文形式,渲染气氛,以情感人,使听众迅速受到情绪感染,注意聆听演讲内容。这种开头多采用排比、比喻、比拟等修辞手法,形象生动、引人入胜。

如空军某部警卫战士韩志民的"我是夜幕的一颗星"的演讲是这样开头的:

水兵喜欢把自己比作随波逐流的海燕,飞行员喜欢把自己比作搏击长空的雄鹰,而我们警卫战士却喜欢把自己比作夜幕上闪亮的星,不是吗?当皓月当空,万籁俱寂的夜晚,疲劳的人民已经进入梦乡,祖国大地的每个角落里都闪烁着警卫战士一双警惕的眼睛,它就像天上的星星一样,不知困倦地注视着大地,搜寻每一个可疑的目标……

这类似散文诗的开头,构思巧妙、比拟得当、语言形象,创造出诗一般的意境。

(八)示物式开头

讲话之前,先拿出一件物品,肯定会让在座的听众"挺直身子",他们会猜想,他要表演魔术吗?这就引起了听众的好奇心。展示的物品可以是一幅画、一张照片或任何一件其他实物,只要有助于演讲者阐述思想,能引起话题就行。

例如,在一次讨论会上,一位著名的演讲家手里高举着一张100元钞票,面对会议室里的人问道:"谁要这100元钱?"一只只手举起来。他接着说:"我打算把这100元钱送给你们中的一位,但在这之前,请允许我做一件事。"他说着将钞票攥成一团,然后问:"谁还要?"仍有人举起手来。

他又说:"那么假如我这样做又会怎样呢?"他把钞票扔到地上,又踏上一脚,并且用脚碾它。尔后他拾起钞票,钞票已变得又脏又皱。"现在谁还要?"还是有人举起手来。

演讲家接着说道:"朋友们,你们已经上了一课。无论我如何对待这张钞票,你们还是想要它,因为它并没有贬值,它依旧值100元。人生路上,我们会无数次被击倒、凌辱甚至碾得粉身碎骨,我们觉得自己似乎一文不值。但无论发生什么,或将要发生什么,你们永远不会丧失价值,生命的价值取决于我们本身。"

爱惜人民币是每个公民应尽的责任和义务。我们姑且不论这位演讲者用人民币作比喻的方式是否得当,但他用"示物"的方式引出自己演讲的内容,确实起到了吸引听众注意力的作用。

示物式开头很自然地给听众留下悬念,增强了演讲的直观性和实体感,使听众产生强烈的感情冲动,领悟到"人生路上,生命的价值取决于自己本身"。

以上八种开头,在演讲的实践中之所以效果较好,是因为它们充分发挥了开头的双重作用,既能吸引听众,又能引入正文,当然,其他精彩开头也可以借鉴。通常可以将各种类型的开头结合在一起运用。作为演讲者,可以因时、因地、因人、因事、因情而精心设计,创造出千姿百态的开场白。

总之,演讲的开场白是吸引听众的最佳时机,不可轻视。力求简短切题、有魅力,一开始就给听众造成一种良好的心理定式,切忌套话、陈词滥调;要有真挚感情,切不可矫饰。

二、演讲稿的主体

主体是演讲稿的躯干,是演讲稿主要展开的部分,它的任务是通过阐述主题感染听众、说服听众、鼓动听众。要使演讲的观点站得住、立得牢,就必须做到内容充实丰满、有血有肉,要围绕中心论点,处理好论点与论据间的关系,合乎逻辑地逐层展开论述,做到结构合理、层次清楚、过渡自然。

演讲稿的主体直接决定了演讲的成功,对于演讲稿的主体有四项基本要求:围绕主题、逻辑性强、内容充实、构筑高潮。

(一)围绕主题

演讲的主题蕴涵着演讲稿的中心思想,是灵魂、是核心。演讲稿在进入主体后,要紧紧扣住主题、逐层展开、全面论述。无论是精辟道理的阐发,还是激情的迸发;无论是波澜起伏,还是跌宕多姿,一刻都不能脱离主题。例如,某林业高校大学生所作的题为"重任"的演讲主体:

可是,在我国960万平方公里的广阔疆土上,森林覆盖率只有12.7%。森林面积仅18亿亩,每人平均不足两亩,占世界的4%。木材蓄积量占世界的3%,而人口却占世界的25%。在木材消费上,我国每人平均0.05立方米,而世界每人平均0.65立方米,是我们的13倍。全国沙化面积近30年扩大9000万亩,水土流失面积150万平方公里,占国土总面积的15.6%;每年均有50亿吨的泥沙流入大海,其中,含氮磷钾的泥沙总量达16亿吨。有位美国专家曾惊叹:"黄河流的不是泥沙,而是中华民族的血液!"

多么惊人的数字,多么痛心的现状啊!林业兴衰,直接影响国计民生。人们说:"林业拖了'四化'的后腿,林业上不去,我们有愧于万代子孙。"我们是林业大学的学生,我们知道这些话的分量,振兴中华林业的重任,历史地落到了我们肩上。

怎么办?挑!勇敢地挑起这历史的重任;当国家困难的时候,为国分忧,当祖国和人民需要的时候,愉快地贡献一切,这就是我们当代大学生献身四化、振兴中华的雄心壮志。

几句话生动地表达了同学们振兴林业的决心和愿望:血汗成乳润泥土,肝胆化金铺河川,定叫黄河流碧水,誓让赤地变青山……

以上演讲的主体,紧扣主题,准确恰当地引用了一系列数据和事例,充分说明了当前祖国林业的落后现状,对四化建设、国计民生的影响,从而突出了现代林业大学生肩负重任,决心振兴中华林业的主题。

演讲稿的主体不紧扣主题,就会丧失中心,听众就听不出头绪,如坠雾中。

（二）逻辑性强

演讲的目的，简而言之，就是感染听众、说服听众、动员听众、把听众的积极性调动起来，按照演讲者所希望的去行动。要达到这个目的，就必须用充分可靠的论据去证明演讲的主题。每一篇演讲都有自己的主题，要想使听众理解演讲的主题、信服演讲的主题，从而采取相应的行动，演讲者在证明演讲的主题时，需要依靠逻辑的力量。主体是演讲中主要的论证部分，演讲者一般经常采用演绎推理法和归纳推理法这两种逻辑方式。

1. 演绎推理法

演绎推理法是古希腊哲学家亚里士多德在公元前4世纪首创的逻辑形式体系，它是从一般的公理出发，引出个别的结论。其中，典型的形式就是三段论。如郑智勇在题为"中华腾飞，指日可待"的演讲中说道：

更重要的是，我们现在有了坚强的领导核心，中国共产党是中华民族的中流砥柱。半个多世纪以来，有多少仁人志士，为了国家的统一、民族强盛，呕心沥血，赴汤蹈火，他们多么渴望中华腾飞啊！可是他们的努力都没有成功。只有中国共产党才能完成历史的重任，而且她以无可辩驳的事实证明了这一点，中华民族终于昂首挺立在世界的东方。

更难能可贵的是，我们的党，虽然在和平建设中走过一段弯路，但是她勇于承认错误，改正错误。世界上还没有像中国共产党这样襟怀坦荡，光明磊落的党！现在我们的党把主要精力放在经济建设上，领导人民奋发图强，中华的腾飞指日可待。朋友们，让我们捧着奋斗的硕果去迎接这个伟大时代的到来吧！

以上这段话是省略了大前提的充分条理的假言推理，即

如果我们有坚强的领导核心，中华的腾飞就指日可待。（大前提）

现在我们有共产党这坚强的领导核心。（小前提）

所以，中华的腾飞指日可待。（结论）

演绎推理法告诉我们，如果大前提和小前提是正确的，那么最后的结论就必定是正确的。所以要使演讲的结论符合逻辑，首先要保证大前提和小前提是无可驳斥的。

2. 归纳推理法

演绎推理法是从一般到个别，即由普遍性的原理引申出个别结论的一种推理方法。而归纳推理法则恰恰相反，是由个别到一般，从许多个别材料概括出普遍结论的一种推理方法。

例如，美国前总统罗斯福有一篇著名的演讲，题目是《1941年12月7日——一个遗臭万年的日子》，他的逻辑层次是这样的：

昨天，日本军队进攻了夏威夷岛和美国海上舰队。

昨天，日本军队进攻了马来西亚。

昨夜，日本军队进攻了香港。

昨夜，日本军队进攻了关岛。

昨夜，日本军队进攻了菲律宾群岛。

昨夜，日本军队进攻了威克岛。

今晨,日本军队进攻了中途岛。

因此,日本在整个太平洋地域采取了突然的攻势……

这一长篇话语,形成了一股无形的逻辑力量,推出一个结论:必须对日宣战。这就是归纳推理法。

归纳推理法中的结论是否可靠,要看引证的材料是否站得住脚。如果你所引证的材料出了问题,那么演讲的中心论题便会不攻自破。另外,必须注意,在归纳推理法中,引证的材料必须要有一定的数量,并带有普遍性;否则,以一论百,既违反了正确的逻辑形式,也难以使听众信服。

（三）内容充实

我们知道,演讲者只能引导而不能强迫听众接受自己的观点,因此,必须依靠演讲本身内容的丰富多彩,来吸引广大的听众,获得演讲的成功。

陶骏同志的演讲"现代中国人的自信力",得到许多人的赞扬,就是因为其演讲内容充实。他首先提出,要树立起现代中国人民的自信力,必须先有民族的自豪感。接着他在主体中作了全面的论述:

我们先看看历史吧。虽然我们今天很多方面都落后了,但在历史上,我们民族曾有着一个作为当时世界文明顶峰的伟大时代。在《世界文明史纲》中就有这样的记载:"从7世纪到9世纪,中国是世界上最安定的文明之国。"

当时,在人口稀少的欧罗巴和西方亚细亚,极其疲惫的人民住在茅屋土堡的市街,而中国无数居民都过着极有秩序而安定的日子。当西方人正禁锢于神学的固执和褊狭之中时,中国人却已得到了研究上的自由。

以上两段是引证权威的史论观点,从历史的角度来说明我国文明发展史源远流长,以增强中国人的自豪感。方志敏烈士在《可爱的中国》一书中也曾做过这样的描绘:

"中国是生育我们的母亲……以言气候,中国处于温带,不十分热,也不十分冷,好像我们母亲的体温,不高不低,最适宜于孩儿们的偎依;以言国土,中国土地广大,纵横万数千里……中国土地的生产力是无限的;地底蕴藏着未被开发的宝藏也是无限的;废置而未曾利用起来的天然力,更是无限的,这又岂不象征着我们的母亲,你有着无穷的乳汁,无穷的力量……"

这一段是从我国地理位置的优势,来增强我们的自豪感。

我们伟大的祖国不仅历史悠久,资源丰富,而且,人民具有无穷的智慧。关于这一点,我不想再举"四大发明"和在我国历史上有过的无数能工巧匠和艺术大师。我只引用翻译家傅雷先生的一段论述:西方人被基督教统治了一千四百年,他们信仰神、崇拜神,他们是在一种狂热的宗教信仰和自由扩张的矛盾心理中度日的。而我们中国人呢? 性情则多是中正、平和、淡泊、朴实,较轻视物质的享受,而把追求智慧、觉悟,作为人生的最高目标。

这一段从中国人民的品质优秀,来说明中华民族是世界上值得自豪的民族。以上就历史、地理、人民这三个方面说明我们应该建立民族的自豪感。

陶骏的整篇演讲稿,内容全面,生动形象,既有古老的历史,又有现实的感觉,并旁征博引、据理力争,内容充实。

（四）构筑高潮

1. 高潮的作用

某大学演讲协会曾对三十多位参加过演讲比赛的学生进行书面调查，其中，有这样一道题目："你在一场演讲中哪部分最能博得听众的热烈掌声？"调查结果，百分之七十五的学生回答：高潮部分。

一个成功的演讲，不可能没有高潮。演讲的高潮，既是演讲者感情最激昂、气势最雄劲的时刻，又是听众情绪最激动、精神最振奋的地方。一次演讲，若能出现一次或几次高潮，说明演讲者与听众之间在感情上产生了强烈的共鸣，说明演讲者的信念和意志得到了响应，说明演讲者所宣传的观点和主张得到了听众发自内心的欢迎和赞同。反之，如果一次演讲没有出现高潮，那么就会使演讲大为逊色，就不可能达到"快者掀髯，愤者扼腕，悲者掩泣，羡者色飞"的佳境。

2. 高潮的特点

演讲的高潮，是演讲者就某一个论题，经过一番分析、说明、举例、议论后，对于肯定什么、否定什么、赞同什么、反对什么所做出的最鲜明的回答。高潮体现出三个特点。

一是思想深刻。高潮最集中地体现出演讲者通篇演讲的思想观点，是思想内容的凝聚点，是全篇的精华所在。

二是感情强烈。演讲者的爱憎喜怒，在高潮中得到尽情宣泄。

三是语句精练。演讲者最精彩的语言，在这里充分发挥了作用。

这三个特点的组合，使演讲的高潮有强大的感染力，它犹如交响乐中管弦齐奏、金鼓齐鸣，产生振聋发聩的声响。

3. 高潮的构筑

关于这个问题，李燕杰曾作过精深的论述。他说："一次演讲，怎样达到高潮？这需要演讲者在感情上一步一步地抓住听众；在理论上一步一步地说服听众；在内容上一步一步地吸引听众，使听众的内心激情逐渐地燃烧起来，演讲将自然地推向高潮。"

高潮的构筑，不同的演讲者，有不同的处理方法，但其宗旨是一致的：必须在对某个问题有较为深刻、全面的分析、论证的时候，必须在演讲者的思想观点逐渐明朗、听众也能逐渐领会演讲者的思想观点的时候，并且，要在听众与演讲者的思想感情产生共鸣的基础上，才能构筑高潮。

这时候演讲者必须直接站出来，作断言式、预言式或肯定式的宣言，全盘托出自己的思想见解，酣畅淋漓地抒发自己的感情。演讲者也确实到了如鲠在喉，不发无以平心中郁闷的地步，才能真正构筑高潮。否则，对某个问题演讲者还没有阐述清楚，听众对该问题尚未有较为清晰的认识，演讲者就富有激情地大发号召、强烈呼吁，听众也会无动于衷的，他们无法产生共鸣，高潮也无论如何"高"不起来。

许多富有经验的演讲者，他们或者通过对所举事例的准确恰当地阐释分析，从中提炼演讲的主要观点及深刻的哲理；或者运用比喻、排比、反诘等修辞手法，对演讲中心进行精当、透彻的议论；或者选用充满感情的语言、自然得体的动作，以及真挚热烈的情感，为听众创造出真切动人的意境,从而把演讲推向高潮。

昆明军区政治部宣传部文化处原副处长蔡朝东在长达四个小时的"理解万岁"的著名演讲中,就多次采用先摆事实、后画龙点睛地发表精辟议论的手法,把演讲推向一个又一个的高潮。

例如,当介绍完战士们不畏艰险、一往无前、勇于献身的事迹后,蔡朝东话头一转,"青年同志们,如果有机会,到前线的烈士陵园去看一看吧! 在那里的墓碑上,有的写着六六年(1966年)出生,有的写着六七年(1967年)出生,他们都是我们的同龄人啊! 我感到,倒下去的是战士的身躯,站起来的是长城,一座不可逾越的长城"。

讲到北京的一位小学生写给前线叔叔们的一封信时,蔡朝东借战士之口总结发挥道:"这个孩子的心诚啊,他还想着减少部队的伤亡,真是童心可贵,民心可贵!"寥寥数语,其理深矣!

当介绍完一批无名战士的平凡而又感人的事迹后,蔡朝东又议论道:"前线就是由多少个这样默默无闻的战士组成的,就像那漫山遍野的小草一样,无人知晓,却绿遍天涯海角。"

正是由于蔡朝东的演讲中,多次出现了扣人心扉、感人肺腑的高潮,再加上他的演讲选题新颖、材料典型、内容真实、论述有力,所以蔡朝东的演讲在全国引起了极大的反响,许多人是饱含泪水听完演讲的。无论是饱经风霜的老干部,还是单纯幼稚的少年儿童,就连那些平时视报告为"政治说教"而不屑一顾的年轻人和那些触犯了刑律的劳改人员,也无不为之动容。

演讲要达到高潮,除了思想感情的高度升华外,语言的锤炼也很重要。你可以运用各种修辞手法,增强气势,抒发激情;你也可以借助名人名言或富有哲理性的句子,把思想揭示得更深刻。

美国的亨利在《不自由,毋宁死!》的演讲中,最后一段就是用反问句式把演讲推向高潮。他是这样说的:

我们的同胞已身在疆场了,我们为什么还要站在这里袖手旁观呢? 先生们希望的是什么? 想要达到什么目的? 生命就那么可贵? 和平就那么甜蜜? 甚至不惜以戴锁链、受奴役的代价来换取吗? 全能的上帝啊,阻止这一切吧! 在这场斗争中,我不知别人会如何行事,就我而言,不自由,毋宁死!

这里句句都是反问和感叹,句句都充满了激情、充满了真理、表现出意志、表现出思想,使整个演讲达到了高潮。

一篇演讲,高潮可以有一个,也可能有几个。一些外国学者认为,成功的演讲,应像跌宕起伏的海浪,一个高潮接着一个高潮,当演讲结束时,这个高潮就达到了顶峰。当然高潮往往在结尾,但也有一些高潮在中间或中间稍后。一些思想内容层次较多(但中心思想只有一个)的演讲,可以多构筑几个高潮,这样能使听众对每个层次都留下深刻的印象。

多高潮的演讲,层层铺垫、层层推进,演讲者的思想表达得越来越鲜明、深刻、完整,感情也随之越来越强烈,到了最高潮时如空谷回音,三日不绝,令人赞叹。

从结构上来说,高潮的设置,可使演讲者有张有弛,起伏变化,是符合审美要求的,关键是要把握好构筑高潮的时机。另外,构筑高潮时要力求做到语言简洁明快,切忌拖泥带水、冗长啰唆。体现高潮的名言警句,要从真实可靠的事实和事理中自然发出,切忌牵强附会。

三、演讲稿的结尾

结尾是演讲稿的自然收尾,是演讲稿的有机组成部分。在演讲过程中,要想使听众得到始终如一的完美印象,就要精心构思结尾。

俗话说:"编筐编篓,贵在收口。"拿破仑也说:"兵家成败决于最后五分钟。"我们同样可以说:演讲的成败在相当的程度上取决于演讲的收尾。如果演讲者设计和安排的演讲的开头和高潮很精彩,再加上有一个出人意料、耐人寻味的好结尾,那么就如同锦上添花,会给听众带来一种精神上的愉快和满足。相反,如果演讲者的结尾没有新意、无力,没有激起波澜而陈旧庸俗、索然无味,那也会使听众深感遗憾、失望而去。

当然,演讲者如果在前面演讲得不很理想,但只要在结尾讲得很好,也还有可能振兴全篇,发出异光。可见,演讲的结尾是走向成功的最后一步,是演讲稿的关键所在,也是全篇演讲稿应该定格的地方,我们不可忽视它的重要作用,在构思演讲稿时一定要像对待开场白一样重视结尾。

要写好演讲稿的结尾,首先要熟悉一般文章的原则和方法,从中受到启发。明代学者黄政枢说:"好的结尾,有如咀嚼干果、品尝香茗,令人回味再三。"夏丏尊和叶圣陶合著的《文章讲话》中谈到结尾的自然和适当时说:"略知文章甘苦的人一定有这么一种经验:找到适当的结尾好像行路的人遇到了一处适合的休息场所,在这里他可以安心的歇脚,舒舒服服停止他的进程。若是找不到适当的结尾而勉强作结,就像行路的人歇脚在日晒雨淋的路旁,总感到不是妥当的地方。"

这两个比喻给人的启示是:一切文稿的结尾必须恰到好处。好就好在两个方面:一是结尾的时机要适当,如果意思已经讲完,还要一说再说,那就成了累赘,如果问题没有讲清楚、突然中断,也会使人不解,使自己心中不安;二是结尾的语言要优美,使听众感到舒适,能够发人深省、给人启迪、促人振奋、使人回味。

怎样设计和安排演讲的结尾呢?下面介绍几种常见的结尾。

(一)总结式结尾

这种结尾是把演讲稿的主要意思加以概括、强调,突出重点、深化主题,不仅能帮助听众回忆前面所讲的内容,而且能给听众留下一个完整、深刻的印象,起到画龙点睛的作用。例如,浙江大学陈刚的《我们的事业在中国》是这样结尾的:

祖国,这块中华民族赖以繁衍、生存、兴旺、发达的神州大地,她和我们命运紧紧相连。我们不能背弃我们的祖国,正像祖国属于我们一样,我们也属于祖国。祖国是我们的依靠,是我们的太阳,我们、你们和他们,千千万万个中华儿女,都是祖国的一部分。祖国的振兴,民族的昌盛,社会的进步,靠谁?靠我们!靠我们这些既有共产主义觉悟,又有文化知识的新一代青年!祖国的事业就是我们的事业,我们的事业在中国!

这个结尾恳切、热情、概括,点明主旨,给听众留下清晰、完整而又深刻的印象。

(二)感召式结尾

感召式也称决心式、誓言式、希望式和号召式。它以激烈的情感提出希望、发出号召、指出方向，以激励听众感情的波涛，给人以心志的激励。

1957年11月17日，毛泽东对莫斯科的中国留学生、实习生的讲话，结尾就是希望式的：

世界是你们的，也是我们的，但归根结底是你们的。你们青年人朝气蓬勃，正在兴旺时期，好像早晨八九点钟的太阳，希望寄托在你们身上。

世界是属于你们的。中国的前途是属于你们的。

这段讲话的结尾有一种催人奋进的力量。半个世纪，一直激励着中国青年人为中国的前途奋进。

又如四川泸州乳制品厂残疾青年罗文安在其以《为改革尽力》为题的演讲中，运用了表决心，发誓言的结尾：

改革的暴风雨到来了！我，一个新中国的青年，尽管病魔夺去了我健全的肌体，但——它永远夺不走我对祖国、对人民、对社会主义事业的眷眷之心。虽然我不能做运动场上龙腾虎跃的闯将，也不能当风度翩翩的外交家，但我也是一个血气方刚、风华正茂的青年。我还有健全的头脑、勤劳的双手，我也要毫不犹豫地投入改革的洪流中去，在雷与电、风和雨的洗礼中，为振兴中华发出光和热，奉献出微薄的全力。

这个结尾，情真意切，言简意赅，字字千钧，铿锵有声，充分表达了演讲者鲜明的立场和不达目的誓不罢休的决心，从而有力鼓舞着广大听众向着既定的目标去行动、去战斗。

（三）抒情式结尾

这种结尾常常是演讲者在叙述典型事例和生动事例后，油然而生的激情。以抒情式结尾，言尽而意未尽、留有余韵，给人启迪。

例如，毛泽东《论联合政府》的结尾：

成千上万的先烈，为着人民的利益，在我们前头英勇地牺牲了，让我们高举起他们的旗帜，踏着他们的血迹前进吧！

一个新民主主义的新中国不久就要诞生了，让我们迎接这个伟大的日子吧！

这个结尾采用了蕴涵深刻的哲理、浓烈诗意的语句来收尾，使听众心里掀起感情的波澜，也受到深刻的教育，会继承先烈的遗志，奋勇前进去迎接新中国的诞生。

（四）警言式结尾

警言式结尾，即引用谚语、成语、格言、警句、诗词等作结尾。其特点是：意义深沉、隽永，情感真挚、炽热，或令人长思不已，或给人以心志的激励，或给人以美的享受。

例如，范曾的《扬起生命的风帆》的演讲，其结尾是：

同志们，你们所处的时代，可以说是身逢盛世。伟大民族的锦绣山河、灿烂的历史、杰出的人物，都能熔炼你们美好的性格，你们将会成为时代的骄子、河山的真主。回首顾，千秋青史；抬头望，无限关山。让我们吟哦唐代伟大诗人李白的名句："大鹏一日同风起，扶摇直上九万里"，让我们举起垂天之翼，作一番长空的逍遥游！

这里范曾以李白的诗文结尾，展望了未来的光辉前程，并向人们提出了殷切的希望。又如，徐燕的《担负起天下的兴亡》的演讲结尾：

同学们,80年代的大学生,不要再叹息"生不逢时",祖国还贫穷落后,还需要我们贡献青春和才智。"墙角的花,当你孤芳自赏时,天地便小了。"跳出顾影自怜的可怜圈子吧,把个人的一切融化到民族、国家的命运,人民的事业中去吧!沉睡、多病的祖国,已经到了醒来的时刻,让我们这一代人甩掉祖国贫穷落后的帽子,一个使世界为之震惊的繁荣昌盛的中国,就要出现在地球的东方。"同学们,快拿出力量,担负起天下的兴亡!"

这个结尾恰当地运用了冰心《春水》中的小诗和《毕业歌》中的歌词。小诗富有哲理,又有针对性,耐人寻味;歌词犹如洪亮有力的歌声在耳,歌词切题,给人一股强大的鼓动力。

(五)提问式结尾

在开场白中采用提问的方法是屡见不鲜的,演讲的结尾采用这种方法也并不罕见。在演讲结束时提出一些关系重大,影响深远的问题,以此引起听众进一步思考,能大大地加强演讲的效果。

岳伟东的《军人牺牲岂止在战场》的演讲中,就采用了提问的方式结尾:

青年朋友们,当你迎着朝阳升起的时候,当你拿着拖布走进病房的时候,当你在寒夜里站岗执勤,在烈日下保证飞行的时候,你可曾意识到你也在做着牺牲?你也许会认为这个问题提得可笑:"不上战场,哪里会有牺牲?"不,朋友,还是认真地想一想吧,你真愿意为党和人民做出"牺牲"吗?如果你的回答是肯定的,那么,请你记住:军人的牺牲岂止在战场?

这个结尾,向听众提出了两个问题,以此引起听众的认真思考,深化了演讲的主题,大大增强了演讲的深度和广度。

(六)想象式结尾

这种结尾,想象丰富,妙趣横生,给人一种别开生面、耳目一新的感觉。河北滦县二中初一学生李婷题为《我的理想》的结尾就是这样的:

朋友们!请看,在我的前面,还有多么遥远的征程啊!需要我奋斗拼搏,也需要你们的帮助和激励!今天需要,明天更需要!因为,只有有了你们的开拓和成功,才能使我这个记者有报道的素材!当您的科研项目取得突破的时候,当您的产品打进国际市场的时候,当您在奥运会上取得金牌的时候,当您的花生品种终于获得培育成功的时候……我一定来。请不要忘记告诉我一声!写信请寄"新华社记者,李婷收。"请注意:是"女"字边的"婷",不是停止的"停",——因为,我既然树立了一个崇高而宏伟的理想,那么,我的学习就决不能"停",我的追求也决不能"停"!

这个结尾,演讲者巧妙地运用了语境,作了谐音发挥,显得新颖别致、妙趣横生,一下子就把听众的热烈情绪激发起来了。

(七)幽默式结尾

这种结尾别出心裁,造成欢乐活跃的气氛,使听众在笑声中领悟到其中包含的严肃思想、正直的是非观念,以及鲜明的爱憎感情,但要力戒油滑与浅薄。

例如,1926年11月3日斯大林在《论我们党的社会民主主义倾向》演讲的结尾中,针对季诺维也夫夸口自己能把耳朵贴在地上听到历史的脚步声说:

很可能事实上真是这样。但有一点还是应该承认的,会把耳朵贴在地上并听到历史的脚步声的季诺维也夫……却听不到这件"小事",党早已不理睬反动派了,反动派已一筹莫展了。这一点他们听到没有?(喊声:"对!")

由此应该得出什么结论呢?结论是反动派的耳朵大概有毛病。(笑声)

因此,我要奉劝可敬的反对派分子,治一治你们的耳朵吧!

这个结尾,幽默风趣、无情地嘲笑了机会主义分子的丑恶嘴脸。

(八)呼应式结尾

这种结尾与开头呼应,妙在首尾相接,结构上严密完整。正如夏丏尊、叶圣陶先生说的:"好像登山涉水之后,重又回到原来的出发点,坐定下来,得以转过来去温习一番刚才经历的山水一般。"值得注意的是,使用呼应式结尾,不应是对开头的简单重复,而应该是加深主旨的归结。

例如,吴晗的演讲《谈骨气》的开头是这样的:

我们中国人是有骨气的。战国时代的孟子,有几句很好的话:"富贵不能淫,贫贱不能移,威武不能屈,此谓之大丈夫。"意思是说,高官厚禄收买不了,贫穷困苦折磨不了,强暴武力威胁不了,这就是所谓的大丈夫。大丈夫的这种行为,表现了英雄气概,我们今天就叫做有骨气。

接着,吴晗列举了内容不同,时代背景不同的生动事例对中国人民的骨气,作了有力的剖析。最后,是这样结尾的:

孟子的这些话,虽然是在两千多年以前说的,但直到现在,还有它积极的意义。当然,我们无产阶级有自己的英雄气概,有自己的骨气,这就是决不向任何困难低头,压不扁,折不弯,顶得住,吓不倒,为了社会主义、共产主义建设的胜利,我们一定能够克服任何困难,奋勇前进!

这个结尾呼应了开头提到的孟子的话,并联系现实,突出了"无产阶级有自己的英雄气概,有自己的骨气",深入一层指明"骨气"的阶级性和现实意义,既是对全篇演讲的总结,又是对演讲主旨的深化。

以上八种结尾类型不能囊括一切演讲结尾。结尾无定法,妙在巧用,生搬硬套,只能起负面作用。演讲的结尾要有一定的高度,如异峰突起,要韵味深刻,使听众情绪感奋。切忌草草收场,敷衍了事;拖泥带水,应休还说;故作谦虚,言不由衷;陈词俗套,语言干巴。

【思考和练习】

(1)哪些演讲稿开头的方法你认为比较好?

(2)演讲稿的主体有哪些要求?

(3)你认为什么时候构筑演讲的高潮最恰当?

(4)哪些演讲稿结尾的方法你认为比较好?

第三节 演讲稿的文采与修辞

孔子认为"言之无文,行而不远"。演讲也是这样,没有文采,就缺乏吸引力演讲稿具有较强的逻辑性,也具有一定的艺术性,对语言艺术有较高的要求。演讲的语言除了需要准确、通俗,表现积极的思想意义外,还需要对文字进行必要的润饰,使它生动活泼、具有艺术的感召力。要使演讲稿富有文采,就必须讲究修辞。

古今中外的演讲家,都十分重视演讲语言的修辞。古希腊的亚里士多德称演讲术为修辞术。演讲是一门语言艺术,而语言艺术是离不开修辞的。恰当合理地运用修辞,是美化语言的重要途径。修辞包括选词炼句和合理运用辞格。

一、选词炼句

选词炼句在修辞学上称为消极修辞,一般是指词语的锤炼、句式的选择和语音的协调。在我国古代,选词叫"炼字"。所谓炼字,就是锤炼、琢磨文字之意;选词就是从丰富多彩的词汇中选择恰当的词语来反映客观事物和表达思想感情;炼句就是根据内容的需要,选择不同的句子把思想感情恰如其分地表达出来。

注重句子的锤炼也是我国写作的传统。唐代诗人皮日休认为写诗作文必须"百炼成字,千炼成句"。演讲语言的选词炼句最主要的是要做到准确、明快、简洁、流畅、通俗易懂和"上口""入耳"。当然,演讲的语言还要具有音乐美,我们还必须注意演讲语言节奏的安排和调整。

(一)锤炼词语

演讲稿语言的最基本特征是口语化,它是口语和书面语的高度融合。口语朴素、简洁、流畅、活泼、亲切、通俗易懂,但往往不够精确规范。书面语准确、规范、典雅,但往往结构复杂、书卷气太重,有时不易被人们理解。

好的演讲稿应当扬长避短,力求做到"上口""入耳"。尽力把生僻词换成常用之词,慎用文言和方言词语,忌用生造词,对于深奥的专业术语和抽象的科学概念,要尽可能用浅显的语言进行解释,做到深入浅出。总之,要精心选择和反复锤炼词语,选择最恰当的词语,并把字放到最恰当的地方,以准确、鲜明、生动去传情达意,给人以美感,给人以鼓舞。

(二)选择句式

撰写演讲稿,既要炼字,又要炼句;既要锤炼词语,又要锤炼句式。句式如果选择得好、运用得好,可以更有效地表达思想感情、准确地反映事物、增添语言的理解力、增添演讲稿的文采,从而收到更好的表达效果。汉语中的句式多种多样、丰富多彩,每种句式都有其特定的表意功能,它的语气、语调、气势、表意重点以至语体色彩都有所不同。演讲者要根据表情达意和语言环境等方面的需要来选择最合适的句式。下面具体谈谈三组主要句式的特点及其作用。

1. 长句与短句

长句是指字数较多,结构较复杂,容量较大的句子;短句则相反,字数少,容量小,结构也较简单。长短句多有不同的表达效果。一般说来,长句严密、精确、细致;短句简洁、明快、有力。

毛泽东在《新民主主义论》中评价鲁迅是位人民英雄时,就用了50个字的长句:"鲁迅是在文化战线上,代表全民族的大多数,向着敌人冲锋陷阵的最正确、最勇敢、最坚决、最忠实、最热忱的空前的民族英雄"。这个长句充分全面地表达了鲁迅的高贵品质、伟大精神及其历史地位。

有时表达需要简练有力的短句,如闻一多在《最后一次讲演》中揭露、抨击国民党特务的行径时表现激昂愤怒的情绪、义正词严地斥责,运用的就是短句:"今天,这里有没有特务,你站出来!是好汉的你站出来!你出来讲!凭什么要杀死李先生?杀死了人,又不敢承认,还要诬蔑人,说什么'桃色事件',说什么共产党杀共产党,无耻啊!无耻啊!"

演讲稿一般来讲,句子不宜过长。句子过长,讲起来费劲,听起来也吃力。当然使用长句还是短句,要根据演讲的内容和听众的层次作适当的调度,让长、短句各尽其能,各得其所。就一般演讲来说,长短句交错运用、精巧安排,效果会更好。我们不妨看看朱海鹰的《我爱咱们的大西北》:

咱们还应当看到,那塔克拉玛干的黄沙正在滚滚流动,戈壁的大片荒滩还寸草未生,塔里木盆地里还没有一块像样的绿洲,黄土高原的水土流失还没有完全根治。这一切,靠谁去振兴呢?靠你,靠我,靠他,靠全国的青年,更靠咱们大西北的青年。朋友们,改革振兴、贡献,是我们这一代青年的性格和使命。党在期望着我们,大西北在张开双臂欢迎志在四方的优秀儿女。来吧,开拓建设的青年朋友,到大西北来吧!

这段演讲词,前面是一个长句,说出了重任在肩的形势。显然,这一组长句运用恰当,效果很好。因为它具体、细致地描绘了大西北所面临的艰巨的建设任务。紧接着是一连串的短句,简洁有力,表现了一种气魄,一种决心。在"舒缓"的长句,"短促"的短句之后,演讲词以抒情的"中速"结束。这种长短句结合的修辞方法,是演讲词中最为常用的方法。

2. 整句和散句

整句是指结构形式整齐、匀称的句子。它适合于表达强烈的感受和流畅的气势,讲起来富有节奏感和形式美,主要依靠对偶、排比、反复的修辞格来体现。散句是指不受字数、韵律的约束,表意上可不拘一格,可以自由运用的句式。整句和散句的使用,各有其表达的效果,一般来说,演讲稿中整句和散句交错使用,比单纯用整句或散句要好。例如,周恩来《在延安欢迎会上的演说》中的一段:

这些现象不改变或消失,中国抗战的局面能拖到胜利么?我们的回答:要胜利,不是拖而是打!要胜利,不是消极地抗战而是积极地抗战!要胜利,不是国内的分裂而是国内的团结!要胜利,不是政治的压迫而是政治的民主!

这段话,前面用的是散句,以引起人们的注意。而后面则用的是整句。一连串的排比句,无可辩驳地指出胜利的根本保证。整句与散句的变化使用,使说理清楚明白,又生动有力。二者交错运用,"整"中有"散","散"中有"整",就使得文句变化有致、斑斓多彩。

3. 口语句与文言句

口语句为一般人所熟悉,简短活泼,讲起来通俗易懂,明白晓畅。文言句讲起来温文尔雅,凝重庄严,语言简洁,声音和谐。演讲稿适当地运用文言词语和文言句式,能收到很好的表达效果。例如,毛泽东在《新民主主义论》里,有这样一段描述:

唯独共产主义思想体系和社会制度,正以排山倒海之势,雷霆万钧之力,磅礴于全世界,而永葆其美妙之青春。

这段话既用了文言词语又用了文言句式,充分传达了毛泽东乐观主义精神和扭转乾坤的气势,语句简练有力。文白相济可以增强表达力,但要注意不可滥用或卖弄,让演讲稿不文不白,适得其反。

（三）追求音乐美

语音是语言的物质外壳,演讲语言要声情并茂。演讲稿的语言要产生理想的音响效果,除了讲究句式的整齐、词语的平仄协调、音节的匀称外,还应巧妙地运用叠音词、象声词、语气词、双声词等,使话语节奏富于变化,声音和谐,具有抑扬顿挫的音乐美,这样演讲者讲起来才朗朗上口,听众听起来才声声入耳。

二、辞格的运用

辞格在修辞学上也称积极修辞。所谓辞格,是用以表达一定的思想内容,具有特殊的修辞效果和某种语言的修辞方法。演讲稿语言的辞格目的是使语言形象、鲜明、生动,使抽象变具体、深奥变浅显、复杂变简单,从而更好地发挥其传情达意的作用。因此演讲中恰当地使用辞格,能为演讲增光添彩。演讲中常用的辞格有比喻、排比、对偶、对比、反复、层递、设问和反问等。

（一）比喻

比喻就是打比方,是用简单通俗的语言,将复杂的事物说清楚。这是一种"以其所知喻其不知而使人知之"的方法,这是用得最普遍、也是最易使演讲生色的方法。

一个新鲜、隽永、精彩的比喻,可以使抽象的概念形象化、深奥的道理浅显化、复杂的事物简单化,而且听众听起来妙趣横生、耐人寻味。著名的演讲中,很少有不用比喻的。

1858年6月,林肯发表了题为《家庭纠纷》的演讲。演讲中有这样一段话:

一幢裂开的房子是站不住的。我相信这个政府,不能永远保持半奴隶半自由的状态。我不期望联邦解散,我不期望房子崩塌,但我的确期望它停业分裂。

演讲以"裂开的房子"为比喻,说明了联邦必垮台,正如裂开的房子要崩塌一样。林肯就是把这样一个深奥的道理用一个巧妙贴切的比喻,使其具体化、形象化,这远比长篇空洞的说教有力得多。

卡耐基指出,比喻是启迪、说服听众,获得听众理解、支持和掌声的有效方法之一。演讲中运用比喻要贴切,如果两个事物没有相似之点,就不能比喻。比喻要注意感情的褒贬色彩,这样才能有利于思想感情的表达。比喻还要新颖,只有那些新颖绝妙的比喻,才能令人难忘。

（二）排比

演讲语言的排比,就是连用三个以上结构形式相同或相似的句子,从多方面层层深入地进行表意。排比在演讲中运用最为广泛,它可以增强语势、增强语言的节奏感和旋律美。用它来说理,可以使论述细密严谨;用它来叙事,可以使事物集中完美地表现;用它来抒情,可以使感情激昂奔放。例如,《欢迎你到徐州来》的演讲中有这样一段话:

徐州,不如上海那样繁华,不如天津那样发达,不如武汉那样便利,不如贵阳那样多姿,不如西安那样古老,不如成都那样富庶,不如兰州那样质朴,不如长春那样宜人,更不如这里——我们伟大祖国的首都——北京这样令人神往。但是,朋友,徐州也是祖国母亲肌体上的一部分。在我们的母亲看来,手心手背都是肉啊!在徐州这块土地上,同样可以寻到我们祖先的脚印,同样有着烈士流过的热血,同样有着旧社会留下的苦难、眼泪,同样流淌着开拓者的汗水,同样有着旖旎的风光,同样有着含苞的花蕾,同样有着沸腾的生活。

这一段短短的文字,两次运用排比这种修辞,大大增强了演讲的感染力。第一组排比是九个分句,突出渲染了祖国山河的壮丽、古老和繁荣,第二组排比七个分句,通过对徐州历史、现实、山水的描述,表达了演讲者对徐州的深情厚谊。

运用排比应注意:排比的突出作用在于能表达强烈奔放的感情,周密地阐述复杂的事理,增强语言的气势,突出演讲的主题。所以,运用排比必须从内容需要出发,不能生硬地拼凑排比的形式,以免失之于滥。

(三)对偶

对偶指结构相同或相似,字数相等或基本相等,意义上密切相连的词组成句子,两两相对排列起来的一种修辞。从形式上看,它的音节整齐而匀称,讲起来抑扬顿挫、朗朗上口,听起来铿锵悦耳,便于记忆。从内容上看,凝练而集中,概括力强,有突出的表现力。对偶是一种富有中国传统、中国气派的修辞,虽在演讲中出现得不太多,但为广大群众喜闻乐见。例如,演讲稿《生活采思录·时间篇》的结尾:

不要空唱"明日歌",我们要把今天作为飞向明天的跳板。昨天是今天的昨天,明天是今天的明天。所以,一天就是三天,这是一个生活的真谛,我们要善于把一天当作三天过!

在对今天的思考中,我们要记住这个时间的辩证法。

"昨天是今天的昨天,明天是今天的明天"这是一对偶句,富于哲理,又有整齐而对称的音节,听众可以从这样的表达中受到"义"的启迪,也能获得"声"的愉悦。

(四)对比

演讲中的对比修辞,就是围绕着主题,选择正反两个方面的事例,加以比较的说明,由此展开正文。演讲中恰当地运用对比修饰,能使听众在比较中得到鉴别,更能分清正义与邪恶、英勇与懦怯、伟大与渺小,具有征服听众的力量。

对比修辞从内容上可分为两体对比和一体两面对比。对立统一的两种事物或概念的对比称为两体对比。存在于同一事物中的两个对立面之间的对比称为一体两面对比。

例如,河北省的一位中学生所作的《祖国需要奉献》的演讲,中间有这样一段:

一位年近古稀、身患绝症的老人,主动拿出250元钱认购了三年才能归还的保值公债;一个年轻有为,在改革大潮中涌上浪尖的经理竟贪污受贿达17万元。

我哭了,是对奉献者的爱,对索取者的恨!

这是两体对比的演讲。这里把奉献者与索取者摆在一起,进行了强有力的对比,高尚与卑鄙分明,憎恨之情溢于言表。

再如,《大巴山的春风吹暖了我的心》的演讲中有这样一段:

首长们,战友们,这就是我们两年多来走过的曲折的战士之路。回想起来,既使我惭愧,又使我振奋。在繁华的闹市,在优越的环境中,我步入了生活的歧途。而在大巴山区,在坎坷不平的山道上,我却迈出了坚实的步伐。我的一切成长,都是"大巴山人"——仓库的领导同志们的影响哺育的结果。

这是一体两面对比的演讲。演讲者通过对自己两种生活经历的相同与不同之处的比较分析,突出强调了"大巴山人"对自己成长与进步的影响,指出了"优越的环境"对自己生活弊端。这样一比,"人的生活之路应该如何走"的主旨就深刻鲜明地体现出来了。

在演讲中运用对比,必须对所表达的事物的矛盾本质有深刻的认识,如果对比的两种事物或同一事物的两个方面,没有相互对应的关系,就不能构成对比。

(五)反复

反复是为了强调某个意思,突出某种感情,或表示事物的持续,有意连续反复或间隔反复某些词句的修辞手法。反复是一个意思的一再表达,与语言啰唆有本质上的区别。演讲运用反复除了能够渲染感情外,还能使演讲的语言增添旋律美,加强节奏感,突出重点,显示力量。

如美国总统罗斯福的《一个遗臭万年的日子》反复运用了五个"昨夜",渲染了愤慨之情,突出了紧迫之感,显示了雄辩的力量。又如美国黑人民权运动著名领袖马丁·路德·金的《在林肯纪念堂前的演讲》中反复运用了五个"我梦想着,有那么一天",描述了美好的未来,表达了演讲者对自由的渴望和坚定的信念。

(六)层递

根据事物的逻辑关系,采用由浅入深、从小到大、从轻到重、从低到高或与之相反的格式,层层深入、逐层加码,表达客观事物逐步发展的关系,这种修辞方法称为层递。

层递也是演讲中常用的修辞手法,它的效果是层层递进,言之有序;步步相连,言之有势。使听众的认识层层深化,对所表达的事理产生强烈的印象。例如,毛泽东的《关于重庆谈判》演讲中的一段话:

事情就是这样,他来进攻,我们把他消灭,他就舒服了。消灭一点,舒服一点;消灭得多,舒服得多;彻底消灭,彻底舒服。

这段话内容上反映了数量、范围上的递升关系,表达了毛泽东面对国民党反动派的进攻,要彻底消灭他们的决心。

层递与排比有时不易区分。但排比着重于形式相同或相似,语意是平列的;而层递着重于内容的层层深入,语意有递升关系或递降的关系。运用层递修辞,在选择词句上一定要在语言上有轻重,在范围上有大小层次的差别,排列时必须以递升或递降的顺序,不可混乱。

(七)设问与反问

设问是无疑而问、自问自答,用疑问的形式来加强表达效果的修辞手法。演讲中运用设问,其目的是为了引起听众的注意,启发听众思考。

反问也是无疑而问、明知故问,但它问中有答,即要表达的意思已包含在问句之中。演讲中运用反问修辞,其目的是为了加强语气,激发听众的感情,给听众留下深刻的印象。

在演讲中运用设问,可以更好地沟通演讲者与听众之间的思想感情的联系,从而达到认识的统一。例如,丘吉尔出任英国首相首次演讲的一段话:

在我们面前,有许多许多漫长的斗争和艰难的岁月。你们问,我们的政策是什么?我要说,我们的政策就是用我们的全部能力,用上帝给予我们的全部力量,在海上、陆地上和空中进行战争,与那个在人类黑暗悲惨的罪恶史上所从未有过的穷凶极恶的暴政进行战争,这就是我们的政策。你们问,我们的目的是什么?我们可以用一个词来回答:胜利——不惜一切代价去赢得胜利!

这段话两个设问句的运用,把整个演讲推向高潮。无怪乎首相演讲结束时,突然爆发一阵罕见而激动人心的欢呼,丘吉尔本人也禁不住热泪盈眶,因为自己的立场观点已得到广大听众的拥护,自己的感情已经和听众的感情产生了强烈的共鸣。

反问在演讲中也经常运用,例如,《太阳石》演讲稿中的一段话:

同学们!这是什么?是一块煤、一块闪亮的乌金、一块太阳石。在我们的生活中,这块小小的煤,的确并不引人注目,可是您想过吗?不正是这闪亮的乌金,才使我们的生活充满了光明和温暖吗?

这里的反问句,表示了一个肯定的答案,而这个肯定的答案就是问句的本身,即是这块闪亮的乌金,才使我们的生活充满了光明和温暖。反问手法的运用,突出表现了太阳石燃烧掉自己,把光和热贡献给人们的自我牺牲精神。

设问和反问,在演讲中往往是结合使用,它们就像一条感情的纽带,将演讲者和听众的思绪无形地连接起来,从而使演讲者的立场、观点潜移默化地融进听众的思想深处,产生共鸣。例如,《在这严肃的考卷面前》的演讲中的一段:

一个喝着草原的牛奶长大的牧民的后代,当地牧民整整盼望了14年才培养出来的唯一的大学生,读了几年大学,再也不愿回到草原,是专业不对口吗?不,他学的正是畜牧专业!这个大学生的行为难道不值得我们深思吗?

这里演讲者先用了一个"设问",抒发了自己对这位牧民大学生的惋惜、斥责之情。紧接着一个"反问",向人们指出了一个值得深思的问题,如何对待大学时代的最后一张考卷,并不是每个大学生能回答好的。激发大学生们应该急国家之所急、想国家之所想,创造一个有价值的人生。

在演讲实际过程中,修辞的运用也不仅限于上述几中修辞,而是要根据演讲者的思路、听众的情绪、演讲的内容而灵活地运用。这里重要的是要对每种具体的"修辞"能够掌握领会,并能熟练运用,这样才能在关键时刻左右逢源、发挥其效果,使演讲大为添色。

在演讲实践中,根据表达的需要,除了修辞单用之外,往往还有多种修辞的综合运用,也就是一句话或一段话中同时运用几种修辞方法。

多种修辞格的综合运用,可以收到更加突出的修辞效果,即可以把事物描述得更加具体生动,把道理阐述得更加深刻透彻,把感情抒发得更加真切动人。例如,崔俊华在《护士的理想在这里闪光》演讲中的一段:

理想在哪里?军人的理想,在为报效祖国的拼杀中升腾;钢铁工人的理想,在耀眼的钢花中奋涌;农民的理想,在碧绿的责任田里招手;科学家的理想,在攻关的实验室,在彻夜不眠的灯光中闪耀……而作为护士的理想,不在于美妙的"白衣天使"的称谓,不在于看上去优雅、闲适的工作环境;而在于救死扶伤的鏖战中,在于,护士的理想就在为民族的健康而奋斗的汗水中闪光……

这段演讲词从整段看,采用的是"设问"辞格,在其中又有"排比"辞格,即对不同人"理想"的阐述;有"对比"辞格,还有"层递"辞格,即护士的理想是"救死扶伤的鏖战""为全民族的健康而奋斗"。在"排比"格里,又有"比拟"辞格,"理想"在"升腾""奋涌""招手""闪耀","灯光"在"彻夜不眠"等。

全段可谓运用了修辞格的套用,即辞格里包含着辞格,层层相套。设问句可引起听众的思考,启发听众的思路;套用排比可使人感到气势磅礴,锐不可当,像排山倒海一般;套用对比,表明护士工作的平凡和伟大;比拟的运用,则使人倍感亲切。总之,整段词用诗一般的语言创造出了一个美好的意境,听后,使人感到余音绕梁,回味无穷。

【思考和练习】
(1) 演讲稿的语言有什么要求?
(2) 演讲稿常用的修辞方法有哪些?
(3) 采用修辞方法有什么好处?

第四节 即兴演讲

除备稿演讲外,还有一种演讲,即临场发挥的、无准备的即兴演讲。即兴演讲作为一种最能反映人的思维敏捷程度和语言组织能力的口语表达形式,已经渗透到社会生活的各种领域,受到人们的普遍欢迎,发挥着举足轻重的作用。

一、即兴演讲的含义

即兴演讲,又称即席演讲或临时演讲。即兴演讲的兴是兴致、兴趣、感触的意思,即兴演讲就是演讲者在事先没有准备的情况下,对眼前的任务、事件、场景、气氛有所感触,产生强烈的兴致或兴趣而主动或被动地当场发表的演讲。

即兴演讲有以下三种情况。

一是虽然没有演讲稿,但有一定的思想准备。例如,出席某种会议,参加某种聚会或座谈,估计要讲话,或者因为某种话题、某种意境,引发了讲话的动机,因而在讲话之前,已经选准了话题,形成了思路,酝酿了腹稿。这种即兴演讲在选题上有相对的主动权,但在具体讲什么、怎么讲上却要依据会议的主题、现场的环境、听众的素质修养,以及自己的身份等具体情况来确定演讲的内容和形式。这种即兴演讲被称为主动选题式演讲。

二是毫无思想准备,被迫讲话。例如,参加某种聚会或婚丧喜庆等,被主持人指名道姓或被他人推举,与会者一致附和,无法推脱,只好站起来讲话。这种即兴演讲被称为被动选题式演讲。

三是命题测赛式演讲。这种演讲是在比赛或带有测试性质的场合,由演讲者临时抽签得题,然后按签上规定的题目准备几分钟,即兴发表的一种演讲。

以上三种演讲情况,虽然都可视为即兴演讲,但后两种才是严格意义的即兴演讲。

随着时代的发展,即兴演讲的范围越来越广,使用频率越来越高,如介绍来宾、宴会祝酒、迎送宾客、主持会议、婚事贺喜、丧事悼念,以及答记者问等都少不了即兴演讲。

二、即兴演讲的特点

即兴演讲与备稿演讲同属演讲的范畴,但即兴演讲是即景生情、缘事而发的一种独特的演讲形式,具有自身的特点。

（一）临场性

有无演讲稿是备稿演讲与即兴演讲的重要区别。即兴演讲是在事先没有安排和准备的情况下,被眼前的事物、场面、情景所触动,临时兴致大发,当即打腹稿,当场发表演讲。演讲者没有充裕的时间进行准备,只能利用非常短的时间,即席取材,当场捕捉话题,稍加思考,策划一下主题、结构,大致确定表达方式,至于体态等也无从准备,一切靠临场发挥,迅速联想,即兴而发。

（二）敏捷性

即兴演讲的敏捷是由临场性这一基本特征所决定的。即兴演讲是在特定的时空环境下临时发表的演讲,演讲者讲什么、怎么讲需要在很短的时间内根据眼前的特定场合、特定对象及特定事由迅速决定。另外,对于听众对演讲所作出的各种反映也要迅速作出相应的内容调整,即兴演讲体现的是演讲者的敏捷性和现场应变能力。

（三）简练性

简练性是由即兴演讲的临场性这一基本特征所决定的。即兴演讲事先无充分的准备,往往是匆匆上阵,很难构思长篇大论。有的三五分钟结束发言,有的甚至寥寥数语。有经验的演讲者往往是机敏选准一点,迅速组合构思,尽量把话讲少一点、讲风趣些。正因为如此,比起备稿演讲来,即兴演讲一般都是一事一议,主题单一,语言简洁、生动、活泼。

三、即兴演讲的训练

相对于备稿演讲而言,无准备的即兴演讲难度更大,对演讲者的要求也较高。即兴演讲不容演讲者深思熟虑、字斟句酌,需要演讲者具有敏捷的思维、丰富的经验、渊博的知识、较强的记忆、严密的逻辑、高超的临场发挥才能。从这个意义来讲,需要反复训练和练习,才能提高即兴演讲的能力。

（一）无准备应放在长期的有准备之中

即兴演讲没有讲稿,甚至连个提纲也没有,完全靠演讲者的阅历、知识和才能,即兴表达自己的思想、观点和情感。即兴演讲的成功在于当时的无准备放在长期的有准备中,在于平时的学习和知识的积累。

有人称赞马克思说:"无论何时,无论任何问题都可以向马克思提出来,都能得到您所期望的最详尽的回答,而且总是包括概括性的哲学见解。他的头脑就像停在军港里升火待发的一艘军舰,准备接到通知就开向任何思想的海洋。"那么,马克思为什么有如此惊人的能力呢?保尔·拉法格回答说:"马克思的头脑是用多得令人难以相信的历史及自然科学的事实和哲学理论武装起来的,而且他又非常善于利用他长期脑力劳动所积累起来的一切知识和观察。"

即兴演讲者要善于从现实生活中通过观察、体验、感受或调查研究去获得第一手材料,这些通过自己亲眼所见、亲身经历的材料。既有实感,又具有情感,即兴演讲才能信手拈来、得心应手。

演讲者还应勤奋好学,博文广识,从报刊、书籍、文献或广播、电视上获取材料,力求做到多读书、多读报、多读有关文献、多读有关文件,还要认真做读书笔记、做摘录、做卡片,对于一些名文、名诗、名句,最好能够多背诵一些。这些储备的知识在即兴演讲中会为演讲增加色彩,增加趣味性,使演讲生动活泼、妙趣横生。孔子说:"学而不思则罔,思而不学则殆"。在获得直接材料与间接材料的同时,还要提倡勤于动脑,积极思考,从这些材料中发掘新意来,使这些材料具有新的内涵、新的色彩。

即兴演讲对语言表达的要求,也是严格的,既要准确又要生动、通俗,还要新鲜活泼,作为演讲者平时还应积累一些词汇,熟知多种修辞手法,学习、吸收和积累一些语言表达技巧,以利于提高即兴演讲时的语言表达能力。

当然作为演讲者,在演讲的现场,还要设法熟悉演讲对象,注意观察现场的所见所闻,增加演讲的即兴因素,从而更好地征服听众。

(二)加强思维能力训练

从演讲形成过程看,即兴演讲是由思维语言直接转化为口头语言,即思维和口头表达几乎同步进行,即兴演讲对演讲者思维和表达的敏捷性的要求是很高的。平时要加强思维与口头表达的同步训练,其目的是为了加快由想到说的过渡,使口头表达更加敏捷。

戴尔·卡耐基在《当众演讲与沟通艺术》一书中,介绍过思维与口头表达同步训练的两种方法。

第一种方法是,卓别林与两个朋友道格拉斯·费班克、玛丽·皮克福在两年的时间里,几乎每天晚上都玩的一种训练即兴演讲的游戏。三人各在一张小纸条上写上一个题目,例如"灯罩""梅花""大雨"等,然后把纸条折好,混在一起,三人轮流抽取,抽到什么题目,当即站起来就这个题目发表一分钟演讲。

据当时参加这种游戏的道格拉斯·费班克说:"重要的是,自从我们开始玩这个游戏以来,我们全都变得思维敏捷多了。对于五花八门的题目,我们也有了更多的了解,但是,更有用的是,我们学会了在瞬间根据任何题目收集自己的知识和思想的能力,我们学会了怎样站着思考。"

第二种方法是连接技巧的游戏,这是一种具有刺激性的方法。这是让第一个人用他能想到的最奇妙的方式开始讲述一个故事。例如,"前几天。我正驾着直升机,突然,一大群飞碟向我飞来,我被迫下降,不料在这些飞碟里,有一个小人开始向我开火。我……"

这时,铃声响起,这个人的时间到了。然后由另一个人继续说,必须把这个故事接下去。等到每个人都讲完之后,这个故事也许会结束在火星的运河边,或是在国会大厅里了。

这种方法,用来培养即席演讲技巧的效果很好。如果一个人这种练习做得越多,那么当他必须发表演讲时,就越能轻车熟路地应对可能发生的任何情况。其实,在你有机会参加的会议上,你都应该从心理上做好随时被邀请作即席演讲的准备,这也是一种思维能力的训练,也是一种思维习惯。

在开会时,你不妨问问自己,如果被邀请站起来说话,应该讲些什么?最适合讲哪方面的问题?对于要讨论的问题,应该怎样措辞?会议中,你还得仔细留心会议的情况,注意听取和分析别的演讲者发言。有了这种准备,你就会不断地思考,设法把自己的理念概括成简洁的话,一旦真的要你站起来讲话,你可结合时间、场合、对象及个人的身份,敏捷地组织材料,你一定能够充满信心,不慌不忙地迅速地进入演讲状态,简明地讲出你的演讲主题。

我们应该学会即兴演讲,当然,我们一定能够学会即兴演讲。其诀窍就是有一个开端,如做一个简短的讲话——然后进行另一个开端,又一个、再一个……只要坚持下去,我们将会发现,一场比一场更精彩。最后我们终于明白,即席演讲就像在自己的客厅里和朋友即兴谈话一样,只不过是范围有所扩大而已。

【思考和练习】

(1) 即兴演讲的含义是什么?它有哪些特点?

(2) 你打算如何训练自己的即兴演讲能力?

技能与训练

一、案例分析

认真阅读下面这篇演讲稿,回答相关问题。

我 的 答 卷
——纪念抗日战争胜利 67 周年[①]

抗日战争的烽火硝烟已经消散了半个多世纪,回忆起那场气壮山河的抗战历史,我的心久久不能平静……不久前的报纸上,刊登了一份民意调查问卷,其中的一个问题是:"你认为纪念抗日战争,必须牢记的经验教训是什么?"面对这个凝聚着中华民族血泪的重大问题,我心里沉甸甸的……历史是一面镜子,它往往给我们以有益的启示。我愿以我这支稚嫩的笔,蘸着我的情、我的爱、我的思考,写下这份也许不太成熟的答卷。

抗日战争的历史告诉了我们什么呢?那就是落后就要挨打。旧中国积贫积弱,任人宰割。八国联军火烧圆明园尚未雪耻,卢沟桥又响起了日寇侵华的隆隆炮声,九百六十万平方公里的大地上,中华民族的血泪流成了河。在那场震惊中外、惨绝人寰的南京大屠杀中,我们的姐妹惨遭法西斯野兽的蹂躏,我们的父兄在罪恶的枪林弹雨中尸骨成山、血流成河,

---

① 《我的答卷》:作者李成谊。

多少母亲哭干了眼泪,多少婴儿失去了亲人。古都金陵,惨遭涂炭,三十万不屈的冤魂记下了中华民族耻辱的一页!钟山低头,长江呜咽。有着五千年历史的文明古国在铁蹄下呻吟挣扎。

痛定思痛。为什么一个几千万人口的小国胆敢侵略一个四亿人的大国?为什么自然资源贫乏的日本胆敢践踏地大物博的中国?我们不得不痛心地承认:因为我们贫穷,因为我们落后,落后就要挨打呀!这是南京大屠杀血泪的教训,这是抗日战争中三千五百万亡灵的呼号,这是今天十三亿炎黄子孙的共识。它像一把悬顶之剑,警示我们勿忘国耻;它像闪光的路标,指引着我们走强国之路;它像嘹亮的号角,激励我们建设四化,振兴中华!

抗日战争的历史还告诉我们什么呢?它告诉我们这样一个真理:没有共产党就没有新中国。

翻开中国沉重的近代史,多少仁人志士为了寻求强国之路,抛头颅,洒热血,前赴后继,谱写了多少可歌可泣的历史篇章。虎门销烟的壮举,太平天国的烽火,义和团勇士的呐喊,辛亥首义的枪声……中国人民面对强敌,进行了一次又一次顽强不屈的斗争,但都陷入了失败的境地。为什么呀,为什么?难道我们没有壮怀激烈的英雄豪杰?难道我们没有为国捐躯的热血男儿?不!中华民族缺少的是一个马列主义的政党,缺少的是一位指引革命航船驶向胜利彼岸的伟大舵手!

漫漫长夜,中国人民企盼着,历史企盼着,企盼着一个永载千秋的伟大时刻。1921年7月1日,黑暗如磐的夜空里,终于升起了一颗耀眼的新星——中国共产党诞生了!从此,饱受压迫的中国人民有了自己的领路人,苦难深重的中华民族有了自己的主心骨,新生的无产阶级有了自己的先锋队!经过二十八年的浴血奋战,中国共产党领导人民推翻了三座大山,从胜利走向胜利。八十多年的风雨历程,证明了这样一个颠扑不破的真理:没有共产党就没有新中国。

这就是我的答卷,它也许不太成熟,却蕴涵着一位新中国的青年对历史的思考,对未来的向往。它将激励着我"为中华崛起而读书,为国家富强而奋斗"。朋友们,未来是属于我们的,让我们用自己的双手将明天的太阳托得更高,更高!

【思考题】

(1)演讲稿《我的答卷》分别采取了什么样的开头方式和结尾方式?

(2)就这篇演讲稿要证明的论点是什么?说说它是如何使用逻辑推理的方法,来证明主要论点的。

(3)举例说明,该演讲稿使用那些修辞方法?起到了什么作用?

(4)高潮有哪些特点?这篇演讲稿中,你认为哪些地方是情感表达的高潮点?

二、项目实训

1. 项目名称

备稿演讲训练:《我的答卷》

2. 实训目的

以解剖麻雀的方式,在教师的指导下,通过演讲《我的答卷》,体验备稿演讲的感觉,初步形成演讲的基本能力。

3. 实训内容

（1）分析演讲稿的字、词、句和段，准确把握其思想与情感基调。

（2）《我的答卷》演讲训练，正确表达演讲稿的情感。

4. 实训指导

（1）教师指导学生读懂演讲稿的内容，准确把握其思想情感，这是重中之重。只有读懂了，才能感动；只有感动自己了，才有可能感动别人。如让学生离开作品的思想情感，去单纯追求所谓的演讲技巧，无异于缘木求鱼。

（2）指导学生找出演讲稿中的"出彩点"，用抑扬顿挫的表现方式，进行背稿演讲。

（3）教师示范脱稿演讲，也可以对某一两个学生的演讲进行点评。

5. 组织实施

（1）学生个人练习，直至脱稿，避免念稿。

（2）分组进行背稿演讲；然后学生相互点评。

要求：情感把握准确，技巧使用合理，情感与内容相一致，有声语言和体态语有机结合，自然不做作。

（3）各组推荐一名同学，参加班级演讲。

6. 考核方式及成绩评定

（1）小组相互评论情况的考核，占40%。

（2）小组演讲效果考核，占60%。

第十二章　演讲的表达艺术

学习目标：
(1) 确了解演讲中情感表达的重要性及基本要求。
(2) 理解演讲中口语、体态语的表达要求。
(3) 掌握演讲的口语及体态语的表达技巧并能灵活运用。

李云龙在军事学院毕业时的激情演讲

古代剑客在与对手狭路相逢时，无论对手有多么强大，就算对方是天下第一剑客，明知不敌，也要亮出自己的宝剑，即使倒在对手的剑下，也虽败犹荣。这就是亮剑精神！

事实证明，一支具有优良传统的部队，往往具有培养英雄的土壤。英雄，或是优秀军人的出现，往往是由集体的形式出现，而不是由个体的形式出现。理由很简单，他们受到同样传统的影响，养成了同样的性格和气质。例如，第二次世界大战时，苏联空军第16航空团P39飞蛇战斗机大队就产生了20名获得"苏联英雄"称号的王牌飞行员，与此同时，苏联空军某部，施罗德飞行中队产生了21名获得"苏联英雄"称号的模范飞行员。

任何一支部队都有自己的传统，传统是什么？传统是一种性格，是一种气质。这种传统和性格是由这支部队组建时，首任军事首长的性格和气质决定的，他给这支部队注入了灵魂。从此，不管岁月流逝、人员更迭，这支部队灵魂永在。

同志们，这是什么？这就是我们的军魂。我们进行了22年的武装斗争，从弱小逐渐走向强大，我们靠的是什么？我们靠的，就是就是这种军魂。我们靠的就是我们军队广大指战员的战斗意志。纵然是敌众我寡，纵然是身陷重围，但是我们敢于亮剑，我们敢于战斗到最后一个人。一句话，狭路相逢勇者胜，亮剑精神就是我们这支军队的军魂！剑锋所指，所向披靡！

《亮剑》是一部融战争史与传奇色彩于一体的军事题材作品。这部电视剧一经面世，就引起了强烈的反响，赢得了社会各界的普遍好评，创造了军事题材电视剧中的高收视率。上文就是《亮剑》的主要人物李云龙在军事学院毕业时发表的激情演讲。演讲围绕"亮剑精神"做了层层阐述，亮剑是一种力量，一种团结，一种气魄。配合李云龙斩钉截铁的声音和刚毅坚定的眼神，充分展现出军人的豪迈气慨和男子汉的铮铮铁骨，令听众感到热血沸腾。

演讲的情感表达有什么作用和要求？演讲中的体态语表达要注意些什么？怎样让我们的演讲更具魅力？以上就是本章将要学习的内容。

演讲是一种综合性强、立体全面的语言艺术，在演讲过程中，既涉及情感的控制与运用，也涉及有声语言、态势语言的综合表达。

第一节 演讲的情感表达

一、情感的含义

情感也称"感情"。它源自于人们认识和改造客观世界的社会实践,是受人们的立场、观点和生活经历等因素制约的喜、怒、哀、乐等比较稳定的心理状态。

情感渗透在人的一切活动中,演讲活动也不例外。演讲者发表演讲的目的,就是要吸引、说服、鼓动、感召听众,因此,如何使自己的演讲唤起听众的共鸣,从思想深处征服听众,就成为演讲者最为关注的问题。

二、演讲中情感表达的重要性

演讲要想打动人心,最主要的是靠什么?是情感。亚里士多德说过:"说服是通过讲演使听众动感情而产生效果的。"梁启超在《中国韵文里头所表现的情感》演讲中也说过:"天下最神圣的莫过于情感。用理解来引导人,顶多能叫人知道那件事应该做,那件事怎样做法,却是被引导的人到底去做不去做,没有什么关系。有时所知的越发多,所做的倒越发少。用情感来激发人,好像磁力吸铁一般,有多大分量的磁,便引多大分量的铁,丝毫容不得躲闪。所以情感这东西,可以说是一种催眠术,是人类一切动作的原动力。"演讲的一个重要特征就是以情感人,从某种角度说,情感是演讲的命脉。

当演讲者肩负着特定的思想教育任务和目的,进行"演讲创作"时,演讲者所处的时空环境和社会氛围,决定了演讲者自身的情感基调——欢欣或愠怒,兴奋或哀伤,激昂或恐惧等演讲者的情感,以有声语言和无声语言为载体,通过演讲的内涵形象(观点、内容、逻辑等)、语音形象(重音、语气、语调等)和态势形象(表情、动作、体态等),组成演讲的整体形象,作用(刺激)听众的视觉系统,引起听众主观的心理反应,形成具有一定色彩、强度和力量的定型化情感因素。如果听众的情感因素是演讲者所预想的状态,沿着演讲者情感基调所暗示和引导的方向波动,那么演讲这种双向交流活动就达到了高度和谐,讲者与听者的沟通,就实现了心理相容和感情相容,演讲者的演讲便闯进了听众心灵的门槛,走近了听众的感知世界。古今中外,这样的例子比比皆是。

据《史记·陈涉世家》记载,公元 209 年,陈胜在"谪戍渔阳"途中经过大泽乡(今安徽宿县西南),他把 900 名戍卒召集在一起,发表演讲:"公等遇雨,皆已失期,失期当斩。藉第令毋斩,而戍死者固十六七。且壮士不死即已,死即举大名耳,王侯将相宁有种乎?"(意思是:各位,我们在这里遇上了大雨,已不能按期抵达渔阳了,而误了期限大家都要被斩杀,即便侥幸不被砍头,戍守边塞的苦役十有六七也要送命。再说好汉不死便罢,要死就要取得大名声啊!王侯将相难道是天生的贵种吗?)在陈胜的鼓动下,戍卒对秦王朝的满腔怨恨和愤怒如同冲溃了堤坝的洪水奔泻而出,齐声高呼:"我们愿听从您的号令!"中国历史上第一次大规模的农民起义就这样爆发了。

1963年8月23日,美国黑人民权运动领袖马丁·路德·金在华盛顿特区组织领导了一次25万人的集会和游行示威,反对种族歧视,要求民族平等。当游行队伍到达林肯纪念堂前时,他发表了著名的演讲《我有一个梦想》。在这次演讲中,他首先热情洋溢地赞扬了100多年前林肯签署的《解放宣言》,然后,话锋一转,指出100多年后的今日,黑人仍处在水深火热之中,号召黑人奋起斗争,并且以诚挚抒情的语调,描述了黑人梦寐以求平等、自由的理想:"黑人儿童将能够与白人儿童如兄弟姐妹一般携起手来","上帝的灵光大放光彩,芸芸众生共睹光华!"这篇演讲内容充实,感情炽热,气势磅礴,产生了极强的感染力,是篇反抗种族歧视,争取民族平等的战斗檄文,大大推进了美国黑人民权运动。

由此可见,演讲要打动人心,一定离不开演讲者的情感投入,即演讲者的感情流露和情绪表现。可以说,成功的演讲者都是情感丰富者。这种情感发自演讲者的内心,没有演讲者情感的投入,就不会有听众的情感付出。没有演讲者的情感变化,也就难以激起听众的情感波澜。

三、演讲中的情感把握

演讲到底该怎样去讲呢?这是摆在我们初学者面前的一道题。其实演讲无定式,一百个人就有一百种讲法。只要符合自身身份、性格和年龄特点,用真情实感去讲就行了。演讲讲的是你的心声,你的情感,要用"心"去讲、去叙述,应该是声情并茂,声随情走而得到一种升华。一般来说,听众所需要的不是冷淡生硬的说教,而是热烈真诚的鼓动,而这种鼓动则是凭借演讲的移情作用来实现的,即以演讲的激情去感染听众,引起共鸣,从而让人在高尚的审美情感中受到精神的洗涤和陶冶。所以说演讲最难的是:情感的准确释放。我们可以想象一下,在演讲中如果缺少了情这个演讲活动的内驱力,你就没有办法去把握演讲的基调,就没有办法使用一切技巧,也就无法准确传达演讲稿的内涵。情感的正确使用是把握技巧中的关键,也是演讲的成败因素。

(一)情感的表达要真实

演讲者的感情必须是真情实感,而不是矫揉造作的虚情假意。古罗马哲学家贺拉斯说过:你自己先要笑,才能引起别人脸上的笑容。同样,你自己得哭,才能在别人脸上引起哭的反应。"庄子也说过:"不精不诚,不能感人。故强哭者虽悲不哀,强怒者虽严不威……"言不由衷,词不达意的演讲是枯燥无味的,引不起听众的兴趣。因而,演讲者的感情必须是真诚的。另外,真诚的情感是对听众的一种尊重,因而就有可能得到听众的肯定,引起共鸣,而矫揉造作则是对听众的一种欺骗,听众是不会被感染的。

(二)情感的表达要丰富

演讲能否感染人、打动人,在很大程度上取决于情感含量的大小。感情贫弱的演讲,则必然"皆平典似道德论"(钟嵘语),冷冰冰、干巴巴、硬邦邦,无血无肉,苍白无力。因此,优秀的演讲总是刻意追求情感的"丰富美",以色调浓郁、多姿多彩的情感,造成摇人心旌的感染效果。演讲需要人类各种各样的高级情感(诸如道德感、正义感、责任感、荣辱感、理智感、美感和热情等)的积极参与,它要求演讲者要多情、善感、热情洋溢、泼辣奔放,善于体察世事的酸甜苦辣,能够讲出人生的喜怒哀乐。可以断言,一个冷血冰肠、薄情寡义的人,一个精神疲软、委靡不振的人,是难以发表出情感丰富的演讲的。

(三)情感的表达要适度

人们常有一种误解,似乎情感抒发得越强烈就越发动人,表现在演讲中,情感往往过分张扬,或喜极,或怒极,或悲极,而所表达的事物的状况未必与这极度的情感相称。其实,呼天抢地、号啕大哭,可能是动人的,而无声的啜泣也未必不动人,甚至"世间有些微笑比眼泪更悲惨"(屠格涅夫语)。所以关键不在于情感的浓淡,而在于能否表达得恰如其分。倘若你的情感还够不上"呼天抢地"的"级别",千万不要去"呼天抢地",否则,"真心"也会变成"假意"。

演讲情感的完美表达,表面看只是个技巧问题,本质而言它更是演讲主体的个人修养问题。演讲者只有加强自身修养才能准确地理解情感,实现完美表达的目的。情感修养反映着一个人的文化素质和知识涵养,我们讲的情感修养,就是要培养自己符合文明人的精神风貌的丰富感情,而不是那种浮浅、发腻的多情善感。演讲中,情感的发生与演讲者对事物的认识程度和理性把握密切相关,演讲能反映出情感表达者个人的文化修养和智能修养。法国思想家卢梭认为:情感本身来源于我们的需要,而情感的发展则来源于我们的认识。因为人只有在对某些事物能够具有一定观念的时候,或者是由于单纯的自然冲动,才会希望或畏惧那些事物。野蛮人由于缺乏智慧,只能具有因自然冲动而产生的情感。所以,情感修养本质上就是人的文化修养和知识修养。

第二节 演讲的表达技巧

演讲是当众发表意见、看法的语言活动,它主要运用有声言语来传递信息、说服听众,而听众只有在接收了言语信息的基础上才能理解并接受演讲者的思想、观点。因而,表达效果的好坏,也就直接关系到演讲的成败。

如果演讲者口齿清晰、音调洪亮悦耳,使听众感到是一种美的享受,那么我们能预期演讲的成功;反之,如果演讲者口齿含糊、音调呆板,使人昏昏欲睡,那么即使演讲内容再好,效果也是不佳的。为了演讲更有感染力和号召力,有必要研究演讲表达的基本要求和发声技巧。

一、演讲表达的基本要求

(一)准确

所谓准确,是指口语表达的科学性。只有语言准确,才能使传达的信息准确,听众才能准确无误地理解、掌握演讲内容,演讲才能达到宣传、教育、影响听众的目的。

古罗马时期希腊修辞学家朗吉弩斯在谈到语言的准确性时有过这样的论述:"由于用语言表达的思想和这些表达思想的语言,总是密切相连的,我们现在还需要在表达问题上添补一点过去忽略了的思考。我们要不厌其烦地说,恰当的引人注目的措辞会对读者有惊人的威力、迷人的魅力"。这里,朗加弩斯是就文学艺术而言的,其实在演讲中也同样如此。恰当、准确的语言确实能使演讲生辉,能给演讲增加美的魅力。

(二)清晰

所谓清晰,是指演讲时的吐字发音清清楚楚,让听众听得明明白白。如果发音含混不清或飘忽不定,听众即使竖起耳朵也只能断断续续捕捉到演讲者的声音,那么他们就会烦不胜烦,甚至干脆放弃倾听。这显然是演讲者不愿意看到的情形。

因此,演讲者演讲时应注意吐字清楚、语气得当、节奏分明,同时声音要有一定的响度和力度,这样才能具有传达力和浸彻力,使全场观众都能听真切、听明白。

(三)流畅

所谓流畅,是指口语表达的流利通畅、一气呵成。有的人在台上演讲时结结巴巴、颠三倒四,让听众摸不着头绪;有的人演讲时官腔十足,从头到尾"这个""那个""啊"个不停,让人听起来很不是滋味;还有人讲着讲着,突然忘了下面的内容,只好两眼望天、停在那里,让台下的观众跟着着急。

由此可见,口语表达的不连贯会给演讲带来负面的影响。其实,语言的流畅归根到底是由思维的流畅所决定的,所以首先必须加强思维的训练,在此基础上,再注意加强心理素质的锻炼,同时,多用一些结构简单、简洁精练的短句子,克服一些不好的口头禅,就能够使语言表达连贯流畅。

(四)通俗

所谓通俗,是指口语表达要平实质朴、明白晓畅、令人一听就懂。因为演讲者主要是通过口头语言来与听众交流的,要使自己的思想、感情被听众理解和认同,必须采用通俗易懂的语言。

亚里士多德就说过:"为了要做到清楚明白,在选用词汇的时候,应当选用那些通行的、日常的词汇。"朗吉弩斯也告诉我们:"最朴素的语言每每比最有装饰的语言生动得多,而且因为人家立刻认识,这是日常生活的语言,因而由于大家了解立刻得到广泛的流传。"值得注意的是,演讲的语言虽然具有口语明白易懂的特点,但它又不能完全等同于生活中的口语,而需要对它进行加工提炼。

二、演讲表达技巧的运用

(一)重音运用

重音是指进行言语活动时对需要强调突出的某个音节、词或短语重读的现象。它是体现演讲者表达意图的一种重要手段。重音的位置恰当,才能使语意表达得更清晰、准确,感情色彩更加鲜明、生动。

按其性质,重音大体可以分为以下两类。

1. 结构重音

根据句子的语法结构,用自然音量读成的重音,叫结构重音。

例如,在简单的主谓句中,旨在说明主语"怎么样了?",所以相比较之下,谓语重些,例如:小李买了。(重音在"买")

如果句中有了宾语,则宾语较重,例如:小李买菜了。(重音在"菜")

如果句中有修饰语,则修饰语较重,例如:隔壁的小李买菜了。(重音在"隔壁")

如果句中出现了疑问词,那就表明了人们关心所在,例如:谁买菜了?(重音在"谁")

2. 逻辑重音

为了突出语意重点或为了表达强烈感情,而加强音量读出来的重音,叫逻辑重音。逻辑重音对语意的表达有关键性作用。有时,同样一句话,逻辑重音不同,意思也就不同。例如:

<u>我</u>没说她偷了我的钱。(我没说,不等于其他人不这么说)

我<u>没</u>说她偷了我的钱。(我确实没这么说)

我没<u>说</u>她偷了我的钱。(我没说,不等于我不这样想)

我没说<u>她</u>偷了我的钱。(是另外有人偷了)

我没说她<u>偷</u>了我的钱。(她可能"拿"了我的钱)

我没说她偷了<u>我</u>的钱。(她偷了别人的钱)

我没说她偷了我的<u>钱</u>。(她偷了我别的东西)

结构重音要服从于逻辑重音,就是说,一句话里有了逻辑重音,结构重音就要消失。例如,"小李买菜了。"这句话,作为无强调重音时,"菜"是重音;但如作为"谁买菜了?"的回答,那么回答时必须强调买菜的人:"小李买菜了。",重音就不再是"菜"而成了"小李"。也就是说,句中的结构重音让位给了逻辑重音。

有时,由于内容的原因不允许用加重的方法来强调,就可以改用拉长或故意减弱来达到强调的目的。例如,下面这段演讲:可能有些人表面上不承认自己需要幸福,但我想,在他心灵的最底层,则是更强烈地希望幸福。

由于内容是深沉的思索,所以不适于用强烈的轻重对比来强调。在需要强调的"表面""底层"这些词语上可以适当延长。

(二)停连技巧

停连指的是演讲表达中的停顿和连接。

1. 停顿

1) 停顿的含义

停顿是指进行言语活动时,在词语或句子之间的间歇。它既是一种语言标志,又是一种修辞手段。同样一句话,因停顿不同,意思完全不一样。

例如:"女人没有了男人很恐慌。"这句话,可以说成"女人没有了男人,很恐慌。"也可以说成"女人没有了,男人很恐慌。"两种停顿,恐慌的对象截然不同。可见,停顿不只是演讲者在生理上换气的需要,也是表情达意的需要。停顿得当,不仅可以清晰地显示语意,而且可以调节语言节奏,给听众留下回味的余地。

2) 停顿的分类

停顿按其形式,可以分为语法停顿、逻辑停顿、感情停顿和特殊停顿。

（1）语法停顿。和语言结构有关的停顿叫语法停顿。书面语上的标点符号大体上可以表示语法停顿的时间，如句号、问号、感叹号、分号、冒号、逗号、顿号。从结构上讲，则是段落、层次、句子。但是，语法停顿不能完全受标点的制约。有时，没有标点的地方需要停顿，有标点的地方反而不需要停顿。例如：荆州、孝感、黄冈、咸宁、武汉有中到大雨。

（2）逻辑停顿。逻辑停顿是指出于语意表达需要所作的停顿。

仍以"荆州、孝感、黄冈、咸宁、武汉有中到大雨"一句为例，如果机械地按照标点符号停顿，就容易误解成"只有武汉有中到大雨"，而这显然违背了这句话的本意，即"各地都有大雨"。因此说这句话的时候，应在有顿号的地方缩短停顿时间，将前几个地名适当连接，而要在本没有标点的"武汉"的后面稍作停顿。

（3）感情停顿，又叫心理停顿，是为了表达感情的需要所作的停顿。

逻辑停顿是为理智服务的，感情停顿则是为感情服务的，它能够表达一种微妙和复杂的心理感受。俄罗斯著名的演员、导演和戏剧理论家斯坦尼斯拉夫斯基曾说过：如果没有逻辑停顿的语言是文体不通的话，那么没有心理停顿的语言是没有生命的。在演讲时，感情停顿常常以拖长音节发音，欲停不停或适当延长时间来表现。例如：

把生活的苦难——化为前进的动力。

这句话在"苦难"后拖音、似停非停，为后面的"化为"昂起而蓄势，便贴切地表达出坚忍果敢之情。再如：

在座的各位，想必——不会喜欢假话吧！

"想必"之后，演讲者用了一个拖腔，立刻显现出一种幽默的意味，由于出乎意料，反而激起了听众极大的兴趣。有时，在会场比较嘈杂的情况下，演讲者也可以利用类似的感情停顿，使听众由于探听就里而安静下来。我们把这种停顿称为特殊停顿。

停顿可以增强口语的表现力：第一，可以变含糊为清晰，如"最贵的一张｜值一千元"，表示最贵的只有一张，其他的不足一千元；第二，变平淡为突出，如"父亲的话｜深深地｜印在我的心上"；第三，变平直为起伏，如"大堤上的人｜谁｜都明白"就有起伏；第四，变松散为整齐，有些排比句通过停顿变得极富节奏感，如"每天的太阳是您的，晚霞是您的，健康是您的，安全｜也是您的"。值得注意的是：停顿并不是中断，只是声音的消失，要做到声断、气不断、情不断。

2. 连接

连接就是把书面上标有停顿的地方连起来，不换气、不偷气，一气呵成。它既可以渲染气氛，又可以增强气势。

表现停连的技巧有三个。一是气息要调解。比较大的停顿要换气，小的停顿要偷气（不明显的换气），另外要就气（一气呵成）。二是接头要扣"环"，即两个内容相连的句子，第一句的结尾压低，第二句的起音也要低，这样两个句子中的音位差就小，给人感觉环环相扣。三是层次要"抱团"。即句子的末尾音节不要往下滑，每层的意思要有鲜明的起始感、整体感。

(三) 语速的变化技巧

语速的快慢对于表情达意也是十分重要的。这个问题在书面语中是不存在的,但对于演讲却至关重要。在现实生活中,人们在兴奋、激动时,语速就加快;而在沉思、平静时,语速就变慢。因此,语速与心理情绪有着密切的关系。

同时,语速也受不同场合的影响。语速最慢的常常是文艺表演中的独白之类,播音、报告、讲课的语速就快得多了,最快的则是我们常常听到的球类比赛实况转播时的解说,它总是受到比赛快节奏的制约。

演讲的语速大致是介于播音与报告之间,每分钟约两百个音节。在这个基础上再根据不同的演讲风格酌情增减。此外,每次演讲的开头、高潮、结尾等各部分语速也应有所不同,否则就会显得呆板而缺乏变化。

初登讲台的演讲者常因心情紧张而越讲越快,这是应尽力克服的。因为听众需要理解、消化的时间,他们不欢迎过快的演讲;演讲者本身也需要以从容不迫来展示自信。急促、慌忙常常是演讲者内心胆怯、稳不住阵脚的表现,而这必定会削弱听众对演讲者的信任。

总之,语速的快慢,往往与表达内容、环境气氛、心理情绪等因素相关。对演讲者而言,要力争做到快慢得体、缓急适度、快而不乱、慢而不拖、快中有慢、慢中有快、张弛自然、错落有致。这样,便能显示出语言的清晰度和节奏感,使演讲具有音乐美。

(四) 语调的运用技巧

语调是语句的高低升降的变化。语调贯穿于整个句子,但往往在句尾的音节上表现得特别明显。

不同的语调可以表达不同的语气和语意。例如,用平缓的调子说:"好。"这是一般的应答,表示认可。用上扬的调子说:"好?"这是反问,表示并非如此。若是高声呐喊:"好!"这是赞叹,表示精彩、不同凡响等意思。若是咬牙切齿地说:"好!"这是威吓,表示"你等着瞧"。

语调大体可分为四种基本类型:平调、升调、曲折调、降调。

(1) 平调比较平直舒缓,没有明显的升降变化,多用于陈述、说明性语句,表示平淡、冷静、严肃、闲适等语气。例如,每个民族的历史上都有大量值得后人崇敬的人物。

(2) 升调由平升高,句尾明显上扬,多用于疑问句、反诘句和某些感叹句,表达喜悦、惊异、号召、反问等语气。例如,这难道不足以说明问题吗?

(3) 曲折调先升后降,或先降后升,多用于语意双关、言外之意、幽默含蓄、意外惊奇、有意夸张等地方,表示惊讶、怀疑、嘲讽、轻蔑等语气。例如,他的饭碗怎么又没了?

(4) 降调由平降低,句尾明显下抑,多用于祈使句、感叹句和某些陈述句,表达申斥、请求、劝阻、感叹、自信、沉重、悲痛等语气。例如,他的理想一定能实现!

事实上,在实际运用中,语调升降变化情况十分复杂,演讲者要充分把握演讲时自身的潜意识,把握演讲的内在思想和感情脉络。这样才不会因为错用语调而导致言不及义、语不合情。例如,有一篇宣传婚事简办的演讲中有这样两段:

也许他们会说:"这有什么? 父母有钱嘛!"

于是这些青年躺在父母的怀里,提条件、开"清单"、养尊处优,好不自在!

演讲者用平直快速的调子说前面一段,把这些挥霍父母血汗钱去摆阔的不肖子弟那种对父母漠不关心的神气表现得淋漓尽致,而在下面一段反唇相讥"好不自在"时,则用了曲折调,表现出演讲者对这种寄生虫生活的不屑与鄙弃。

三、演讲表达实用发声技巧的训练

(一)呼吸训练

气息是声音的动力来源,气量的大小,能否正确用气,对语音的音准、清晰度和表现力都有直接的影响。有的人讲话声音洪亮、持久、有力,人们赞叹:"中气"很足。相反,有的人说话音量很小,有气无力,上气不接下气,像蚊子嗡嗡叫一样,使人难以听清,这种人则"中气"不足。导致这种现象的原因除了身体素质的差异外,还有一个气息调节技巧的问题,即呼吸和口语表达的配合是否恰当的问题。

呼吸是人人都会的,但那只是自然状态的呼吸,它所提供的动力也只够自然状态的语言发声使用。如果当众演讲,就要加强气势,要使声音达远而富有表现力,那么靠自然呼吸气流作为原动力就不够了,我们必须改进呼吸方法。

在演讲时,较为理想的是采用胸腹式联合呼吸法,这是一种较为科学的呼吸方法。它介于胸式呼吸和腹式呼吸两者之间,是二者的结合。这种呼吸方法可以使腹部和丹田充满气息,为发音提供充足的"气",同时,由于小腹向内收缩,胸部向外扩张,以小腹、后腰和前胸为支柱点,为发音提供了充足的"力"。"气"与"力"的融合,为优美的声音奠定了坚实的基础。

要把自然状态的呼吸法转化为科学的胸腹式联合呼吸法,必须经过训练。训练呼吸的方法主要有以下几种。

1)闻花香

仿佛面前有一支芳香四溢的鲜花,你凑近去闻它,深深地吸进其香气,控制一会儿后缓缓吐出。

2)吹蜡烛

模拟吹灭生日蜡烛,深吸一口气后均匀缓慢地吹出,尽可能时间长一点,达到25~30秒为合格。

3)保持气息

深吸一口气后,从牙缝中发出"咝——"声,力求平稳均匀持久。

4)数数

从一数到十,往复循环,一口气能数多少遍就数多少遍,要数得清晰响亮。

5)用绕口令或近似绕口令的语句练习气息

例如:"出东门,过大桥,大桥底下一树枣儿,拿着杆子去打枣,青的多,红的少。一个枣儿,两个枣儿,三个枣儿,四个枣儿,五个枣儿,六个枣儿,七个枣儿,八个枣儿,九个枣儿,十个枣儿……"这是一个绕口令,一口气说完才算好。

开始做练习的时候,中间可以适当换气,练到气息有了控制能力时,逐渐减少换气次数,最后要争取一口气说完,甚至多说几个枣儿。

在演讲过程中,要处理好言语表达和呼吸的关系,必须注意以下几点。

第一,尽可能轻松自如,吸气要迅速,呼气要缓慢、均匀,吸入的气量要适中。

第二,尽可能在讲话中的自然停顿处换气,不要等讲完一个长句才大呼大吸,显得讲话很吃力。还要根据自己的气量来决定是否用中途不便停顿的长句,不要为了渲染和增强表达效果而勉为其难地使用,那样,会适得其反。

第三,尽可能使讲话时的姿势有利于呼吸。无论是站姿还是坐姿,都要抬头、舒肩、展背,胸部要稍向前倾,小腹自然内收,双脚并立平放。这样发音的关键部位——胸、腹、喉、舌等才能处于良好的呼吸准备和行进状态之中。呼吸顺畅,方可语流顺畅。

(二)共鸣训练

1. 共鸣的生理机制

演讲者发出的声音源于声带的振动,而声带所产生的音量是很小的,只占人们讲话时音量的5%左右,其他95%左右的音量,需要通过共鸣腔放大得来。共鸣腔是决定音色的重要发音器官,直接引起语音共鸣的是声带上方的喉、咽、口、鼻四腔。此外,胸腔和头腔也有共鸣作用。说话用声是以口腔共鸣为主,以胸腔共鸣为基础。共鸣器以咽腔为主又可分为高、中、低三区共鸣。高音共鸣区,即头腔、鼻腔共鸣,音流通过该区共鸣,可以获得高亢响亮的声音。中音共鸣区就是咽腔、口腔共鸣,这里是语音的制造场,是人体中最灵活的共鸣区,音流在这里通过,可以获得丰满圆润的声音。低音共鸣区,主要是指胸腔共鸣,音流通过该区共鸣,可以获得浑厚低沉的声音。

要想使说话的声音好听和持久,就要正确地运用共鸣器,而运用共鸣器的关键在于处理好"畅"与"阻"的对立和统一关系。所谓"畅",就是整个发音的声道必须畅通无阻,胸部舒展自如,喉部放松滑润,脊背自然伸直,以便声音不憋不挤,形成一个声柱流畅地奔涌出来。所谓"阻",并不是简单地把声音阻挡住,而是不让声音直截了当地通过声道奔涌出来,而是让它通过共鸣器加工、锤炼,变得洪亮圆润、优美动听。

2. 共鸣的训练方法

要处理好"畅"与"阻"的关系,必须进行共鸣训练。下面介绍几种简单易行的共鸣训练方法。

(1) 放松喉头,用"哼哼"音唱歌。

(2) 学鸭叫声,挺软腭,口腔张开成一圆筒,边发 gaga 音,边仔细体会,共鸣运用得好的 gaga 音好听,共鸣运用得不好的 gaga 音喑哑、刺耳。

(3) 学牛叫声,类似打电话的"嗯"(什么?)和"嗯"(明白了)。

(4) 牙关大开合,同时发出"啊"音。

(5) 模拟汽笛长鸣声,"滴"(di),既可平行发音,又可由大到小或由小到大地变化发音。

(6) 做扩胸运动,同时尽量发高亢的声音或尽量发低沉的声音。

(7) "气泡音"练习,闭嘴,用轻匀的气流冲击声带,使之发出细小的抖动声。

(8) 音阶层练习,选一句话,在本人音域范围内,先用低调说,一级一级地升高,然后又一级一级地下降,再一句高一句低,高低交替,即一句话由高到低,再由低到高。

(9) 夸张四声练习,选择韵母因素较多的词语或成语,运用共鸣技巧做夸张四声的训练,如"清——正——廉——洁——,英——勇——顽——强——"。

(10) 大声呼唤练习,假设某人在离自己 100 米处,大声呼唤"张——师——傅——,快——回——来——!喂——,那——里——危——险——,快——离——开——!"。

(三) 吐字归音

吐字归音是我国传统的说唱艺术理论中的一个术语。它将一个音节的发音过程分为出字—立字—归音三个阶段。出字是指声母和韵头(介音)的发音过程,立字是指韵腹(主要元音)的发音过程,归音是指音节发音的收尾(韵尾)过程。其基本要领是:出字要准确有力,有叼住弹出之感;立字要拉开立起,明亮充实,圆润饱满;归音要干净利落,既不可拖泥带水留尾巴,又不可唇舌不到位。总之,就是要求一个音节的发音过程有头有尾,构成一个"枣核形"形式:声母、韵头为一端,韵尾为一端,韵腹为核心;字的中间发音动程大,时间长,字的两头发音动程小,关合所占时间也短。当然,对"枣核形"不可绝对化地理解。不过,无论如何,吐字时,不仅要有头有尾,不含混,而且又要连接好,浑然一体,不能有分解、断接的痕迹。

加强吐字归音的训练是训练人们的唇、舌、齿各个发音部位,使之能准确有效地受到驱动,发出纯正、饱满、自然的字音来。可以采用下列方法加以训练。其中的吐字训练如下。

1. 吐字训练

(1) 喷口字(以 b、p、m、f 开头的字,训练双唇喷吐力)。例如:吃葡萄不吐葡萄皮,不吃葡萄倒吐葡萄皮。

(2) 弹舌字(以 d、t、n、l 开头的字,训练舌尖弹射力)。例如:会炖我的炖冻豆腐,来炖我的炖冻豆腐;不会炖我的炖冻豆腐,就别胡炖乱炖炖坏了我的炖冻豆腐。

(3) 开喉字(以 g、k、h 开头的字,训练打开喉咙)。例如:哥哥心中一条宽宽的河,妹妹你就是那河上的波。

(4) 牙音字(以 j、q、x 开头的字,训练牙的咬合)。例如:希望你在大学里安心学习,取得优秀成绩,向母校报喜。

(5) 齿音字(以 z、c、s、zh、ch、sh 开头的字,训练舌尖力量的集中)。例如:优美的诗词离不了字词,字词准确、生动才能写出优美的诗词。

2. 归音训练

(1) 抵腭(n 作字尾,发音过程完成时,舌尖要抵住上齿龈)。例如:蓝天、山川、森林、人民、本分。

(2) 穿鼻(ng 作字尾,发音过程完成时,声音穿鼻而出;但穿鼻不能过早,以免影响"枣核形")。例如:汪洋、光芒、名称、形成、方向。

(3) 展唇(i 作字尾时,要展开唇角,成微笑状)。例如:海外、彩带、徘徊、肥美、归队。

(4) 敛唇(u 或 o 作字尾时,要聚敛双唇)。例如:高潮、秋收、悠久、优秀、牛油。

在吐字归音训练中,还要注意到位练习,即口型和发音器官操作到位的练习。韵母在形成口形时作用最大,讲话中的每一个音节都离不开韵母。在讲话时,有的人有意无意地会出现图省事的情形,嘴巴没有张到应有的程度,或者嘴、齿、舌、鼻、喉、声带等器官动作不够协调,于是就发生"吃字""隐字""丢音"或含混不清、音量过小、吐字不准等现象,如有人把"政治家"念成"整治家""针织家",有人将"公安局"念成"官局"等。总之,由于发音不到位,便会造成歧义,产生误解,不能准确地表情达意。

第三节　演讲中的体态语表达技巧

演讲者为了更好地传情达意,除了要提高自己的口语表达能力之外,还必须注重眼神、表情、手势和步态等体态语的运用。它们虽是无声的,却与口头语言一样传达着某种信息,在演讲中起着不可忽视的作用。

体态语是口语的重要辅助工具,它能有效地弥补口语表达的不足,使口语表达的内容更准确、更生动、更完整。特别是有些"只可意会,不可言传"的信息,往往通过一个眼神或一个手势,便能使听众心领神会。因此,在表达情感、情绪和态度方面,体态语甚至比口语更明确、更具体、更富有感染力。演讲者若能将两者有机融合,就能更充分地表达内容,感染听众。如果演讲者忽视体态语的运用,就会使听众感到别扭和乏味,从而使演讲效果大打折扣。

一、演讲中体态语的表达要求

(一) 准确、适时

体态语的使用要受到约定俗成的制约,不能随心所欲。因为体态语之所以能起到语言的作用,就在于其某种无声信号与某些信息是相对应的,而这一对应关系的确立又是受到大众公认的。

除此之外,体态语的使用要与口语表达配合默契,也就是应该适时。如果体态语的表达与口语表达错了位,出现得太早或太迟,那将会是滑稽可笑的。如何才能做到配合默契呢?主要靠情感的投入。只有当演讲者把所有的热情和精神都投入思想的表现中去时,才能打破拘束和生硬,体态语与口语便自然能协调统一、浑然一体。

(二) 自然、适度

演讲,究其本质是一种讲话方式,而不是一种表演方式。因此,在使用体态语的时候,应尽可能地贴近生活,而不应过分夸张或生硬呆板。演讲者使用体态语时,要注意与演讲的内容相符,与演讲者自身的年龄、职业、性别与个性特征相吻合,与演讲现场的气氛、听众的接受水平和审美情趣相适应。

(三) 精练、适宜

体态语的使用应尽量做到精练、适宜,这样才能给人留下深刻的印象,起到画龙点睛的效果。演讲时如果过多地使用体态语,特别是那些与表达内容无关紧要的手势或某些毫无意义的习惯性动作,就会分散听众的注意力,干扰听众对演讲内容的理解和接收。因此,在演讲时,应本着少而精的原则,严格挑选那些能准确、充分地表达出演讲内容的体态语。

二、演讲中体态语的表达技巧

（一）眼神

眼神是体态语的重要组成部分,它是演讲中常用的辅助手段。要学习演讲,就必须了解它的作用,并掌握它的使用方法。

1. 眼神的作用

眼神的作用主要表现在以下三个方面。

1）帮助听众理解演讲的内容

人们常说,眼睛是心灵的窗户,演讲者的所思所想,都能够通过他的眼神在听众面前暴露无遗。因为口语是经过理性加工的,它往往不能率直地表露一个人的真正意向,而眼神属于感性层面,它能更深入地贴近说话人的深层心理,所以与口语相比,它来得更为真实可靠。演讲者眼神的运用如果能够与话语的表达有机地结合,就能增加信息量和感染力,成为听众理解话语的背景和基础。

2）调节与听众的关系

在一对一的日常生活的沟通中,听话人若用专注的眼神看着说话人,则传递出这样的信息:"我很愿意听你说话,我非常尊重你",以此可以营造一种良好的沟通氛围。在演讲时,受条件所限,演讲者虽然不可能专注地去看每一位听众,但是这并不意味着对眼神的处理就可以随随便便。例如,有的演讲者爱把自己的目光集中在一个固定的位置,这难免会使其他地方的听众有受冷落之感;有的演讲者经常将目光掠过听众头顶,很少与听众有目光交流,这就会给听众一种目空一切之感;至于有的演讲者由于心情紧张,干脆埋头看稿而将听众置之不理,那就更使听众有一种不被尊重的感觉。因此,演讲者只有正确、恰当地运用眼神,才能获得听众的共鸣,营造出良好的会场气氛。

3）便于演讲者更好地控场

当演讲者以征询的目光在听众脸上"扫描"时,他同时也就是在搜集听众对演讲的反馈信息。当听众视线专注时,意味着他们对演讲内容颇感兴趣,就可以按原计划继续讲下去;而当听众眼神呆滞时,意味着听众开始厌倦,就必须调整演讲内容,或改变演讲方式。如果演讲者善于察言观色,那就能够把控制会场气氛的主动权牢牢掌握在自己的手中。

2. 眼神的运用方式

在演讲中,眼神的运用方式是多种多样的,但最主要的是以下三种。

1）注视

注视就是集中凝望某一点。可以看某一处、某一个人或者某一方向。这种方法适用于想引导听众注意某一点,或某一问题。例如,注视自己正前方,或者右前方,往往暗示

"将来",或者"憧憬""希望";而注视左侧,则暗示"过去"。注视听众,是表示"请大家认真思考一下"。注视会场上不安、骚动的某一角落,则是在询问"出了什么事?"但是,注视不可以频繁使用,以免听众无所适从,同时,还要适可而止,以免造成听众注意力的转移。

2)虚视

演讲者在台上眼望听众,但并不聚焦看某一点,只是把台下听众作为一个"整体"来看,就是似视非视。这时,演讲者对听众是"视而不见"的;而在听众看来,演讲者是正视他们每一个人的。这种方法,特别有利于初上讲台的演讲者。因为虚视时,演讲者不容易产生怯场心理。但由于虚视时不聚焦,看不清听众的脸部表情和眼神变化,因而不利于接受反馈信息,也不利于演讲者和听众眼神的双向交流。所以,演讲者不能自始至终都用虚视法,而必须与其他方法交替使用,才能达到预期的效果。

3)环视

环视又称环顾,指演讲者的目光扫视全场。这样可以使所有听众都感到被你的目光所注意,不觉得你是在和某一个人交流而产生受忽视、受冷落之感。同时,目光的流动还能帮助演讲者较全面地了解听众的心理反应,而且可以根据反馈信息及时调整说话的内容、语调,把握说话的主动权和控制权。但是这种环视不同于毫无目的的眼珠乱转,它应有明确的目标,一定的规律。

(二)手势

在演讲中,由于演讲者不能随意走动,又必须面对观众,所以演讲者的全身动作很少,主要是上半身的活动。此外,头部虽然可以动,但因为面对观众,抬头低头之类的动作通常是不适宜的。这样一来,只剩下手部和臂部是自由的。因此,在演讲中,手是活动余地最大的部位,手势是运用及变化最多的动作。

1. 手势使用的忌讳

在演讲中,手势常常配合口语的表达,并有选择性地使用,演讲者的任何一个手势都会对听众起到暗示作用。如果演讲者不善于运用手势,就会对演讲的效果带来负面的影响。演讲手势常有以下几种忌讳。

1)生硬

有的演讲者在台下虽然经过了精心的准备,但一到台上,就心慌意乱,手足无措;或者夸张过度,极不自然。对于初学者,手势的使用宜少不宜多,宜熟不宜生,最好从自己生活中常用的手势中挑选一些稍加改造,而不要生搬硬造一些自己从来不用的手势。有的人因为害怕做手势就干脆一动不动,以为这样可以万无一失。殊不知,不动会使演讲者肌肉僵硬、表情冷漠,在听众眼里就是紧张、麻木。因此,没有手势时,演讲者也应该双手自然下垂,而不应紧握双拳或者紧贴裤缝。如果实在感到双手无处可放,那么拿一本书或一张纸充当道具,也是一种值得一试的方法。

2)琐碎

好的手势往往简洁而明确,不好的手势则往往琐碎而模糊。有些人日常生活当中的一些习惯性动作就往往属于后者,比如,抓耳挠腮、打响指、翘兰花指、揉捏衣角、摸鼻子、咬手指等。一个演讲者在台上演讲时,如果时不时来点这些下意识的小动作,就难免破坏自身的形象,干扰演讲内容的表达。

3）粗俗

和口语一样,手势也有优雅和粗俗之分。以最简单的表达"我"的含义的手势而言,就有好几种。有以手轻抚胸口的;有以食指指着自己鼻尖的;还有以大拇指上翘自指的。三者相比,以第一种最为文雅,因为它与表示谦虚和诚意的手势相似。而第三种手势,颇有一些"老子天下第一"味道,常常为一些地痞流氓所用,因而给人一种粗俗之感。这样的手势如果用到演讲当中,必然会令听众极为反感。所以,对于演讲者而言,在手势的运用上要注意比较和选择。

4）单调

演讲时,使用适当的重复手势是完全必要的,它往往能强调原有的情绪,但不要老重复一种动作。如果一种手势一用到底,就会呆板、单调、乏味。因此,要善于根据内容和情绪的变化适当地变换手势,以增强演讲的感染力。

2. 手势使用的原则

如何在演讲过程中恰当地运用手势,这是令很多演讲者感到头疼的问题。尽管手势的运用带有一定的个性色彩,但其中还是有些原则可供我们遵循。

一是抓住关键词语。就是必须把手势用在关键性的、需要强调的词语上。这就等于为这些词语提供了两个方面的信息——听觉信息和视觉信息,能够起到画龙点睛的作用。如果不分轻重地乱用手势,就会适得其反。

二是手势的运用必须和内容的表达贴切一致。

三是手势的成套配合要与演讲词的结构相适应。

（三）表情语言

有人曾问古希腊最伟大的演说家德摩斯梯尼:"对于一个演讲家,最重要的才能是什么?"德摩斯梯尼回答:"表情。"又问:"其次呢?""表情。""再次呢?""还是表情。"由此可见,表情在演讲中的重要作用。

演讲者的面部表情主要是指演讲者通过自己的脸、嘴和眉目所表达出来的感情。大文豪雨果说过:"脸上的神气总是心灵的反映。"在态势语言中,面部表情和手势一样是最能传情达意的,它对演讲的成功具有至关重要的作用。这正如法国作家、社会活动家罗曼·罗兰所说:"面部表情是多少世纪培养成功的语言,比嘴里讲得更复杂到千百倍的语言。"所以,富有经验的演讲者,总是充分地利用面部表情,表达出丰富的思想感情,吸引听众,影响听众,感染听众。

经常看演讲的人都有这样的体会:当我们坐在大厅里观看演讲者演讲时,在他上场的那一瞬间,首先看到的是他的整体形象、潇洒的风度、高雅的气质、大方的步态、得体的打扮等。我们对比一一审视之后,在心中定格出演讲者的形象,但进行下去时间一长,大家的眼睛会会聚到演讲者的一个部位——脸部。这并非演讲者有一张漂亮迷人的脸蛋,而是因为脸部是感情的"晴雨表",听众可以从上面读懂演讲者的情感世界。

美国著名的教育家戴尔·卡耐基在说到罗斯福总统演讲时,说他全身好像一架表现感情的机器,他满脸都是动人的感情。这样使他的演讲更有力,更勇敢,更活跃。当代著名演讲家、演讲理论家邵守义演讲时脸部表情丰富多彩,丰富的表情后面表现着复杂的思想情韵。

有些演讲者因为比较紧张,或者是不善于运用自己的面部表情,不管内容如何转折变化,不管感情如何波澜起伏,始终都是一种表情,仿佛面部表情同思想感情的变化毫无关系。这不仅有损于信息的有效传递,而且不利于情感的正确表达,进而对听众产生不良影响,产生一种离心力。

表情语言对于演讲如此重要,那么我们应该如何让表情为我们的演讲增色呢?首先,是准确贴切。面部表情作为演讲表达的一种形式,既要与实际内容和现场气氛相统一,又要与演讲者的意图相吻合。其次,要自然真实。喜怒哀乐要随着演讲内容和思想感情的需要而自然流露,切不可情不由衷、矫揉造作,那样只会让人感到虚伪滑稽。在所有的表情中,微笑是基础。微笑在所有文化中都具有相同的含义,它不仅是自信的标志,是礼貌的象征,也是我们对他人表示好感的一种最直接的方法。真诚的微笑可以展示演讲者的亲和与友善,拉近演讲者与听众之间的距离,让我们学会发自肺腑的微笑并使之成为生活的一种习惯。

以上通过仪表、风度、眼神、手势、面部语言等来进行信息传递、思想沟通、感情交流的活动方式,都称为体态语或态势语。在演讲过程中,演讲者如能恰当地运用态势语,不仅可以有效地提高演讲的生动性和形象性,使听众获得声音感受的同时也获得形象上的感受,还可以使听众能够对演讲者表达的内容理解得更加透彻,更加深刻,从而帮助自己更好地完成演讲任务。

【思考和练习】

(1) 呼吸数数练习。

深呼吸三次,手放在小腹上,体会腹式呼吸方法。

吸气后暂停,然后做短暂的"啊"音练习,先快吸慢呼,再慢吸慢呼。

吸气后数数,尽可能节约用气,一口气多数几个数。

(2) 眼神训练。

最大限度地向左、向右转动眼球;向上、向下转动眼球;向左上、右下,右上、左下转动眼球;使眼球做圆形转动:左—左上—右上—右下—左下,反方向再转动一次。

变换眼神:注视—虚视—环视—扫视—注视。

(3) 表情训练。

笑的训练:微笑—大笑—苦笑—冷笑。

表情的训练:激动—悲痛—愤怒—感动。

(4) 选用下面这段演讲词做"运用手势"练习。

朋友们,当今的祖国确实迫切需要我们对她的爱。对她改革中的痛苦要用双手去爱抚,对她改革中的失误要以爱的心境去理解;而对她的开拓与创业要以爱的行动去参与!

技能与训练

一、演讲词赏析

2010年6月23日,华中科技大学举办2010届本科生毕业典礼,校长李培根院士作了题为《记忆》的演讲。16分钟的演讲被掌声打断30次,全场7700余名学子起立高喊"根叔",很多人泪洒现场。作为一名校长,李培根院士为什么能够以一次毕业讲话穿透这么多青年人的心,引起很多人思想与情感的共鸣?请结合下面的演讲词进行分析说明。

记　忆[①]
——华中科技大学校长李培根在2010届本科生毕业典礼上的致辞(节选)

亲爱的同学们:

你们好!

首先,为你们完成学业并即将踏上新的征途送上最美好的祝愿。

同学们,在华中科技大学(简称"华中大")的这几年里,你们一定有很多珍贵的记忆!

你们真幸运,国家的盛世如此集中相伴在你们大学的记忆中。2008年奥运会留下的记忆,不仅是金牌数的第一,不仅是开幕式的华丽,更是中华文化的魅力和民族向心力的显示;中华人民共和国六十年大庆留下的记忆,不仅是领袖的挥手,不仅是自主研制的先进武器,不仅是女兵的微笑,不仅是队伍的威武整齐,更是改革开放的历史和旗帜的威力;上海世博会留下的记忆,不仅是世博之夜水火相容的神奇,不仅是中国馆的宏伟,不仅是异国场馆的浪漫,更是中华的崛起,世界的惊异——将永远成为你我新的记忆。

在华中大的这几年,你们会留下一生中特殊的记忆。你一定记得刚进大学的那几分稚气,父母亲人送你报到时的情景历历;你或许记得考前突击而带着忐忑不安的心情走向考场时的悲壮,你也会记得取得好成绩时的欣喜;你或许记得这所并无悠久历史的学校不断追求卓越的故事;你或许记得裘法祖院士所代表的同济传奇以及大师离去时校园中弥漫的悲痛与凝重气息;你或许记得人文素质讲堂的拥挤,也记得在社团中的奔放与随意;你一定记得骑车登上"绝望坡"的喘息与快意;你也许记得青年园中令你陶醉的发香和桂香,眼镜湖畔令你流连忘返的圣洁或妖娆;你或许记得向喜欢的女孩表白被拒时内心的煎熬,也一定记得那初吻时的如醉如痴。可是,你是否还记得强磁场和光电国家实验室的建立?是否记得创新研究院和启明学院的耸起?是否记得为你们领航的党旗?是否记得人文讲坛上精神矍铄的杨叔子?是否记得倾听你们诉说的在线的"张妈妈"?是否记得告诉你们捡起路上树枝的刘玉老师?是否记得应立新老师为你们修改过的应聘简历?

亲爱的同学们,你们在华中大的几年给我留下了永恒的记忆。我记得你们为烈士寻亲千里,记得你们在公德长征路上的经历;我记得你们在各种社团的骄人成绩;我记得你们时

[①] 由于篇幅所限,在保留原意的基础上,对演讲稿做了节选,个别字句有所调整。

而感到"无语"、时而表现焦虑,记得你们为中国的"常青藤"学校中无华中大一席而灰心丧气;我记得你们曾经对我的呼喊:"根叔,你为我们做成了什么?"——是啊,我也得时时拷问自己的良心,到底为你们做了什么?还能为华中大学子做些什么?

同学们,你们即将背上行囊离开母校。请记住,面对岁月的侵蚀,你们的烦恼可能会越来越多,考虑的问题也可能会越来越现实,角色的转换可能会让你们感觉到措手不及。也许你会选择蜗居,成为蚁族之一员。没关系,成功更容易光顾磨难和艰辛,正如只有经过泥泞的道路才会留下脚印。请记住,未来你们大概不再有批评上级的随意,同事之间大概也不会有如同学之间简单的关系;请记住,别有太多的抱怨,成功永远不属于整天抱怨的人,抱怨也无济于事;请记住,别沉迷于世界的虚拟,还得回到社会的现实;请记住,"敢于竞争,善于转化",这是华中大的精神风貌,也许是你们未来成功的真谛;请记住,华中大,你的母校。什么是母校?母校就是那个你一天骂他八遍却不许别人骂的地方。

亲爱的同学们,也许你们难以有那么多的记忆,也许你们很快就会忘记根叔的唠叨与琐细。尽管你们不喜欢"被",根叔还是想强加给你们一个"被":你们的未来将"被"华中大永恒记忆!

二、项目实训

1. 实训名称

以《记忆》为题进行一次演讲。

2. 实训目的

通过本次演讲训练,体尝演讲的状态,将前面所学的相关知识转化为演讲的基本技能。

3. 实训内容

(1) 撰写演讲稿《记忆》,不超过 1200 字。

(2) 学生分组脱稿演讲。

(3) 学生互评,教师点评。

4. 实训指导

(1) 撰稿阶段:学生根据自己难忘的记忆,撰写稿件。

内容上,选择自己经历过的最感人的经历,以体现情感性;主题鲜明,各部分的逻辑关系合理、清晰,推论出一两个人生的感悟或结论,以体现思辨性。

形式上,合理安排演讲稿中情感的高潮与低谷的合理穿插与搭配;语言精练且口语化,少用或不用长句;注重修辞方法的综合运用,增加演讲的形象性和生动性;多用排比句、对偶句以体现演讲的音乐性与感染力。

(2) 演讲阶段:以情带声,以声传情。这里的"情"是指演讲稿所蕴涵的思想感情,"声"指演讲技巧。切忌脱离感情,去单纯追求所谓的演讲技巧。

① 要想感动别人,必须首先感动自己。要在感动自己的基础上,进入演讲内容的情景中去,切实做到"忘我"和"入戏"。一旦进入到情感状态,就会在某种程度上"带"出相关的演讲技巧;否则,就会造成声音和内容油水两分离。

② 在把握演讲稿的感情基调的基础上，讲究抑扬顿挫。运用合乎情感表达要求的语气、语调、节奏，合理运用句子的停顿和连接，自然而合理地表达情感。

③ 讲究吐字归音，字音要拉开立起，圆润饱满，颗粒清晰；合理运用肢体语言，与有声语言和谐共振，表达情感。

5. 组织实施

（1）复习演讲的相关知识，提出相关要求并作指导。

（2）撰写演讲稿《记忆》。

（3）分小组进行以《记忆》为主题的演讲，人人参与。然后学生互评，教师亦可点评。

（4）每组选出一到两名选手，参加全班演讲比赛，也可互评或点评；评出相关奖项。

（5）教师总结。

6. 考核方式及成绩评定

（1）撰稿占考核成绩的30%。

（2）小组演讲，占考核成绩的70%。

参考文献

CANKAOWENXIAN

[1] (美)桑德拉·黑贝尔斯,理查德·威沃尔二世.有效沟通[M].7版.北京:华夏出版社,2005.

[2] 李彬.传播学引论[M].增补版.北京:新华出版社,2003.

[3] 张国良.传播学原理[M].上海:复旦大学出版社,1995.

[4] 李杰群.非言语交际概论[M].北京:北京大学出版社,2002.

[5] 陈翰武.语言沟通艺术[M].武汉:武汉大学出版社,2006.

[6] 吕书梅.沟通之道[M].北京:经济管理出版社,2010.

[7] 李颖娟.人际沟通与交流[M].北京:清华大学出版社,2012.

[8] 方守基.双赢沟通[M].北京:中国华侨出版社,2004.

[9] 凡禹主.沟通技能的训练[M].北京:北京工业大学出版社,2004.

[10] 范文琼,丰晓流.人际沟通技巧[M].武汉:华中科技大学出版社,2009.

[11] 苏伟伦.卓有成效的沟通[M].北京:电子工业出版社,2006.

[12] 士瑾.开窍:年轻人一定要懂的职场潜规则[M].北京:北京理工大学出版社,2011.

[13] 王浩.网络沟通在产品设计中的价值及运用[D].景德镇:景德镇陶瓷学院,2010:3.

[14] 谢伦浩.演讲写作技巧[M].2版.北京:石油工业出版社,2006.

[15] 康苏珊.实用演讲技巧[M].北京:外语教学与研究出版社,2004.

[16] 琼·戴兹,冯丁妮,马军.成功演讲技巧[M].海南:海南出版社,2008.

[17] 颜永平.演讲艺术与实践[M].北京:海潮出版社,2002.

[18] 孙海燕,刘伯奎.口才训练十五讲[M].北京:北京大学出版社,2006.

[19] 韩大伟.演讲情感的审美特征[J].教育艺术,2001(04).

[20] 王京京.论演讲中的情感把握[J].云梦学刊,2005(01).

[21] (美)戴尔·卡耐基.卡耐基沟通的艺术与处世智慧[M].王红星,译.北京:中国华侨出版社,2012.

[22] 余世维.有效沟通Ⅱ[M].北京:北京大学出版社,2009.